© Günter Durner

Susi Plott
Günter Durner

Mountainbike Touren

Gardasee Nordost-Monte Baldo

Band 5

Übersichtskarte

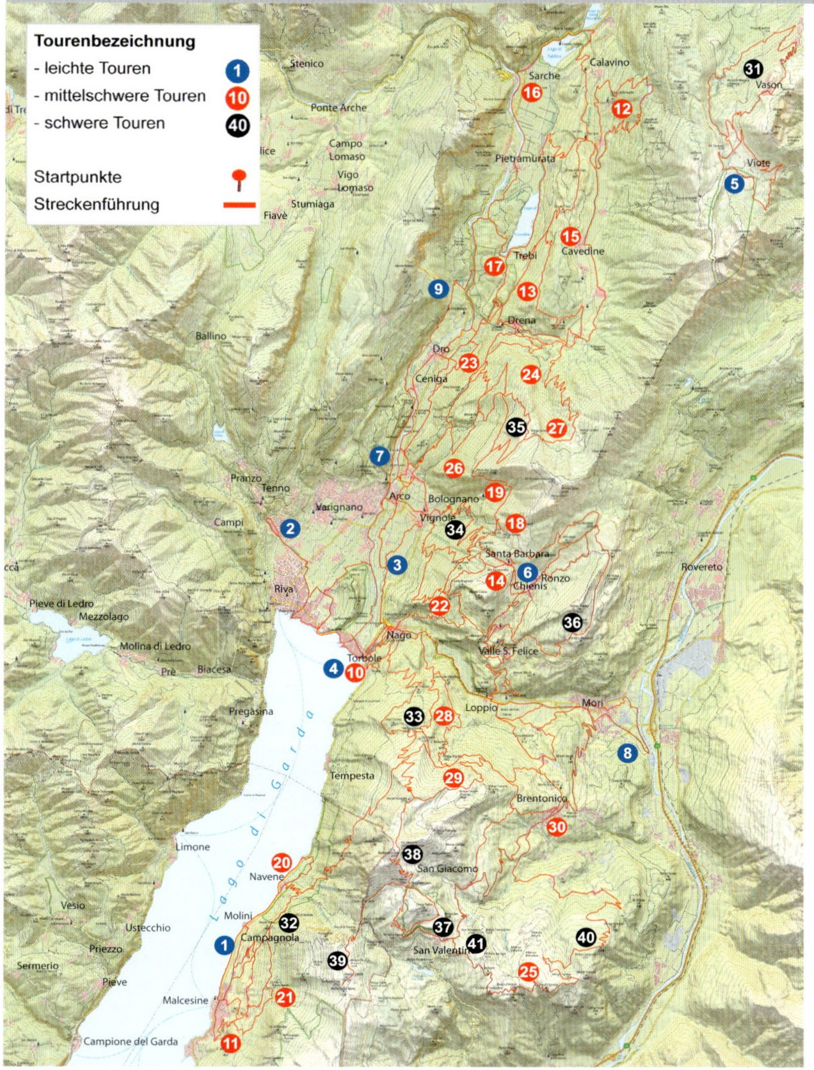

41 MTB-Touren

Dieser Band enthält 41 Mountainbiketouren. Die Touren sind in drei verschiedene Schwierigkeitsgrade (leicht, mittel, schwer) eingeteilt. Die Tourenauswahl beinhaltet sowohl kurze, einfache Touren als auch lange, anspruchsvolle Rundtouren.

9 Downhill-Shuttletouren

(Auflistung nach der Tour 41 in diesem Führer)

Aus den 41 beschriebenen Mountainbiketouren können 9 Touren mit den Schwierigkeitsgraden „mittel" und „schwer" als fast reine Downhill- bzw. Shuttletouren gefahren werden. Die Anfahrt zum Start ist mit dem PKW, auf öffentlichen Straßen, möglich. Bei einigen Touren ist allerdings noch ein kurzer Anstieg zu bewältigen.

Bikegebiet

Die Region rund um den Gardasee lässt sich in verschiedene Gebiete aufteilen. Dieser Führer enthält Touren aus dem nordöstlichen Bereich des Gardasees mit dem Monte Bondone, Monte Velo und Monte Baldo sowie vom Sarcatal.

Wege

Auf den Bergen und in den Tälern rund um den Gardasee gibt es unzählige Straßen, Wege und Pfade. Die Wegbeschaffenheit reicht von geteert, betoniert, gepflastert, geschottert bis hin zu extrem blockigen, steinigen Untergrund. Auch in Sachen Steigungen ist alles zu finden: von flachen Wegabschnitten bis hin zu extrem steilen Rampen. Die Berge sind mit unzähligen Pfaden und schmalen Karrenwegen durchzogen. Es versteht sich von selbst, dass es nicht möglich ist und auch kaum sinnvoll ist, alle Wege zu beschreiben. Wir haben bei der Zusammenstellung der Touren darauf geachtet, dass „vernünftige" Touren entstanden sind. Das bedeutet, bei der Auffahrt werden Wege benutzt, die „fahrbar" sind und nach Möglichkeit das Bike nicht getragen werden muss. Bei der Abfahrt sollte der Fahrspaß im Vordergrund stehen. Wer über eine gute Fahrtechnik verfügt, kann auf den Touren viel Spaß haben.

Mountainbiken am Gardasee

Zum Aufzeichnungszeitpunkt der Touren gab es auf den beschriebenen Routen keine Mountainbike-Verbotsschilder. Da sich die Regeln aber ändern können, bitten wir dies dann gegebenenfalls zu beachten.

Ausschilderung / Wegweiser

Die Orientierung auf den unzähligen Wegen ist an vielen Stellen schwierig, da es abseits der angelegten Radwege oft keine durchgehende Beschilderung für Mountainbiker gibt. Wir empfehlen immer eine topografische Landkarte mitzuführen.

Nr.	Tour		Niveau	km	Hm	Fahrzeit	Startort	Startpunkt	(Höhe)
1	Rundtour Malcesine	☺	L (1)	5,63	71	0:27	Malcesine	[P] Porto Retelino	(70 m)
2	Wasserfall Varone (Cascata del Varone)	☺	L (1)	16,01	117	1:19	Torbole	[P] Zentrum, Ri. Riva	(66 m)
3	Marmitte dei Giganti	☺	L (2)	14,10	191	1:17	Arco	[P] neuer großer Parkplatz	(90 m)
4	Castel Penede	☺	L (2)	7,39	311	1:00	Torbole	[P] Zentrum, Ri. Riva	(66 m)
5	Hochplateau Monte Bondone	☺	L (2)	12,73	278	1:19	Viote	Bushaltestelle	(1.566 m)
6	Baita Alpini-Passo Santa Barbara	☺	L (2)	9,85	350	1:07	Ronzo	[P] Ortsmitte, Friedhof	(988 m)
7	Sarcatal	☺	L (2)	24,71	324	2:05	Torbole	[P] Zentrum, Ri. Riva	(66 m)
8	Radweg Nago-Mori	☺	L (2)	25,14	313	2:00	Nago	[P] Zentrum	(222 m)
9	Lago Bagattoli	☺	L (2)	32,44	320	2:38	Torbole	Sarcabrücke	(66 m)
10	Valle Santa Lucia		M (3)	5,78	215	0:52	Torbole	[P] Zentrum, Ri. Riva	(66 m)
11	Malcesine-strada panoramica	☺	M (3)	11,36	345	1:11	Malcesine	[P] Porto Retelino	(70 m)
12	Lago Lagolo		M (3)	13,81	576	1:49	Lasino	[P] Ortsmitte, Spielplatz	(451 m)
13	Dos Calt		M (3)	17,42	589	2:08	Drena	[P] Castel Drena	(393 m)
14	Val di Gresta-Passo Bordala	☺	M (3)	17,90	624	2:00	Pannone	[P] bei der Kirche	(783 m)
15	San Siro-Lago di Cavedine	☺	M (3)	23,62	574	1:51	Drena	[P] bei der Kirche	(412 m)
16	Lago di Toblino		M (3)	41,96	777	3:55	Arco	[P] Sarcabrücke	(90 m)
17	Biotopo Marocche	☺	M (3)	34,80	941	3:32	Arco	[P] Sarcabrücke	(90 m)
18 ^	Monte Velo 1-Malga Zanga	☺	M (3)	25,58	1.085	3:12	Arco	[P] neuer großer Parkplatz	(90 m)
19	Monte Velo 2-Passo due Sassi	☺	M (3)	29,67	1.137	3:26	Arco	[P] neuer großer Parkplatz	(90 m)
20	Valle della Bova		M (4)	9,95	180	1:02	Malcesine	[P] Porto Retelino	(70 m)
21	Funivia intermedia-Val di Monte		M (4)	14,82	663	2:01	Malcesine	[P] Porto Retelino	(70 m)
22	Monte Brugnolo		M (4)	24,10	952	2:58	Torbole	[P] Zentrum, Ri. Riva	(66 m)
23	Troiana-Castel Drena		M (4)	31,33	907	3:15	Arco	[P] Sarcabrücke	(90 m)
24 ^	Malga Campo	☺	M (4)	25,19	1.155	3:05	Drena	[P] via Giovanni Segantini	(403 m)
25	Corna della Paura	☺	M (4)	33,57	1.173	3:45	Brentonico	[P] Ortsteil Fontechel	(691 m)
26	Monte Velo 3		M (4)	39,06	1.357	4:53	Torbole	[P] Zentrum, Ri. Riva	(66 m)
27 ^	Pala dello Stivo	☺	M (4)	39,81	1.471	4:49	Arco	[P] Sarcabrücke	(90 m)
28	Dosso della Barchessa		M (4)	27,21	1.274	4:05	Torbole	[P] Zentrum, Ri. Riva	(66 m)
29	Malga Campei		M (4)	37,50	1.751	6:03	Torbole	[P] Zentrum, Ri. Riva	(66 m)
30	Monte Velo-Monte Altissimo		M (4)	78,75	2.988	9:58	Arco	[P] neuer großer Parkplatz	(90 m)
31	Monte Bondone		S (5)	16,17	704	2:26	Viote	Bushaltestelle	(1.566 m)
32 ^	Monte Fubia		S (5)	17,65	587	2:11	Malcesine	[P] Porto Retelino	(70 m)
33	Val del Diaol-The Skull		S (5)	19,71	1.037	2:45	Torbole	[P] Zentrum, Ri. Riva	(66 m)
34	Monte Velo 4-Downhill		S (5)	22,19	1.093	3:25	Arco	[P] neuer großer Parkplatz	(90 m)
35 ^	Malga Vallestre		S (5)	28,90	1.416	4:27	Drena	[P] Castel Drena	(393 m)
36	Passo Bordala		S (5)	51,62	1.687	6:00	Arco	[P] neuer großer Parkplatz	(90 m)
37	Monte Altissimo 1		S (5)	51,52	2.298	7:40	Torbole	[P] Zentrum, Ri. Riva	(66 m)
38	Monte Altissimo 2-über Brentonico		S (5)	56,93	2.188	6:25	Torbole	[P] Zentrum, Ri. Riva	(66 m)
39 ^	Monte Baldo-Monte Altissimo		S (6)	30,01	835	4:16	Malcesine	Bergstation Monte Baldo	(1.760 m)
40	Monte Baldo-Corna Paura		S (6)	61,18	1.600	8:00	Malcesine	Bergstation Monte Baldo	(1.760 m)
41	Monte Altissimo-Corna Paura		S (6)	68,58	2.596	9:43	Torbole	[P] Zentrum, Ri. Riva	(66 m)

☺ Familienfreundliche Tour
^ Bike & Hike, [P] Parkplatz

Nago

Nr.		Tour		Niveau	km	Hm	Fahrzeit	Ausdauer	Fahrkönnen	Landschaft	Fahrspaß
1		Rundtour Malcesine	☺	L (1)	5,63	71	0:27	★☆☆☆☆☆	★☆☆☆☆☆	★★★★☆☆	★☆☆☆☆☆
2		Wasserfall Varone (Cascata del Varone)	☺	L (1)	16,01	117	1:19	★☆☆☆☆☆	★☆☆☆☆☆	★★★☆☆☆	★☆☆☆☆☆
3		Marmitte dei Giganti	☺	L (2)	14,10	191	1:17	★☆☆☆☆☆	★☆☆☆☆☆	★★★★☆☆	★☆☆☆☆☆
4		Castel Penede	☺	L (2)	7,39	311	1:00	★☆☆☆☆☆	★★☆☆☆☆	★★★★☆☆	★☆☆☆☆☆
5		Hochplateau Monte Bondone	☺	L (2)	12,73	278	1:19	★☆☆☆☆☆	★★☆☆☆☆	★★★★★☆	★★★☆☆☆
6		Baita Alpini-Passo Santa Barbara	☺	L (2)	9,85	350	1:07	★☆☆☆☆☆	★☆☆☆☆☆	★★★★★☆	★☆☆☆☆☆
7		Sarcatal	☺	L (2)	24,71	324	2:05	★☆☆☆☆☆	★☆☆☆☆☆	★★★★☆☆	★☆☆☆☆☆
8		Radweg Nago-Mori	☺	L (2)	25,14	313	2:00	★☆☆☆☆☆	★☆☆☆☆☆	★★★☆☆☆	★☆☆☆☆☆
9		Lago Bagattoli	☺	L (2)	32,44	320	2:38	★☆☆☆☆☆	★★☆☆☆☆	★★★★★☆	★★☆☆☆☆
10		Valle Santa Lucia		M (3)	5,78	215	0:52	★☆☆☆☆☆	★★★☆☆☆	★★★☆☆☆	★★★☆☆☆
11		Malcesine-strada panoramica	☺	M (3)	11,36	345	1:11	★☆☆☆☆☆	★★☆☆☆☆	★★★★★☆	★★☆☆☆☆
12		Lago Lagolo		M (3)	13,81	576	1:49	★★☆☆☆☆	★★★☆☆☆	★★★☆☆☆	★★★☆☆☆
13		Dos Calt		M (3)	17,42	589	2:08	★★☆☆☆☆	★★★☆☆☆	★★★★★☆	★★★☆☆☆
14		Val di Gresta-Passo Bordala	☺	M (3)	17,90	624	2:00	★☆☆☆☆☆	★★☆☆☆☆	★★★★★☆	★★☆☆☆☆
15		San Siro-Lago di Cavedine	☺	M (3)	23,62	574	1:51	★★☆☆☆☆	★★☆☆☆☆	★★★★☆☆	★★☆☆☆☆
16		Lago di Toblino		M (3)	41,96	777	3:55	★★★★☆☆	★★★☆☆☆	★★★★★★	★★★☆☆☆
17		Biotopo Marocche	☺	M (3)	34,80	941	3:32	★★★☆☆☆	★★☆☆☆☆	★★★★☆☆	★★☆☆☆☆
18	^	Monte Velo 1-Malga Zanga	☺	M (3)	25,58	1.085	3:12	★★★☆☆☆	★☆☆☆☆☆	★★★☆☆☆	★★☆☆☆☆
19		Monte Velo 2-Passo due Sassi	☺	M (3)	29,67	1.137	3:26	★★★☆☆☆	★★☆☆☆☆	★★★★★☆	★★☆☆☆☆
20		Valle della Bova		M (4)	9,95	180	1:02	★☆☆☆☆☆	★★★☆☆☆	★★★★☆☆	★★☆☆☆☆
21		Funivia intermedia-Val di Monte		M (4)	14,82	663	2:01	★☆☆☆☆☆	★★★☆☆☆	★★★★☆☆	★★☆☆☆☆
22		Monte Brugnolo		M (4)	24,10	952	2:58	★★☆☆☆☆	★★★☆☆☆	★★★★☆☆	★★☆☆☆☆
23		Troiana-Castel Drena		M (4)	31,33	907	3:15	★★★☆☆☆	★★★☆☆☆	★★★★☆☆	★★★☆☆☆
24	^	Malga Campo	☺	M (4)	25,19	1.155	3:05	★★★☆☆☆	★★☆☆☆☆	★★★★☆☆	★★☆☆☆☆
25		Corna della Paura	☺	M (4)	33,57	1.173	3:45	★★★☆☆☆	★★☆☆☆☆	★★★★★★	★★★☆☆☆
26		Monte Velo 3		M (4)	39,06	1.357	4:53	★★★☆☆☆	★★★☆☆☆	★★★★★☆	★★★☆☆☆
27	^	Pala dello Stivo	☺	M (4)	39,81	1.471	4:49	★★★★☆☆	★★★☆☆☆	★★★★★☆	★★★☆☆☆
28		Dosso della Barchessa		M (4)	27,21	1.274	4:05	★★★☆☆☆	★★★★☆☆	★★★☆☆☆	★★★★☆☆
29		Malga Campei		M (4)	37,50	1.751	6:03	★★★☆☆☆	★★★★☆☆	★★★★★☆	★★★★☆☆
30		Monte Velo-Monte Altissimo		M (4)	78,75	2.988	9:58	★★★★★★	★★★★☆☆	★★★★★★	★★★☆☆☆
31		Monte Bondone		S (5)	16,17	704	2:26	★★★☆☆☆	★★★★☆☆	★★★☆☆☆	★★★★★☆
32	^	Monte Fubia		S (5)	17,65	587	2:11	★★☆☆☆☆	★★★★★☆	★★★★★☆	★★★★★★
33		Val del Diaol-The Skull		S (5)	19,71	1.037	2:45	★★★☆☆☆	★★★★★★	★★☆☆☆☆	★★★★★★
34		Monte Velo 4-Downhill		S (5)	22,19	1.093	3:25	★★★☆☆☆	★★★★★★	★★☆☆☆☆	★★★★★★
35	^	Malga Vallestre		S (5)	28,90	1.416	4:27	★★★★☆☆	★★★★★★	★★★★★☆	★★★★★★
36		Passo Bordala		S (5)	51,62	1.687	6:00	★★★★☆☆	★★★★☆☆	★★★★★★	★★★★☆☆
37		Monte Altissimo 1		S (5)	51,52	2.298	7:40	★★★★☆☆	★★★☆☆☆	★★★★★★	★★★★☆☆
38		Monte Altissimo 2-über Brentonico		S (5)	56,93	2.188	6:25	★★★★☆☆	★★★★☆☆	★★★★★★	★★★★★☆
39	^	Monte Baldo-Monte Altissimo		S (6)	30,01	835	4:16	★★★★☆☆	★★★★★☆	★★★★★★	★★★★★★
40		Monte Baldo-Corna Paura		S (6)	61,18	1.600	8:00	★★★★☆☆	★★★★★☆	★★★★★★	★★★★★★
41		Monte Altissimo-Corna Paura		S (6)	68,58	2.596	9:43	★★★★★★	★★★☆☆☆	★★★★★★	★★★★☆☆

Tourencharakter

☺ Familienfreundliche Tour
^ Bike & Hike, [P] Parkplatz

Einführung

Der Führer **„Mountainbike Touren Gardasee Nordost-Monte Baldo“** beschreibt die schönsten Mountainbiketouren dieser Region.
Die ausgearbeiteten und beschriebenen Touren helfen bei der Planung und beim Biken. Zur Mitnahme auf die Tour haben wir die **Tourenkarten** mit **Tourenbeschreibung, Kartenausschnitt und Höhenprofil** versehen. **Mit diesen Tourenkarten können alle Touren, auch ohne zusätzliche Landkarte, gefahren werden.** Auf der beiliegenden CD sind GPS-Tracks für Satellitennavigationsgeräte und KML-Dateien zur Ansicht in Google Earth vorhanden.

Karten für das GPS-Gerät und Papierkarten

Für das GPS-Gerät empfehlen wir die Karte „Garmin Topo TransAlpin“. Allerdings sind auf dieser Karte nicht alle Wege eingezeichnet (Stand: August 2012). Eine Alternative kann teilweise die Openmtbmap sein. Auf der Openmtbmap sind aber je nach Region nicht alle Straßen und Wege erfasst. Das ist von der Mitarbeit der Openstreetmaper abhängig. Die OSM-Karte gibt es unter: http://openmtbmap.org/de/. Diese Karte enthält besonders zum Biken und Wandern viele nützliche Informationen wie z.B. die Schwierigkeit und Klassifizierung von Wegen, eingezeichnete Trinkwasserstellen, Berghütten usw. Wir raten allen, auch denjenigen, die mit einem GPS-Gerät unterwegs sind, zusätzlich eine Papierkarte mitzunehmen. Empfehlenswerte Karten sind: Kompasskarte 071 + 102 (Maßstab 1:50.000) und 687 + 690 (Maßstab 1:25.000), Lagir Alpina Nr. 12 + Nr. 15 (Maßstab 1:25.000), 4Land Nr. 117 „Monte Baldo“ (Maßstab 1:25.000).

Höhenangaben

Die Höhenmeter umfassen sämtliche Höhenmeter bergauf. Am **Startpunkt** ist die **Ortshöhe** angegeben, nach der die Höheneinstellung des jeweiligen Höhenmessers eingestellt werden kann. Nachdem die Höhenmessung über den momentan vorherrschenden Luftdruck gemessen wird, kann diese von den in diesem Mountainbikeführer angegebenen Höhenangaben variieren.

Steigungsangaben

Die Steigungen werden in **Prozent (%)** angegeben und zeigen die ungefähre Fahrbahnsteigung oder das Gefälle über einen längeren Streckenabschnitt an.

Kilometerangaben

Die Kilometerangaben beinhalten sowohl **Fahr-, Schiebe- als auch Tragepassagen.** Obwohl die Kilometerangaben mit modernen Fahrradcomputern ermittelt wurden, können die Kilometer je nach Einstellung des benützten Kilometerzählers etwas variieren. Es können Differenzen von einigen 100 Metern auftreten, da bei der Einstellung des Kilometerzählers der Radumfang, Reifenluftdruck sowie das Gewicht des Fahrers eine erhebliche Rolle spielen. Auch spielt es eine Rolle, wie Kurven durchfahren werden. Ein Kilometerzähler, der eventuell einen Höhenmesser integriert hat, ist auf der Tour sehr hilfreich.

Zeitangaben

Die angegebenen Zeiten sind **reine Fahrzeiten**, die großzügig bemessen sind. Pausen für Rast und zur Orientierung sind nicht berücksichtigt.

Schwierigkeitsstufen

Die Touren sind in verschiedene Schwierigkeitsstufen (**leicht**, **mittel**, **schwer**) eingeteilt. Berücksichtigt wurden die **Tourenlänge**, die **Schwierigkeit**, die **Fahrbahnbeschaffenheit** und der **Höhenunterschied.** Die Schwierigkeitsstufen sind nochmals aufgegliedert in leicht (1 oder 2), mittel (3 oder 4), schwer (5 oder 6)

Höhenprofile

Die Höhenprofile geben Auskunft über die **Verteilung der Höhenmeter** und damit über den Verlauf der Tour. Die jeweilige **Fahrbahnbeschaffenheit** ist farblich gekennzeichnet (z.B. ob Teer, Schotter, Beton). Außerdem sind in den Höhenprofilen auch die **Prozentangaben (%)** der Steigung bzw. des Gefälles angegeben. So hat man einen Überblick welche Steigung bzw. Gefälle bei der Auf- und Abfahrt zu erwarten ist.

Zeichenerklärung (+340 m) **km 10,52**/92 m **Rechts** dem Radweg über die Brücke Ri. „pista ciclabile“ folgen.

Abzweigsymbol, rechts über die Brücke abbiegen (der schwarze Pfeil gibt die Fahrtrichtung an), **HS** = Hauptstraße, **Ri.** = Richtung, bzw. Hinweisschild
Wird nicht ausdrücklich ein Abzweig beschrieben, so ist dem eingeschlagenen Hauptweg zu folgen und sämtliche andere Abzweigungen bzw. Kreuzungen sind zu ignorieren.
Damit auf einem Blick ersichtlich ist wie weit die nächste Kreuzung entfernt ist, haben wir die Entfernung zwischen den Kreuzungen angegeben. Die Entfernungsangabe steht direkt neben dem Abzweigsymbol in Klammern z.B. **(+340 m)**, das bedeutet von dem vorangegangenen Punkt bis zu diesem Punkt sind 340 Meter zurückzulegen. Nach dieser Angabe steht die Gesamtkilometerzahl z. B. **(km 10,52/)**, seit Tourenbeginn, also vom Startpunkt aus gerechnet.
Die Zahl hinter der Kilometerangabe z. B. **(/92m)** ist die Höhenangabe der jeweiligen Kreuzung.

Bike & Hike   Trinkwasser auf der Tour

Einige Touren lassen sich gut mit einer Wanderung kombinieren. Wir geben hier die Höhenmeter und Aufstiegszeiten an. Auf der Karte ist der Tourenverlauf eingezeichnet. In der Karte haben wir Trinkwasserstellen (Brunnen), an denen man auf der Tour vorbeikommt, mit einem Symbol (Wassertropfen) markiert.

Familienfreundliche Tour ☺

Bei der Auswahl haben wir als Kriterium die **Fahrbahnbeschaffenheit** (durchweg gute Fahrbahnen) und **verkehrsarme Strecken** ausgesucht.

Hinweis MTB Touren

Die Mountainbiketouren in diesem Führer erfordern sportliches Radfahrkönnen und defensives Fahrverhalten. Eine entsprechende Mountainbikeausrüstung wie z. B. Helm wird dringend empfohlen. Bitte beachten Sie, dass auf Forststraßen an unübersichtlichen, kurvenreichen Streckenabschnitten mit KFZ-Verkehr, der die gesamte Wegbreite beansprucht, gerechnet werden muss. Die Forststraßen sind nicht speziell für die Mountainbiker, sondern in erster Linie für den land- und forstwirtschaftlichen Verkehr gebaut. Die Wegausstattung, u.a. die Fahrbahnbeschaffenheit, die Entwässerungseinrichtungen (Wasserrinnen), die Absperrvorrichtungen (Schranken und Gatter), die Sicherheitseinrichtungen (z.B. fehlende Geländer und Zäune) und die Hinweise auf Gefahrenstellen, sind ausschließlich auf Wirtschaftsverkehr mit Traktoren und LKW ausgerichtet. Derartige Hindernisse können an sich bereits Gefahrenstellen für Radfahrer darstellen. Mit einer Absperrung der Strecke aus betrieblichen Erfordernissen – z.B. Holzfällarbeiten und Transporten – ist jederzeit zu rechnen. Im Wegbereich lagernde Güter, Betriebsmittel und abgestellte Maschinen können für Mountainbiker ebenfalls eine Gefahrenstelle sein. Infolge von Naturereignissen wie Sturm, starker Regen oder Erdrutsche können Strecken manchmal unpassierbar werden. Bitte erkundigen Sie sich gegebenenfalls persönlich vor Ort bei den Gemeinden über die derzeitige Wegebeschaffenheit und ob die Straße befahren werden kann.

38062 Arco **BikBike** Via S.Caterina 9, Tel.: 0464/514385 info@bikbike.com	**38066 Riva del Garda** **Rosà Bike Shop** Viale Dante 4, Tel.: 0464/553498 info@rosabike.it	**The Lab Bike Wellness** Via G.Carducci 8b Tel.: 0464/550951 info@the-lab.it	**38069 Torbole sul Garda** **Carpentari Bike Shop** Via Matteotti 16, Tel.: 0464/505500 info@carpentari.com	**Shuttle Bike Service** Tel.: 0348/4757026 davide.shuttleservice@gmail.com	**37018 Malcesine** **BikeXtreme** Via Navene Vecchia 10, Tel.: 045/7400105 info@**bikextrememalcesine.com**
Bike Shop Giuliani Via B.Galas 29a, Tel.: 0464/518305 bikegiuliani@gmail.com	**Villa Aranci Bike Shop** Viale Rovereto 23-25, Tel.: 0464/552715 info@villaaranci.it	**Garda Bike Shop** Viale Rovereto 3a Tel.: 0464/567011 info@gardaonbike.com	**Mecki Cycling** Via Matteotti 5, Tel.: 0464/548051 bike@mecki.it	**Torbole Bike Shuttle** Via delle Busatte 83, Tel.: 0329/4352878 info@torboletour.com	**free ride shop 100-one lake lab** Via Gardasana 270 malcesine@100-one.it
Moser Re-Cycling System Via Marconi 15, Tel.: 0464/516251 info@moser-arco.com	**Leoni Cicli** Loc.San Nazzaro 2, Tel.: 0464/521832 info@leonicicli.com		**3S Bike Verleih** Via Matteotti 122, Tel.: 0347/4713748 info@3S-Bike.com	**38074 Dro** **Stop and Go** Piazza Trieste 8, Tel.: 0464/544028 stopandgobike@libero.it	**Rettungsdienste** Bergrettung: (118) Polizei: (112) Feuerwehr: (115)

Bike-Touren mit GPS

Selbst die sorgfältigste Routenbeschreibung oder das schönste Roadbook nutzt einem nur, so lange man genau weiß wo man sich gerade befindet. Kleine Abstecher von der eigentlichen Route führen schnell dazu, dass man „den Faden“ verliert.

Nicht so bei der Verwendung eines GPS-Systems. Sie wissen stets genau wo sie sich gerade befinden, und ähnlich wie bei einem Fahrzeugnavigationssystem erhalten Sie präzise Informationen über den weiteren Wegverlauf. Wenn Sie alles richtig machen, ist ein Verfahren tatsächlich unmöglich.

Alle Tracks wurden beim Befahren der Biketour mit einem modernen GPS-Gerät aufgezeichnet. Um Ihnen einen idealen GPS-Track anzubieten, haben wir diesen nachträglich am PC bearbeitet. Dabei wurden „Ausreißer“ und „Fehler“ behoben, die immer dann entstehen, wenn das GPS-Gerät beim Aufzeichnen einen schlechten oder gar keinen Empfang hat, z. B. im Tunnel.

Damit die GPS-Tracks auch auf die verschiedenen Geräte passen, haben wir die einzelnen Tracks so reduziert, dass jeder Track maximal 500 Trackpunkte hat.

Die so aufbereiteten GPS-Tracks, in Form von gpx-Dateien, stellen wir Ihnen auf der beiliegenden CD zur Verfügung. Die GPS-Daten liegen im standardisierten gpx-Format vor und können mit herkömmlicher GPS-Software angezeigt oder auf ihr GPS-Gerät übertragen werden.

Zusätzlich befinden sich auf der CD die Tracks als KML-Dateien. Diese können in Google Earth geladen werden, um so einen Überblick über die jeweilige Tour zu bekommen.

© Günter Durner

© Günter Durner

Wie kommen die GPS-Tracks in das GPS-Gerät?

Neben einem GPS-Gerät braucht man aber auch einen PC und die entsprechende Software, um die GPS-Tracks auf das GPS-Gerät zu übertragen.

Man kann die GPS-Tracks eventuell weiter bearbeiten, auf digitalen Karten darstellen und speichern.
Beim Kauf eines Garmin-GPS-Gerätes ist im Lieferumfang die Software MAPSource enthalten. Aber auch mit vielen anderen Programmen können die Tracks auf ein GPS-Gerät geladen, dargestellt und verwaltet werden. Hier einige Beispiele.

- Fugawi
- QuoVadis (vorher TTQV von Touratech)
- BaseCamp von Garmin
- Map Source von Garmin
- Software der digitalen Karten von Kompass
- verschiedene Freeware aus dem Internet

Weitere Verwendung unserer GPS-Tracks

PDAs (Personal Digital Assistant) und Mobiltelefone entwickeln sich rasant weiter. Sehr viele dieser Geräte können mittlerweile digitale Landkarten auf dem Display darstellen und sind GPS-fähig.

Die Planung und Durchführung einer Tour mit GPS-Unterstützung macht sehr viel Spaß, bringt Sicherheit und bietet weitere unzählige Möglichkeiten für die Zukunft.
Allerdings sollte man sich viel Zeit nehmen, um sich mit der Technik auseinanderzusetzen. Im Übrigen verlassen wir uns nie ganz auf die GPS-Technik. Bei allen unseren Touren haben wir weiterhin eine aktuelle Landkarte dabei.

Wir hoffen, dass Sie mit unseren Landkarten, die wir speziell für diese Führerreihe angefertigt haben, immer den richtigen Weg finden.

Tour 1 „Rundtour Malcesine“ 1 5,63 km 0:27 Std 71 Hm

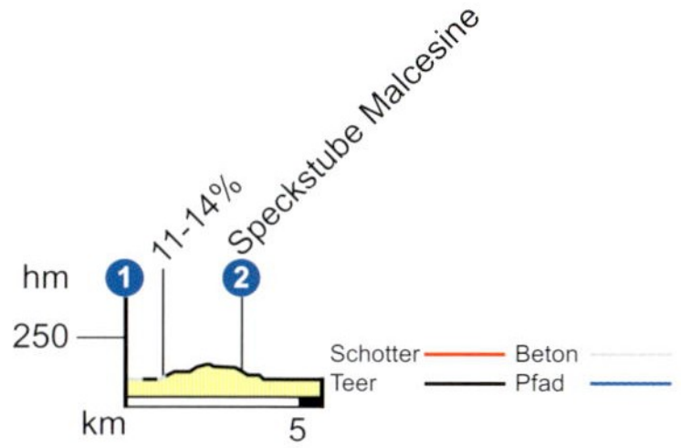

Tourencharakter

Wegbeschaffenheit

Teer	4,92 km
Schotter/Kies	0,00 km
Pfad/Trail	0,00 km
Beton/Pflastersteine	0,71 km
Schiebestrecke	0,00 km

Familienfreundlich

Ja, geht auf verkehrsfreien bzw. verkehrsarmen Wegen

Einkehrmöglichkeit

viele Bars, Restaurants unterwegs - u.a. Speckstube Malcesine

Schwierigkeit

Ausdauer	★☆☆☆☆☆
Fahrkönnen	★☆☆☆☆☆

Erlebnis

Landschaft	★★★★☆☆
Fahrspaß	★☆☆☆☆☆

Höhe

Starthöhe	70 Meter
Höchster Punkt	128 Meter

Kurze gemütliche Fahrt durch die Olivenhaine oberhalb von Malcesine und entlang des Gardasees

Einfache und kurze Rundtour, die nur wenige Höhenmeter hat. Man fährt oberhalb von Malcesine durch die Olivenhaine, mit wunderschönen Ausblicken auf den Gardasee. Die Rückfahrt geht direkt am See entlang. Auch von hier ergeben sich schöne Blicke bis zum südlichen Ende des Gardasees.

Strecke

Vom Parkplatz, beim Hafen „Porto Retelino“, fährt man zunächst an der Uferpromenade Ri. Süden bis zum Anfang der Altstadt von Malcesine. Dort links und beim Kreisverkehr geradeaus Ri. „Monte Baldo Bergbahn“ fahren. An der Talstation der Bergbahn vorbeifahren und der Straße weiter folgen, bis in einer Rechtskurve, links bergab, ein schmaler Teerweg abzweigt. Dieser autofreien Straße, oberhalb von Malcesine, nun stets geradeaus folgen. Vorbei an den Olivenhainen und der Speckstube Malcesine. Nach ca. 1,3 km kommt man wieder an die HS und folgt dieser links bergab bis zur Uferstraße nach Malcesine. Hier die HS überqueren und dann dem Radweg gegenüber, direkt am See entlang, bis zum Hafen „Porto Retelino“ folgen.

© SP Malcesine

© SP Blick nach Limone

© SP Speckstube Malcesine

© SP Uferweg, Blick nach Limone

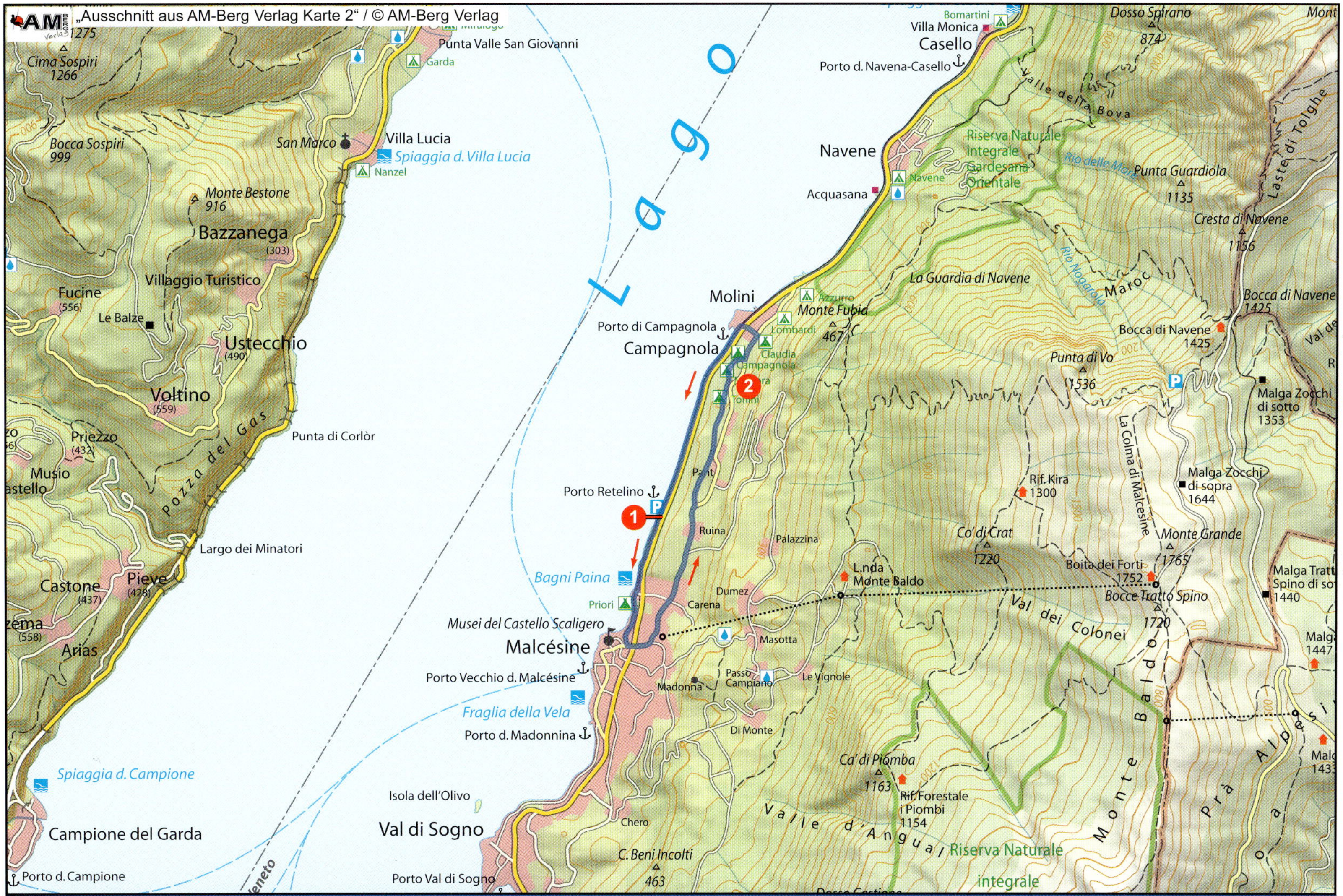

Tour 1 „Rundtour Malcesine“ **1** **5,63 km** **0:27 Std** **71 Hm**

Tour 1 „Rundtour Malcesine" 1 5,63 km 0:27 Std 71 Hm

1

km 0,00/70 m Vom Parkplatz (Einfahrt) **geradeaus** dem Radweg Ri. Süden „Malcesine Centro" folgen.

(+600 m) **km 0,60**/69 m **Geradeaus** der Teerstraße folgen.

(+140 m) **km 0,74**/68 m **Links** der Teerstraße weiter folgen. (nicht geradeaus auf den Kiesweg)

(+220 m) **km 0,96**/73 m **Links** bergauf (11-14%) der gepflasterten Gasse folgen.

(+70 m) **km 1,03**/83 m **Links** Ri. Kreisverkehr weiterfahren.

(+60 m) **km 1,09**/84 m **Kreisverkehr, geradeaus** Ri. „funivia Malcesine, Monte Baldo Bergbahn" weiterfahren. An der Bergbahn vorbeifahren und der Straße weiter, leicht bergauf (5-8%), folgen.

(+1.230 m) **km 2,32**/128 m (bei Rechtskurve) **Links** bergab (7-11%) in die „via San Marco" (schmale autofreie Teerstraße) abbiegen. Diesem Weg oberhalb vom See stets folgen.

2

(+950 m) **km 3,27**/95 m **Speckstube Malcesine**.

(+340 m) **km 3,61**/85 m **An der HS, links** bergab weiterfahren.

(+210 m) **km 3,82**/79 m **Links** der HS bergab folgen.

(+140 m) **km 3,96**/69 m **An der HS, geradeaus** (HS überqueren) und dem Radweg, am See entlang, bis zum Ausgangspunkt zurück folgen.

Startplatz:
Malcesine, Porto Retelino.

Anfahrt:
Von Torbole kommend, am Ortseingang von Malcesine, rechts auf dem großen Bus- und PKW-Parkplatz (kostenpflichtig) parken. An der Einfahrt des Parkplatzes beginnt die Tour.

Malcesine

Malcesine, mit seinen Ortsteilen Cassone und Navene, liegt am Ostufer des Gardasees und wird oft „Perle des Gardasees" genannt.

Bekannt ist Malcesine durch die weit sichtbare Skaligerburg auf dem Felsvorsprung direkt am See. Die Altstadt wurde eng um den Burgfelsen gebaut und ist mit den vielen malerischen Gassen, den Cafes und Geschäften auf jeden Fall einen Besuch wert.

Von Malcesine führt eine Seilbahn auf den 1.760 m hohen Gipfel „Tratto Spino" im Monte-Baldo-Massiv. Von dort oben ergibt sich ein sensationeller Ausblick. Die Bergstation am Monte Baldo ist Ausgangspunkt für zahlreiche Wanderungen und Mountainbiketouren. Im Winter kann man den Monte Baldo mit seinen Liftanlagen als Skiberg genießen.

© SP Malcesine, Uferweg

© SP .. unterwegs ..

© SP Blick nach Norden

© SP Malcesine, Skaligerburg

© SP Malcesine, Porto Retelino

Malcesine

Tour 2 „Wasserfall Varone (Cascata del Varone)“ 1 16,01 km 1:19 Std 117 Hm

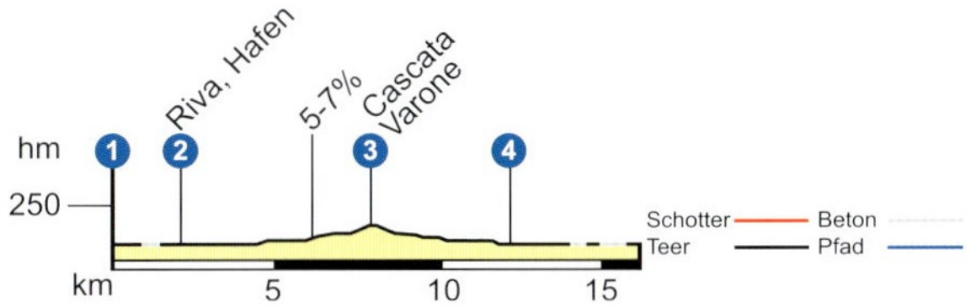

Tourencharakter

Wegbeschaffenheit

Teer	14,21 km
Schotter/Kies	1,80 km
Pfad/Trail	0,00 km
Beton/Pflastersteine	0,00 km
Schiebestrecke	0,00 km

Familienfreundlich

Ja, überwiegend auf Radwegen

Einkehrmöglichkeit

Bars, Restaurants in Torbole und Riva

Schwierigkeit

Ausdauer	★☆☆☆☆☆
Fahrkönnen	★☆☆☆☆☆

Erlebnis

Landschaft	★★★☆☆☆
Fahrspaß	★☆☆☆☆☆

Höhe

Starthöhe	66 Meter
Höchster Punkt	156 Meter

Nette, kurze Rundtour von Torbole nach Riva bis zum Wassserfall von Varone

Im Bereich des Sarcatals gibt es zwischen Arco, Torbole und Riva zahlreiche neu angelegte Radwege, auf denen man gemütliche Rundtouren unternehmen kann. Diese Tour führt von Torbole, direkt am Gardasee entlang, nach Riva. Dort gibt es unzählige Radwege, die teilweise rot asphaltiert sind. Wer noch Zeit für einen Abstecher hat, kann in Varone die Sehenswürdigkeit „Parco Grotta Cascata Varone“ besuchen.

Strecke

Die Tour beginnt in Torbole. Die ersten ca. 300 m fährt man auf der HS bis zur Sarcabrücke. Von dort folgt man dem Radweg nach Riva, der später direkt an der Uferpromenade entlang führt. In Riva, beim Yachthafen (Ortseingang), gleich beim Zebrastreifen die HS überqueren und der „via Brione“, auf dem rot markierten Radweg, Ri. Norden folgen. An einer Ampel links auf dem Radweg weiterfahren und dann diesem, direkt am Bach Varone, leicht bergauf folgen. Von dem perfekt angelegten Radweg hat man geniale Ausblicke nach Arco, zum Monte Velo und auf die Berge oberhalb von Riva. In Varone geht es auf der kaum befahrenen HS zum Wasserfall von Varone. Die Cascata Varone (Eintritt) sollte man sich nicht entgehen lassen. Nach dem Besuch von der Cascata Varone geht es auf fast identischem Weg, am Bach Varone entlang, zurück nach Riva und dort bis zur HS, in der Nähe der Uferpromenade. Diese überqueren, bis zum See weiterfahren und entlang der Uferpromenade auf dem extra angelegten Radweg bis nach Torbole rollen. In Riva und Torbole bieten sich zahlreiche Möglichkeiten zum Baden und auch zum Einkehren in eine der zahlreichen Bars oder eines der Restaurants an.

© SP zwischen Torbole und Riva

© SP Radweg Riva, Blick nach Norden

© SP Cascata Varone

© SP Torbole, Uferpromenade

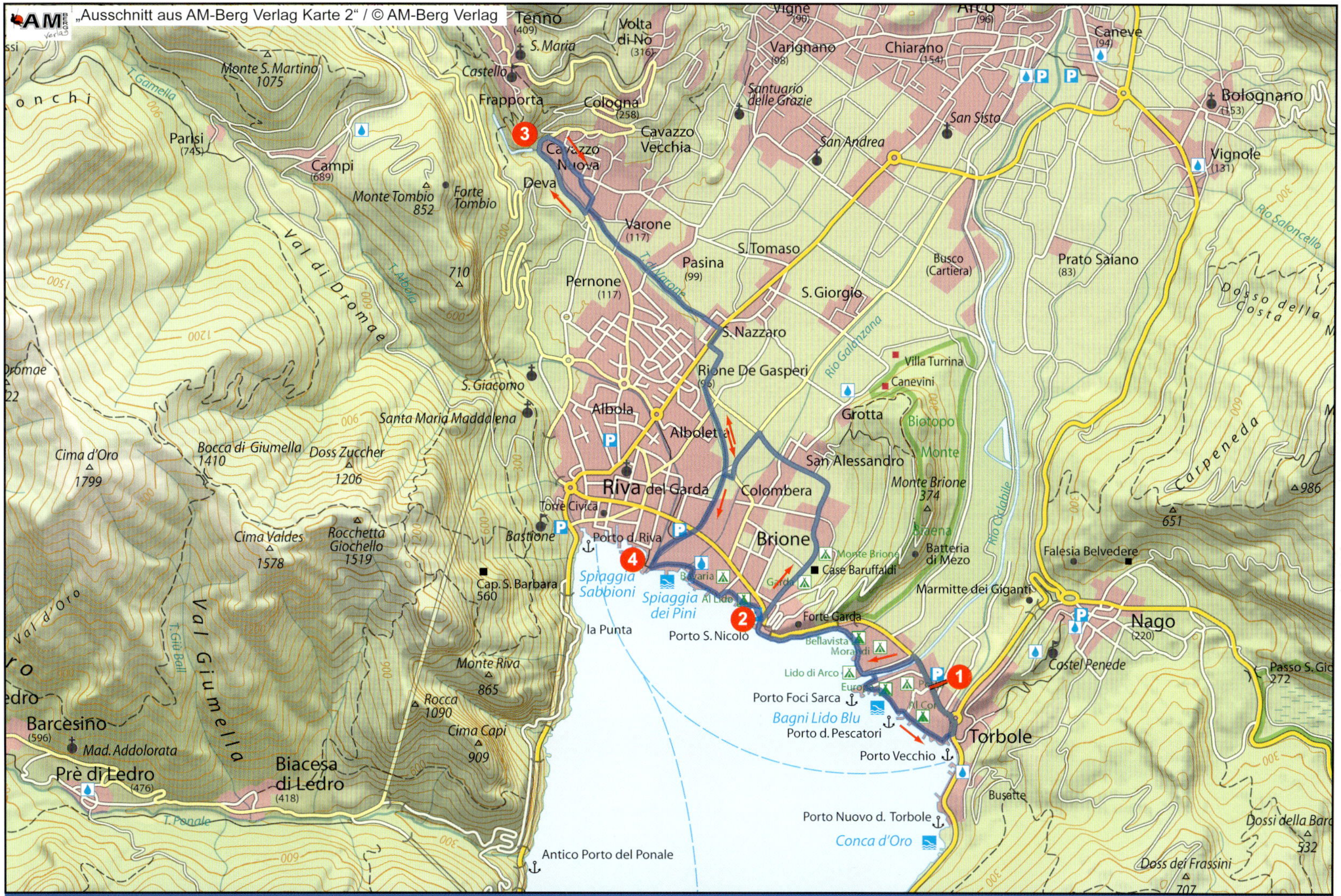

Tour 2 „Wasserfall Varone (Cascata del Varone)“ 1 16,01 km 1:19 Std 117 Hm

Tour 2 „Wasserfall Varone (Cascata del Varone)“ 1 16,01 km 1:19 Std 117 Hm

1 **km 0,00**/66 m Vom Parkplatz (Ausfahrt Ri. Riva, Zebrastreifen) **rechts** auf der HS Ri. Riva und über die Sarcabrücke fahren.

(+270 m) **km 0,27**/69 m (nach der Sarcabrücke) **Rechts** auf den Radweg abbiegen.

(+70 m) **km 0,34**/68 m (am Stopp-Schild) Scharf **rechts** zurück und unter der Sarcabrücke dem Radweg zum See folgen.

(+470 m) **km 0,81**/67 m **Geradeaus** Ri. „Riva del Garda 1,3“ weiterfahren.

(+50 m) **km 0,86**/65 m **Rechts** dem Radweg Ri. „Riva“, entlang der Uferpromenade, folgen.

(+480 m) **km 1,34**/65 m (vor der HS, Tunnel) **Links** Ri. „Riva del Garda 0,7“ weiterfahren.

2 *(+690 m)* **km 2,03**/66 m **Riva (Hafen): An der HS, links** über den Parkplatz des Yachthafens zum Zebrastreifen fahren.

(+110 m) **km 2,14**/65 m **Zebrastreifen: HS überqueren** und gegenüber dem Radweg (roter Teer) nach **rechts** und gleich nach 50 m **links** in die „via Brione“ folgen. Diesem Radweg nun stets geradeaus folgen.

(+1.610 m) **km 3,75**/70 m **Geradeaus** dem Radweg (rot) der „via S. Alessandro“ folgen.

(+280 m) **km 4,03**/72 m **Kreuzung** (Ampel), **links** dem Radweg (rot) folgen.

(+280 m) **km 4,31**/73 m **Geradeaus** dem Radweg (rot) folgen. (nicht rechts)

(+120 m) **km 4,43**/72 m (Zebrastreifen, Ampel) **Rechts** dem Radweg leicht bergauf folgen.

(+120 m) **km 4,55**/78 m **Rechts** dem Radweg, leicht bergauf, am Bach entlang, folgen.

(+780 m) **km 5,33**/84 m **An der HS, geradeaus** dem Radweg (rot) Ri. „Anello Garda-Sarca“ folgen.

(+350 m) **km 5,68**/87 m **Kreisverkehr, rechts** auf dem Radweg Ri. „Anello Garda-Sarca, Varone“ weiterfahren.

(+140 m) **km 5,82**/88 m (nächste Ampel) **Links** dem Radweg Ri. „Anello Garda-Sarca, Varone“ folgen.

(+710 m) **km 6,53**/107 m (Ampel) **Geradeaus** leicht bergauf, am Bach entlang, weiterfahren.

(+290 m) **km 6,82**/115 m **Rechts** über die Brücke und danach **links** dem Radweg weiter folgen.

(+380 m) **km 7,20**/122 m Varone (Ampel): **Links** über die Brücke und danach **rechts** auf der HS weiterfahren.

(+350 m) **km 7,55**/133 m **Geradeaus** Ri. „Cascata Varone“ weiterfahren.

3 *(+310m)* **km 7,86**/154 m **Cascata Varone**. (links Parkplatz)

(+80 m) **km 7,94**/156 m **Abzweig, rechts** bergab Ri. „Varone“ abbiegen.

(+410 m) **km 8,35**/131 m **Gabelung, rechts** Ri. „Centro“ in die Einbahnstraße „via delle Cartiere“ fahren.

(+220 m) **km 8,57**/124 m (vor der Kirche) **Rechts** weiterfahren.

© SP Uferpromenade Lido di Arco

© SP zwischen Torbole und Riva

© SP Radweg Riva

© SP Radweg nach Varone

(+70 m) **km 8,64**/124 m (vor der Brücke) **Links** Ri. „Riva“ dem Radweg folgen.

(+370 m) **km 9,01**/116 m **Rechts** über die Brücke und danach **links** dem Radweg stets geradeaus, bis zur HS (Riva-Arco), folgen.

(+1.010 m) **km 10,02**/90 m **An der HS** (Ampel), **geradeaus** HS überqueren und **rechts** dem Radweg (rot) folgen.

(+140 m) **km 10,16**/89 m **Kreisverkehr, links** weiterfahren.

(+350 m) **km 10,51**/88 m **Geradeaus** auf dem Radweg leicht bergauf fahren und diesem am Bach entlang bis zur HS (Uferstraße) folgen.

(+1.230 m) **km 11,74**/74 m **An der HS**, **geradeaus** über den Zebrastreifen, dann **rechts** und gleich wieder **links** (vor dem Parkplatz) dem Radweg am Bach entlang folgen.

(+190 m) **km 11,93**/71 m **Geradeaus** weiterfahren.

4

(+220 m) **km 12,15**/71 m (nach der Brücke) **Gabelung, links** dem Radweg folgen.

(+330 m) **km 12,48**/68 m (beim Brunnen) **Rechts** weiterfahren.

(+710 m) **km 13,19**/69 m Am Yachthafen (Cafe, Parkplatz), **rechts** und dann **links** über den Parkplatz fahren.

(+170 m) **km 13,36**/70 m (nach dem Parkplatz) **Rechts** dem Radweg nach Torbole folgen.

(+690 m) **km 14,05**/70 m Lido di Arco: **Rechts** am See entlang weiterfahren.

(+470 m) **km 14,52**/68 m **Links** dem Radweg folgen.

(+70 m) **km 14,59**/70 m **Abzweig, rechts** über die Sarcabrücke Ri. „Rovereto 18,2“ fahren.

(+70 m) **km 14,66**/71 m (nach der Brücke) **Rechts** weiterfahren.

(+530 m) **km 15,19**/68 m Am Hafen, **rechts** dem Weg, der direkt am Wasser und dann an der Uferpromenade weitergeht, folgen.

(+340 m) **km 15,53**/69 m **Links** in die „via Benaco“ abbiegen.

(+110 m) **km 15,64**/70 m **An der HS, links** auf diese abbiegen.

(+110 m) **km 15,75**/71 m **Kreisverkehr, links** Ri. „Riva“ und zum Ausgangspunkt zurückfahren.

Startplatz:
Torbole, Parkplatz bei der Tankstelle.

Anfahrt:
Von Nago kommend in Torbole am Kreisverkehr rechts Ri. „Riva“ abbiegen. Nach wenigen Metern befindet sich auf der rechten Seite ein großer Parkplatz (kostenpflichtig).

Wasserfall Varone / Cascata del Varone

Das Wasser fließt, vom Tennosee kommend durch eine Schlucht, die sich in den letzten 20.000 Jahren gebildet hat, und stürzt dann ca. 98 m tief hinab. Über kleine Treppen und Stege kann man den Wasserfall aus der Nähe besichtigen.

Der Wasserfall kann von März bis Oktober täglich besucht werden.

© SP Varone

© SP Radweg Riva, Blick zum Monte Baldo

© SP Torbole, Sarcabrücke

© SP Torbole, Sarcabrücke

Tour 3 „Marmitte dei Giganti“ 2 14,10 km 1:17 Std 191 Hm

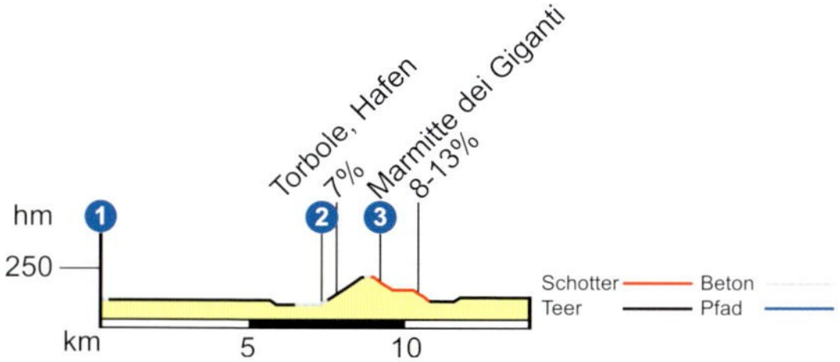

© SP Torbole, Blick nach Pregasina

Tourencharakter

Sehr einfache, landschaftlich herrliche Tour zwischen Arco und Torbole

Wegbeschaffenheit

Teer	10,75 km
Schotter/Kies	1,76 km
Pfad/Trail	0,00 km
Beton/Pflastersteine	1,59 km
Schiebestrecke	0,00 km

Familienfreundlich

Ja, überwiegend auf verkehrsarmen und teilweise verkehrsfreien Wegen

Einkehrmöglichkeit

Bars, Restaurants in Arco, Nago, Torbole und beim Marmitte dei Giganti

Schwierigkeit

Ausdauer	★☆☆☆☆☆
Fahrkönnen	★☆☆☆☆☆

Erlebnis

Landschaft	★★★★☆☆
Fahrspaß	★☆☆☆☆☆

Höhe

Starthöhe	90 Meter
Höchster Punkt	216 Meter

Die Runde, die auch mit einem ganz normalen Rad (Trekkingrad) gefahren werden kann, stellt keine hohen Ansprüche an Material und Fahrkönnen. Diese Tour ist etwas zum Genießen. Man rollt auf flachen, meist asphaltierten Straßen, gemütlich durch das Talbecken zwischen Arco und Torbole. Lediglich die Auffahrt von Torbole nach Nago und die Abfahrt vom Marmitte dei Giganti (Nago) ist etwas steiler. Die Tour ist landschaftlich sehr reizvoll, da man unterschiedliche Aussichten auf den Gardasee, die Dörfer und die umliegenden Berge genießen kann. Schöne Familientour, mit eindrucksvollen Rastmöglichkeiten auf den vielen Ruhebänken entlang der Sarca.

© SP Torbole

Strecke

Die Tour beginnt an der Sarcabrücke in Arco. Zunächst geht es auf dem Radweg an der Sarca entlang Ri. Torbole. Dort, an der Uferpromenade entlang, weiterfahren. Hier laden die vielen Cafes zu einer kleinen Pause ein. In der Nähe des Hafens fährt man am Goethe Brunnen vorbei und auf der alten Straße weiter hinauf nach Nago. Dort, vor dem Kreisverkehr, links dem betonierten, später geschotterten Weg bergab bis zur HS fahren. Hier beim Marmitte dei Giganti, einer der schönsten Aussichtspunkte auf der Tour, gibt es neben dem Parkplatz Bänke und auch eine Bar. Von hier führt ein geschotterter Weg hinunter in das Talbecken der Sarca. Über Schotterpisten und Teerwege, die durch die Apfel-, Wein- und Kiwiplantagen führen, fährt man zurück nach Arco.

© SP Auffahrt nach Nago, Blick zurück

© SP Marmitte dei Giganti

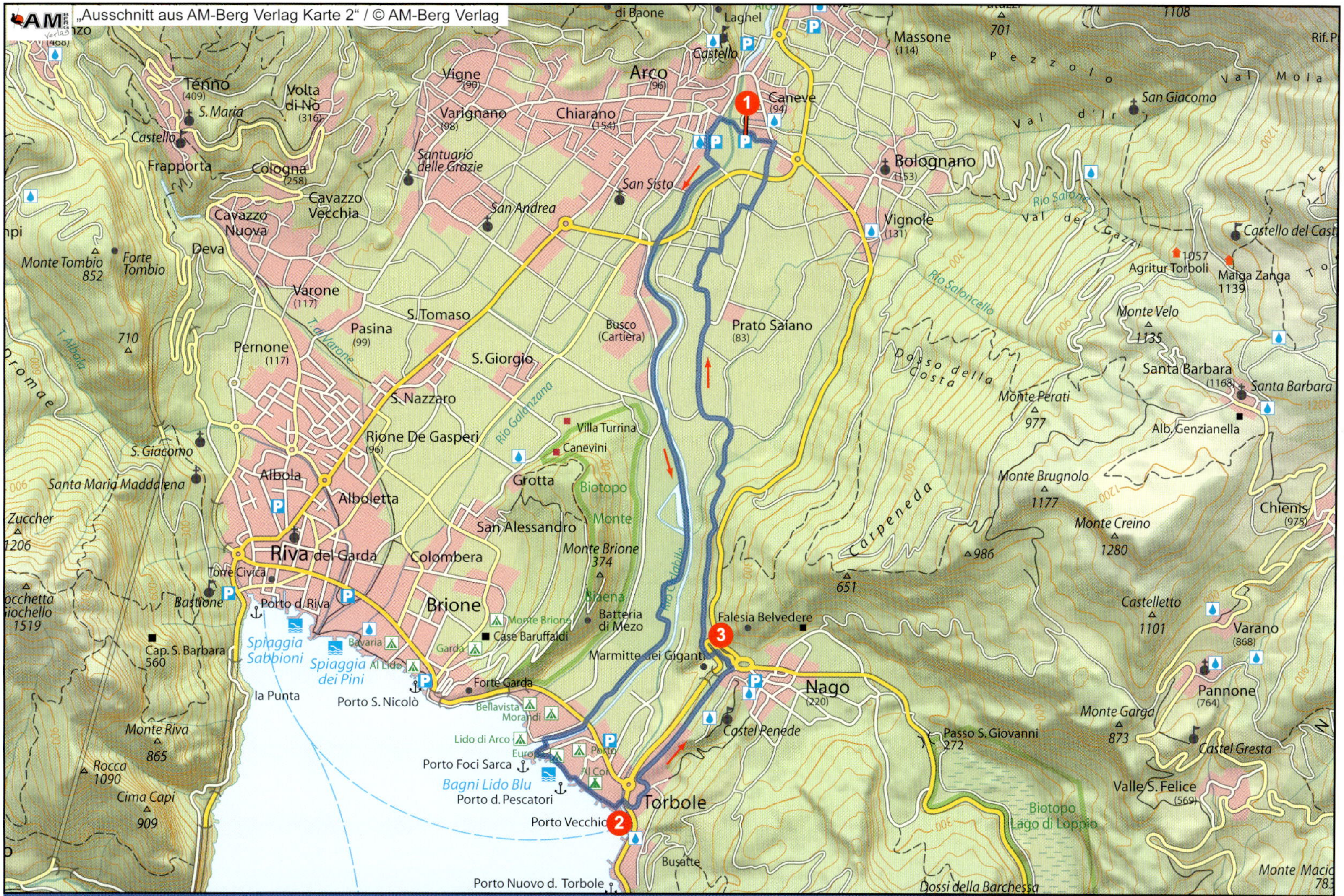

Tour 3 „Marmitte dei Giganti“ **2** **14,10 km** **1:17 Std** **191 Hm**

Tour 3 „Marmitte dei Giganti“ 2 14,10 km 1:17 Std 191 Hm

1 **km 0,00**/90 m Vom Ende des Parkplatzes (vor der Brücke, Schild „centro storico“) **geradeaus** leicht bergauf über die Brücke und dem Radweg folgen.

(+50 m) **km 0,05**/89 m **Links** dem Radweg Ri. „centro storico“ folgen.

(+180m) **km 0,23**/91 m Vor der HS, **links** abbiegen.

(+170 m) **km 0,40**/90 m **Links** über den Parkplatz fahren und dem Radweg, am Sportplatz vorbei, folgen.

(+80 m) **km 0,48**/89 m (am Ende des Parkplatzes) **Geradeaus** dem Radweg folgen, der nun stets entlang der Sarca bis nach Torbole führt.

(+3.970 m) **km 4,45**/78 m **Links** Ri. „Torbole 1,4“ weiterfahren.

(+270 m) **km 4,72**/77 m **Links** Ri. „Torbole 1,1“ abbiegen.

(+1.030 m) **km 5,75**/77 m Torbole: **Links** Ri. „Riva del Garda 1,7“, unter der HS durchfahren und Ri. See weiterfahren.

(+460 m) **km 6,21**/76 m **Links** über die Sarcabrücke Ri. „Rovereto“ abbiegen.

(+70 m) **km 6,28**/77 m (nach der Brücke) **Rechts** weiterfahren.

(+530 m) **km 6,81**/73 m Am Hafen, **rechts** dem Weg, der direkt am Wasser entlang und dann an der Uferpromenade weitergeht, folgen.

(+340 m) **km 7,15**/74 m **Links** in die „via Benaco“ abbiegen.

(+100 m) **km 7,25**/75 m **An der HS, rechts** abbiegen.

2 *(+40 m)* **km 7,29**/75 m **Torbole, Hafen: Links** Ri. „Busatte“ abbiegen.

(+40 m) **km 7,33**/74 m (nach dem Hotel Centrale) **Links** bergauf Ri. „Santa Lucia“ abbiegen.

(+170 m) **km 7,50**/94 m **Abzweig, links** Ri. „Nago“ in die „via Europa“ abbiegen.

(+1.300 m) **km 8,80**/216 m Nago (beim Kreisverkehr): **Scharf links** zurück Ri. „60 km di Gardum“, am Parkplatz vorbei, weiterfahren.

3 *(+410 m)* **km 9,21**/182 m **Marmitte dei Giganti: An der HS** (links Bar), **geradeaus** diese überqueren (Vorsicht viel Autoverkehr!) und gegenüber dem Schotterweg folgen.

(+1.640 m) **km 10,85**/90 m **Links** Ri. „Radwegschild“ weiterfahren.

(+330 m) **km 11,18**/92 m **Links** über den Bach fahren. (NICHT rechts dem Radwegschild folgen)

(+50 m) **km 11,23**/91 m Auf dem zweiten Weg nach **links** weiterfahren und diesem stets geradeaus (2 Abzweige ignorieren) folgen. (NICHT ganz links, MTB Schild)

(+870 m) **km 12,10**/94 m (bei der Steinkapelle, Schild „localitá Bruttugosto“) **Links** weiterfahren.

(+270 m) **km 12,37**/95 m **Rechts** dem Hauptweg folgen.

(+380 m) **km 12,75**/96 m **Links** weiterfahren.

© SP Arco, Blick zum Castello

© SP Radweg nach Torbole

© SP Torbole

© SP Blick von Nago zum Gardasee

(+400 m) **km 13,15**/98 m **Rechts** bergauf weiterfahren. (rechts an den Felsen vorbei)

(+80 m) **km 13,23**/106 m **An der HS, links** Ri. „NW 13“ weiterfahren.

(+540 m) **km 13,77**/107 m **Kreisverkehr, rechts** dem Kreisverkehr folgen und nach ca. 40 m **links** zum Startplatz zurückfahren.

Startplatz:
Arco (neuer großer Parkplatz).

Anfahrt:
In Arco, von Nago aus kommend, beim ersten großen Kreisverkehr geradeaus Ri. „Zentrum“ fahren. Nach wenigen Metern, beim kleinen Kreisverkehr, links auf den Parkplatz fahren.

Marmitte dei Giganti

Die Marmitte dei Giganti oder auch die „Töpfe der Riesen“ sind ein geomorphologisches Phänomen, das in der Eiszeit vor 70.000 bis vor etwa 10.000 Jahren, entstanden ist.

Die kreisförmigen und kesselartigen Aushöhlungen (Gletschermühlen) sind im Felsen entstanden, weil abstürzendes, mit Sand und Steinen vermischtes Gletscherschmelzwasser, den weichen Kalkfelsen ausspülte. Die großen glazialen Brunnen zeigen eindrucksvoll, welche Kraft und Erosionswirkung das Wasser hat.

Die Hauptkessel der Marmitte dei Giganti befinden sich in der Nähe der Panoramastraße, die Nago mit Torbole verbindet.

© SP Rückweg nach Arco

© SP durch Apfel- und Kiwiplantagen

© GD oberhalb des Marmitte dei Giganti

© SP Apfelplantagen

© SP Kiwiplantagen

Tour 4 „Castel Penede“ 2 7,39 km 1:00 Std 311 Hm

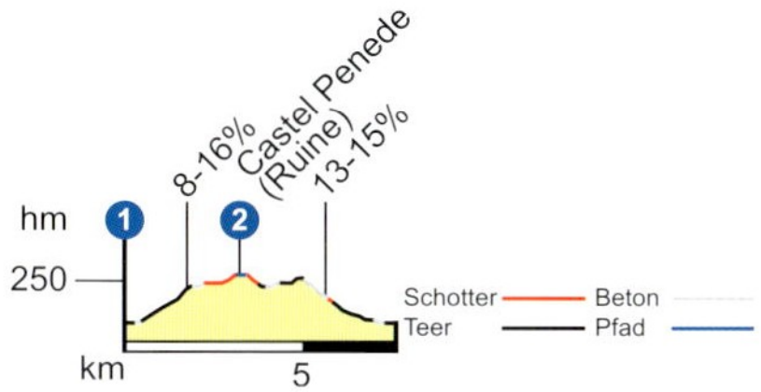

Tourencharakter

Wegbeschaffenheit

Teer	3,96 km
Schotter/Kies	1,59 km
Pfad/Trail	0,02 km
Beton/Pflastersteine	1,82 km
Schiebestrecke	0,09 km

(je nach Fahrkönnen, werden Anfänger eventuell auf dem Karrenweg nach der Ruine schieben)

Familienfreundlich

Ja, überwiegend auf verkehrsarmen und teilweise verkehrsfreien Wegen

Einkehrmöglichkeit

Bar / Restaurants in Torbole und Nago

Schwierigkeit

Ausdauer	★☆☆☆☆☆
Fahrkönnen	★★☆☆☆☆

Erlebnis

Landschaft	★★★★☆☆
Fahrspaß	★☆☆☆☆☆

Höhe

Starthöhe	66 Meter
Höchster Punkt	276 Meter

Gemütliche Tour zur Burgruine Castel Penede

Oberhalb von Torbole thront auf einem markanten Felsen die Ruine von Castel Penede. Etwas unterhalb der Burg befindet sich ein sehr schön angelegter kleiner Park mit Picknick-Pätzen und Trinkwasserbrunnen. Die südliche Grenze des Parks liegt direkt an der Felskante. Von hier hat man einen schönen, schwindelerregenden Ausblick auf Torbole, den Gardasee und die umliegenden Berge.

Strecke

Die Tour beginnt in Torbole auf dem Parkplatz, in der Nähe des Kreisverkehrs. Von hier fährt man zum Kreisverkehr und biegt dort rechts ab. Auf Höhe des kleinen Hafens links über den Dorfplatz und auf der alten Straße, die zunächst gepflastert ist, hinauf nach Nago fahren. Bei der Auffahrt hat man einen herrlichen Ausblick auf den Gardasee. In Nago geht es, unterhalb der markanten Festungsanlage vorbei, zum Kreisverkehr. Hier schräg rechts fahren und vor dem Parkplatz rechts abbiegen. Dem Straßenverlauf bis zum Park folgen. Der weitere Weg, hinauf zur Burg, verläuft auf dem Schotterweg, der links am Park entlanggeht. Beim Rückweg nimmt man den Pfad der, vor der Ruine in der Rechtskurve, nach links bergab führt. Nach wenigen Metern dem Karrenweg, der teilweise etwas holprig ist, bergab folgen. Der Weg mündet direkt bei der Festungsanlage auf die Teerstraße. Dort rechts und der Straße geradeaus durch Nago folgen, bis man auf die Straße, die zum Monte Baldo führt, kommt. Oberhalb von Nago, bei der Heiligenfigur, geradeaus auf dem Weg bergab Ri. „Busatte“ fahren und von dort der HS bergab nach Torbole folgen.

© SP Torbole, Blick vom Aussichtspunkt

© SP Auffahrt nach Nago

© SP Castel Penede

© GD Torbole

Tour 4 „Castel Penede“ **2** **7,39 km** **1:00 Std** **311 Hm**

Tour 4 „Castel Penede“ 2 7,39 km 1:00 Std 311 Hm

1 **km 0,00**/66 m Vom Parkplatz (Einfahrt bei der Tankstelle) **links** auf der HS Ri. Kreisverkehr fahren.

(+130 m) **km 0,13**/67 m **Kreisverkehr, rechts** auf der HS Ri. „Malcesine“ weiterfahren.

(+170 m) **km 0,30**/68 m (beim Hafen, Zebrastreifen) **Links** Ri. „Busatte“ abbiegen.

(+40 m) **km 0,34**/67 m (nach dem Hotel Centrale) **Links** bergauf (12-14%) Ri. „Busatte“ abbiegen.

(+180 m) **km 0,52**/87 m **Links** Ri. „Nago“ weiterfahren.

(+1.370 m) **km 1,89**/220 m Nago (beim Kreisverkehr): **Rechts** Ri. „centro“ der gepflasterten Straße folgen.

(+40 m) **km 1,93**/222 m (beim Parkplatz) **Rechts** in die „via Castel Penede“ abbiegen.

(+50 m) **km 1,98**/223 m **Rechts** Ri. „Ristorante al forte alto“ fahren und diesem Weg (wird später zum Schotterweg) folgen.

(+540 m) **km 2,52**/239 m **Gabelung, rechts** Ri. Picknick-Patz, über die Wiese fahren.

(+140 m) **km 2,66**/245 m (am Zaun) **Rechts** zu dem Mast fahren.

(+20 m) **km 2,68**/245 m Masten: Super Aussicht ins Tal Santa Lucia und zum Gardasee.

(+20 m) **km 2,70**/245 m **Links** und über die Wiese zurückfahren.

(+140 m) **km 2,84**/241 m **Rechts** bergauf (9-16%) dem Schotterweg folgen.

(+280 m) **km 3,12**/271 m **Rechtskehre** zur Ruine folgen. (hier geht es dann auf dem Rückweg links auf den Pfad)

2 *(+40 m)* **km 3,16**/276 m **Castel Penede** (Eingang zur Ruine): Von hier dann wieder bis zur Linkskehre zurückfahren.

(+40 m) **km 3,20**/272 m (in der Linkskehre) **Geradeaus** bergab dem Pfad folgen.

(+500 m) **km 3,70**/228 m (vor der Festungsanlage, Ristorante) **Rechts** weiterfahren.

(+140 m) **km 3,84**/220 m **Geradeaus** dem gepflasterten Weg folgen.

(+70 m) **km 3,91**/220 m **Gabelung, rechts** der „via al Castel Penede“ (schmale Gasse) folgen.

(+110 m) **km 4,02**/224 m (links Brunnen) **Rechts** weiterfahren.

(+30 m) **km 4,05**/225 m **Links** Ri. „strada del monte baldo“ weiterfahren.

(+110 m) **km 4,16**/231 m **Geradeaus** der „via monte baldo“ folgen.

(+130 m) **km 4,29**/231 m **Rechts** Ri. „Busatte“ weiterfahren.

(+500 m) **km 4,79**/259 m (beim Steinmarterl mit Bank) **Geradeaus** Ri. „Torbole, Busatte“.

(+100 m) **km 4,89**/255 m **Rechts** dem Weg Ri. „Busatte“ folgen. Nach 360 m befindet sich auf der linken Seite ein Aussichtspunkt.

(+850 m) **km 5,74**/154 m Busatte: **Geradeaus** Ri. „Torbole“ auf der Teerstraße weiterfahren.

© SP Torbole

© SP Torbole, Blick vom Aussichtspunkt

© SP Park unterhalb vom Castel Penede

© SP Castel Penede

(+60 m) **km 5,80**/152 m **Geradeaus** bergab Ri. „Torbole“ fahren.

(+190 m) **km 5,99**/128 m **Geradeaus** weiterfahren.

(+840 m) **km 6,83**/88 m **Links** der „via di Santa Lucia“ bergab, bis zum Dorfplatz, folgen.

(+210 m) **km 7,04**/64 m (beim Hotel Centrale) **Rechts** über den Dorfplatz zur HS weiterfahren.

(+40 m) **km 7,08**/64 m **An der HS, rechts** weiterfahren.

(+150 m) **km 7,23**/65 m **Kreisverkehr, links** Ri. „Riva“ abbiegen und zum Startpunkt zurückfahren.

Startplatz:
Torbole, Parkplatz bei der Tankstelle.

Anfahrt:
Von Nago kommend in Torbole am Kreisverkehr rechts Ri. „Riva“ abbiegen. Nach wenigen Metern befindet sich auf der rechten Seite ein großer Parkplatz (kostenpflichtig).

Castel Penede

Oberhalb von Torbole thront, auf einem markanten Felsen, die Ruine von Castel Penede. Die Burg, die erstmals 1210 erwähnt wurde, hatte über Jahrhunderte eine strategische Bedeutung. Durch die exponierte Lage auf dem Felsvorsprung, konnte die Straße von Loppio zum Gardasee und in die Giudicarie sowie in die Lomasotäler kontrolliert werden.

Das Castel Penede wurde 1704 von den französisch-spanischen Streitkräften des Herzogs von Vendôme geplündert und in Brand gesetzt. Während des Ersten Weltkriegs wurde die Burgruine, gleichzeitig mit den Befestigungswerken von Nago, ausgebaut und mit Artilleriegeschützen ausgestattet.

Aber nicht nur aus geschichtlicher und architektonischer Hinsicht ist die Burg interessant, sondern auch wegen ihrer Lage. Die Aussicht auf den Gardasse und die umliegenden Berge ist sehr schön. Derzeit wird die Burgruine Castel Penede saniert und restauriert.

© SP Castel Penede: Blick nach Nago

© SP Feigenbaum

© GD Betonrampe nach Busatte

© GD Nago

© SP Torbole

Tour 5 „Hochplateau Monte Bondone“ | 2 | 12,73 km | 1:19 Std | 278 Hm

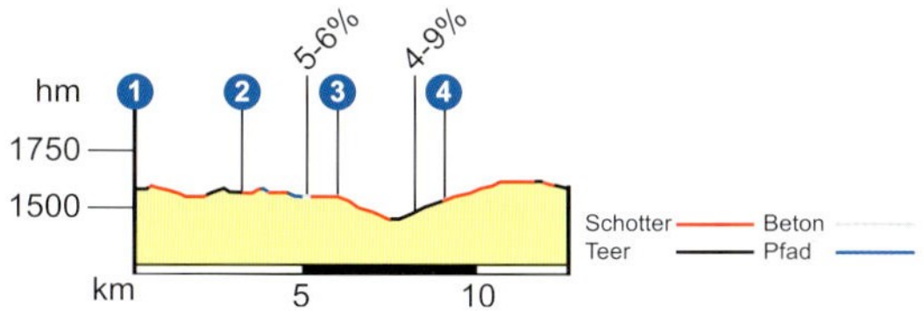

© SP Hochplateau bei Viote

Tourencharakter

Wegbeschaffenheit

Teer	3,51 km
Schotter/Kies	8,44 km
Pfad/Trail	0,55 km
Beton/Pflastersteine	0,23 km
Schiebestrecke	0,00 km

Familienfreundlich

Ja, überwiegend verkehrsfreie Wege

Einkehrmöglichkeit

Keine unterwegs, nur am Start in Viote

Schwierigkeit

Ausdauer	★☆☆☆☆☆
Fahrkönnen	★★☆☆☆☆

Erlebnis

Landschaft	★★★★★☆
Fahrspaß	★★★☆☆☆

Höhe

Starthöhe	1.566 Meter
Höchster Punkt	1.610 Meter

Landschaftlich beeindruckende Runde auf dem Hochplateau Monte Bondone

Bei Viote, unterhalb des markanten Monte Bondone, befindet sich ein großes Hochplateau. Von dieser natürlichen Terrasse hat man einen einzigartigen Ausblick auf die Landschaft der Brenta Dolomiten. Die Alm- und Sumpfwiesen rund um den kleinen Ort sind reich an alpiner Vegetation. Aufgrund der Höhenlage ist es auch im Hochsommer auf dem etwa 1.500 m hochgelegenen Plateau angenehm kühl. Diese Tour verläuft rund um das Hochplateau und bietet traumhafte Ausblicke.

© SP Blumenpracht am Hochplateau

Strecke

Die Tour beginnt in Viote an der Bushaltestelle. Zunächst geht es ein kurzes Stück auf der HS Ri. Vason. Nach wenigen Metern verlässt man diese und zweigt links auf den Schotterweg „Giro delle Viote“ ab, der durch saftige und blumenreiche Almwiesen führt. Nach ca. 2 km Fahrt durch die Wiesen, führt der Weg wieder zur HS. Jetzt rechts auf der HS ein kurzes Stück weiterfahren. Nach ca. 600 m die HS nach links auf den Schotterweg verlassen. Diesem Weg nun Ri. „Giro delle Viote“ folgen. Nach ca. 1 km, in einer Rechtskurve, rechts auf einen unscheinbaren Wiesenweg Ri. „Giro delle Viote“ abbiegen. Der Weg führt durch ein kleines Tal, am Bach entlang. Danach folgt man dem Weg Ri. „Malga Albi“ und im weiteren Verlauf stets Ri. „Giro delle Viote“. Zwischendurch wird man immer wieder mit grandiosen Ausblicken, teilweise bis ins Etschtal, belohnt. Der Weg führt dann bergab, teilweise als Wald- bzw. Wiesenweg, bis zur HS. Dort links bergauf. Nach ca. 1,4 km die HS verlassen und rechts dem Schotterweg Ri. „Valle delle Gole“ folgen. Oberhalb von Viote nun bis zur HS, die nach Vason führt, fahren. Dort links bergab zum Ausgangspunkt zurückfahren.

© SP Blick ins Etschtal

© SP Blick zum Monte Bondone

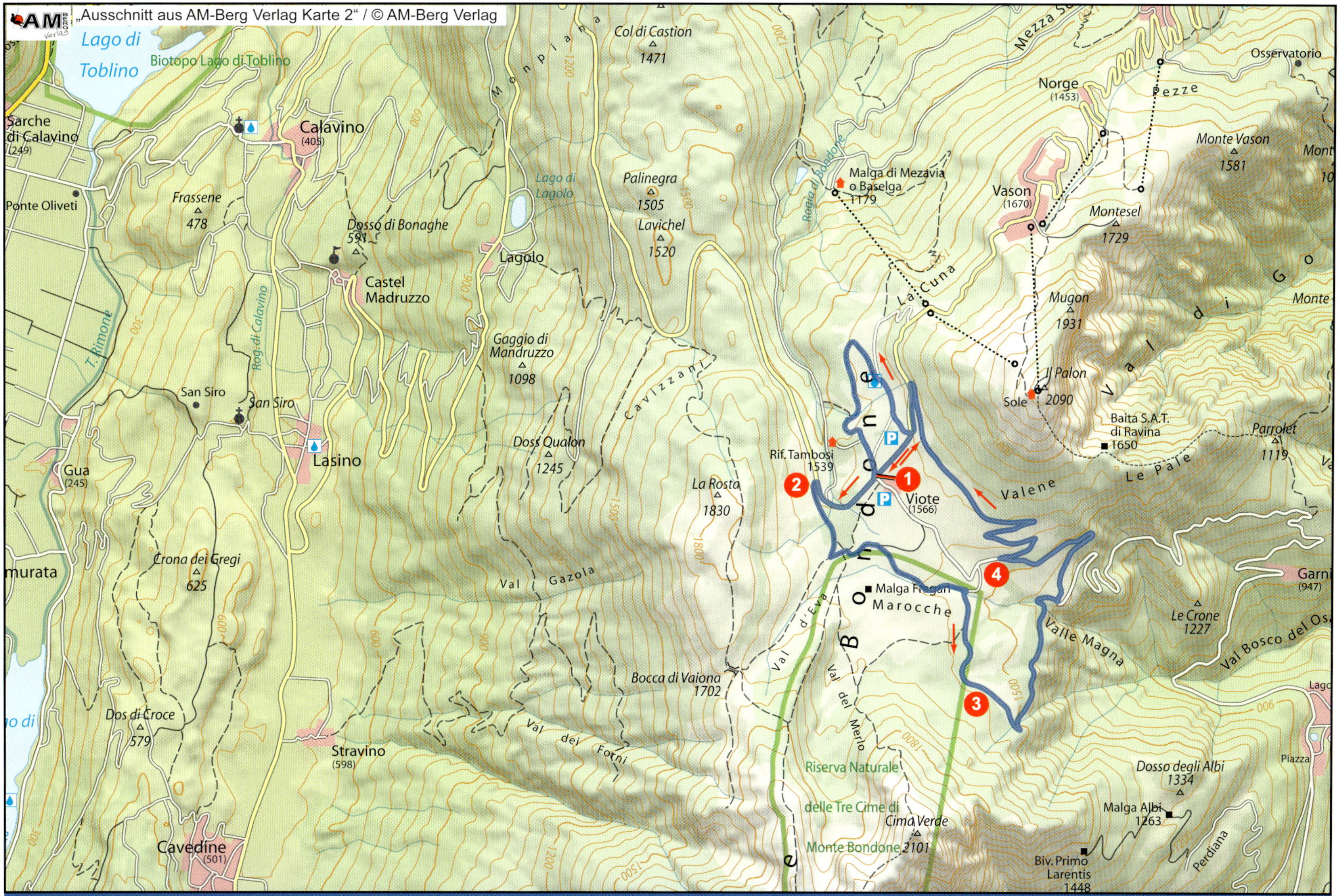

Tour 5 „Hochplateau Monte Bondone“ 2 12,73 km 1:19 Std 278 Hm

Tour 5 „Hochplateau Monte Bondone“ 2 12,73 km 1:19 Std 278 Hm

1 **km 0,00**/1566 m Von der Bushaltestelle (Schild „Centro Fondo Viote 1566m“) **geradeaus** die 10 m zur HS fahren und dort nach **rechts** auf diese Ri. „Trento“ abbiegen.

(+450 m) **km 0,45**/1583 m (nach dem Parkplatz) **Links** in den Schotterweg abbiegen.

(+500 m) **km 0,95**/1560 m **Gabelung** (mit Brunnen), **links** Ri. „Giro delle Viote“ weiterfahren.

(+370 m) **km 1,32**/1549 m **Links** dem Schotterweg folgen.

(+830 m) **km 2,15**/1549 m (beim Spielplatz) **Rechts** Ri. „Giro delle Viote“ weiterfahren.

(+60 m) **km 2,21**/1551 m **Geradeaus** zur HS weiterfahren. (nicht rechts Ri. „Giro delle Viote“)

(+330 m) **km 2,54**/1565 m **An der HS, rechts** bergab auf der HS weiterfahren.

2 *(+600 m)* **km 3,14**/1545 m **Links** in den Schotterweg Ri. „Giro delle Viote“ abbiegen.

(+590 m) **km 3,73**/1565 m **Kreuzung, links** bergab dem Wiesenpfad folgen.

(+120 m) **km 3,85**/1555 m **Kreuzung, rechts** dem Schotterweg folgen.

(+260 m) **km 4,11**/1555 m **Abzweig, rechts** auf den Wiesenweg Ri. „Giro delle Viote“ (Holzschild etwas versteckt hinter der Kiefer) abbiegen und diesem durch das kleine Tal, am Bach entlang folgen.

(+850 m) **km 4,96**/1524 m **Rechts** Ri. „Malga Albi“ und durch die Linkskehre fahren.

(+290 m) **km 5,25**/1531 m **Geradeaus** Ri. „Sentiero Malga Albi“ weiterfahren.

(+230 m) **km 5,48**/1536 m **Geradeaus** dem Hauptweg folgen.

(+190 m) **km 5,67**/1544 m **Linkskurve** Ri. „Giro delle Viote“ folgen.

3 *(+300 m)* **km 5,97**/1533 m (großer Platz, super Blick) **Geradeaus** Ri. „Giro delle Viote“ weiterfahren.

(+420 m) **km 6,39**/1503 m **Linkskehre** Ri. „Giro delle Viote“ folgen. (rechts „Sentiero di Malga Albi“)

(+1.290 m) **km 7,68**/1428 m **An der HS, links** bergauf (4-9%) Ri. „Giro delle Viote“ fahren.

4 *(+1.420 m)* **km 9,10**/1522 m (bevor die HS bergab geht) **Rechts** Ri. „Baita SAT, Valle delle Gole“ abbiegen und diesem Weg stets Ri. „Giro delle Viote“ bis zur HS folgen. (2 Abzweige ignorieren)

(+2.790 m) **km 11,89**/1610 m **An der HS, links** bergab (neben der HS auf dem Schotterstreifen) weiterfahren.

(+420 m) **km 12,31**/1583 m (Ende des seitlichen Schotterstreifens) Auf der HS **geradeaus** weiterfahren.

(+400 m) **km 12,71**/1570 m **Links** zum Startpunkt abbiegen.

Startplatz:
Viote, Bushaltestelle „Centro Fondo Viote“.

Anfahrt:
Von Lasino Ri. „Monte Bondone“ abbiegen und der HS bis nach Viote folgen. Rechts abbiegen und auf dem Parkplatz parken.

© SP Blick zum Cima Verde

© SP auf dem Weg „Giro delle Viote“ …

© SP auf dem Weg „Giro delle Viote“ …

© SP Blick zum Monte Bondone

© Susi Plott

Blumen am Hochplateau Monte Bondone

Tour 6 „Baita Alpini-Passo Santa Barbara“ 2 9,85 km 1:07 Std 350 Hm

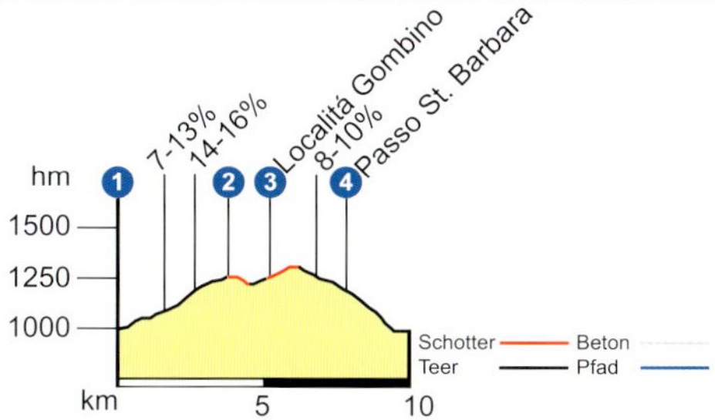

Tourencharakter

Wegbeschaffenheit

Teer	8,02 km
Schotter/Kies	1,83 km
Pfad/Trail	0,00 km
Beton/Pflastersteine	0,00 km
Schiebestrecke	0,00 km

Familienfreundlich
Ja, überwiegend verkehrsarme Wege

Einkehrmöglichkeit
Bars / Restaurants in Ronzo und Santa Barbara + La Baita

Schwierigkeit

Ausdauer	★☆☆☆☆☆
Fahrkönnen	★☆☆☆☆☆

Erlebnis

Landschaft	★★★★★☆
Fahrspaß	★☆☆☆☆☆

Höhe

Starthöhe	988 Meter
Höchster Punkt	1.304 Meter

Rundtour über den Passo Bordala und Santa Barbara

Über Nebenstraßen fährt man zum Passo Bordala und von dort durch Waldpassagen zur Localitá Gombino, die direkt unterhalb des Monte Stivo liegt. Die Weiterfahrt über das Plateau bei Santa Barbara und über die alten Teerstraßen, wieder zurück nach Ronzo-Chienis, ist einfach zu bewältigen. Die Tour bietet zahlreiche imposante Ausblicke auf die umliegenden Berge.

Strecke

In Ronzo-Chienis folgt man der HS bergauf Ri. „Passo Bordala“. Am Ortsausgang, bei der kleinen Kapelle, rechts Ri. „Piazze zona sportivo“ abbiegen und bei der nächsten Kreuzung links Ri. „Percorso D“ weiterfahren. Man erreicht den Ort Pra dal Lac und fährt nun auf der HS weiter bergauf. Nach einem Parkplatz auf der linken Seite, zweigt nach links ein Schotterweg ab. Diesem Ri. „Percorso D“ folgen. Nach einigen hundert Metern trifft man auf eine Teerstraße und folgt dieser rechts bergauf. Etwas später verlässt man diese Teerstraße nach links und fährt zur Localitá Gombino. Von hier führt der Schotterweg kurz etwas steiler bergauf und dann über Baita Castil zum Passo Santa Barbara. In der Ortsmitte von Santa Barbara, beim Brunnen, der HS links bergab folgen. Nach wenigen Metern verlässt man diese und fährt auf alten Teerwegen steil bergab zurück nach Ronzo-Chienis.

© SP Ronzo-Chienis

© SP Monte Stivo

© SP Kirche Nähe Baita Castil

© SP Baita Castil: Blick in die Brenta

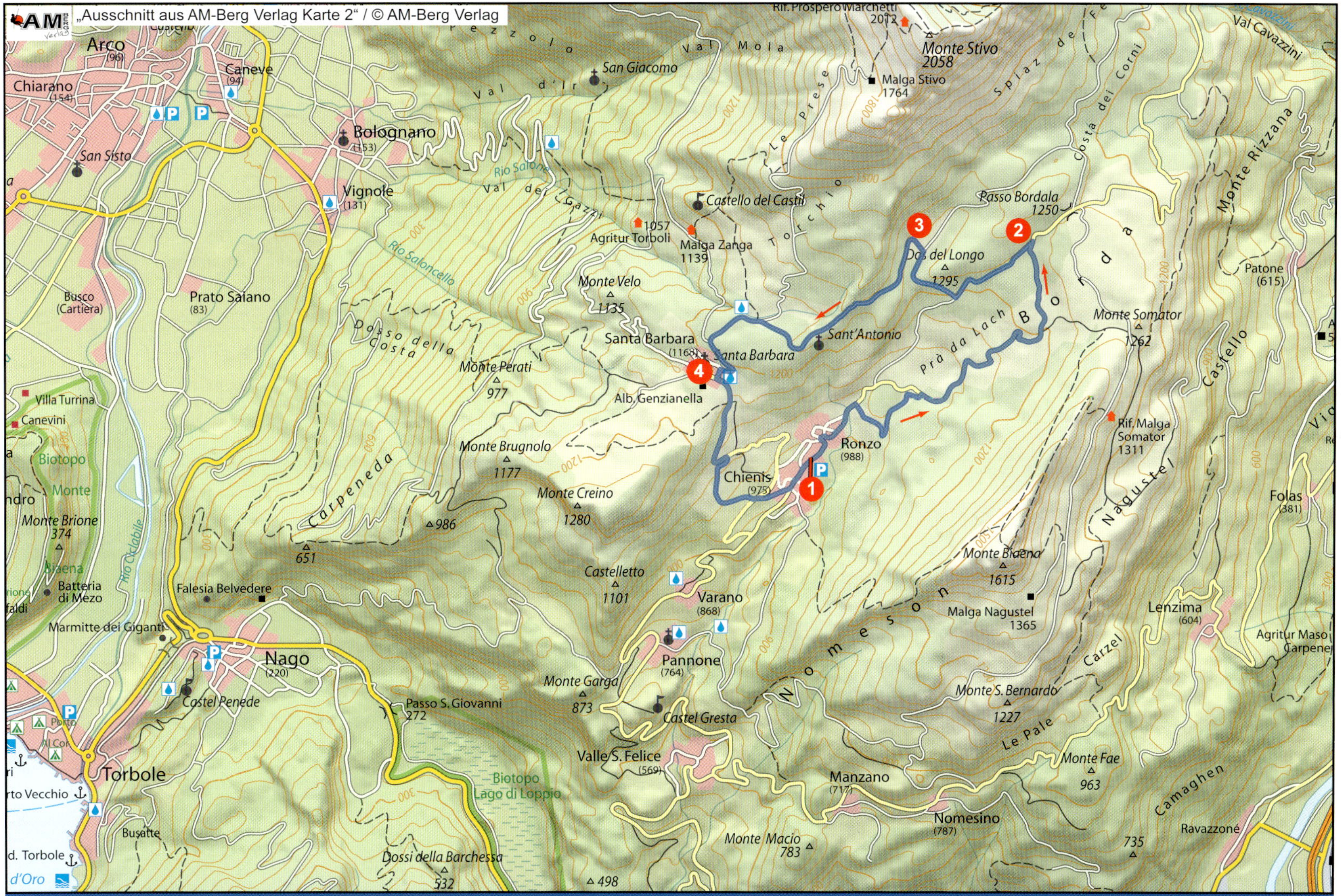

Tour 6 „Baita Alpini-Passo Santa Barbara“ 2 9,85 km 1:07 Std 350 Hm

Tour 6 „Baita Alpini-Passo Santa Barbara" 2 9,85 km 1:07 Std 350 Hm

1 **km 0,00**/988 m Von der Einfahrt des Parkplatzes, **rechts** der HS leicht bergauf (6-9%) durch den Ort folgen.

(+610 m) **km 0,61**/1035 m Ortsausgang Ronzo-Chienis (nach kleiner Kapelle): **Rechts** bergauf (9-13%) Ri. „Piazze zona sportivo, Percorso D" abbiegen.

(+370 m) **km 0,98**/1056 m **Kreuzung, links** bergauf (4-8%) Ri. „Percorso D, MTB" abbiegen.

(+530 m) **km 1,51**/1086 m **Links** Ri. „Percorso D" und zur HS (30 m) fahren. **An der HS, rechts** und dieser stets bergauf folgen.

(+1.370 m) **km 2,88**/1216 m La Baita (Pizzeria, Restaurant, rechte Seite).

2 *(+780 m)* **km 3,66**/1253 m **Links** Ri. „Percorso D" in den Schotterweg abbiegen. (HS verlassen)

(+790 m) **km 4,45**/1211 m **Rechts** bergauf der Teerstraße Ri. „Percorso D" folgen.

(+590 m) **km 5,04**/1255 m **Abzweig, links** dem Schotterweg folgen.

3 *(+120 m)* **km 5,16**/1263 m **Localitá Gombino**. (rechts Hütte „Gruppo Val di Gresta")

(+1.710 m) **km 6,87**/1240 m Baita Castil: **Links** Ri. „Percorso D" weiterfahren.

(+820 m) **km 7,69**/1194 m **Links** weiterfahren.

4 *(+70 m)* **km 7,76**/1184 m **Passo Santa Barbara** (mit Brunnen): **Links** der HS Ri. „Ronzo-Chienis" folgen.

(+880 m) **km 8,64**/1090 m (nach der Linkskehre) **Rechts** dem Teerweg bergab (14-17%) folgen.

(+400 m) **km 9,04**/1030 m **Links** bergab weiterfahren.

(+290 m) **km 9,33**/996 m **Kreisverkehr, geradeaus** bergab nach Ronzo-Chienis fahren.

(+280 m) **km 9,61**/996 m Achtung Einbahnstraße, 30 m bergab - entgegen der Einbahnstraße - gegebenenfalls schieben.

(+30 m) **km 9,64**/978 m **An der HS, links** und zum Startpunkt zurückfahren.

Startplatz:
Ronzo, Ortsmitte - gegenüber der Kirche.

Anfahrt:
Von Loppio kommend auf der „SP 88" nach Ronzo-Chienis fahren. In der Ortsmitte, gegenüber der Kirche, befindet sich rechts beim Friedhof ein großer Parkplatz. Hier parken.

Ronzo-Chienis

Ronzo-Chienis ist der Hauptort des Val di Gresta und bekannt durch den Anbau von biologischen Produkten.

Durch das mediterrane Klima des Gardasees werden im Val di Gresta hervorragende Bedingungen für die Landwirtschaft geschaffen. Dies ist im „Tal der biologischen Gärten" sehr bedeutsam. Die Bauern von Ronzo-Chienis waren die Ersten Norditaliens, die Bioprodukte angebaut haben.

Mittlerweile wird hier Gemüse wie Kartoffeln, Lauch, Kohl, Zwiebeln und vieles mehr angebaut.

© SP Ronzo-Chienis

© SP Auffahrt, Blick zum Monte Stivo

© SP

© SP Abfahrt nach Ronzo, Blick zurück

© Susi Plott

Nago, Castel Penede

Tour 7 „Sarcatal“ 2 24,71 km 2:05 Std 324 Hm

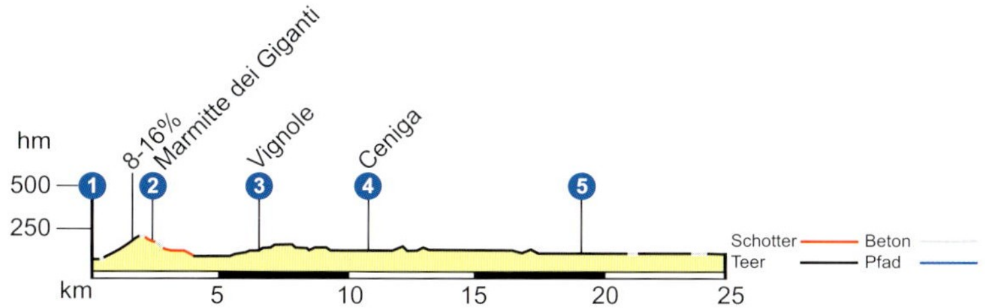

Tourencharakter

Wegbeschaffenheit

Teer	21,55 km
Schotter/Kies	1,85 km
Pfad/Trail	0,01 km
Beton/Pflastersteine	1,30 km
Schiebestrecke	0,00 km

Familienfreundlich

Ja, auf verkehrsarmen bzw. verkehrsfreien Straßen

Einkehrmöglichkeit

Bars / Restaurants in Torbole, Nago, Marmitte dei Giganti, Ceniga, Arco und am Yachthafen in Riva

Schwierigkeit

Ausdauer	★☆☆☆☆☆
Fahrkönnen	★☆☆☆☆☆

Erlebnis

Landschaft	★★★★☆☆
Fahrspaß	★☆☆☆☆☆

Höhe

Starthöhe	66 Meter
Höchster Punkt	210 Meter

Entlang der Sarca durch die Wein- und Obstplantagen

Gemütliche, einfache Rundtour auf Teerwegen und gut angelegten Radwegen durch das Talbecken zwischen Torbole und Ceniga. Dabei fährt man, abseits von frequentierten Autostraßen, durch weitläufige Wein- und Obstplantagen. Die kleinen malerischen Ortschaften wie Vignole, Bolognano, Massone und Ceniga sind ohne nennenswerte Steigungen zu erreichen. Die Tour ist landschaftlich sehr reizvoll, da man unterschiedliche Ausblicke zum Gardasee, auf die Dörfer und die umliegenden Berge genießen kann.

Strecke

Die Tour beginnt in Torbole auf dem Parkplatz in der Nähe des Kreisverkehrs. Von hier fährt man zum Kreisverkehr und biegt dort rechts ab. Auf Höhe des kleinen Hafens links über den Dorfplatz und auf der alten Straße, die zunächst gepflastert ist, hinauf nach Nago fahren. Bei der Auffahrt hat man einen herrlichen Ausblick auf den Gardasee. In Nago geht es unterhalb der markanten Festungsanlage vorbei zum Kreisverkehr. Nun links bergab, am Marmitte dei Giganti vorbei und der Schotterpiste, durch Apfel- und Weinplantagen, nach Vignole folgen. Dort auf der Teerstraße nach Massone fahren. In Moletta die HS überqueren und dem Radweg an der Sarca entlang nach Ceniga folgen. Dann über die historische Römerbrücke und danach links Ri. „Arco“ fahren. Hier hat man einen herrlichen Blick auf die Felsmassive des Colodri, welcher sich steil über Arco erhebt. In Arco bei der Sarcabrücke geradeaus bis zum Sportplatz und dem Radweg an der Sarca entlang, bis kurz vor einen Kiosk folgen. Hier rechts und auf schmalen Nebenstraßen, westlich des Monte Brione, nach Riva fahren. Dort auf dem Radweg nach Torbole zurück zum Ausgangspunkt fahren.

© SP Nähe Nago, Blick zum Gardasee

© SP Apfelplantagen

© SP Bolognano

© SP Nähe San Giorgio

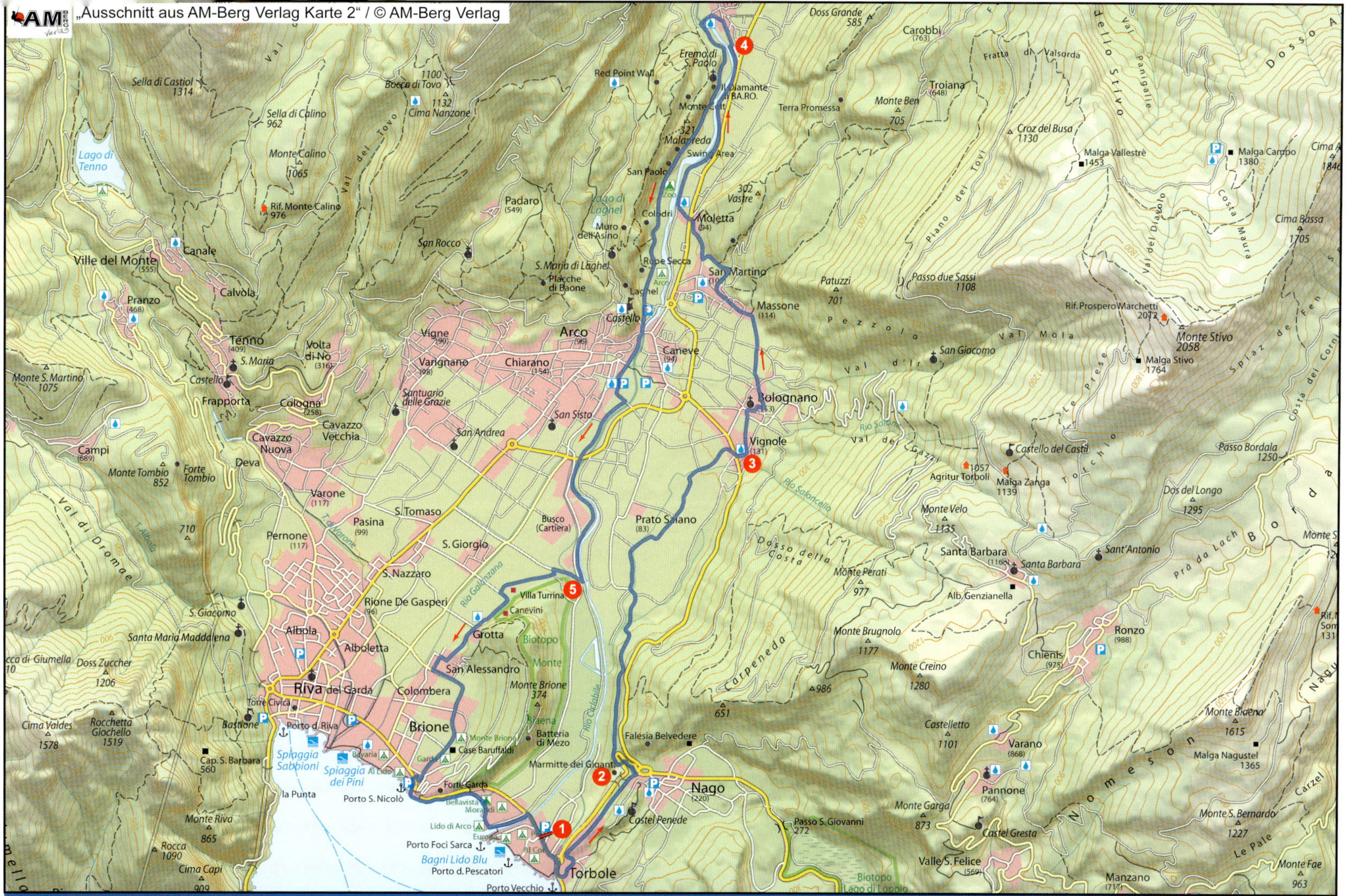

Tour 7 „Sarcatal“ **2** **24,71 km** **2:05 Std** **324 Hm**

Tour 7 „Sarcatal“ 2 24,71 km 2:05 Std 324 Hm

1

km 0,00/66 m Vom Parkplatz (Einfahrt bei der Tankstelle) **links** auf der HS Ri. Kreisverkehr fahren.

(+130 m) **km 0,13**/67 m **Kreisverkehr, rechts** auf der HS Ri. „Malcesine“ weiterfahren.

(+170 m) **km 0,30**/68 m (beim Hafen, Zebrastreifen) **Links** Ri. „Busatte“ abbiegen.

(+40 m) **km 0,34**/67 m (nach dem Hotel Centrale) **Links** bergauf (12-14%) Ri. „Busatte“ abbiegen.

(+180 m) **km 0,52**/87 m **Links** Ri. „Nago“ weiterfahren.

(+1.370 m) **km 1,89**/220 m Nago (beim Kreisverkehr): **Scharf links** zurück Ri. „60 km di Gardum“, am Parkplatz vorbei, weiterfahren.

2

(+410 m) **km 2,30**/182 m **Marmitte dei Giganti: An der HS** (links Bar), **geradeaus** diese überqueren (Vorsicht Autoverkehr!) und gegenüber dem Schotterweg folgen.

(+1.640 m) **km 3,94**/90 m **Links** Ri. „Radwegschild“ weiterfahren.

(+330 m) **km 4,27**/92 m **Links** über den Bach fahren. (NICHT rechts dem Radwegschild folgen)

(+50 m) **km 4,32**/91 m **Rechts** dem Teerweg durch die Wein- und Apfelplantagen, stets geradeaus (6 Abzweige ignorieren), folgen.

(+2.120 m) **km 6,44**/123 m **T-Kreuzung, links** zur HS (Ampel) fahren.

(+10 m) **km 6,45**/124 m **An der HS, geradeaus** Ri. „60 km di Gardum“ in die „via S. Valentino leicht bergauf weiterfahren.

3

(+120 m) **km 6,57**/131 m **Vignole: Links** in die „via Guiseppe Mazzini“ fahren und dieser Straße durch den Ort folgen.

(+390 m) **km 6,96**/143 m Bolognano: **Geradeaus** auf die HS Ri. „60 km di Gardum“ und auf die Kirche zu fahren.

(+50 m) **km 7,01**/144 m (vor der Kiche) **Rechts** weiterfahren.

(+70 m) **km 7,08**/148 m (nächste Straße) **Links** abbiegen.

(+110 m) **km 7,19**/155 m (vor der Mauer) **Links** dem Hauptweg folgen. Nun stets geradeaus (Abzweige, Kreuzungen ignorieren) Ri. „60 km di Gardum“ nach und in Massone weiterfahren.

(+1.300 m) **km 8,49**/125 m Massone: **Geradeaus** Ri. „Braila, 60 km di Gardum“ weiterfahren.

(+50 m) **km 8,54**/128 m **Links** Ri. „Falesia Policromura“ weiterfahren. (rechts „Massone“)

(+120 m) **km 8,66**/135 m **Rechts** dem Teerweg folgen.

(+70 m) **km 8,73**/141 m **Geradeaus** Ri. „Falesia Policromura“ weiterfahren.

(+150 m) **km 8,88**/146 m **Links** bergab Ri. „Arco“ abbiegen.

(+330 m) **km 9,21**/120 m **Rechts** weiterfahren.

(+450 m) **km 9,66**/111 m Moletta: **An der HS** (Ampel), **links** die HS überqueren und Ri. „pista ciclabile“ weiterfahren.

© GD Auffahrt nach Nago

© SP Blick zum Gardasee, Lido di Arco

© SP Plantagen bei Prato Saiano

© SP Radweg nach Ceniga

(+220 m) **km 9,88**/108 m (vor der Sarca) **Rechts** dem Radweg, an der Sarca entlang, Ri. „Sarche 16,3" folgen. (links Bar + Spielplatz)

4 *(+1.970 m)* **km 11,85**/124 m **Ceniga: An der HS, links** Ri. „Sarche 16,3" auf der HS weiterfahren.

(+280 m) **km 12,13**/131 m (rechts Parkplatz) **Links** Ri. „Ponte Romano" in die „via al ponte" abbiegen.

(+260 m) **km 12,39**/127 m (nach der römischen Brücke) **Links** in die „via Prabi" Ri. „Arco" abbiegen. Es folgen verschiedene Rastmöglichkeiten „La Lanterna" (nach ca. 1,45 km) oder „Pizzeria California" (nach ca. 2,64 km in Arco).

(+3.590 m) **km 15,98**/112 m Arco (Sarcabrücke): **Geradeaus** auf der HS weiterfahren.

(+390 m) **km 16,37**/109 m (in der Rechtskurve, HS) **Links** abbiegen und dann rechts weiterfahren.

(+170 m) **km 16,54**/110 m **Links** über den Parkplatz fahren und dem Radweg, am Sportplatz vorbei, folgen.

(+80 m) **km 16,62**/110 m (am Ende des Parkplatzes) **Geradeaus** dem Radweg folgen, der nun stets entlang der Sarca führt.

(+2.380 m) **km 19,00**/102 m **Rechts** dem Pfad (10 m) zur HS folgen und auf dieser weiterfahren.

5 *(+40 m)* **km 19,04**/102 m **Rechts** in die „via Sabbioni" abbiegen.

(+310 m) **km 19,35**/102 m **Abzweig, links** weiterfahren.

(+40 m) **km 19,39**/102 m **Abzweig, rechts** weiterfahren.

(+430 m) **km 19,82**/102 m **Gabelung, links** weiterfahren.

(+190 m) **km 20,01**/101 m **T-Kreuzung, links** in die „via Monte Brione" abbiegen.

(+550 m) **km 20,56**/102 m **Geradeaus** nach Sant Alessandro fahren.

(+620 m) **km 21,18**/99 m Riva: **An der HS, links** auf dem Radweg (rechts neben der HS) bis zur Uferstraße weiterfahren.

(+1.460 m) **km 22,64**/94 m (an der Uferstraße) **Links** über den Zebrastreifen und dem Radweg nach Torbole folgen.

(+810 m) **km 23,45**/95 m Lido di Arco: **Rechts** abbiegen und dem Uferweg folgen.

(+490 m) **km 23,94**/93 m **Links** dem Radweg bergauf Ri. „Torbole 0,15", bis zur HS, folgen.

(+430 m) **km 24,37**/97 m **An der HS, rechts** auf diese abbiegen und zum Startpunkt zurückfahren.

Startplatz:
Torbole, Parkplatz bei der Tankstelle.

Anfahrt:
Von Nago kommend, in Torbole am Kreisverkehr rechts Ri. „Riva" abbiegen. Nach wenigen Metern befindet sich auf der rechten Seite ein großer Parkplatz (kostenpflichtig).

© SP Blick zurück: Ceniga

© SP entlang der Sarca, Blick zurück Ri. Arco

© SP Radweg Riva-Torbole

© SP Torbole, Blick zum Monte Baldo

Tour 8 „Radweg Nago-Mori“ 2 25,14 km 2:00 Std 313 Hm

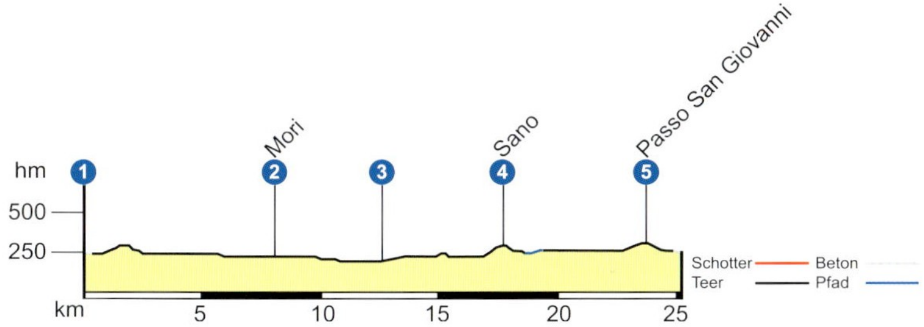

Tourencharakter

Wegbeschaffenheit

Teer	23,74 km
Schotter/Kies	0,06 km
Pfad/Trail	0,71 km
Beton/Pflastersteine	0,63 km
Schiebestrecke	0,00 km

Familienfreundlich

Ja, überwiegend verkehrsfreie und verkehrsarme Straßen

Einkehrmöglichkeit

Bars / Restaurants in Nago und Mori

Schwierigkeit

Ausdauer	★☆☆☆☆☆
Fahrkönnen	★☆☆☆☆☆

Erlebnis

Landschaft	★★★☆☆☆
Fahrspaß	★☆☆☆☆☆

Höhe

Starthöhe	222 Meter
Höchster Punkt	302 Meter

Einfache Tour über den Passo San Giovanni ins Etschtal

Die wohl bekannteste Zufahrt vom Etschtal zum Gardasee ist über Mori. Vom Etschtal führt aber auch ein Radweg zum Gardasee. Die einfache Tour verläuft größtenteils auf geteerten Radwegen und hat keine nennenswerten Steigungen, da die Tour in Nago beginnt. Wer in Torbole oder Arco startet, muss etwa 160 Höhenmeter mehr bergauf fahren. Eine genussvolle Tour, entlang des Biotops Lago di Loppio und zur Etsch.

Strecke

In der Nähe des markanten Kreisverkehrs in Nago gibt es einen Parkplatz. Hier beginnt die Tour. Zunächst geht es in den Ortskern von Nago, bei einem Torbogen fährt man geradeaus und folgt dem Radweg. Nach etwa 1,7 km erreicht man den höchsten Punkt der Tour, den Passo San Giovanni mit 287 Metern. Am Biotop Lago di Loppio vorbei geht es über Loppio nach Mori. Der Radweg, der in das Etschtal führt, ist sehr gut ausgeschildert. Das stellt sicher, dass man sich nicht verfährt und nicht auf eine Hauptverkehrsstraße kommt. Vom Ortseingang fährt man auf dem ausgeschilderten Weg, an der Kirche und dem Sportplatz vorbei, bis zur Etsch. Hier geht es flussabwärts an der Etsch entlang Ri. „Ala“. Bei einer Weggabelung rechts, kurz bergauf zur HS und auf dieser zurück nach Mori. Am Ortseingang von Mori links dem Radweg Ri. „Sano-Crosano“ folgen. Am Ortsende von Mori verlässt man den Radweg, der nach Nago führt, und fährt auf der Straße Ri. „Grotta del Colombo“ weiter. Der kleine „Umweg“ über Sano nach Loppio bietet tolle Ausblicke in das Tal zwischen Lago di Loppio und Mori. Von Loppio geht es auf dem gleichen Weg zurück nach Nago.

© GD Mori, Kirche

© GD Etsch

© GD Blick nach Loppio

© GD Radweg Mori-Loppio

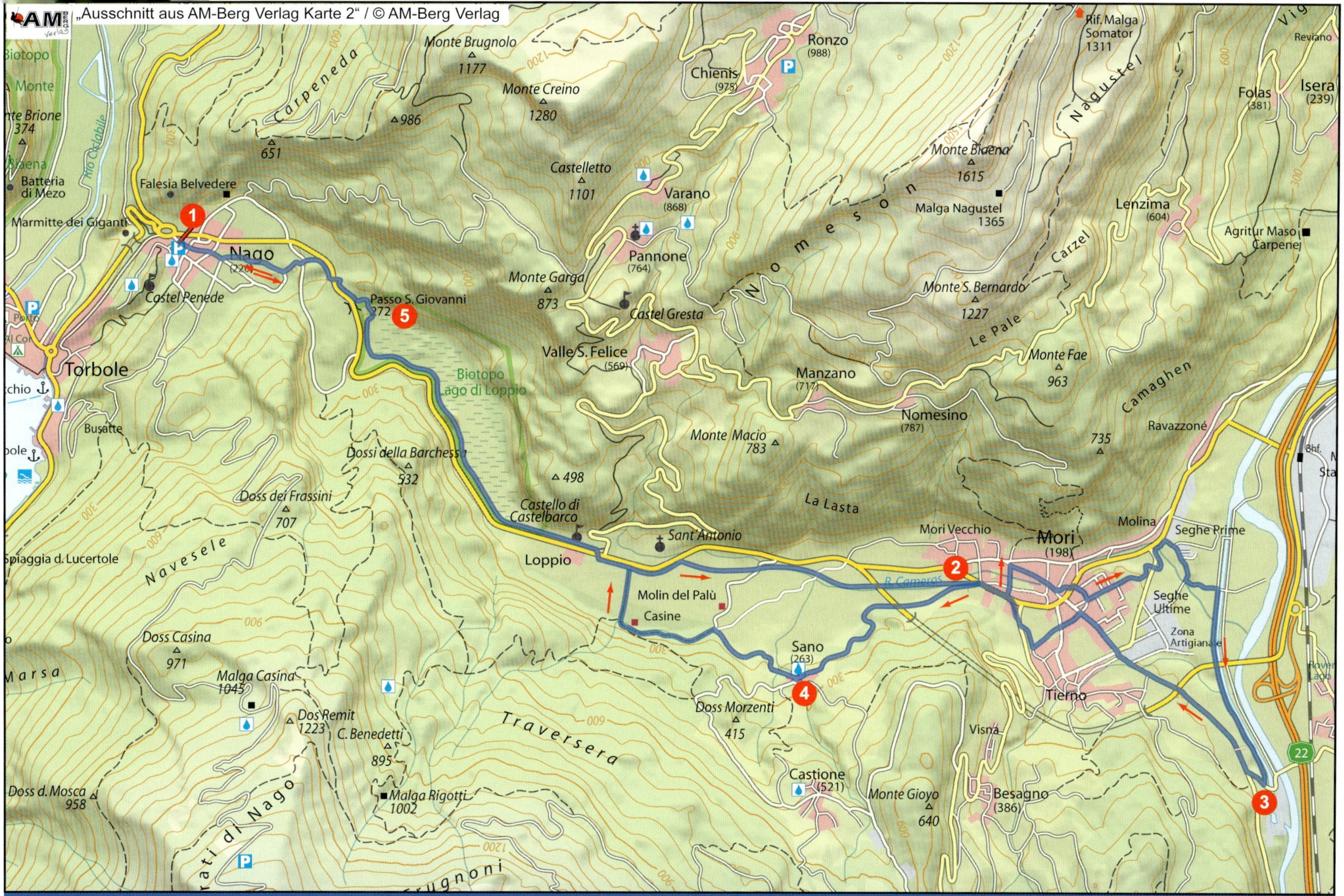

Tour 8 „Radweg Nago-Mori“ 2 **25,14** km **2:00** Std **313** Hm

Tour 8 „Radweg Nago-Mori“ 2 25,14 km 2:00 Std 313 Hm

1

km 0,00/222 m Von der Einfahrt des Parkplatzes, **rechts** der „via Sighele“ folgen.

(+150 m) **km 0,15**/225 m **Kreuzung, geradeaus** durch den Torbogen fahren.

(+170 m) **km 0,32**/233 m **Geradeaus** weiterfahren.

(+140 m) **km 0,46**/232 m **Abzweig, links** dem Radweg folgen.

(+720 m) **km 1,18**/265 m **Rechts** auf dem Radweg weiterfahren und diesem über Loppio bis nach Mori folgen.

2

(+6.750 m) **km 7,93**/214 m **Mori: Geradeaus** Ri. „Rovereto 7,4“ weiterfahren.

(+460 m) **km 8,39**/216 m **Links** (HS überqueren) dem Radwegschild folgen.

(+250 m) **km 8,64**/214 m **Kreuzung, rechts** weiterfahren.

(+360 m) **km 9,00**/212 m (Kirchplatz) **Links** weiterfahren, durch die Unterführung (unter der HS durchfahren) und zum Sportplatz fahren.

(+1.000 m) **km 10,00**/201 m (Sportplatz) **Geradeaus** dem Radweg unter der HS durch folgen und dann in der „via San Biagio“ weiterfahren.

(+1.000 m) **km 11,00**/181 m (am Kanal) **Kreuzung, rechts** Ri. „Ala 11,9km“ weiterfahren.

3

(+1.620 m) **km 12,62**/183 m **Rechts** bergauf (5%) der Straße folgen.

(+350 m) **km 12,97**/200 m **An der HS, geradeaus** auf dieser weiterfahren.

(+1.270 m) **km 14,24**/222 m **Kreisverkehr, geradeaus** Ri. „Centro, Brentonico“ weiterfahren.

(+420 m) **km 14,66**/223 m **Kreuzung, links** Ri. „Sano-Crosano“ der „via Zandonai“ folgen. (Einbahnstraße, entgegen der Einbahnstraße)

(+190 m) **km 14,85**/222 m **Geradeaus** (HS überqueren) dem Radweg Ri. „Sano-Crosano“ folgen.

(+310 m) **km 15,16**/232 m **Rechts** Ri. „Sano-Crosano“ weiterfahren.

(+220 m) **km 15,38**/225 m **Geradeaus** auf die HS und nach ca. 50 m **links** der „via del garda“ folgen.

(+220 m) **km 15,60**/222 m **Links** dem Radweg, neben der HS, folgen.

(+460 m) **km 16,06**/221 m **Links** Ri. „Grotte del Colombo“ abbiegen.

4

(+1.600 m) **km 17,66**/294 m **Sano** (Dorfplatz): **Rechts** Ri. „Gardasee“ weiterfahren.

(+930 m) **km 18,59**/237 m (in der Rechtskurve) **Geradeaus** dem Forstweg Ri. „Torbole“ folgen.

(+770 m) **km 19,36**/244 m **Rechts** der Teerstraße folgen.

(+430 m) **km 19,79**/252 m (vor der HS, beim Ziegelhaus) **Links** dem Radweg folgen.

5

(+3.570 m) **km 23,36**/299 m **Passo San Giovanni.**

(+610 m) **km 23,97**/279 m **Links** dem Radweg folgen.

© GD Radweg Nago-Loppio

© GD Mori Zentrum

© GD HS nach Mori

© GD Mori

(+720 m) **km 24,69**/247 m **Rechts** weiterfahren.

(+140 m) **km 24,83**/249 m **Geradeaus** nach Nago fahren.

(+170 m) **km 25,00**/240 m **Kreuzung** (Torbogen), **geradeaus** und zum Startpunkt zurückfahren.

Startplatz:
Nago, Parkplatz im Zentrum.

Anfahrt:
Von Torbole kommend, am Kreisverkehr schräg rechts Ri. Ortsmitte fahren. Nach wenigen Metern befindet sich auf der rechten Seite ein Parkplatz.

Lago di Loppio

Das Naturschutzgebiet Biotopo Loppio ist ein ehemaliges Seen- und Sumpfgebiet, das 1958, wegen dem Bau des Etsch-Gardatunnels, trockengelegt wurde.

Um 1891 bestand eine Eisenbahnverbindung vom Etschtal zum Gardasee. Auf der ehemaligen Eisenbahnstrecke verläuft heute ein Radweg, der von Mori nach Torbole verläuft. Der interessanteste Streckenabschnitt ist zwischen Loppio und dem Paß San Giovanni. Hier verlief früher die Eisenbahnlinie direkt am Seeufer entlang. Von dem einstigen See, der wunderschön zwischen steilen Felswänden eingebettet war, ist heute nichts mehr zu sehen. Heute ist das ca. 123 Hektar große Gelände ein geschütztes Sumpfgebiet. In dem Biotopo Loppio, wie es heute heißt, gibt eine eine Vielzahl von seltenen Pflanzen- und Tierarten.

© GD Blick nach Mori

© GD Singletrail

© GD

© GD Blick nach Loppio

© GD Radweg, vor Nago

Tour 9 „Lago Bagattoli“ 2 32,44 km 2:38 Std 320 Hm

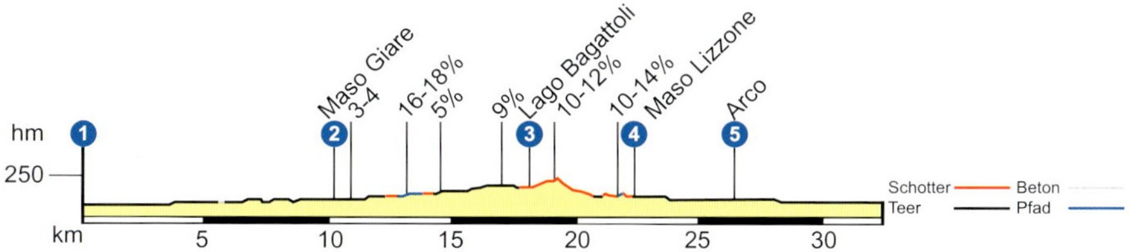

Tourencharakter

Wegbeschaffenheit

Teer	26,05 km
Schotter/Kies	5,10 km
Pfad/Trail	1,07 km
Beton/Pflastersteine	0,22 km
Schiebestrecke	0,00 km

Familienfreundlich

Ja, überwiegend auf verkehrsfreien bzw. verkehrsarmen Strecken

Einkehrmöglichkeit

Bars / Restaurants in Torbole, Arco, entlang der Sarca und am Lago Bagattoli

Schwierigkeit

Ausdauer	★☆☆☆☆☆
Fahrkönnen	★★☆☆☆☆

Erlebnis

Landschaft	★★★★★☆
Fahrspaß	★★☆☆☆☆

Höhe

Starthöhe	66 Meter
Höchster Punkt	227 Meter

Schöne, flache Runde durch Obstplantagen und an der Sarca entlang bis zum Lago Bagattoli

Diese gemütliche, einfache Tour führt größtenteils auf Teerstraßen und wunderschön angelegten Radwegen durch das Talbecken zwischen Arco und Pietramurata. Dabei fährt man abseits von frequentierten Autostraßen durch weitläufige Obstplantagen. Der Lago Bagattoli ist der kleinste See des Sarcatals, er wird von einer Quelle am Seeboden gespeist. Der wunderschön, zwischen Weinreben, gelegene See ist ein beliebter Treffpunkt für Forellenangler und italienische Familien. Ideale Tour für Familien.

Strecke

Die Tour beginnt in Torbole. Auf dem Radweg, entlang der Sarca, fährt man bis zum Sportplatz in Arco. Von hier noch ein Stück geradeaus bis zur HS. Dann rechts abbiegen, der Weg führt über die neue Sarcabrücke. Gleich nach der Brücke links und über kleine Nebenstraßen nach San Martino fahren. Von dort durch die Obstplantagen, bis auf Höhe von Dro fahren. Hier rechts auf den Garda Sarca Trail abbiegen. Ein schön angelegter Pfad, der bergauf und bergab führt. Den Pfad kann man auch auslassen, indem man auf der HS weiter Ri. Drena fährt. Von dem Pfad kommt man wieder auf die HS, dort rechts ein kurzes Stück fahren, dann links auf den Radweg abbiegen und diesem bis zur Centrale Fies folgen. Hier links über die Sarca und die HS überqueren und nach einigen Metern rechts zum Lago Bagattoli abbiegen. Ab dort dem Radweg nach Dro und Arco folgen. Ab Arco geht es wieder auf dem Radweg, an der Sarca entlang, zurück bis nach Torbole.

© SP entlang der Sarca, Blick Ri. Arco

© SP Trail Nähe Dro

© SP Lago Bagattoli

© SP entlang der Sarca, Blick nach Süden

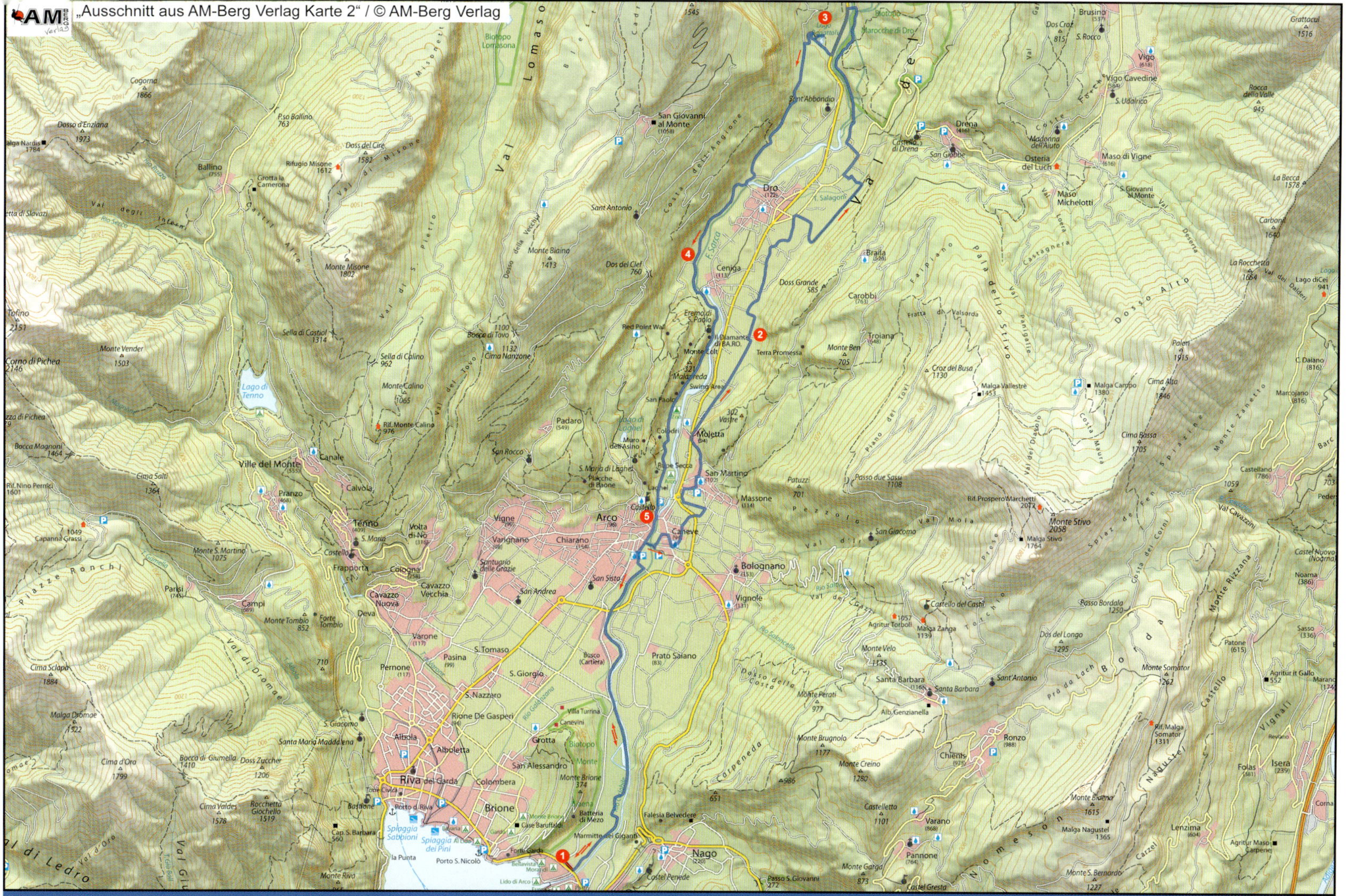

Tour 9 „Lago Bagattoli“ **2** **32,44 km** **2:38 Std** **320 Hm**

Tour 9 „Lago Bagattoli“ 2 32,44 km 2:38 Std 320 Hm

1 **km 0,00**/66 m Von der Sarcabrücke (Mecki´s Bar) **geradeaus** dem Radweg Ri. „Arco“ folgen.

(+1.120 m) **km 1,12**/66 m **T-Kreuzung, rechts** Ri. „Arco“ weiterfahren.

(+250 m) **km 1,37**/67 m **Abzweig, rechts** Ri. „Arco 3,8“ weiterfahren.

(+3.980 m) **km 5,35**/82 m Arco (beim Sportplatz): **Rechts** über den Parkplatz, dem Radwegschild folgen.

(+60 m) **km 5,41**/82 m **Geradeaus** der Teerstraße weiter folgen.

(+180 m) **km 5,59**/83 m (vor der HS) **Rechts** dem Radweg über die Sarcabrücke folgen.

(+170 m) **km 5,76**/80 m **T-Kreuzung, links** dem Radweg folgen.

(+310 m) **km 6,07**/85 m **An der HS, rechts** weiterfahren.

(+90 m) **km 6,16**/87 m (auf Höhe der Kirche) **Links** in die gepflasterte Gasse abbiegen.

(+40 m) **km 6,20**/89 m (Platz) **Geradeaus**, am Brunnen vorbei und in der „via Indipendenza“ weiterfahren.

(+40 m) **km 6,24**/90 m **Links** weiterfahren und dem Weg geradeaus (2 Abzweige ignorieren) folgen. (nicht rechts unter dem Haus durchfahren)

(+290 m) **km 6,53**/90 m (beim Holzkreuz) **Rechts** Ri. „Agritur Olivio“ weiterfahren.

(+80 m) **km 6,61**/92 m **Links** weiterfahren und dann über die Brücke (Umgehungsstraße) fahren.

(+360 m) **km 6,97**/100 m **Links** dem Fuß- / Radweg, leicht bergab, folgen.

(+440 m) **km 7,41**/89 m (an der Kirche vorbei, vor dem Kreisverkehr) **Rechts** am Parkplatz vorbeifahren.

(+120 m) **km 7,53**/88 m **Rechts** in die „via Angela Maino“ Ri. „Massone“ abbiegen.

(+210 m) **km 7,74**/97 m (beim Parkplatz): **Links** in die „via S. Martino“ abbiegen.

(+140 m) **km 7,88**/100 m In San Martino (beim Brunnen): **Rechts** bergauf Ri. „Chiesetta San Martino“ und gleich darauf **links** weiterfahren.

(+160 m) **km 8,04**/101 m **Links** leicht bergab weiterfahren.

(+460 m) **km 8,50**/91 m **An der HS, geradeaus** auf dem Gehsteig weiterfahren.

(+100 m) **km 8,60**/91 m **Abzweig, rechts** Ri. „piccola dallas, Grotte di Patone“ abbiegen.

(+380 m) **km 8,98**/94 m **Gabelung, links** Ri. „Grotte di Patone“ weiterfahren.

2 *(+1.230 m)* **km 10,21**/100 m **Maso Giare**: **Geradeaus** weiterfahren.

(+470 m) **km 10,68**/101 m (nach dem Gehöft) **Rechts** weiterfahren.

(+260 m) **km 10,94**/108 m **Kreuzung, geradeaus** dem Hauptweg durch die Plantagen folgen.

(+710 m) **km 11,65**/111 m **Rechts** durch die Plantagen weiterfahren.

© SP Torbole, entlang der Sarca

© SP Arco, Blick zum Castel

© SP Sarcatal, Blick zurück nach Süden

© SP Trail bei Dro

(+30 m) **km 11,68**/112 m **Abzweig, links** weiterfahren.

(+600 m) **km 12,28**/124 m (vor der HS) **Rechts** und gleich nach ca. 20 m wieder **rechts** dem Schotterweg folgen. (alternativ: HS weiterfahren)

(+260 m) **km 12,54**/125 m **T-Kreuzung, rechts** Ri. Strommasten weiterfahren.

(+210 m) **km 12,75**/121 m **Links** weiterfahren. (rechts „Anello Garda Bike“)

(+70 m) **km 12,82**/123 m **Links** dem Pfad folgen.

(+800 m) **km 13,62**/135 m **Rechts** weiterfahren.

(+250 m) **km 13,87**/137 m **Abzweig** (Ende Pfad), **links** Ri. „Dro, 667“ dem Schotterweg folgen.

(+180 m) **km 14,05**/135 m **T-Kreuzung, links** abbiegen.

(+40 m) **km 14,09**/134 m **Abzweig, rechts** abbiegen und zur HS fahren.

(+90 m) **km 14,18**/136 m **An der HS, rechts** auf diese abbiegen und dieser folgen.

(+320 m) **km 14,50**/148 m **Links** (HS verlassen) Ri. „Pietramurata, MTB (Schild)“ abbiegen.

(+240 m) **km 14,74**/144 m **Rechts** dem Radweg Ri. „Pietramurata“ folgen.

(+2.110 m) **km 16,85**/190 m Centrale FIES: **Links** über die Brücke fahren.

(+90 m) **km 16,94**/192 m (vor der HS) **Links** dem Radweg folgen.

(+310 m) **km 17,25**/181 m **Geradeaus** auf dem Gehsteig zur Ampel fahren.

(+70 m) **km 17,32**/179 m Ampel: **Rechts** (Straßenseite wechseln) und dann gegenüber **links** auf dem Gehsteig weiterfahren.

(+320 m) **km 17,64**/173 m **Rechts** Ri. „localita Lago Bagattoli“ abbiegen und dem Weg folgen.

(+310 m) **km 17,95**/180 m **Rechts** zum Lago Bagattoli (Parkplatz) abbiegen.

3

(+160 m) **km 18,11**/174 m **Lago Bagattoli** (Bar). (nun wieder bis zum letzten Abzweig zurückfahren)

(+160 m) **km 18,27**/181 m **Rechts** auf dem Schotterweg weiterfahren.

(+330 m) **km 18,60**/207 m **T-Kreuzung, links** Ri. „Dro“ abbiegen.

(+570 m) **km 19,17**/227 m **Links** dem Schotterweg bergab (10-13%) folgen.

(+970 m) **km 20,14**/148 m Oltra: **Rechts** Ri. „Dro“ weiterfahren.

(+510 m) **km 20,65**/126 m **Links** weiterfahren.

(+50 m) **km 20,70**/126 m **Rechts** bergab weiterfahren.

(+50 m) **km 20,75**/125 m Dro: **An der HS, rechts** weiterfahren.

© SP Trail bei Dro

© SP Trail bei Dro

© SP Sarcatal, Blick nach Norden

© SP Sonnenblume

Tour 9 „Lago Bagattoli“ 2 32,44 km 2:38 Std 320 Hm

(+120 m) **km 20,87**/124 m (vor der Sarcabrücke)
Rechts Ri. „Lizzone“ weiterfahren.

(+80 m) **km 20,95**/126 m **Rechts** dem Radweg folgen.

4 *(+1.400 m)* **km 22,35**/122 m **Maso Lizzone:**
Geradeaus dem Radweg Ri. „Arco“ folgen.

(+460 m) **km 22,81**/114 m (vor der Brücke)
Rechts Ri. „Arco“ abbiegen. Es folgen zwei Rastmöglichkeiten „La Lanterna“ (ca. 1,45 km) und „Pizzeria California“ (ca. 2,64 km in Arco).

5 *(+3.620 m)* **km 26,43**/99 m Arco (Sarcabrücke):
Geradeaus auf der HS weiterfahren.

(+390 m) **km 26,82**/95 m (in der Rechtskurve der HS) **Links** abbiegen und dann rechts fahren.

(+170 m) **km 26,99**/94 m **Links** über den Parkplatz fahren und dem Radweg, am Sportplatz vorbei, folgen.

(+80 m) **km 27,07**/94 m (am Ende des Parkplatzes)
Geradeaus dem Radweg, der nun stets entlang der Sarca führt, bis nach Torbole folgen.

(+3.990 m) **km 31,06**/82 m **T-Kreuzung, links** Ri. „Torbole 1,4“ weiterfahren.

(+260 m) **km 31,32**/79 m **Links** Ri. „Torbole 1,1“ abbiegen und zum Startpunkt zurückfahren.

Startplatz:
Torbole, Sarcabrücke (Mecki´s Bar).

Anfahrt:
In Torbole am Kreisverkehr Ri. „Riva“ fahren. Nach der Sarcabrücke ist auf der rechten Seite der Startpunkt. Hier in der Nähe parken.

Lago Bagattoli

Der Lago Bagattoli ist ein See in Dro, der hauptsächlich bei Anglern ein Begriff ist. Passionierte und auch unerfahrene Angler können am Lago Bagattoli die wöchentlich freigesetzten Zucht-Regenbogenforellen aus dem Wasser ziehen. Hier können die Forellen, auch ohne Angelschein, frisch aus dem Wasser gefischt und gleich übers Feuer gelegt werden.

Auf der Anlage findet man einen Anglerladen, eine Bar mit überdachter Terrasse, mehrere Barbecue-Plätze sowie einen großen Park mit Fernblick über den Bagattolisee und auf die Weinberge.

Der Lago Bagattoli ist der kleinste See des Sarcatales und wird von einer Quelle am Seeboden gespeist. Der wunderschön gelegene See ist ein beliebter Treffpunkt für Forellenangler.

© SP Radweg Dro-Pietramurata

© SP Centrale di FIES

© SP Nähe Dro

© SP Lago Bagattoli

© SP entlang der Sarca, Nähe Arco

© SP Radweg nach Arco, vor Ceniga

Nähe Dro

Tour 10 „Valle Santa Lucia“ 3 5,78 km 0:52 Std 215 Hm

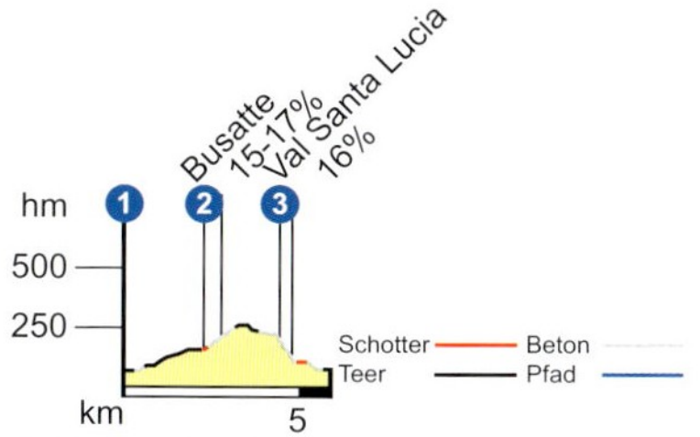

Tourencharakter

Wegbeschaffenheit

Teer	3,05 km
Schotter/Kies	0,36 km
Pfad/Trail	0,00 km
Beton/Pflastersteine	2,37 km
Schiebestrecke	0,03 km

(je nach Fahrkönnen im Tal Santa Lucia)

Familienfreundlich

Nein

Einkehrmöglichkeit

Bars / Restaurants in Torbole und Nago

Schwierigkeit

Ausdauer	★☆☆☆☆☆
Fahrkönnen	★★★☆☆☆

Erlebnis

Landschaft	★★★☆☆☆
Fahrspaß	★★★☆☆☆

Höhe

Starthöhe	66 Meter
Höchster Punkt	263 Meter

Nach Nago und durch das malerische Valle Santa Lucia

Von Torbole gibt es einige Möglichkeiten, nach Nago zu fahren. Die gemütlichste Variante ist, auf der alten Bundesstraße zu fahren. Sie verläuft parallel zur stark befahrenen neuen Straße, die mit dem Bike auf alle Fälle gemieden werden sollte. Die etwas steilere, aber dafür landschaftlich schönere Möglichkeit, ist die Fahrt über die Teer- und Betonpiste, die am Adventure Park Busatte vorbeiführt. In dem Freizeitpark von Busatte sind fünf spannende und akrobatische Parcours für Sportfreaks und Kinder aufgebaut. Eine weitere Möglichkeit ist, durch das Valle Santa Lucia zu fahren, der Weg ist aber sehr steil und deshalb zum Bergauf-fahren ziemlich mühsam. Diese Variante wird besser für den Rückweg genutzt. Die kurze Runde ist landschaftlich abwechslungsreich und bietet immer wieder schöne Ausblicke.

Strecke

Die Tour beginnt in Torbole und führt durch die engen Gassen, die anfangs etwas steiler ansteigen und dann in mäßiger Steigung oberhalb von Torbole entlang führen. Es ergeben sich immer wieder schöne Ausblicke auf den Gardasee. Am Adventure Park Busatte geradeaus, der 770 m langen Betonrampe (bis zu 15-17%) hinauf nach Nago folgen. Auf halber Strecke gibt es einen wunderschönen Aussichtspunkt mit einer Bank. Vom höchsten Punkt rollt man auf der schmalen Teerstraße nach Nago. Hier links auf die Strada Veccia abbiegen und der historisch interessanten, alten römischen Straße, die teilweise gepflastert ist, bergab folgen. Sie führt sehr steil durch das kleine Valle Santa Lucia, hinunter nach Torbole. Der Weg durch das kleine Tal ist teilweise sehr holprig und, je nach Fahrkönnen, durchgehend befahrbar.

© SP Blick auf Torbole und zum Mt. Brione

© SP Blick nach Süden

© SP vor Nago, Blick nach Norden

© SP im Valle Santa Lucia, Blick nach Süden

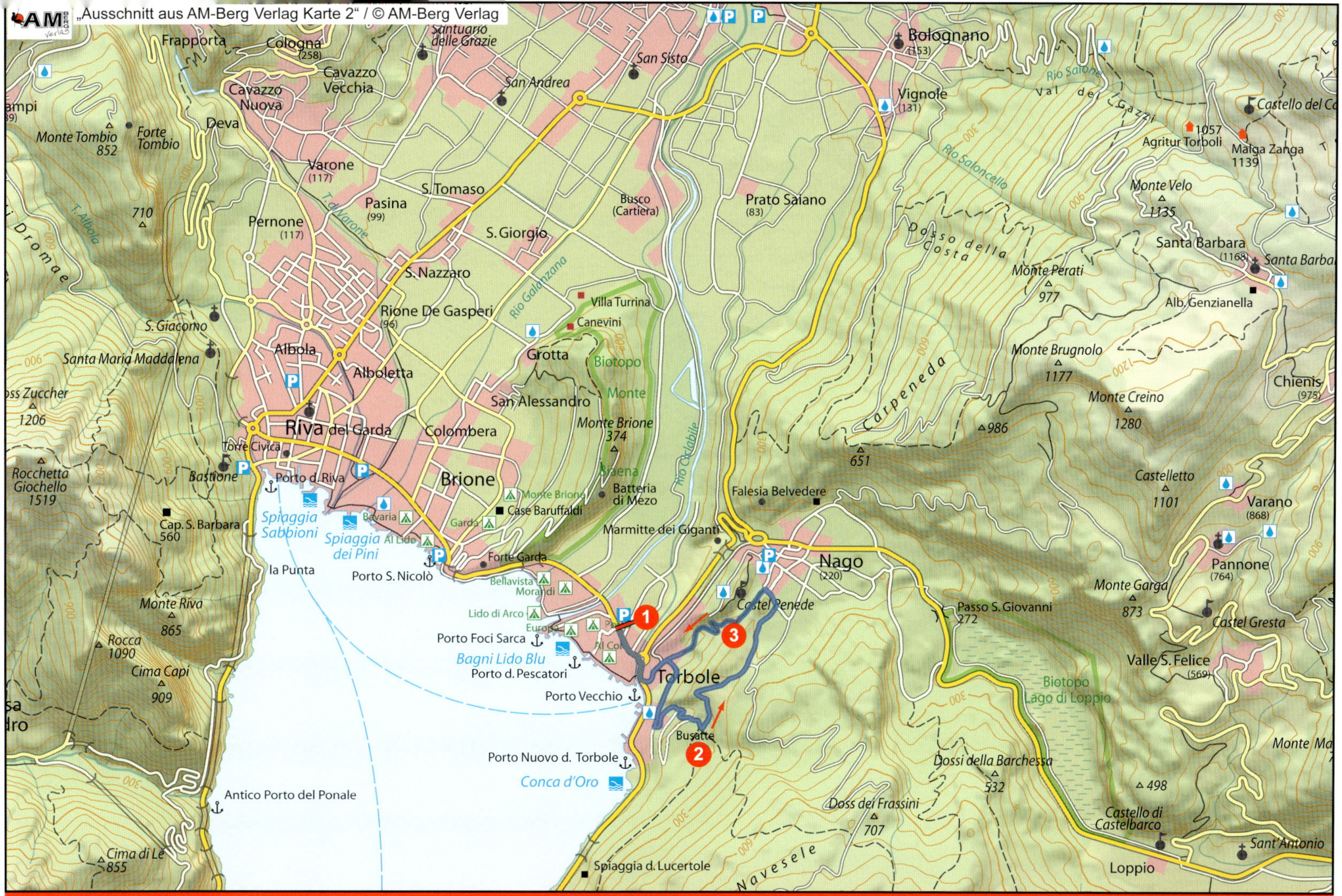

Tour 10 „Valle Santa Lucia“ 3 5,78 km 0:52 Std 215 Hm

Tour 10 „Valle Santa Lucia“ 3 5,78 km 0:52 Std 215 Hm

1 **km 0,00**/66 m Vom Parkplatz (Einfahrt bei der Tankstelle) **links** auf der HS Ri. Kreisverkehr fahren.

(+130 m) **km 0,13**/67 m **Kreisverkehr, rechts** auf der HS Ri. „Malcesine“ weiterfahren.

(+170 m) **km 0,30**/68 m (beim Hafen, Zebrastreifen) **Links** Ri. „Busatte“ abbiegen.

(+40 m) **km 0,34**/67 m (nach dem Hotel Centrale) **Links** bergauf (12-14%) Ri. „Busatte“ abbiegen.

(+180 m) **km 0,52**/87 m **Geradeaus** Ri. „Parco Olivi, Busatte“ weiterfahren.

(+30 m) **km 0,55**/87 m (vor dem Hotel Santa Lucia) **Rechts** Ri. „le Busatte“ und der Straße, am Panorama Parkplatz vorbei, stets folgen.

(+560 m) **km 1,11**/115 m **Linkskehre** Ri. „le Busatte, Villa Gloria“ folgen.

(+240 m) **km 1,35**/127 m **Rechtskehre** (bei Villa Gloria) folgen. (geradeaus „le Busatte“ = steiler)

(+860 m) **km 2,21**/151 m **Rechts** dem Hauptweg folgen.

2 *(+50 m)* **km 2,26**/155 m **Busatte: Geradeaus** Ri. „Dos Carina“ weiterfahren. (rechts Adventure Park Busatte) Diesem Weg nun stets geradeaus bergauf (7-17%), vorbei am Aussichtspunkt (rechts), bis zur HS folgen.

(+980 m) **km 3,24**/263 m (bei kleiner Kapelle, Heiligenfigur) **An der HS, geradeaus** bergab (18%-Schild) weiterfahren.

(+480 m) **km 3,72**/232 m **Links** dem Hauptweg folgen.

(+140 m) **km 3,86**/231 m Nago: **Geradeaus** in den Ort fahren.

(+110 m) **km 3,97**/224 m (beim Parkplatz) **Links** Ri. „Torbole“ abbiegen.

3 *(+400 m)* **km 4,37**/195 m Tafel „Tal Santa Lucia“. (links Picknick-Platz) Ab hier wird der Weg fahrtechnisch etwas anspruchsvoller.

(+700 m) **km 5,07**/94 m **Gabelung, rechts** weiterfahren.

(+140 m) **km 5,21**/93 m (Nähe Hotel Santa Lucia) **Geradeaus** weiterfahren und der Straße bis zum Dorfplatz folgen.

(+210 m) **km 5,42**/72 m (beim Hotel Centrale) **Rechts** über den Dorfplatz zur HS weiterfahren.

(+40 m) **km 5,46**/64 m **An der HS, rechts** weiterfahren.

(+140 m) **km 5,60**/65 m **Kreisverkehr, links** Ri. „Riva“ abbiegen und zum Startpunkt zurückfahren.

Startplatz:
Torbole, Parkplatz bei der Tankstelle.

Anfahrt:
Von Nago kommend, in Torbole am Kreisverkehr, rechts Ri. „Riva“ abbiegen. Nach wenigen Metern befindet sich auf der rechten Seite ein großer Parkplatz (kostenpflichtig).

© SP nach Busatte

© SP Aussichtspunkt

© GD Nähe kleiner Kapelle

© SP Valle Santa Lucia

Tour 11 „Malcesine-strada panoramica“ 3 11,36 km 1:11 Std 345 Hm

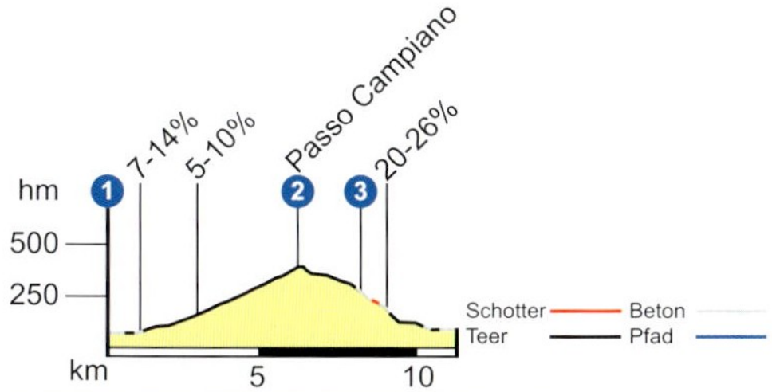

Tourencharakter

Wegbeschaffenheit

Teer	9,01 km
Schotter/Kies	0,20 km
Pfad/Trail	0,00 km
Beton/Pflastersteine	2,15 km
Schiebestrecke	0,00 km

Familienfreundlich

Ja, überwiegend auf verkehrsarmen Straßen

Einkehrmöglichkeit

Bars / Restaurants in Malcesine

Schwierigkeit

Ausdauer	★☆☆☆☆☆
Fahrkönnen	★★☆☆☆☆

Erlebnis

Landschaft	★★★★★☆
Fahrspaß	★★☆☆☆☆

Höhe

Starthöhe	70 Meter
Höchster Punkt	385 Meter

Aussichtsreiche Runde, oberhalb von Malcesine

Schöne Rundtour mit sehr vielen, wirklich tollen Ausblicken auf den Gardasee sowohl nach Süden als auch nach Norden. Die ruhige „Strada Panoramica“ führt mit mäßiger Steigung (5-10%) bergauf. Am Scheitelpunkt „Passo Campiano“ gibt es einen Brunnen und einige Bänke. Auf jeden Fall sollte man aber die paar Meter, links bergab zum Picknick-Platz, mit sensationellem Ausblick auf Malcesine fahren. Die spätere Abfahrt über den holprigen, grob schottrigen Karrenweg, ist vielleicht für Anfänger eine kleine Herausforderung. Der Weg ist aber durchwegs problemlos befahrbar. Schöne Familientour auf verkehrsarmen Straßen.

Strecke

Vom Parkplatz beim Hafen „Porto Retelino“, fährt man zunächst an der Uferpromenade Ri. Süden, bis zum Anfang der Altstadt von Malcesine. Dort links fahren und beim Kreisverkehr rechts der HS folgen. Nach ca. 460 m verlässt man die HS links bergauf und folgt der „Strada Panoramica“ bis zum Passo Campiano. Wenn man eine super Aussicht auf Malcesine und auf den Gardasee genießen möchte, sollte man dort ein kurzes Stück links bergab zum Picknick-Platz fahren. Wieder zurück an der HS, dann links bergab und bis zum Abzweig „Malcesine 0,40“ fahren. Dieser Weg führt nun, teilweise sehr steil (bis zu 20-26%) und grob schottrig, bergab. Dort an der HS, links abbiegen und bis zum Kreisverkehr im Zentrum fahren. Hier geradeaus weiter und auf dem schon bekannten Uferweg zum Ausgangspunkt zurückfahren.

© SP Malcesine

© SP Ausblick nach Süden

© SP oberhalb von Malcesine

© SP Uferpromenade Malcesine

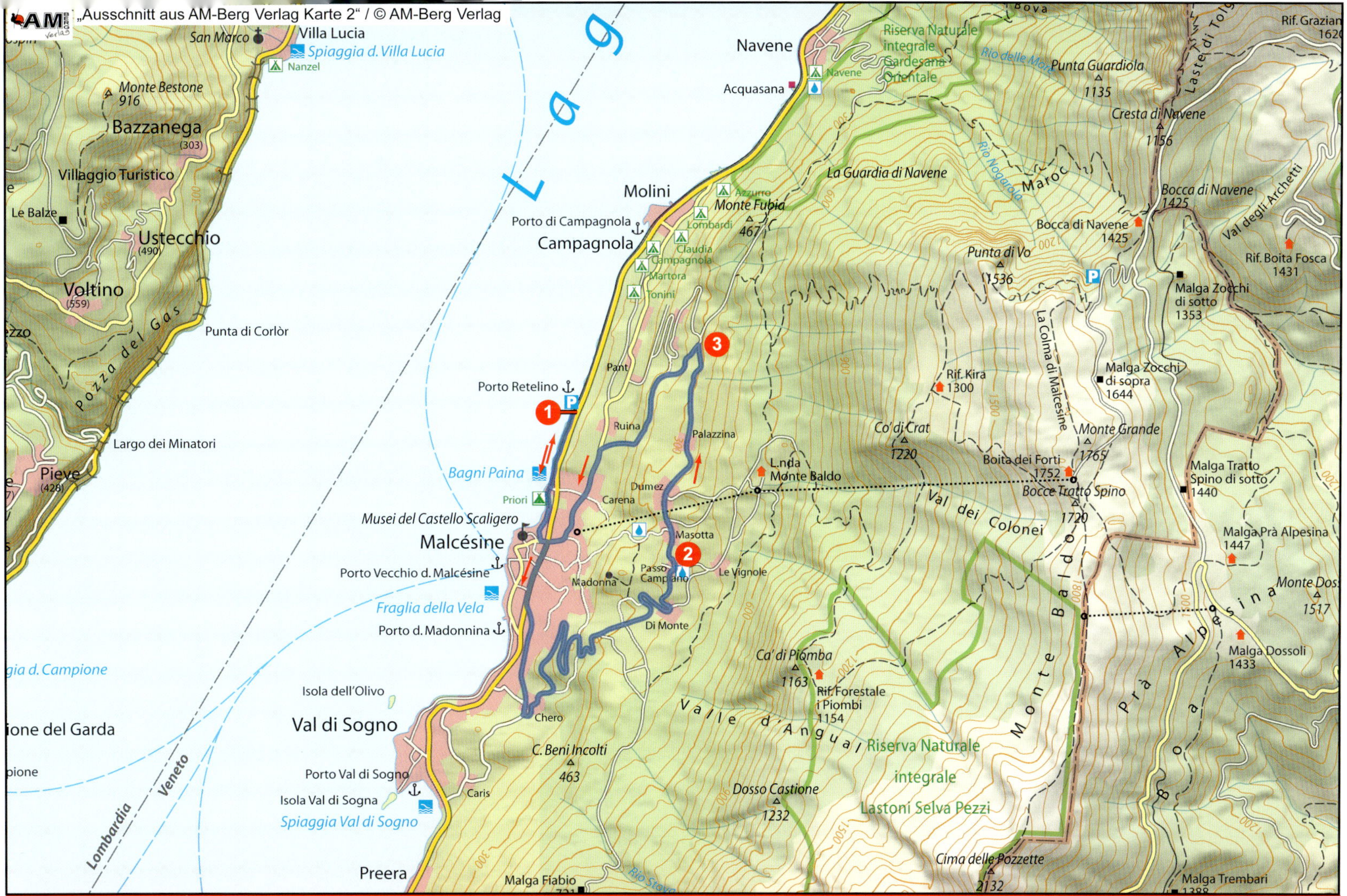

Tour 11 „Malcesine-strada panoramica“ 3 11,36 km 1:11 Std 345 Hm

Tour 11 „Malcesine-strada panoramica" 3 11,36 km 1:11 Std 345 Hm

1 **km 0,00**/70 m Vom Parkplatz (Einfahrt) **geradeaus** dem Radweg Ri. Süden „Malcesine Centro" folgen.

(+600 m) **km 0,60**/69 m **Geradeaus** der Teerstraße folgen.

(+140 m) **km 0,74**/68 m **Links** der Teerstraße weiter folgen. (nicht geradeaus auf den Kiesweg)

(+220 m) **km 0,96**/73 m **Links** bergauf (11-14%) der gepflasterten Gasse folgen.

(+70 m) **km 1,03**/83 m **Links** Ri. Kreisverkehr weiterfahren.

(+60 m) **km 1,09**/84 m **Kreisverkehr, rechts** auf der HS entlang weiterfahren.

(+140 m) **km 1,23**/88 m **Kreisverkehr, geradeaus** der HS, an der Kirche vorbei, folgen.

(+320 m) **km 1,55**/93 m **Abzweig, links** leicht bergauf (3-5%) in die „via Panoramica", Ri. „Strada Panoramica", abbiegen.

(+900 m) **km 2,45**/132 m **Linkskehre** (Hauptweg) Ri. „Strada Panoramica" und stets diesem Hauptweg bergauf (5-10%), bis zum Passo Campiano folgen. (Abzweige ignorieren)

2 *(+3.710 m)* **km 6,16**/381 m **Passo Campiano** (mit Brunnen und Bänken): **Geradeaus** und nach 20 m **links** bergab, Ri. „Park Hotel Querceto" abbiegen.

(+90 m) **km 6,25**/379 m Picknick-Platz (mit Parkplatz): Super Aussicht.

(+90 m) **km 6,34**/384 m (wieder an der HS) **Links** abbiegen und der HS stets bergab folgen.

3 *(+1.830 m)* **km 8,17**/288 m **Links** (MTB Schild + rote Markierung) bergab auf den Betonweg Ri. „Malcesine 0,40 / 4" abbiegen. (wer es nicht so steil bergab will, einfach der HS weiter folgen)

(+400 m) **km 8,57**/214 m **Geradeaus** bergauf Ri. „Malcesine" weiterfahren.

(+280 m) **km 8,85**/223 m **Geradeaus** dem Steinweg bergab (20-26%) folgen.

(+540 m) **km 9,39**/138 m **An der HS, links** weiterfahren.

(+870 m) **km 10,26**/99 m **Kreisverkehr, geradeaus** der gepflasterten Straße folgen.

(+60 m) **km 10,32**/98 m **Rechts** bergab der „via Paina" folgen.

(+80 m) **km 10,40**/88 m **Rechts** dem Radweg folgen.

(+350 m) **km 10,75**/83 m **Geradeaus** dem Radweg zurück zum Startpunkt folgen.

Startplatz:
Malcesine, Porto Retelino.

Anfahrt:
Von Torbole kommend, am Ortseingang von Malcesine, rechts auf dem großen Bus- und PKW-Parkplatz (kostenpflichtig) parken. An der Einfahrt des Parkplatzes beginnt die Tour.

© SP strada panoramica

© SP Malcesine

© SP Blick zur Monte Baldo Bergstation

© GD oberhalb von Malcesine

oberhalb von Malcesine

Tour 12 „Lago Lagolo“ 3 13,81 km 1:49 Std 576 Hm

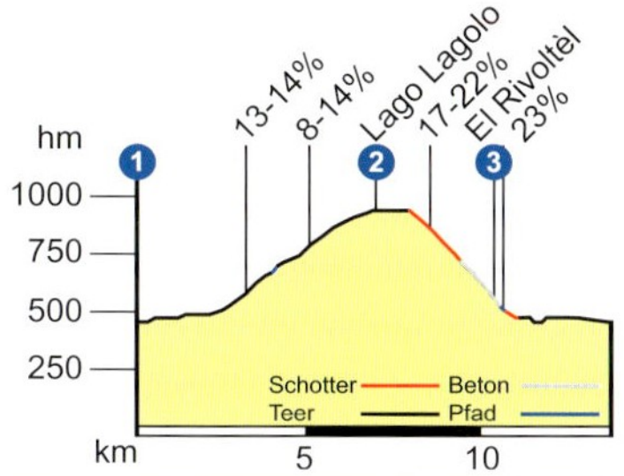

© SP Auffahrt zum Lago Lagolo

© SP Lago Lagolo

© SP Abfahrt

© SP Lasino

Tourencharakter

Wegbeschaffenheit

Teer	10,58 km
Schotter/Kies	1,83 km
Pfad/Trail	0,17 km
Beton/Pflastersteine	1,21 km
Schiebestrecke	0,02 km

(kurzes Stück bergauf auf der alten Straße)

Familienfreundlich

Nein

Einkehrmöglichkeit

Bars / Restaurants in Lasino und am Lago Lagolo

Schwierigkeit

Ausdauer	★★★★★★ (2 von 6)
Fahrkönnen	★★★★★★ (3 von 6)

Erlebnis

Landschaft	★★★★★★ (3 von 6)
Fahrspaß	★★★★★★ (3 von 6)

Höhe

Starthöhe	451 Meter
Höchster Punkt	940 Meter

Schöne, ruhige Tour, oberhalb des Val del Vento zum Lagolo See

Das Val del Vento, in dem Cavedine liegt, ist eingerahmt von der Berggruppe des Monte Casale im Westen, vom Bergrücken Monte Gazza-Paganella mit der dahinter gelegenen Brentagruppe im Norden und von der Berggruppe des Monte Bondone im Osten. Inmitten der weitläufigen und bewaldeten Berghänge, östlich der Ortschaften Lasino und Calavino, befindet sich der Lagolo See. Von Lasino führt eine gut ausgebaute Straße zum Hochplateau des Monte Bondone, das im Winter als Langlauf- und Skizentrum dient. In den waldreichen Hängen gibt es, abseits der Hauptverkehrsstraße, zahlreiche Wege und Straßen. Bei dieser Rundtour fährt man bequem auf der alten, mittlerweile fast verfallenen Straße, hinauf zum Lagolo See. Der Rückweg verläuft auf verschiedenen Schotterpisten, die am Castell Madruzzo vorbei, nach Calavino hinunterführen.

Strecke

Von Lasino fährt man zunächst in südlicher Richtung zum Ortsende. Hier zweigt die HS Ri. „Lagolo“ ab. Nun bergauf fahren, bis rechts die alte Straße abzweigt. Auf dieser Straße, die für Pkw gesperrt ist, geht es durch den wunderschönen Bergwald hinauf. Leider endet die Fahrt etwas unterhalb der neuen Straße. Um auf dieser weiterfahren zu können, muss das Bike auf einem Pfad ca. 50 Hm hochgeschoben werden. Man steigt über die Leitplanke, fährt ein kurzes Stück auf der HS weiter, verläßt diese dann, um weiter auf der alten Straße, hinauf bis zum Lagolo See zu fahren. Hier geht es rechts um den See. Danach fährt man ein Stück auf der HS Ri. „Vezzano“. Nun links abbiegen und auf Forstwegen bergab nach Calavino fahren. Über Nebenstraßen geht es dann zurück nach Lasino.

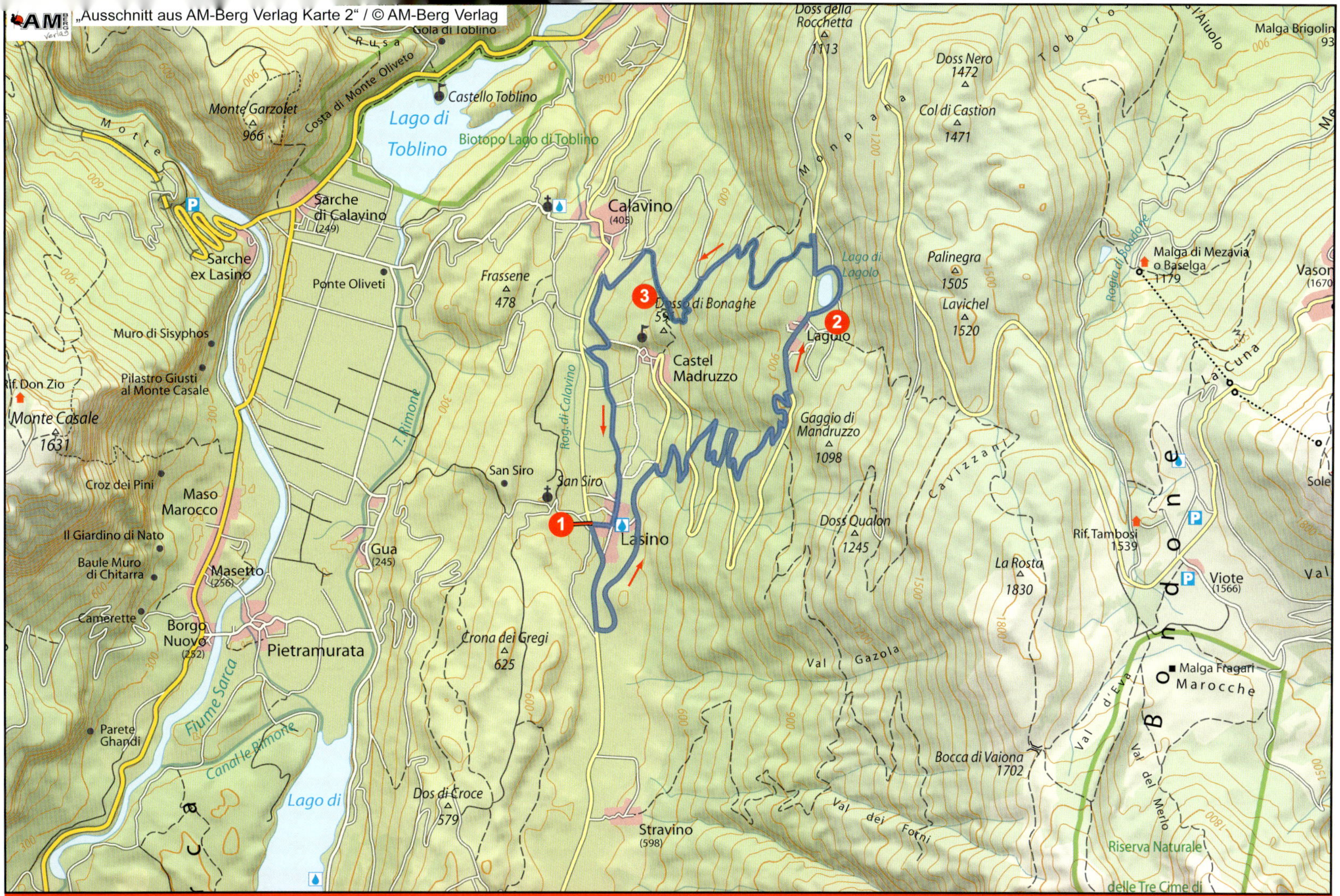

Tour 12 „Lago Lagolo“ 3 13,81 km 1:49 Std 576 Hm

Tour 12 „Lago Lagolo“ 3 13,81 km 1:49 Std 576 Hm

1 **km 0,00**/451 m **An der HS, links** Ri. „Riva del Garda“ auf die HS fahren und dieser aus dem Ort folgen.

(+850 m) **km 0,85**/465 m **Abzweig, links** bergauf (2-3%) der HS Ri. „Mt. Bondone, Lagolo“ folgen.

(+1.540 m) **km 2,39**/494 m **Rechts** dem Teerweg bergauf (9-13%) folgen.

(+330 m) **km 2,72**/534 m **Rechtskehre** weiterfahren und dem Weg bis zur HS bergauf (am Ende 13-14%) folgen.

(+510 m) **km 3,23**/591 m **An der HS, geradeaus** dem Weg (alte Straße) bergauf (12-14%) folgen.

(+410 m) **km 3,64**/639 m **Geradeaus** dem flachen Weg folgen.

(+410 m) **km 4,05**/681 m **Links** auf dem Pfad steil bergauf (25-33% / ca.20 Hm) das Bike schieben. (Pfadabzweig verpasst: Wenn man am querliegenden Baum steht, ist man 10 m zu weit gefahren...)

(+20 m) **km 4,07**/699 m **An der HS**, über die Leitplanke steigen und dann auf der HS **links** bergauf weiterfahren.

(+560 m) **km 4,63**/735 m **Abzweig, links** bergauf (8-14%) auf dem Teerweg (HS verlassen) weiterfahren und diesem stets folgen (Abzweige ignorieren), bis man wieder auf die HS trifft.

(+1.690 m) **km 6,32**/905 m **An der HS, links** bergauf nach Lagolo weiterfahren.

(+630 m) **km 6,95**/931 m Lagolo (am See): **Rechts** (entgegen der Einbahnstraße) abbiegen.

2 *(+60 m)* **km 7,01**/932 m **Lago Lagolo**: Rastmöglichkeit (Bar, Bistro).

(+220 m) **km 7,23**/934 m **Links** bergauf (entgegen der Einbahnstraße) Ri. „Vezzano“ weiterfahren.

(+250 m) **km 7,48**/934 m **Links** (entgegen der Einbahnstraße) am See entlang weiterfahren.

(+140 m) **km 7,62**/935 m **An der HS, rechts** auf der HS Ri. „Vezzano“ weiterfahren.

(+310 m) **km 7,93**/937 m **Links** Ri. „Vezzano, 618“ abbiegen.

(+30 m) **km 7,96**/935 m **Links** dem Teerweg folgen. (nicht rechts „Vezzano, 618“)

(+50 m) **km 8,01**/933 m **Rechts** auf dem Schotterweg bergab (17-22%) weiterfahren und diesem Hauptweg stets bergab folgen.

(+1.340 m) **km 9,35**/744 m La Piegada: **Linkskehre** bergab (18%) folgen.

(+560 m) **km 9,91**/652 m **Links** Ri. „Calavino“ weiterfahren.

(+260 m) **km 10,17**/615 m (am Felsen, kurz nach dem Schild „Le Maroche“) **Geradeaus** auf dem unteren Weg Ri. „Calavino, 619“ weiterfahren.

3 *(+310 m)* **km 10,48**/548 m **El Rivoltèl.**

(+350 m) **km 10,83**/493 m **Kreuzung, links** dem Schotterweg Ri. „Calavino“ folgen.

(+50 m) **km 10,88**/487 m **Links** weiterfahren.

© SP Lasino

© SP Castel Madruzzo

© SP Auffahrt zum Lago Lagolo

© SP Lago Lagolo

(+340 m) **km 11,22**/464 m Der betonierten **Rechtskurve** folgen.

(+130 m) **km 11,35**/474 m (vor dem Ortseingang) **Links** zurück dem schmalen Teerweg folgen.

(+630 m) **km 11,98**/475 m (beim Felsen) **Geradeaus** bergab weiterfahren.

(+60 m) **km 12,04**/474 m **Abzweig, rechts** dem Teerweg folgen.

(+180 m) **km 12,22**/464 m **T-Kreuzung, links** weiterfahren.

(+200 m) **km 12,42**/471 m **Geradeaus** durch die Plantagen weiterfahren.

(+130 m) **km 12,55**/472 m **Geradeaus** Ri. „Lasino centro" weiterfahren.

(+150 m) **km 12,70**/477 m (beim Steinkreuz) **Rechts** fahren und dann immer geradeaus bis nach Lasino und durch den Ort auf der „via 3 novembre" weiterfahren.

(+940 m) **km 13,64**/487 m Lasino (Piazza A. Degasperi): **Rechts** Ri. „Passeggiata Lasino" abbiegen und zum Startpunkt zurückfahren.

Startplatz:
Lasino, Ortsmitte - beim großen Spielplatz.

Anfahrt:
Von Dro kommend, am Ortsanfang von Lasino, rechts Ri. „Lasino centro", beim großen Parkplatz abbiegen. Hier befinden sich auf der linken Seite einige Parkplätze.

Castel Madruzzo

Das Castel aus dem späten 13. Jahrhundert liegt auf einem Höhenrücken zwischen den Ortschaften Calavino und Lasino. Die beiden markanten Türme der Burg wurden nach deren Bauherren Gumpone und Boninsegna, aus der Familie Madruzzo benannt. Die Dynastie der Familie Madruzzo (ca. 1100 - 1400) hat eine lange Geschichte, in der es eine Reihe von Konflikten und Verschwörungen sowie Belagerungen und Zerstörungen der Burg gab. Der Burgkern wurde im 14./15. Jahrhundert erweitert. Der Renaissancepalast wurde im Jahr 1537 durch Giovanni Gaudenzio von Nanno, Stammvater der neuen Familie Madruzzo, vervollständigt.

Heute findet in Calavino jedes Jahr die sogenannte „Palio dei Rioni" statt. Bei diesem Event verwandelt sich der Ort Calavino in ein altes mittelalterliches Dorf, wie es zur Zeit der Familie Madruzzo war.

© GD Abfahrt

© GD Abfahrt

© GD

© SP Blick nach Lasino

© SP Blick zurück zum Castel Madruzzo

Tour 13 „Dos Calt“ 3 17,42 km 2:08 Std 589 Hm

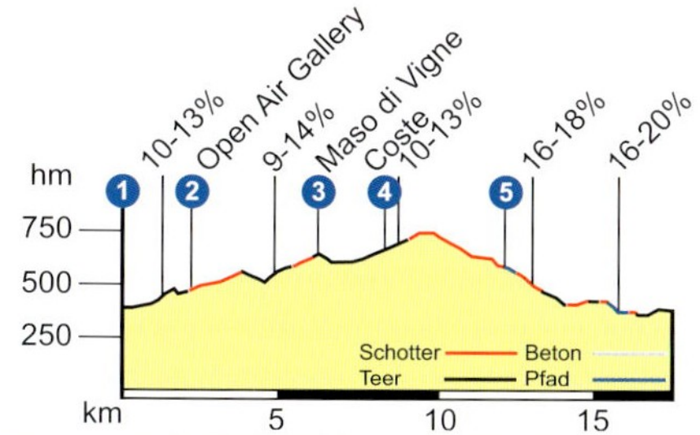

Tourencharakter

Wegbeschaffenheit

Teer	9,18 km
Schotter/Kies	7,12 km
Pfad/Trail	1,12 km
Beton/Pflastersteine	0,00 km
Schiebestrecke	0,00 km

Familienfreundlich

Nein

Einkehrmöglichkeit

Bars / Restaurants in Drena, Maso di Vigne und unterwegs: La Casina

Schwierigkeit

Ausdauer	★★☆☆☆☆
Fahrkönnen	★★★☆☆☆

Erlebnis

Landschaft	★★★★★☆
Fahrspaß	★★★☆☆☆

Höhe

Starthöhe	393 Meter
Höchster Punkt	746 Meter

Einsame Fahrt oberhalb von Drena und dem Cavedine See

Abwechslungsreiche Tour auf kaum befahrenen Teer- und Schotterwegen über die Open Air Gallery, Coste und Dos Calt zu einem Panoramaweg oberhalb des Cavedine Sees. Bei der Open Air Gallery, oberhalb von Drena, kann man mehrere Skulpturen verschiedener Künstler bestaunen, die von kleinen „Steinfröschen“ bis zu bizarren Figuren aus Uhrteilen reichen. Aufgelockert wird die Tour durch zwei Pfadpassagen in der Nähe des Cavedine Sees.

Strecke

Vom Castel Drena folgt man der Teerstraße durch Drena und dann bergauf zur Open Air Gallery. Von dort fährt man über den bergaufführenden Schotterweg weiter, der später über Nebenstraßen Ri. Maso di Vigne führt. Bei der Kreuzung mit der Heiligenfigur, geradeaus und auf dem Karrenweg an der Weinplantage entlangfahren. Am Ende der Plantage rechts dem unscheinbaren Wiesenweg bergauf nach Maso di Vigne folgen. Von dort fährt man auf der HS bis nach Vigo Cavedine. Hier links Ri. „Coste“ abbiegen und der Teerstraße nach Coste und weiter bis zu einem Picknick-Platz folgen. Danach geht es über einen Schotterweg, zuerst noch flach, dann leicht bergauf bis zum höchsten Punkt dieser Tour. Nun geht es bergab bis zum Pfadabzweig auf der linken Seite. (Vorsicht, man ist schnell vorbeigefahren!) Über den Pfad, der in kleinen Serpentinen bergab zu einem Haus führt, und dem anschließenden Schotterweg kommt man wieder zu einer HS. Dort links bergab und nach wenigen Metern diese HS wieder nach links verlassen. Der Weg verläuft nun oberhalb des Cavedine Sees und wird nach ca. 1,5 km wieder zu einem Pfad, der im weiteren Verlauf zum Karrenweg wird und auf die HS, die nach Drena führt, trifft. Hier links bergauf zurückfahren.

© SP Blick zurück zum Castel Drena

© SP Blick ins Sarcatal

© SP Cavedine See

© SP oberhalb vom Cavedine See

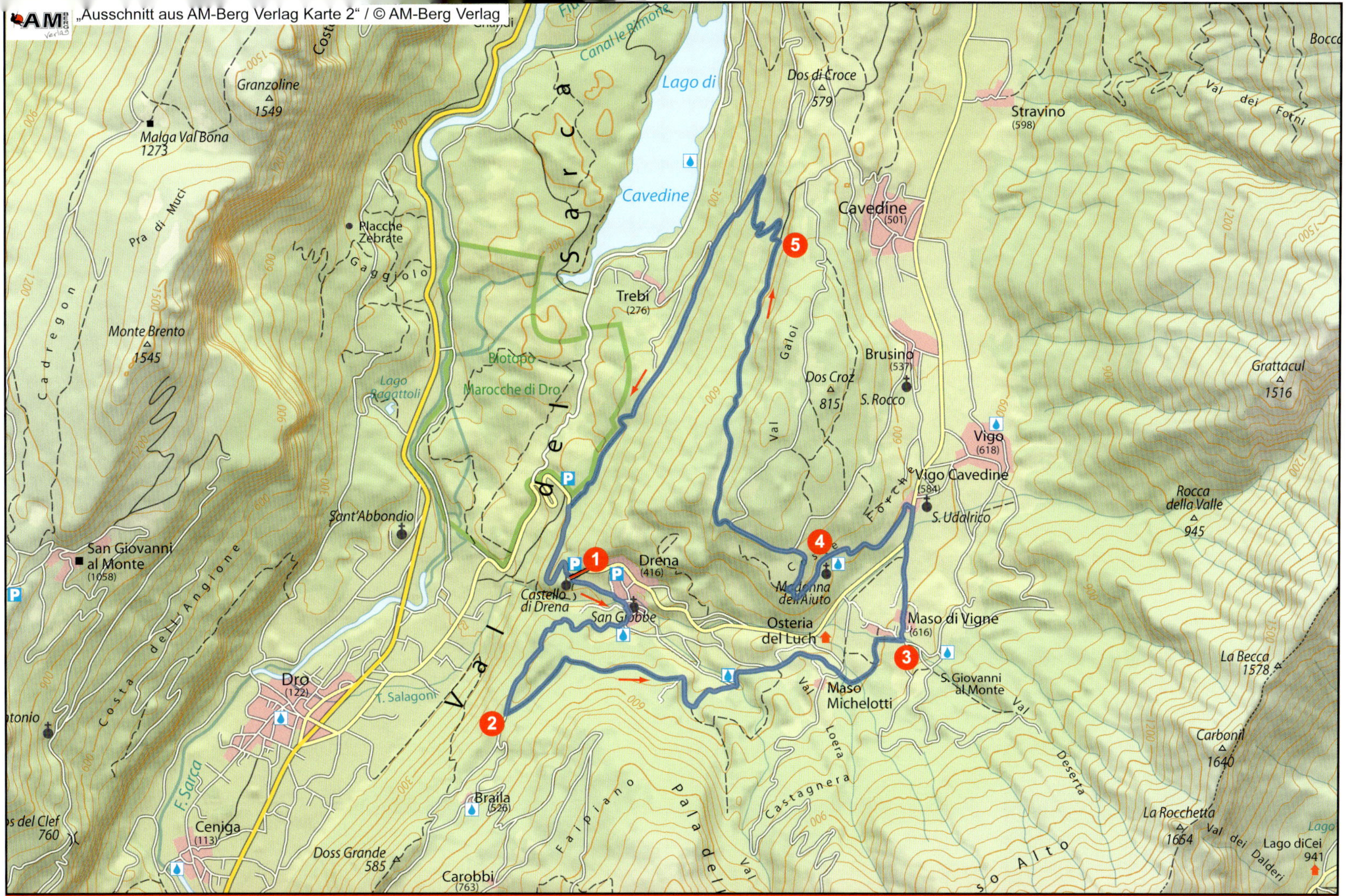

Tour 13 „Dos Calt“ | 3 | 17,42 km | 2:08 Std | 589 Hm

Tour 13 „Dos Calt“ 3 17,42 km 2:08 Std 589 Hm

1 **km 0,00**/393 m Vom Parkplatz, **geradeaus** bergab der „via Castello“ folgen.

(+360 m) **km 0,36**/393 m (nach der Bergauffahrt) **Geradeaus** der „via G. Segantini“ folgen.

(+40 m) **km 0,40**/393 m **Abzweig, geradeaus** leicht bergab Ri. „Loc. Braila“ weiterfahren.

(+90 m) **km 0,49**/394 m **Links** Ri. „Loc. Braila 2,7km/160hm“ abbiegen.

(+70 m) **km 0,56**/399 m **Rechts** Ri. „Braila“ weiterfahren.

(+60 m) **km 0,62**/405 m (links Parkplatz) **Abzweig, rechts** Ri. „Braila“ weiterfahren.

2 *(+1.540 m)* **km 2,16**/474 m **Open Air Gallery: Links** dem Schotterweg folgen.

(+1.040 m) **km 3,20**/523 m **Geradeaus** dem oberen Weg (Hauptweg) folgen.

(+550 m) **km 3,75**/553 m **Geradeaus** der Teerstraße bergab (9-12%), am Restaurant „La Casina“ vorbei, folgen.

(+490 m) **km 4,24**/521 m **Links** dem Hauptweg weiter folgen.

(+180 m) **km 4,42**/509 m (am Stoppschild) **Geradeaus** bergauf weiterfahren.

(+490 m) **km 4,91**/554 m **Abzweig, geradeaus** bergauf der „via di Vespiai“ folgen.

(+500 m) **km 5,41**/585 m **Kreuzung** (Madonna), **geradeaus** dem Schotterweg folgen.

(+280 m) **km 5,69**/609 m **Rechts** dem Karrenweg steil bergauf folgen.

(+20 m) **km 5,71**/614 m **Links** auf den Pfad abbiegen und diesem folgen. (wird später zum Karrenweg und führt entlang einer Weinplantage)

(+260 m) **km 5,97**/606 m **Rechts** bergauf (9-13%) dem unscheinbaren Karren- / Wiesenweg folgen. (nicht links bergab)

(+140 m) **km 6,11**/625 m **Geradeaus** dem breiten Schotterweg, der dann in Teer übergeht, folgen.

(+10 m) **km 6,12**/628 m **An der HS, rechts** bergauf Ri. „Maso di Vigne“ fahren.

3 *(+60 m)* **km 6,18**/635 m **Maso di Vigne: Links** bergab bis zur HS weiterfahren.

(+840 m) **km 7,02**/595 m **An der HS, geradeaus** auf dieser weiterfahren.

(+180 m) **km 7,20**/601 m Vigo Cavedine: **Links** Ri. „Coste“ abbiegen.

(+140 m) **km 7,34**/611 m **Geradeaus** dem Hauptweg folgen.

(+610 m) **km 7,95**/643 m **Links** dem Hauptweg folgen. (nicht geradeaus bergauf)

4 *(+360 m)* **km 8,31**/662 m **Coste** (links Rastplatz mit Brunnen): **Rechts** auf dem oberen Weg Ri. „Cavedine“ weiterfahren.

(+320 m) **km 8,63**/683 m **Geradeaus** bergauf (10-13%) weiterfahren.

(+30 m) **km 8,66**/686 m **Rechtskehre** bergauf (10-13%) folgen.

© SP Castel Drena

© SP Open Air Gallery

© SP oberhalb von Drena

© SP zwischen Drena und Masi di Vigo

(+290 m) **km 8,95**/709 m **Linkskurve** folgen.

(+110 m) **km 9,06**/721 m (Picknick-Platz) **Geradeaus** Ri. „Cavedine“ auf dem Schotterweg weiterfahren und diesem stets folgen. (anfangs noch leicht bergauf und nach ca. 500 m bergab)

5 *(+3.020 m)* **km 12,08**/590 m **Abzweig, links** dem Pfad bergab folgen. (ACHTUNG: Kann leicht übersehen werden)

(+510 m) **km 12,59**/542 m (Nähe Haus) **Rechts** dem Schotterweg bergab (16-18%) folgen.

(+610 m) **km 13,20**/474 m An der Teerstraße, **links** bergab fahren.

(+440 m) **km 13,64**/433 m **Linkskehre** bergab folgen.

(+350 m) **km 13,99**/403 m (vor der Rechtskehre) **Links** in den unscheinbaren Schotterweg bergauf (5-7%) abbiegen.

(+970 m) **km 14,96**/419 m **Links** auf dem Teerweg Ri. „Anello Garda-Sarca“ weiterfahren und stets diesem Weg geradeaus folgen.

(+490 m) **km 15,45**/411 m **Rechtskurve** bergab (16-20%) folgen. (ab hier beginnt der Pfad)

(+930 m) **km 16,38**/363 m **Geradeaus** und bergab zur HS fahren.

(+100 m) **km 16,48**/350 m **An der HS, links** bergauf (5-7%) und auf dieser zum Startpunkt zurückfahren.

Startplatz:
Drena, Parkplatz Castel Drena.

Anfahrt:
Von Dro kommend, gleich am Ortsanfang von Drena, beim Castel Drena, auf dem Parkplatz rechts oder etwas weiter links auf dem großen Parkplatz parken.

Open Air Gallery / Skulpturenpark Drena

Der Skulpturenpark ist eine dauerhafte Open Air Kunstausstellung. Mehrere Künstler haben hier sehr unterschiedliche, teilweise lustige oder bizarre Skulpturen geschaffen. Der Park befindet sich in der hügeligen Landschaft, oberhalb von Drena. Wer an moderner Kunst interessiert ist, kann dort die ungewöhnlichen Skulpturen und Malereien bewundern. Bei einigen Skulpturen sind Informationstafeln angebracht, die über die Idee und deren Entstehung Auskunft geben. Die Idee, die hinter diesem Open-Air Park steckt ist, dass nachkommende Generationen die Kunst unserer Zeit nicht erst ausgraben müssen, sondern dass sie frei und präsent in der Natur steht.

© SP Cavedine See

© SP oberhalb vom Cavedine See

© SP oberhalb vom Cavedine See

© SP Cavedine See

© SP Trail zur HS Dro-Drena

Tour 14 „Val di Gresta-Passo Bordala“ 3 17,90 km 2:00 Std 624 Hm

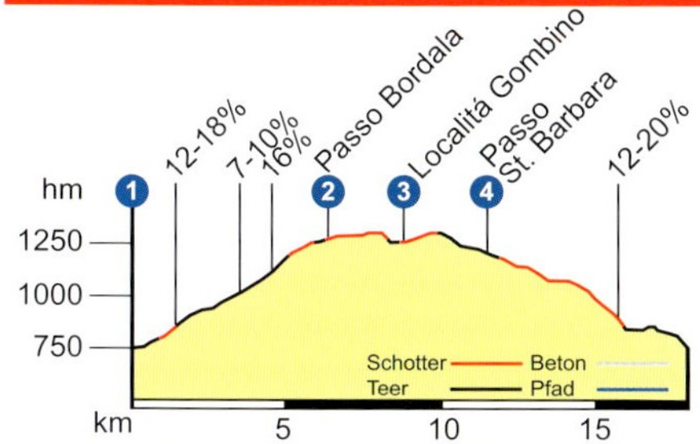

Tourencharakter

Wegbeschaffenheit

Teer	9,55 km
Schotter/Kies	8,35 km
Pfad/Trail	0,00 km
Beton/Pflastersteine	0,00 km
Schiebestrecke	0,00 km

Familienfreundlich

Ja, fast nur auf verkehrsarmen Wegen

Einkehrmöglichkeit

Bars / Restaurants in Pannone, Ronzo-Chienis, Passo Bordala und Santa Barbara

Schwierigkeit

Ausdauer	★☆☆☆☆☆
Fahrkönnen	★★☆☆☆☆

Erlebnis

Landschaft	★★★★★☆
Fahrspaß	★★☆☆☆☆

Höhe

Starthöhe	783 Meter
Höchster Punkt	1.322 Meter

Kurze aber landschaftlich schöne Tour rund um das Val di Gresta zum Passo Bordala

Mitten im Val di Gresta liegt das kleine Bergdorf Ronzo-Chienis. Etwas oberhalb des Tales befindet sich, direkt unter dem Höhenzug des Monte Stivo, der 1253 m hochgelegene Passo Bordala. Bei dieser Rundtour fährt man auf ruhigen Seitenstraßen durch die Hochebene zwischen Ronzo-Chienis, dem Passo Bordala und dem Passo Santa Barbara. Es bieten sich immer wieder schöne Ausblicke zum Monte Stivo an. Die Tour ist angenehm zu fahren, da sie meist auf sehr guten Wegen und Straßen verläuft. Allerdings ist die Abfahrt vom Passo Santa Barbara hinunter nach Pannone, besonders in dem Streckenabschnitt unterhalb des Monte Brugnolo, steil und holprig.

Strecke

Die Tour beginnt bei der markanten Kirche in Pannone. Man rollt zunächst etwas bergab, nach der Brücke über den Molino di Pannone geht es dann leicht bergauf. Bei der ersten Abzweigung nach links folgt man dem Weg Ri. „Percorso B“, dieser führt unterhalb des Monte Biaena in den Ort Ronzo-Chienis. Nach einer kurzen Fahrt auf der HS, die zum Passo Bordala führt, zweigt man bei einem Kreuz links ab. Dieser verkehrsarme Weg mündet etwas unterhalb des Passo Bordala wieder auf die HS. Direkt am Pass bei den Infotafeln, links in eine Schotterstraße abbiegen und dieser folgen. Bei der nächsten Kreuzung links fahren. Nach einem kleinen Pass geht es hinunter zur Baita degli Alpini, dann an der Kapelle S. Antonio vorbei zum Passo Santa Barbara. Hier rechts und nach wenigen Metern links Ri. „Nago“. Unterhalb des Monte Brugnolo geht es zurück nach Pannone.

© GD Pannone

© GD Ronzo

© GD Nähe Doss del Longo

© GD Blick Ri. Mori

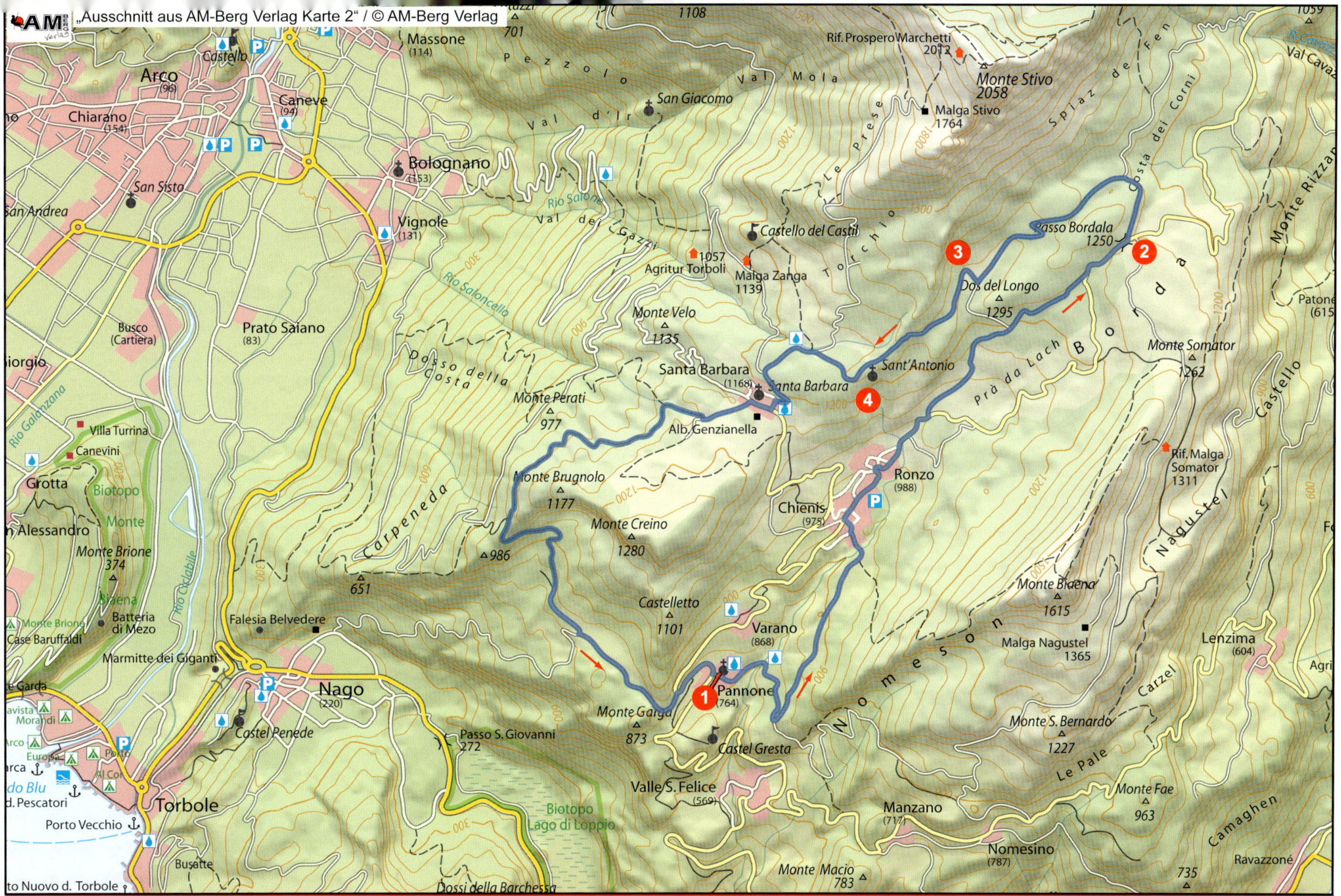

Tour 14 „Val di Gresta-Passo Bordala“ 3 **17,90 km** **2:00 Std** **624 Hm**

Tour 14 „Val di Gresta-Passo Bordala“ 3 17,90 km 2:00 Std 624 Hm

1 **km 0,00**/783 m Von der Kirche **geradeaus** bergab Ri. Dorfplatz fahren und der „via Molini“ folgen.

(+450 m) **km 0,45**/774 m (nach der Brücke „Molino di Pannone“) **Rechts** Ri. „Percorso B“ abbiegen.

(+470 m) **km 0,92**/796 m **Links** bergauf Ri. „Percorso B“ weiterfahren und diesem Weg stets geradeaus (Abzweige ignorieren) folgen.

(+1.770 m) **km 2,69**/952 m Ronzo-Chienis: **Geradeaus** der „via piazzera“ bis zur HS folgen.

(+210 m) **km 2,90**/979 m **An der HS, rechts** auf diese abbiegen und ihr durch den Ort folgen.

(+1.040 m) **km 3,94**/1058 m (nach Ronzo, beim Kreuz) **Links** Ri. „Percorso B“ auf die kleine Teerstraße abbiegen.

(+600 m) **km 4,54**/1119 m **Links** bergauf (16%) dem Hauptweg folgen.

(+580 m) **km 5,12**/1201 m **Rechts** bergauf (8-12%) dem Schotterweg Ri. „Percorso B“ folgen.

(+800 m) **km 5,92**/1254 m **An der HS, links** bergauf Ri. „Percorso B“ weiterfahren.

2 *(+380 m)* **km 6,30**/1271 m **Passo Bordala** (links „Albergo Passo Bordala“)**: Links** auf den Schotterweg Ri. „Percorso A“ abbiegen.

(+1.060 m) **km 7,36**/1283 m **Geradeaus** dem Karrenweg Ri. „Percorso B“ folgen.

(+1.360 m) **km 8,72**/1254 m **Rechts** auf den Schotterweg zur Hütte abbiegen.

3 *(+120 m)* **km 8,84**/1252 m **Localitá Gombino**. (rechts Hütte „Gruppo Val di Gresta“)

(+1.710 m) **km 10,55**/1256 m Baita Castil: **Links** Ri. „Percorso D“ weiterfahren.

(+820 m) **km 11,37**/1210 m **Links** weiterfahren.

4 *(+70 m)* **km 11,44**/1201 m **Passo Santa Barbara** (mit Brunnen): **Rechts** der HS Ri. „Arco“ folgen.

(+150 m) **km 11,59**/1184 m **Links** Ri. „Nago“ abbiegen.

(+350 m) **km 11,94**/1176 m **Rechts** auf den Karrenweg Ri. „Nago, 37“ abzweigen.

(+2.570 m) **km 14,51**/1035 m **Geradeaus** Ri. „Pannone“ weiterfahren.

(+620 m) **km 15,13**/954 m **Rechts** auf dem Hauptweg bergab (12-20%) Ri. „Percorso B“ weiterfahren und diesem stets geradeaus (2 Abzweige ignorieren) folgen.

(+2.290 m) **km 17,42**/817 m **An der HS, rechts** auf dieser bergab nach Pannone fahren.

(+450 m) **km 17,87**/784 m Pannone: **Links** zur Kirche (Startplatz) abbiegen.

Startplatz:
Pannone, Kirche.

Anfahrt:
Von Loppio kommend auf der „SP88“ Ri. „Santa Barbara“ fahren. In Pannone, vor der Linkskurve, rechts bei der Kirche parken.

© GD Blick zum Monte Stivo

© GD Auffahrt zum Passo Bordala

© GD Passo Bordala

© GD Pannone

Blick auf Torbole

Tour 15 „San Siro-Lago di Cavedine“ 3 23,62 km 1:51 Std 574 Hm

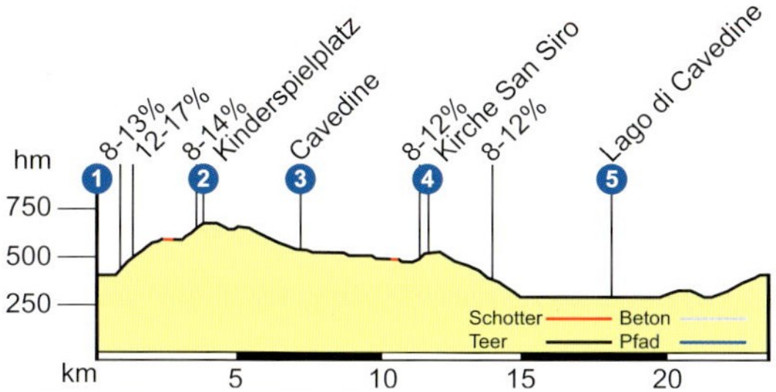

Tourencharakter

Wegbeschaffenheit

Teer	23,34 km
Schotter/Kies	0,23 km
Pfad/Trail	0,00 km
Beton/Pflastersteine	0,05 km
Schiebestrecke	0,00 km

Familienfreundlich

Ja, überwiegend auf wenig befahrenen Straßen

Einkehrmöglichkeit

Bars / Restaurants in Drena und Maso di Vigo

Schwierigkeit

Ausdauer	★★☆☆☆☆
Fahrkönnen	★★☆☆☆☆

Erlebnis

Landschaft	★★★★☆☆
Fahrspaß	★★☆☆☆☆

Höhe

Starthöhe	412 Meter
Höchster Punkt	675 Meter

Abwechslungsreiche, einfache Rundtour durch das Val del Vento und zum Lago di Cavedine

Der Ort Cavedine ist das wirtschaftliche und kulturelle Zentrum des gleichnamigen Tals, das wegen der ständigen Brise auch „Val del Vento“ genannt wird. Das Tal liegt östlich des Lago di Cavedine, eingebettet zwischen Dro und Pietramurata. Der Lago di Cavedine und das Felssturzgebiet der Marocche sind Überreste aus der Eiszeit. Die Rundtour führt durch das „Val del Vento“ über den Höhenrücken, der das Tal vom Sarcatal trennt. Schöne Familientour, mit zahlreichen Rastmöglichkeiten auf den vielen Ruhebänken entlang des Lago di Cavedine. Die Tour ist nicht besonders anstrengend, da weder steile Auf- noch Abfahrten zu bewältigen sind.

Strecke

Die Tour beginnt in Drena beim Parkplatz an der HS, neben der Kirche. Von hier geht es zunächst auf den kleinen Nebenstraßen durch den malerischen Ort hinauf Ri. Mocchi. Auf kaum befahrenen Teerstraßen fährt man, vorbei an Obst- und Weinplantagen, durch das langgestreckte Tal. Von Cavedine bis kurz vor Lasino fährt man auf der HS, die aber nicht stark befahren ist. Vor Lasino fährt man wieder abseits der HS. Dann nach links abbiegen, um über San Siro auf den Höhenrücken, der das Tal vom Sarcatal abtrennt, zu gelangen. Direkt auf dem Pass steht ein großes Holzkreuz sowie eine Infotafel zu dem Klettergebiet von San Siro. Eine schmale, geteerte Passstraße führt hinunter in das fast 300 m tiefer liegende Dörfchen Gua. Nun am Kanal, der den Lago di Toblino mit dem Lago di Cavedine verbindet, entlangfahren. Am Seeende des Lago di Cavedine geht es auf der HS, die durch die Marocche führt, leicht bergauf nach Drena.

© SP durch die Apfelplantagen Ri. Cavedine

© SP Blick zurück nach Lasino

© SP Kirche San Siro

© SP Sarcatal, Marocche

Tour 15 „San Siro-Lago di Cavedine“ 3 23,62 km 1:51 Std 574 Hm

Tour 15 „San Siro-Lago di Cavedine“ 3 23,62 km 1:51 Std 574 Hm

1 **km 0,00**/412 m Vom Parkplatz (Einfahrt) **links** der HS bergab folgen.

(+80 m) **km 0,08**/407 m **Links** Ri. „Braila“ abbiegen.

(+70 m) **km 0,15**/406 m Kreisverkehr, **geradeaus** Ri. „chiesa“ (obere Straße) weiterfahren.

(+270 m) **km 0,42**/404 m **Links** der HS folgen.

(+80 m) **km 0,50**/402 m **Rechts** weiterfahren.

(+20 m) **km 0,52**/402 m **Links** bergauf (8%) der „via Alessandro Mazzoni“ folgen.

(+70 m) **km 0,59**/408 m **Geradeaus** bergauf (8-13%) weiterfahren.

(+190 m) **km 0,78**/430 m (vor der kleinen Kapelle) **Links** Ri. „La Casina“ weiterfahren.

(+170 m) **km 0,95**/448 m **Links** bergauf (12-17%) in die kleine Teerstraße abbiegen und dieser folgen.

(+710 m) **km 1,66**/545 m **Links** bergauf weiterfahren.

(+130 m) **km 1,79**/556 m **Geradeaus** der „via di Vespiai“ folgen.

(+520 m) **km 2,31**/586 m (bei der Heiligenfigur) **Links** bergab weiterfahren.

(+70 m) **km 2,38**/580 m (in der Linkskurve) **Geradeaus** auf dem Schotterweg über den Bach weiterfahren und diesem geradeaus (Abzweig ignorieren) folgen.

(+480 m) **km 2,86**/581 m An der Teerstraße, **rechts** bergauf (7-11%) weiterfahren.

(+550 m) **km 3,41**/636 m Maso di Vigne (Bushaltestelle): **Geradeaus** bergauf bis zum Kinderspielplatz fahren.

2 *(+300 m)* **km 3,71**/672 m **Kinderspielplatz: Links** in der „via masi di sopra“ weiterfahren und stets diesem Hauptweg folgen. (Abzweige ignorieren)

(+1.000 m) **km 4,71**/638 m (beim Holzkreuz) **Geradeaus** bergauf weiterfahren.

(+510 m) **km 5,22**/660 m **Links** bergab weiterfahren.

(+110 m) **km 5,33**/653 m **Kreuzung, links** bergab weiterfahren.

(+40 m) **km 5,37**/647 m Vigo (Stoppschild): **Geradeaus** der „via Becca“ folgen.

(+70 m) **km 5,44**/642 m **Links** der HS folgen.

(+80 m) **km 5,52**/635 m **Geradeaus** (HS verlassen) der „via Becca“ weiter folgen.

(+70 m) **km 5,59**/628 m **Geradeaus** weiterfahren.

(+60 m) **km 5,65**/622 m (vor dem Rastplatz mit Brunnen) **Rechts** in die „via Garibaldi“ abbiegen.

(+60 m) **km 5,71**/617 m **Geradeaus** weiterfahren.

(+150 m) **km 5,86**/606 m (vor der Linkskurve) **Rechts** und durch die Plantagen fahren.

© SP Blick zurück nach Drena

© SP Plantagen bei Drena

© SP Erdbeerplantagen bei Drena

© SP durch die Apfelplantagen bei Cavedine

(+280 m) **km 6,14**/586 m **Links** bergab weiterfahren.

(+130 m) **km 6,27**/576 m (beim Holzkreuz) **Geradeaus** durch die Plantagen weiterfahren.

3 *(+950 m)* **km 7,22**/529 m **Cavedine** (rechts Parkplätze): **Links** abbiegen.

(+160 m) **km 7,38**/529 m **An der HS** (Ampel), **rechts** auf diese abbiegen und bis kurz vor Lasino weiterfahren.

(+2.520 m) **km 9,90**/488 m (kurz vor dem Abzweig der HS zum Monte Bondone) **Links** in den kleinen Teerweg abbiegen.

(+590 m) **km 10,49**/478 m (beim Hof) **Rechts** weiterfahren.

(+70 m) **km 10,56**/477 m **Links** Ri. Castel (sieht man) weiterfahren.

(+310 m) **km 10,87**/473 m (vor der HS) **Links** abbiegen.

(+130 m) **km 11,00**/471 m (beim Steinkreuz) **Geradeaus** bergauf (8-12%) zur Kirche weiterfahren.

4 *(+390 m)* **km 11,39**/499 m **Kirche San Siro**: **Rechts** Ri. Kirche (20 m weiter) fahren. Dieser Teerstraße (Hauptweg) nun stets die nächsten ca. 480 m noch bergauf und dann bergab bis nach Pergolese folgen.

(+3.840 m) **km 15,23**/284 m Gua: **Geradeaus** Ri. „Lago di Cavedine“ fahren und der HS geradeaus zum Cavedine See folgen.

5 *(+2.960 m)* **km 18,19**/282 m **Lago di Cavedine** (Picknick-Platz). Der HS weiter folgen.

(+3.290 m) **km 21,48**/281 m **An der HS** (Dro-Drena), **links** bergauf Ri. „Drena“ abbiegen und bis zum Startpunkt zurückfahren.

Startplatz:
Drena, Parkplatz bei der Kirche.

Anfahrt:
Von Dro kommend, am Castel von Drena vorbeifahren. Nach einigen Metern befindet sich auf der rechten Seite, in der Rechtskurve bei der Kirche, ein Parkplatz. Hier parken.

© SP Drena

© SP Sarcatal, Blick zurück Ri. Sarche

© SP Sarcatal, Ri. Cavedine See

© SP Cavedine See

© SP Blick zurück Ri. Norden

Tour 16 „Lago di Toblino“ 3 41,96 km 3:55 Std 777 Hm

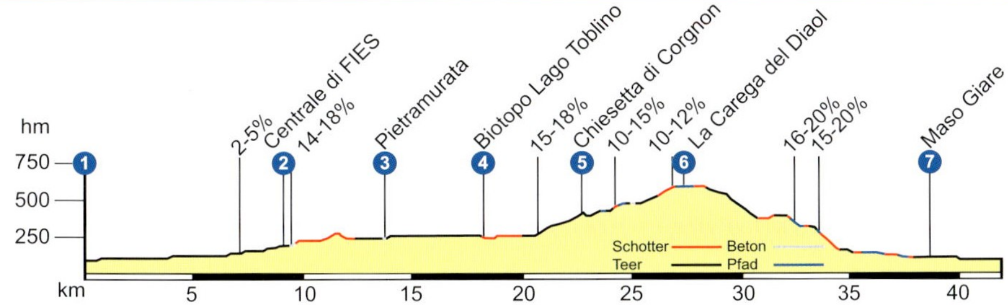

Tourencharakter

Wegbeschaffenheit

Teer	28,98 km
Schotter/Kies	9,18 km
Pfad/Trail	3,45 km
Beton/Pflastersteine	0,35 km
Schiebestrecke	0,84 km

(am Lago di Toblino / Biotopo „No Bike“: Schieben und auf Fußgänger Rücksicht nehmen!)

Familienfreundlich

Nein, da ein größerer Anteil mit Trailpassagen ist

Einkehrmöglichkeit

Bars / Restaurants in Arco, Pietramurata, Sarche und am Lago di Toblino

Schwierigkeit

Ausdauer	★★★★☆☆
Fahrkönnen	★★★☆☆☆

Erlebnis

Landschaft	★★★★★★
Fahrspaß	★★★☆☆☆

Höhe

Starthöhe	90 Meter
Höchster Punkt	585 Meter

Lange abwechslungsreiche Runde durch das Sarcatal zum Lago di Toblino

Traumhafte, nicht allzu schwere Tour entlang der Sarca, bis zum Lago di Toblino im Norden. Die Hinfahrt verläuft überwiegend auf Teerwegen und ist als einfach einzustufen. Am Toblino See beginnt das Biotopo Lago Toblino. Der idyllische Uferweg, entlang des Sees, ist mit einem „MTB Verbotsschild“ versehen. Wer sein Bike nicht schieben möchte, muss auf die HS ausweichen. Ansonsten den Uferweg am See nehmen und auf Fußgänger Rücksicht nehmen. Der Rückweg nach Arco verläuft auf leicht anspruchsvolleren Wegen, entlang des Höhenrückens zwischen dem Sarcatal und dem Val del Vento und später, über den extra vom Tourismusverband angelegten Trail, nach Moletto.

Strecke

Von Arco folgt man dem gut ausgeschilderten Radweg über Ceniga, Dro und Pietramurata nach Sarche. Der Weg führt meist direkt an der Sarca entlang. Auf dem Abschnitt von Pietramurata nach Sarche bieten sich viele Picknick-Plätze zur Rast an. Von Sarche fährt man ein kurzes Stück auf der HS zum Toblino See und dort, wenn man nicht den Uferweg am See nehmen möchte, auch auf der HS weiter. Im Norden des Toblino Sees gibt es verschiedene Rastmöglichkeiten. Der Rückweg verläuft auf Nebenstraßen über Calavino nach San Siro und später auf Karrenwegen bzw. Pfaden, oberhalb des Cavedine Sees, bis nach Moletto. Von dort rollt man gemütlich auf dem Radweg zurück nach Arco.

© SP römische Brücke bei Ceniga

© SP Radweg Pietramurata-Sarche

© SP Lago di Toblino

© SP Blick zum Cavedine See

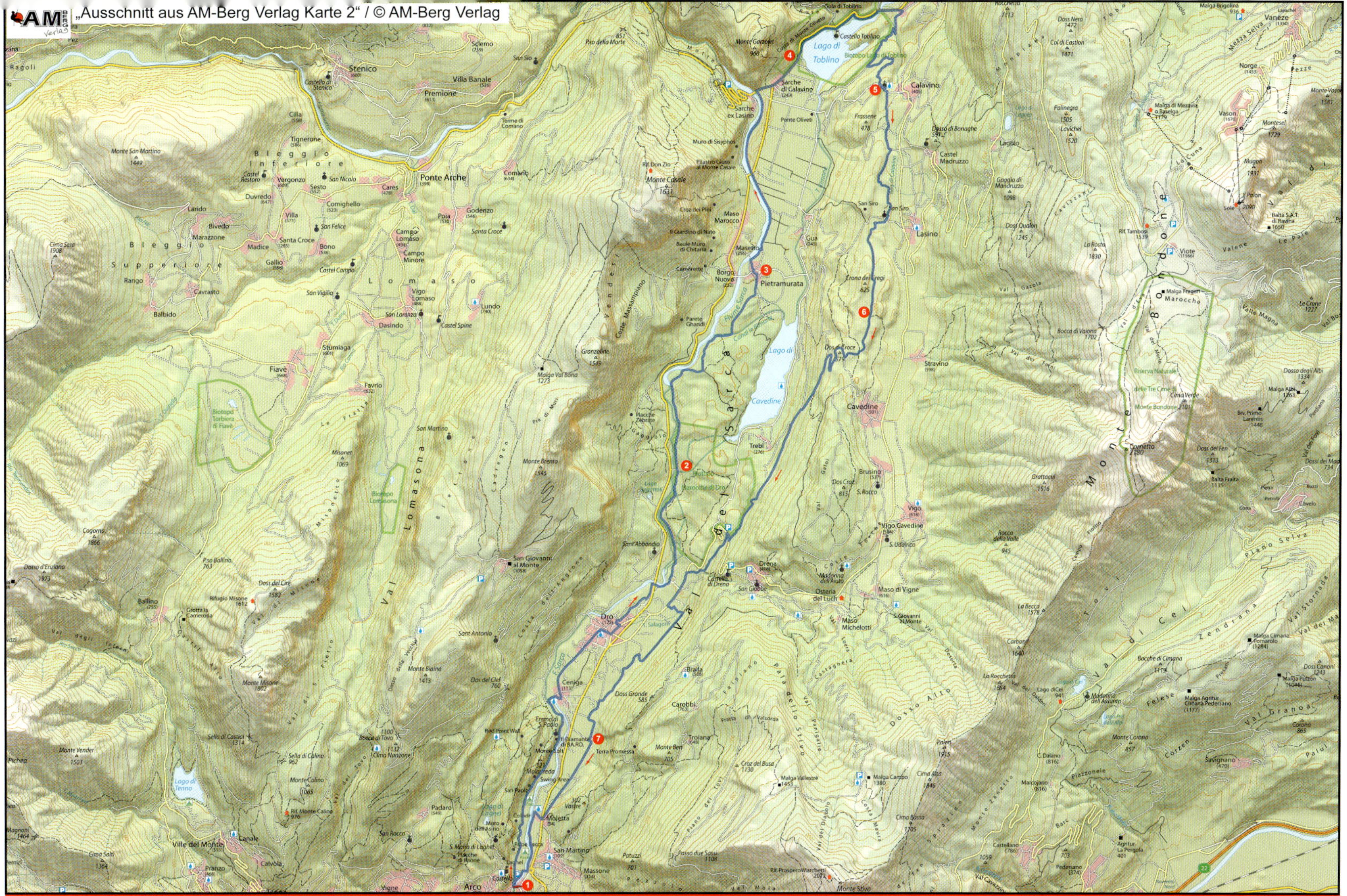

Tour 16 „Lago di Toblino“ 3 **41,96 km** **3:55 Std** **777 Hm**

Tour 16 „Lago di Toblino“ 3 41,96 km 3:55 Std 777 Hm

1

km 0,00/90 m Von der Sarcabrücke (Zebrastreifen) **geradeaus** auf der Teerstraße Ri. „Camping Zoo“ fahren und diesem Weg bis zur römischen Brücke bei Ceniga folgen.

(+3.600 m) **km 3,60**/103 m (römische Brücke) **Rechts** über die Brücke und der „via al Ponte“ bis zur HS in Ceniga folgen.

(+220 m) **km 3,82**/108 m Ceniga: **An der HS, links** auf dieser weiterfahren und stets dem Radwegschild bis nach Dro folgen.

(+1.480 m) **km 5,30**/116 m Dro (bei der Kirche): **Rechts** der HS zum Kreisverkehr folgen.

(+160 m) **km 5,46**/117 m **Kreisverkehr, links** dem Radwegschild folgen.

(+220 m) **km 5,68**/118 m **Links** dem Radwegschild folgen.

(+60 m) **km 5,74**/116 m (kleiner Kreisverkehr) **Rechts** dem Radwegschild folgen.

(+60 m) **km 5,80**/116 m **Kreuzung, rechts** dem Radwegschild folgen.

(+410 m) **km 6,21**/120 m **Rechtskurve,** dem Radwegschild folgen.

(+90 m) **km 6,30**/120 m **Geradeaus** dem Radwegschild folgen. (nach wenigen Metern wird der Radweg schmaler)

(+170 m) **km 6,47**/126 m **Links**, neben der Bundesstraße weiterfahren und dem Radweg durch die Unterführung (Bundesstraße) folgen.

(+640 m) **km 7,11**/139 m **Geradeaus** dem Radweg Ri. „Pietramurata“ folgen.

2

(+2.110 m) **km 9,22**/183 m **Centrale di FIES: Geradeaus** weiterfahren.

(+2.240 m) **km 11,46**/271 m M. Taglio di Sarca: **Linkskurve** (Hauptweg) bergab (2-7%) folgen.

(+1.840 m) **km 13,30**/236 m **Links** dem Radwegschild Ri. „Pietramurata“ folgen.

3

(+350 m) **km 13,65**/242 m **Pietramurata: Links** Ri. Kirche leicht bergab abiegen.

(+70 m) **km 13,72**/241 m (vor der Kirche) **Rechts** auf der gepflasterten Straße weiterfahren.

(+40 m) **km 13,76**/241 m **Links** Ri. „Sarche 3,6“ der „via Toretta“ folgen. (bis zum Ortsende)

(+190 m) **km 13,95**/242 m (an der Sarca) **Geradeaus**, rechts der Sarca, weiterfahren.

(+260 m) **km 14,21**/242 m **Links** dem Radwegschild, stets an der Sarca entlang, folgen.

(+1.330 m) **km 15,54**/246 m **Rechts** Ri. „Sarche 1,8“ dem Radweg durch die Unterführung folgen. (es folgen Picknick-Plätze entlang der Sarca)

(+1.660 m) **km 17,20**/255 m **An der HS, rechts** bergab dem Radweg folgen.

(+260 m) **km 17,46**/244 m Sarche: **Links** auf der HS Ri. „Trento“ weiterfahren. (rechts an der Kreuzung: Snackbar / Hotel Ideal)

(+400 m) **km 17,86**/240 m **Rechts** neben der HS weiterfahren.

4

(+330 m) **km 18,19**/240 m **Biotopo Lago Toblino.** („No Bike“ = schieben und auf Fußgänger Rücksicht nehmen; oder die HS benutzen)

© SP Radweg Arco-Ceniga, Blick zurück

© SP Ceniga

© SP Radweg Dro-Pietramurata

© SP Radweg nach Pietramurata

(+840 m) **km 19,03**/244 m **Rechts** weiterfahren. (rechts auch Ristorante „Castel Toblino“)

(+20 m) **km 19,05**/243 m **Links**, zwischen den Mauern durch, dem Weg folgen.

(+930 m) **km 19,98**/247 m **An der HS, rechts** und über die Brücke weiterfahren.

(+260 m) **km 20,24**/249 m **Geradeaus** Ri. „Padergnone“ weiterfahren.

(+100 m) **km 20,34**/251 m (vor dem Ortsschild Padergnone) **Rechts** abbiegen.

(+300 m) **km 20,64**/252 m **Geradeaus** bergauf (15-18%) auf der Teerstraße weiterfahren und dieser bergauf (Abzweige ignorieren) folgen.

(+1.000 m) **km 21,64**/327 m (beim Steinkreuz, vor dem Haus) **Links** bergauf weiterfahren.

(+510 m) **km 22,15**/358 m **Rechts** dem Teerweg bergauf folgen.

5 *(+560 m)* **km 22,71**/402 m **Chiesetta di Corgnon** (mit Brunnen): **Links** weiterfahren.

(+250 m) **km 22,96**/384 m Calavino: **Rechts** Ri. „Valle di Cavedine“ abbiegen.

(+340 m) **km 23,30**/406 m (Steinkreuz) **Rechts** durch die Plantagen (Abzweige ignorieren) weiterfahren.

(+320 m) **km 23,62**/414 m (in der Linkskurve) **Geradeaus** dem Wiesenpfad folgen.

(+220 m) **km 23,84**/417 m **An der HS, geradeaus** auf der HS weiterfahren.

(+170 m) **km 24,01**/426 m (vor dem Zebrastreifen) **Rechts** bergauf auf den Teerweg abbiegen.

(+190 m) **km 24,20**/450 m **Rechts** bergauf dem Schotterweg folgen.

(+120 m) **km 24,32**/462 m **Geradeaus** dem Pfad folgen.

(+290 m) **km 24,61**/472 m **Links** dem Wiesenweg bergab folgen.

(+710 m) **km 25,32**/463 m (an der kleinen HS) **Geradeaus** bergauf weiterfahren.

(+110 m) **km 25,43**/476 m (in der Rechtskurve, vor der Kirche San Siro) **Links** dem Teerweg folgen.

(+400 m) **km 25,83**/500 m **Rechts** der Teerstraße bergauf (9-14%) folgen.

(+320 m) **km 26,15**/529 m **Rechts** der Teerstraße weiter folgen.

(+40 m) **km 26,19**/534 m **Geradeaus** dem Schotterweg folgen.

(+1.120 m) **km 27,31**/582 m **Rechts** dem Pfad Ri. „Cavedine“ folgen.

6 *(+130 m)* **km 27,44**/585 m **La Carega del Diaol** (= der Teufelssessel)

(+270 m) **km 27,71**/578 m **Links** dem Waldweg leicht bergauf folgen.

(+60 m) **km 27,77**/580 m **Links** weiterfahren.

(+80 m) **km 27,85**/582 m **Rechtskurve** folgen.

© SP Radweg nach Pietramurata, Marocche

© SP Pietramurata

© SP Radweg Pietramurata-Sarche

© SP Lago di Toblino

(+100 m) **km 27,95**/581 m **Links** Ri. „itinerario Archeologico“ weiterfahren.

(+50 m) **km 28,00**/578 m **Rechtskurve** folgen. (links „itinerario Archeologico“)

(+280 m) **km 28,28**/575 m An der Teerstraße, **rechts** bergab (8-15%) weiterfahren.

(+1.140 m) **km 29,42**/511 m **Geradeaus** bergab Ri. „Lago di Cavedine“ weiterfahren und der HS stets bergab folgen.

(+1.360 m) **km 30,78**/367 m (vor der Rechtskehre) **Links** in den unscheinbaren Schotterweg bergauf (5-7%) abbiegen.

(+970 m) **km 31,75**/381 m **Links** auf dem Teerweg Ri. „Anello Garda-Sarca“ weiterfahren und stets diesem Weg geradeaus folgen.

(+490 m) **km 32,24**/373 m **Rechtskurve** bergab (16-20%) folgen. (ab hier beginnt der Pfad)

(+930 m) **km 33,17**/319 m **Geradeaus** und bergab zur HS fahren.

(+100 m) **km 33,27**/350 m **An der HS, rechts** auf der HS bergab weiterfahren.

(+140 m) **km 33,41**/292 m (vor dem Parkplatz auf der rechten Seite) **Links** abbiegen.

(+100 m) **km 33,51**/283 m **Rechts** bergab (15-20%) Ri. „Anello Garda-Sarca“ weiterfahren.

(+480 m) **km 33,99**/216 m **Links** Ri. „Anello Garda-Sarca“ fahren und dem grob schottrigen Weg dann geradeaus bis zur HS folgen.

(+510 m) **km 34,50**/156 m **An der HS, links** Ri. „Anello Garda-Sarca“ weiterfahren.

(+630 m) **km 35,13**/133 m (nach der Bergabfahrt und den Picknick-Plätzen) **Links** in den Schotterweg Ri. „Anello Garda-Sarca“ abbiegen.

(+100 m) **km 35,23**/132 m **Links** Ri. „Anello Garda-Sarca“ und **nach 50 m rechts** abbiegen.

(+230 m) **km 35,46**/135 m **Rechts** dem Pfad Ri. „Anello Garda-Sarca, Maso Giare“ folgen.

(+240 m) **km 35,70**/132 m **Links** dem Schotterweg folgen.

(+870 m) **km 36,57**/120 m **Rechts** dem Schotterweg Ri. „Anello Garda Bike“ folgen.

(+80 m) **km 36,65**/118 m **Links** Ri. „Anello Garda Bike“ abbiegen und dem Weg durch die Plantagen stets Ri. „Anello Garda Bike“ folgen. **(Abzweige so folgen: rechts-rechts-links)**

(+480 m) **km 37,13**/110 m Coste di Varino: **Links** und gleich wieder **rechts** dem Pfad Ri. „Anello Garda Bike“ folgen.

(+740 m) **km 37,87**/105 m **Kreuzung, links** Ri. „Anello Garda-Sarca“ weiterfahren.

(+290 m) **km 38,16**/99 m **Links** Ri. „Anello Garda-Sarca“ weiterfahren.

7

(+430 m) **km 38,59**/98 m **Maso Giare: Geradeaus** Ri. „Moletta“ fahren. Stets diesem Teerweg, vorbei an der Pizzeria Piccola Dallas, bis zur HS folgen.

(+1.610 m) **km 40,20**/89 m **An der HS, links** auf dem Gehweg bis zur Ampel fahren.

© SP Lago di Toblino, Blick nach Süden

© SP Blick zurück: Mt. Casale, Lago di Toblino

© SP Chiesetta di Corgnom

© SP zwischen Calavino und San Siro

(+100 m) **km 40,30**/89 m An der Ampel, nach **rechts** die HS überqueren und **geradeaus** Ri. „pista ciclabile“ weiterfahren.

(+200 m) **km 40,50**/86 m (bei der Bar) **Links** dem Radweg an der Sarca Ri. „Torbole 7,5“ folgen.

(+1.030 m) **km 41,53**/84 m (beim Kreisverkehr) **Rechts** über die Sarcabrücke und zum Ausgangspunkt zurückfahren.

Startplatz:
Arco, Sarcabrücke.

Anfahrt:
Von Dro nach Arco kommend, am Kreisverkehr geradeaus nach Arco und dann rechts über die Sarcabrücke fahren. Direkt nach der Brücke, rechts Ri. Campingplätze abbiegen. Gleich auf der rechten Seite befindet sich ein großer Parkplatz.

Lago di Toblino

Der See entstand im Laufe der Jahre durch Ablagerungen und Erosion des Sarcaflusses. Das milde Klima ermöglicht u.a. den Anbau von Zitronen und Olivenbäumen.

Das Gebiet um den See ist mittlerweile als Biotop geschützt, da sich hier eine sehr üppige Flora und Fauna entwickelt hat.

Castel Toblino

Das Schloss aus dem 12. Jahrhundert thront auf einer Halbinsel im Lago di Toblino. Im 16. Jahrhundert hat der Fürst Madruzzo das Castel als seinen Sommersitz genutzt.

Heute befindet sich dort ein Restaurant, mit überwältigender Aussicht auf den romantischen See. Ein Besuch ist lohnenswert.

© SP Pfad geradeaus bei km 23,62

© SP Singletrail nach San Siro

© SP La Carega del Diaol

© SP Lago di Toblino

© SP Singletrail bei Dro

© SP Singletrail

Tour 17 „Biotopo Marocche" 3 34,80 km 3:32 Std 941 Hm

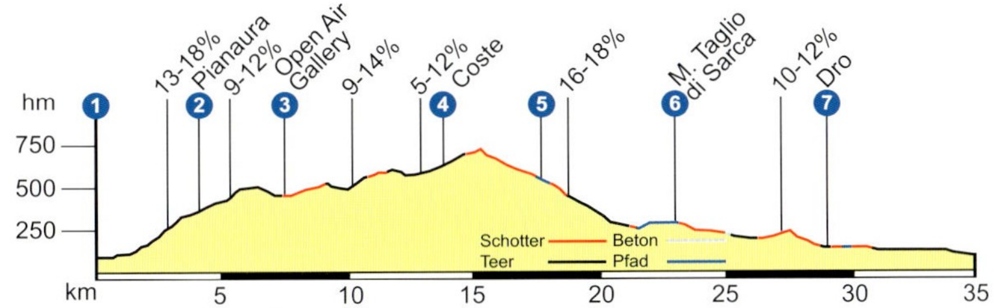

© GD Blick zum Monte Casale

Tourencharakter

Wegbeschaffenheit

Teer	20,07 km
Schotter/Kies	12,34 km
Pfad/Trail	2,19 km
Beton/Pflastersteine	0,20 km
Schiebestrecke	0,00 km

Familienfreundlich

Ja, überwiegend auf verkehrsfreien bzw. verkehrsarmen Straßen

Einkehrmöglichkeit

Bars / Restaurants in Arco, Maso di Vigne und am Lago Bagattoli

Schwierigkeit

Ausdauer	★★★☆☆☆
Fahrkönnen	★★☆☆☆☆

Erlebnis

Landschaft	★★★★☆☆
Fahrspaß	★★☆☆☆☆

Höhe

Starthöhe	90 Meter
Höchster Punkt	720 Meter

Klassische, schöne Rundtour zum Felssturzgebiet der Marocche

Das untere Sarcatal bietet eine Vielzahl von Touren, bei denen nicht erst hunderte von Höhenmetern hinaufgefahren werden muss. Eine dieser Runden schlängelt sich am Fuße des Monte Stivo entlang, bis zum Val del Vento, wie das Tal, in dem Cavedine liegt, genannt wird. Über den Höhenrücken, der den Ort Cavedine vom Lago di Cavadine trennt, geht es durch die Marocche. Unterhalb des gewaltigen Massivs des Monte Brento geht es zurück nach Arco. Bis auf die kurze Singletrail Passage, im Bereich des Lago di Cavedine, sind keine großen Hindernisse zu erwarten. Auf dieser Rundtour gibt es viele Möglichkeiten, die über tausend Meter hohen Felswände des Monte Brento und dessen Felssturzgebiet, die Marocche, zu bestaunen.

© GD Sarcatal, Cavedine See

Strecke

Von Arco geht es über Massone auf die schmale, kaum befahrene Teerstraße hinauf nach Pianaura und weiter zur Open Air Gallery, die sich etwas oberhalb von Drena befindet. Von dort durchfährt man, weit oberhalb von Drena, wunderschöne Kastanienwälder. Man gelangt nun in den südlichen Teil des Val del Vento. Ein kurzes Wegstück wird auf der HS Ri. Cavedine gefahren. In Vigo Cavadine biegt man links ab und fährt auf dem Höhenrücken, der westlich von Cavadine liegt, weiter. Auf Höhe des Lago di Cavadine geht es links bergab, zum südlichen Ende des Sees. Ein Singletrail führt zunächst am See entlang und dann durch die Marocche zu einer Schotterpiste. Hier links abbiegen und dem Radweg bis zum ehemaligem E-Werk folgen. Dort rechts über die Sarcabrücke und dann links, dem Radweg Ri. Dro bis zum Abzweig Lago Bagattoli folgen. Jetzt dem Radweg, der unterhalb des Monte Brento entlangführt, zurück bis nach Arco fahren.

© GD Sarcatal, Dro

© GD Ceniga, römische Brücke

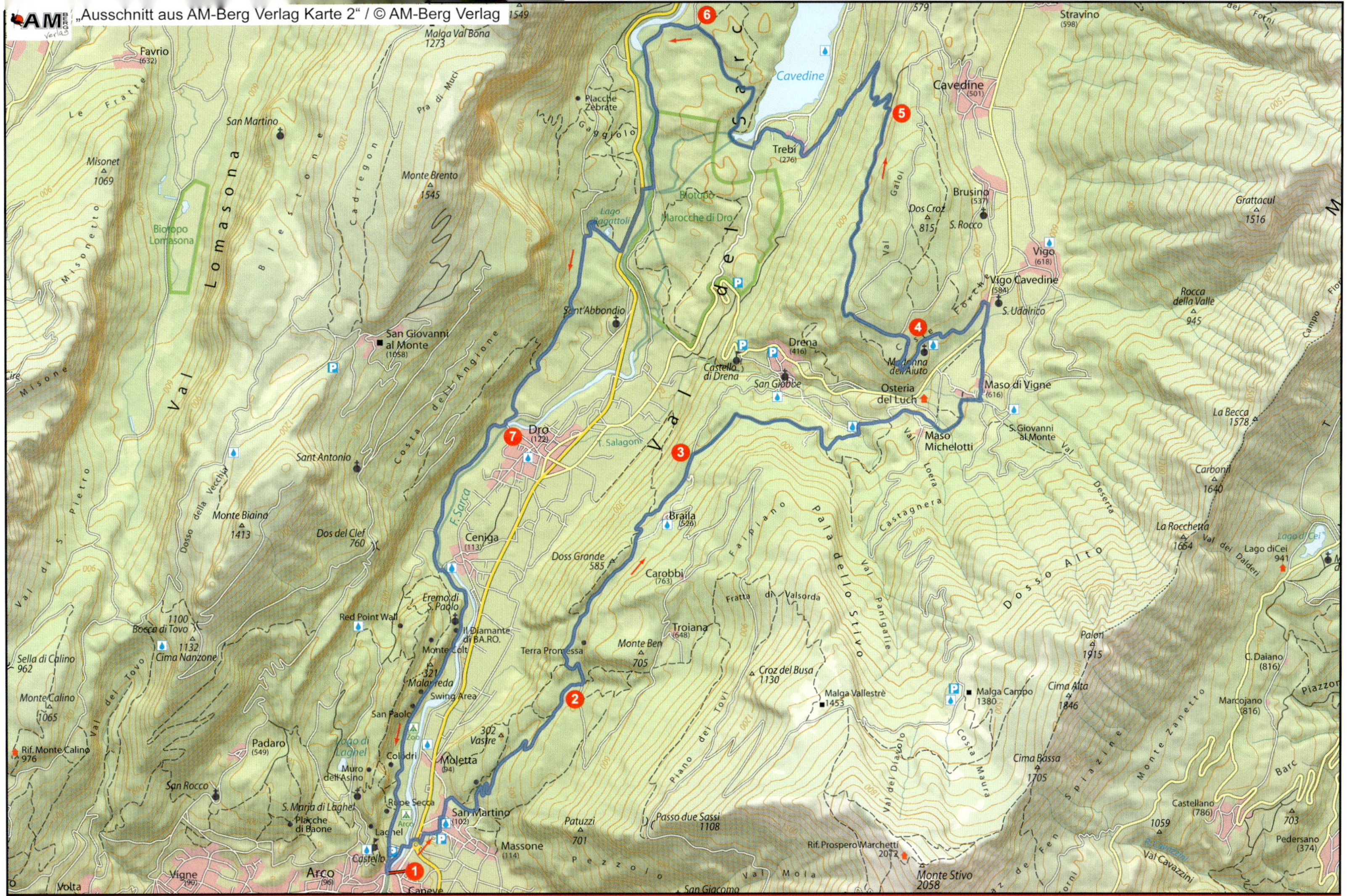

Tour 17 „Biotopo Marocche“ **3** **34,80 km** **3:32 Std** **941 Hm**

Tour 17 „Biotopo Marocche“ 3 34,80 km 3:32 Std 941 Hm

1 **km 0,00**/90 m Von der Sarcabrücke **geradeaus** dem Radweg flussaufwärts, entlang der Sarca, Ri. „Sarche 18“ folgen.

(+340 m) **km 0,34**/91 m **Rechts** dem Radweg über die Brücke Ri. „pista ciclabile“ folgen.

(+70 m) **km 0,41**/91 m (beim Kreisverkehr) **Links** am Kreisel entlang (nicht geradeaus dem Radweg an der Sarca entlang folgen) Ri. Zebrastreifen und durch die Unterführung fahren.

(+180 m) **km 0,59**/90 m Nach der Unterführung (auf der anderen Straßenseite) **links** zurück, am Parkplatz vorbei, weiterfahren.

(+110 m) **km 0,70**/91 m **Rechts** in die „via Angelo Maino“ Ri. „Massone“ abbiegen.

(+210 m) **km 0,91**/99 m **Links** (rechts Parkplatz) in die via S. Martino“ abbiegen und durch San Martino fahren.

(+150 m) **km 1,06**/103 m San Martino (beim Brunnen): **Rechts** bergauf Ri. „Chiesetta San Martini“ und gleich **danach links** weiterfahren.

(+170 m) **km 1,23**/106 m (nach San Martino) **Rechts** bergauf Ri. „Carobbi, Chiesetta San Martini“ fahren.

(+330 m) **km 1,56**/131 m **Links** bergauf Ri. „Carobbi, Braila“ weiterfahren und dieser Teerstraße stets bergauf folgen.

(+2.340 m) **km 3,90**/349 m Rechts ist der Picknick-Platz „Rupresti di Pianaura“ (mit Felszeichnungen). Der HS **geradeaus** weiter folgen.

2 *(+110 m)* **km 4,01**/350 m **Pianaura**. (Wiese mit Kastanienbäumen und Picknick-Plätzen)

(+110 m) **km 4,12**/367 m **Abzweig, links** Ri. „Braila 2“ abbiegen.

(+1.810 m) **km 5,93**/504 m **Links** der Teerstraße Ri. „Carobbi“ folgen. (rechts Sackgasse)

(+210 m) **km 6,14**/504 m (grünes Kreuz) **Abzweig, geradeaus** bergab weiterfahren.

(+1.010 m) **km 7,15**/456 m **Geradeaus** bergab weiterfahren.

3 *(+250 m)* **km 7,40**/448 m **Open Air Gallery** (links Felszeichnungen): **Rechts** dem Schotterweg folgen.

(+1.160 m) **km 8,56**/493 m **Geradeaus** dem oberen Weg (Hauptweg) folgen.

(+550 m) **km 9,11**/526 m **Geradeaus** der Teerstraße bergab (9-12%), am Restaurant „La Casina“ vorbei, folgen.

(+490 m) **km 9,60**/491 m **Links** dem Hauptweg weiter folgen.

(+180 m) **km 9,78**/479 m (am Stoppschild) **Geradeaus** bergauf weiterfahren.

(+490 m) **km 10,27**/525 m **Abzweig, geradeaus** bergauf der „via di Vespiai“ folgen.

(+540 m) **km 10,81**/557 m **Kreuzung** (Madonna), **geradeaus** dem Schotterweg folgen.

(+280 m) **km 11,09**/581 m **Rechts** dem Karrenweg steil bergauf folgen.

(+20 m) **km 11,11**/585 m **Links** auf den Pfad abbiegen und diesem folgen. (wird später zum Karrenweg und führt entlang einer Weinplantage)

© GD Rastplatz vor Pianaura

© GD Rastplatz vor Pianaura

© GD Open Air Gallery

© GD oberhalb von Drena

(+300 m) **km 11,41**/577 m **Rechts** bergauf (9-13%) dem unscheinbaren Karren- / Wiesenweg folgen. (nicht links bergab)

(+140 m) **km 11,55**/597 m **Geradeaus** dem Schotterweg, der dann in Teer übergeht, folgen.

(+10 m) **km 11,56**/596 m **An der HS, rechts** bergauf Ri. „Maso di Vigne“ fahren.

(+60 m) **km 11,62**/604 m Maso di Vigne: **Links** bergab bis zur HS weiterfahren.

(+840 m) **km 12,46**/565 m **An der HS, geradeaus** auf dieser weiterfahren.

(+180 m) **km 12,64**/571 m Vigo Cavedine: **Links** Ri. „Coste“ abbiegen.

(+140 m) **km 12,78**/579 m **Geradeaus** dem Hauptweg folgen.

(+610 m) **km 13,39**/609 m **Links** dem Hauptweg folgen. (nicht geradeaus bergauf)

4 *(+360 m)* **km 13,75**/631 m **Coste** (links Rastplatz mit Brunnen): **Rechts** auf dem oberen Weg Ri. „Cavedine“ weiterfahren.

(+380 m) **km 14,13**/683 m **Geradeaus** bergauf (10-13%) weiterfahren.

(+30 m) **km 14,16**/652 m **Rechtskehre** bergauf (10-13%) folgen.

(+290 m) **km 14,45**/678 m **Linkskurve** folgen.

(+110 m) **km 14,56**/693 m (Picknick-Platz) **Geradeaus** Ri. „Cavedine“ fahren und diesem Weg stets folgen. (anfangs leicht bergauf, dann bergab)

5 *(+3.020 m)* **km 17,58**/559 m **Abzweig, links** dem Pfad bergab folgen. (ACHTUNG: Kann leicht übersehen werden)

(+510 m) **km 18,09**/514 m (Nähe Haus) **Rechts** dem Schotterweg bergab (16-18%) folgen.

(+610 m) **km 18,70**/445 m An der Teerstraße, **links** bergab fahren.

(+440 m) **km 19,14**/410 m **Linkskehre** bergab bis zur HS folgen.

(+350 m) **km 21,10**/255 m **An der HS, links** und **nach 50 m rechts** weiterfahren.

6 *(+1.980 m)* **km 23,08**/282 m **M. Taglio di Sarca: Links** auf den Forstweg Ri. „Sent. Gaggio“ abbiegen.

(+2.220 m) **km 25,30**/200 m Centrale di FIES: **Rechts** über die Brücke weiterfahren.

(+90 m) **km 25,39**/198 m (vor der HS) **Links** dem Radweg folgen.

(+310 m) **km 25,70**/195 m **Geradeaus** auf dem Gehsteig zur Ampel fahren.

(+70 m) **km 25,77**/190 m Ampel: **Rechts** (Straßenseite wechseln) und gegenüber **links** auf dem Gehsteig weiterfahren.

(+320 m) **km 26,09**/184 m **Rechts** Ri. „localita Lago Bagattoli“ abbiegen und dem Weg folgen.

(+310 m) **km 26,40**/186 m **Geradeaus** weiterfahren. (rechts Rastmöglichkeit am Lago Bagattoli)

(+330 m) **km 26,73**/204 m **T-Kreuzung, links** Ri. „Dro“ abbiegen.

© GD Obstplantagen bei Drena

© GD Rastplatz, Blick zum Monte Cornetto

© GD Blick zur Brenta

© GD Cavedine See, Monte Casale

Tour 17 „Biotopo Marocche“ 3 34,80 km 3:32 Std 941 Hm

(+570 m) **km 27,30**/221 m **Links** dem Schotterweg bergab (10-13%) folgen.

(+970 m) **km 28,27**/164 m Oltra: **Rechts** Ri. „Dro“ weiterfahren.

(+510 m) **km 28,78**/140 m **Links** weiterfahren.

(+50 m) **km 28,83**/140 m **Rechts** bergab weiterfahren.

(+50 m) **km 28,88**/133 m Dro: **An der HS, rechts** weiterfahren.

7 *(+120 m)* **km 29,00**/132 m **Dro** (vor der Sarcabrücke) **Rechts** Ri. „Lizzone“ weiterfahren.

(+80 m) **km 29,08**/131 m **Rechts** dem Radweg folgen.

(+1.650 m) **km 30,73**/127 m Maso Lizzone: **Geradeaus** dem Radweg Ri. „Arco“ folgen.

(+460 m) **km 31,19**/114 m (vor der Brücke) **Rechts** Ri. „Arco“ abbiegen und zum Startpunkt zurückfahren. Es folgen zwei Rastmöglichkeiten „La Lanterna“ (ca. 1,45 km) und „Pizzeria California“ (ca. 2,64 km in Arco).

Startplatz:
Arco, Sarcabrücke.

Anfahrt:
Von Dro nach Arco kommend, am Kreisverkehr geradeaus nach Arco und dann rechts über die Sarcabrücke fahren. Direkt nach der Brücke, rechts Ri. Campingplätze abbiegen. Gleich auf der rechten Seite befindet sich ein großer Parkplatz.

Biotopo Marocche

Die Marocche ist eine etwa 8 km lange und über 2 km breite „Gesteinshalde“, die durch einen Bergsturz vom Monte Brento (1.544 m) und Monte Casale (1.632 m) entstanden ist.

Das gesamte Volumen der Felsblöcke in diesem Gebiet, welches von den Einheimischen „Le marocche“ genannt wird, umfasst etwa 1 Milliarde Kubikmeter.

Der Zeitpunkt des Bergsturzes konnte noch nicht ausreichend geklärt werden. Es wird vermutet, dass sich der erste Bergsturz um 2600 v.Chr. ereignet hat und der letzte Bergsturz zwischen 400-200 v. Chr. erfolgt ist.

Der Lago di Cavedine, der sich dadurch aufgestaut hat, ist also mehrere Jahrtausende alt.

Durch die typische Trockenlandschaft wurden Flora und Fauna stark geprägt. Aus diesem Grund ist die Marocche als Biotop geschützt worden. Es leben dort nur wenige Tiere, aber die Pflanzen haben sich den schwierigen Bedingungen angepasst.

© GD Arco

© GD Cavedine See, Blick nach Norden

© SP Singletrail

© GD Sarcatal, Nähe Sonnenplatten

© GD Centrale di FIES

Singletrail beim Cavedine See

Tour 18 „Monte Velo 1-Malga Zanga“ 3 25,58 km 3:12 Std 1.085 Hm

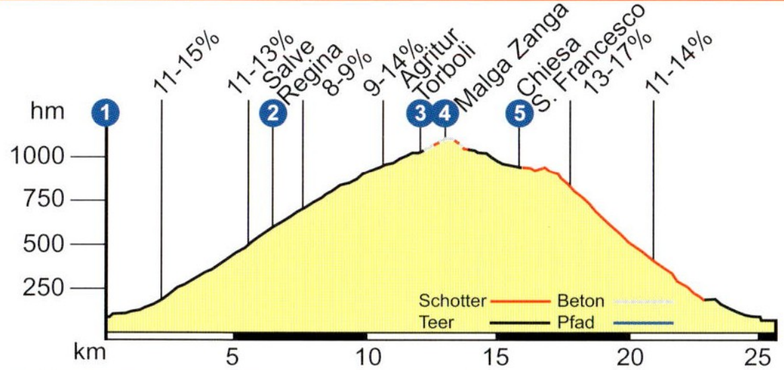

Tourencharakter

Wegbeschaffenheit

Teer	17,07 km
Schotter/Kies	7,56 km
Pfad/Trail	0,00 km
Beton/Pflastersteine	0,95 km
Schiebestrecke	0,00 km

Familienfreundlich

Ja, auf verkehrsarmen und verkehrsfreien Wegen

Einkehrmöglichkeit

Bars / Restaurants in Bolognano, Agritur Torboli und Malga Zanga

Schwierigkeit

Ausdauer	★★★★★★ (3 von 6)
Fahrkönnen	★★★★★★ (1 von 6)

Erlebnis

Landschaft	★★★★★★ (3 von 6)
Fahrspaß	★★★★★★ (2 von 6)

Höhe

Starthöhe	90 Meter
Höchster Punkt	1.116 Meter

Aussichtsreiches Plateau bei der Malga Zanga

Unspektakuläre Auffahrt, auf einsamer Teerstraße, zum Monte Velo und zur Malga Zanga. Erst zwischen dem Agritur Torboli und der Malga Zanga wird der Weg schottriger. Lohnend ist das Ziel Malga Zanga auf jeden Fall, da diese auf einem kleinen Hochplateau liegt, von dem man einen sensationellen Ausblick ins Sarcatal hat. Der Rückweg verläuft später auf einem langen Schotter-Downhill nach Bolognano.

Strecke

Vom großen Parkplatz östlich der Sarca geht es über Nebenstraßen nach Bolognano. Von dort folgt man der Teerstraße mit gemächlicher Steigung (8-11%, maximal 15%) bergauf. An der Salve Regina hat man die Möglichkeit, kurz zu rasten und eventuell seine Wasserflasche nachzufüllen. Dann geht es weiter, am Wasserfall vorbei, Kehre um Kehre nach oben. In einer Rechtskehre biegt man links Ri. „Malga Zanga“ ab. Die letzten Meter zur Malga Zanga sind teilweise betoniert bzw. geschottert. Von der Malga Zanga bietet sich der kurze Anstieg zum Castello del Castil an. Von der Hütte fährt man anfangs auf dem gleichen Weg bergab, bis es von der HS nach links zur „Chiesa S. Francesco“ abgeht. Diesem Weg, der nach kurzer Zeit in einen Schotterweg übergeht, bergab bis nach Bolognano folgen. In Bolognano trifft man auf die HS und folgt dieser, über die schon bekannten Nebenstraßen, zurück zum Ausgangspunkt.

Bike und Hike

Castello del Castil (1.259 m): Aufstieg ca. 140 Hm, Zeit: ca. 25 min.

© SP zwischen Arco und Bolognano

© SP Salve Regina, Blick nach Bolognano

© SP Malga Zanga

© SP Malga Zanga

Tour 18 „Monte Velo 1-Malga Zanga“ 3 25,58 km 3:12 Std 1.085 Hm

Tour 18 „Monte Velo 1-Malga Zanga“ 3 25,58 km 3:12 Std 1.085 Hm

1 **km 0,00**/90 m Vom Parkplatz (hinteres Ende bei der Brücke) **geradeaus** dem Radweg zur Einfahrt des Parkplatzes folgen.

(+270 m) **km 0,27**/97 m **Kreisverkehr, links** der „viale Rovereto“ folgen.

(+110 m) **km 0,38**/96 m (nächste Straße, bei der Bushaltestelle / Zebrastreifen) **Rechts** abbiegen.

(+30 m) **km 0,41**/98 m (am Piazza Trento) **Rechts** der Einbahnstraße folgen.

(+280 m) **km 0,69**/108 m (nach der Brücke, Umgehungsstraße) **Geradeaus** der „via del Ri“ folgen.

(+450 m) **km 1,14**/120 m Bolognano: **Links** leicht bergauf weiterfahren.

(+180 m) **km 1,32**/131 m **Links** Ri. Kirche und dann **rechts** der HS folgen.

(+80 m) **km 1,40**/136 m **Rechts** der HS Ri. „monte Velo“ folgen.

(+60 m) **km 1,46**/136 m **Links** der HS Ri. „monte Velo“ folgen.

(+230 m) **km 1,69**/153 m **Links** auf der HS weiterfahren und dieser stets bergauf folgen.

2 *(+4.690 m)* **km 6,38**/620 m **Salve Regina** (mit Brunnen). HS weiter bergauf folgen.

(+10 m) **km 6,39**/622 m **Geradeaus** Ri. „Monte Velo“ weiterfahren.

(+5.050 m) **km 11,44**/1001 m (in der Rechtskehre) **Links** Ri. „Agritur Torboli, Malga Zanga“ abbiegen.

3 *(+610 m)* **km 12,05**/1028 m **Agritur Torboli.** Rechtskehre Ri. „Malga Zanga“ folgen.

(+280 m) **km 12,33**/1038 m **Gabelung, rechts** bergauf (11-14%) Ri. „Malga Zanga“ weiterfahren.

(+180 m) **km 12,51**/1061 m **Rechtskehre** Ri. „Malga Zanga“ folgen.

(+190 m) **km 12,70**/1078 m **Links** Ri. „Malga Zanga“ weiterfahren.

4 *(+330 m)* **km 13,03**/1115 m **Malga Zanga.** Von hier den gleichen Weg zurück zur HS fahren.

(+730 m) **km 13,76**/1039 m **Geradeaus** Ri. „Salve Regina“ fahren.

(+910 m) **km 14,67**/1002 m **An der HS, rechts** bergab Ri. „Salve Regina“ fahren.

(+890 m) **km 15,56**/942 m (Rechtskehre) **Links** bergab Ri. „Chiesa S. Francesco“ abbiegen.

5 *(+330 m)* **km 15,89**/928 m **Chiesa S. Francesco.**

(+200 m) **km 16,09**/935 m (links Wasserhydrant) **Rechts** (NW-Schild Nr. 12) bergab weiterfahren.

(+270 m) **km 16,36**/918 m **Rechts** dem Hauptweg, an der Schranke vorbei, folgen.

(+940 m) **km 17,30**/890 m **Rechts** bergab (links „NW 12“) weiterfahren und diesem Weg bis nach Bolognano zur HS folgen.

(+6.590 m) **km 23,89**/126 m Bolognano: **Geradeaus** auf die HS fahren.

© SP Auffahrt

© SP Salve Regina

© SP Malga Zanga

© SP Malga Zanga, Ausblick

(+230 m) **km 24,12**/110 m **Rechts** der HS folgen.

(+40 m) **km 24,16**/110 m (vor der Kirche) **Links** weiterfahren.

(+60 m) **km 24,22**/107 m **Links** Ri. „Arco“ und **nach 30 m rechts** der „via Rovero“ folgen.

(+200 m) **km 24,42**/94 m **Rechts** in die „via del Ri“ abbiegen.

(+460 m) **km 24,88**/83 m **Geradeaus** über die Brücke (Bundesstraße) fahren.

(+280 m) **km 25,16**/75 m **Links** weiterfahren.

(+30 m) **km 25,19**/73 m **An der HS, links** auf dieser weiterfahren.

(+120 m) **km 25,31**/74 m **Kreisverkehr, rechts** dem Radweg zum Startpunkt zurück folgen.

Startplatz:
Arco (neuer großer Parkplatz).

Anfahrt:
In Arco, von Nago aus kommend, beim ersten großen Kreisverkehr geradeaus Ri. „Zentrum“ fahren. Nach wenigen Metern, beim kleinen Kreisverkehr, links auf den großen Parkplatz fahren.

© SP Lavendel

© SP Ausblick bei der Chiesa S. Francesco

© SP Abfahrt nach Bolognano

© SP Abfahrt, Ausblick nach Arco

© SP Rückfahrt nach Arco

Tour 19 „Monte Velo 2-Passo due Sassi“ 3 29,67 km 3:26 Std 1.137 Hm

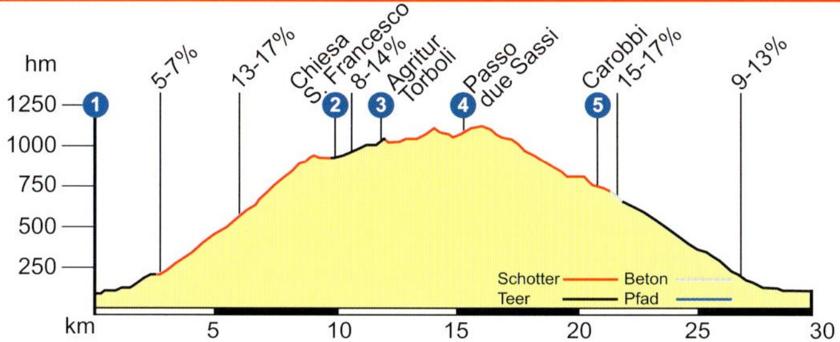

Tourencharakter

Wegbeschaffenheit

Teer	12,57 km
Schotter/Kies	16,62 km
Pfad/Trail	0,00 km
Beton/Pflastersteine	0,48 km
Schiebestrecke	0,00 km

Familienfreundlich

Ja, überwiegend verkehrsfreie Wege

Einkehrmöglichkeit

Bars / Restaurants in Arco, Bolognano und Agritur Torboli

Schwierigkeit

Ausdauer	★★★☆☆☆
Fahrkönnen	★★☆☆☆☆

Erlebnis

Landschaft	★★★★★☆
Fahrspaß	★★☆☆☆☆

Höhe

Starthöhe	90 Meter
Höchster Punkt	1.160 Meter

Aussichtsreiche Tour, hoch über Arco

Östlich von Arco erstreckt sich ein Höhenzug, der vom Monte Brugnolo über den Pass Santa Barbara, den Monte Stivo bis zum Monte Palon verläuft. In den Westhängen dieses Höhenzuges gibt es zahlreiche Wege, Steige und Forststraßen. Diese Tour führt von Arco hinauf Ri. Monte Brugnolo und quert dann die Hänge unterhalb von Santa Barbara und dem Monte Stivo. Vom Passo due Sassi, der sich zwischen Bolognano und dem Monto Stivo auf einer Höhe von etwa 1.100 m befindet, hat man einen der besten Ausblicke zum Gardasee, ins Sarcatal und zu den Brenta Dolomiten. Wunderschöne, sehr aussichtsreiche Tour auf durchwegs sehr guten Schotterpisten.

Strecke

Die Tour beginnt in Arco und führt zunächst nach Bolognano. Am Ortsausgang von Bolognano verlässt man die HS, die nach Santa Barbara führt, und folgt einer Schotterpiste, die in angenehmer Steigung bis zur Malga Flavei geht. Vor der Malga Flavei hält man sich links und quert die Hänge unterhalb des Monte Brugnolo. Über die kleine Kapelle Chiesa S. Francesco erreicht man die Asphaltstraße nach Santa Barbara. Auf dieser HS geht es ein kurzes Stück hinauf. In einer Rechtskehre, bei der Gedenkstätte, links Ri. „Malga Zanga“ abbiegen. Kurz darauf erreicht man das „Agritur Torboli“, das sich ideal für eine Rast anbietet. Von hier folgt man dem Weg „669“ zum Passo due Sassi, der eigentlich kein richtiger Pass, sondern der höchste Punkt des Weges, der den Hang vom Monte Stivo quert, ist. Einen sensationellen Ausblick hat man, wenn man auf den markanten Felsen links des Weges steigt. Der weitere Weg bergab führt, über Troiana, Pianaura und Massone zurück nach Arco.

© GD Blick über das Sarcatal

© GD Blick nach Arco

© GD Abfahrt nach Carobbi

© GD Troiana

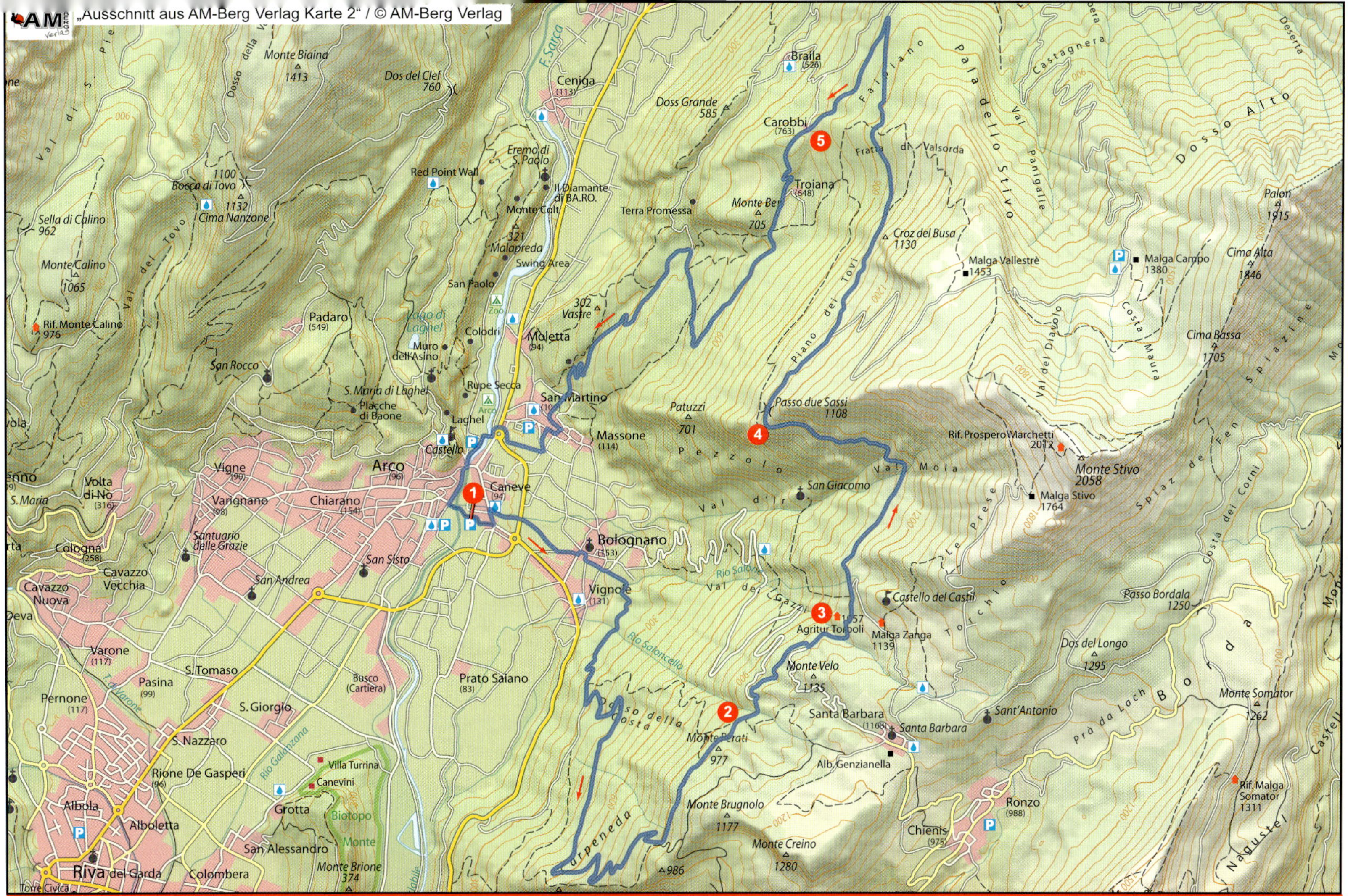

Tour 19 „Monte Velo 2-Passo due Sassi“ 3 29,67 km 3:26 Std 1.137 Hm

Tour 19 „Monte Velo 2-Passo due Sassi“ 3 29,67 km 3:26 Std 1.137 Hm

1 **km 0,00**/90 m Vom Parkplatz (hinteres Ende bei der Brücke) **geradeaus** dem Radweg zur Einfahrt des Parkplatzes folgen.

(+270 m) **km 0,27**/97 m **Kreisverkehr, links** der „viale Rovereto“ folgen.

(+110 m) **km 0,38**/96 m (nächste Straße, bei der Bushaltestelle / Zebrastreifen) **Rechts** abbiegen.

(+30 m) **km 0,41**/98 m (am Piazza Trento) **Rechts** der Einbahnstraße folgen.

(+280 m) **km 0,69**/108 m (nach der Brücke) **Geradeaus** der „via del Ri“ folgen.

(+450 m) **km 1,14**/120 m Bolognano: **Links** leicht bergauf weiterfahren.

(+180 m) **km 1,32**/131 m **Links** Ri. Kirche und dann **rechts** der HS folgen.

(+80 m) **km 1,40**/136 m **Rechts** der HS Ri. „monte Velo“ folgen.

(+60 m) **km 1,46**/136 m **Links** der HS Ri. „monte Velo“ folgen.

(+230 m) **km 1,69**/153 m **Geradeaus** (HS verlassen) der „via Cacciatore“ folgen. (nach ca. 820 m beginnt der Schotterweg, diesem Hauptweg nun stets bergauf Ri. „Monte Velo“ folgen)

(+7.950 m) **km 9,64**/932 m (rechts Wasserhydrant) **Links** bergab der Betonrampe folgen.

2 *(+220 m)* **km 9,86**/926 m **Chiesa S. Francesco.**

(+320 m) **km 10,18**/937 m **An der HS, rechts** bergauf weiterfahren.

(+880 m) **km 11,06**/994 m (in der Rechtskehre) **Links** Ri. „Agritur Torboli, Malga Zanga“ abbiegen.

3 *(+610 m)* **km 11,67**/1021 m **Agritur Torboli.** Rechtskehre Ri. „Malga Zanga“ folgen.

(+280 m) **km 11,95**/1032 m **Gabelung, links** leicht bergab Ri. „Bolognano“ weiterfahren.

(+350 m) **km 12,30**/1012 m **Rechts** dem betonierten Weg Ri. „Passo due Sassi“ folgen. (nicht links „San Giacomo“)

4 *(+2.850 m)* **km 15,15**/1160 m **Passo due Sassi.** (nach 350 m links Felskopf mit super Aussicht)

(+1.050 m) **km 16,20**/1111 m **Gabelung, links** bergab Ri. „Troiana“ weiterfahren.

(+3.400 m) **km 19,60**/803 m **Linkskehre** (Hauptweg) bergab folgen.

5 *(+1.220 m)* **km 20,82**/745 m **Carobbi: Geradeaus** weiterfahren. (nach ca. 940 m beginnt die Teerstraße, dieser stets bergab folgen)

(+3.730 m) **km 24,55**/386 m **Links** der HS bergab, am Picknick-Platz „Pianaura“ vorbei, folgen.

(+2.620 m) **km 27,17**/149 m **Links** weiterfahren und der HS nach Massone folgen.

(+400 m) **km 27,57**/127 m (beim Dorfbrunnen) **Rechts** durch den Torbogen und der HS folgen.

(+140 m) **km 27,71**/123 m **Links** in die „via Europa“ abbiegen.

(+210 m) **km 27,92**/122 m (bei der Kapelle) **Rechts** abbiegen und dann **geradeaus** weiterfahren.

© GD Bolognano

© GD Auffahrt

© GD Nähe Chiesa San Francesco

© GD HS nach Santa Barbara

(+500 m) **km 28,41**/109 m **Kreisverkehr, rechts** durch die Unterführung Ri. Sarca fahren.

(+190 m) **km 28,60**/109 m **Rechts** über die Sarcabrücke fahren und dem Radweg folgen.

(+420 m) **km 29,02**/109 m An der Sarcabrücke (HS), **geradeaus** auf der HS weiterfahren.

(+390 m) **km 29,41**/106 m (in der Rechtskurve) **Links** in den Rad-/Fußweg abbiegen und über die Sarcabrücke fahren.

(+200 m) **km 29,61**/107 m **Rechts** dem Radwegschild folgen und zum Ausgangspunkt zurückfahren.

Startplatz:
Arco (neuer großer Parkplatz).

Anfahrt:
In Arco, von Nago aus kommend, beim ersten großen Kreisverkehr geradeaus Ri. „Zentrum“ fahren. Nach wenigen Metern, beim kleinen Kreisverkehr, links auf den großen Parkplatz fahren.

© GD Ausblick vom Passo due Sassi nach Arco

© GD Abzweig zum Agritur Torboli

© SP Auffahrt zum Agritur Torboli

© GD Ausblick vom Passo due Sassi

© GD Abfahrt vom Passo due Sassi, Blick über Troiana nach Arco und Riva

© GD Pianaura, Kastanienbäume

Tour 20 „Valle della Bova“ 4 9,95 km 1:02 Std 180 Hm

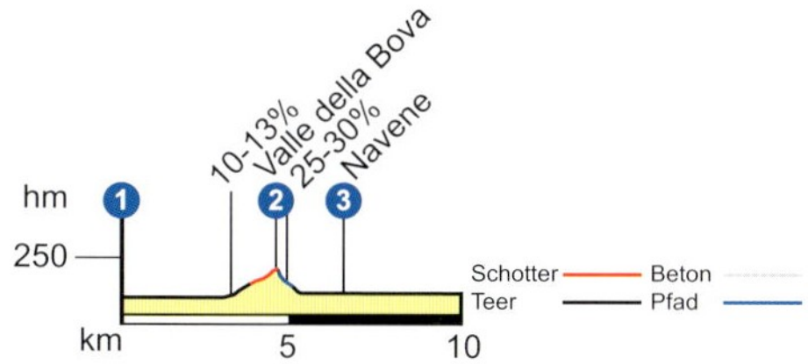

Tourencharakter

Wegbeschaffenheit

Teer	8,61 km
Schotter/Kies	0,96 km
Pfad/Trail	0,38 km
Beton/Pflastersteine	0,00 km
Schiebestrecke	0,04 km

(Navene: im Bereich der Kite-/Surfschule; eventuell je nach Fahrkönnen auch im Valle della Bova)

Familienfreundlich

Nein

Einkehrmöglichkeit

Bars / Restaurants in Navene und entlang des Radweges am See

Schwierigkeit

Ausdauer	★☆☆☆☆☆
Fahrkönnen	★★★☆☆☆

Erlebnis

Landschaft	★★★★☆☆
Fahrspaß	★★☆☆☆☆

Höhe

Starthöhe	70 Meter
Höchster Punkt	202 Meter

Kurze Tour mit knackigem bergabführenden Pfad durch das Valle della Bova

Gemütliche An- und Rückfahrt nach Navene, über den Radweg an der Uferpromenade. Kurze, mäßig steile Auffahrt, mit Durchquerung eines Bachbettes (Achtung nach Starkregen!), zum Valle della Bova. Knackige Talfahrt über einen teilweise schmalen, grob schottrigen und sehr steilen Karrenweg, durch das Valle della Bova.

Strecke

Vom Hafen „Porto Retelino“ in Malcesine fährt man gemütlich an der Seepromenade entlang, bis nach Navene. Vor dem Ortsschild Navene biegt man rechts auf die bergaufführende Teerstraße ab, die später in einen Schotterweg übergeht. Diesem stets geradeaus, bis zur Anhöhe „Valle della Bova“, folgen. Nun geht es sehr steil (bis zu 27%) auf dem Karrenweg bergab, bis man an einen Schuttplatz kommt. Jetzt der Teerstraße weiter bergab, bis zur Uferstraße folgen. Hier ein kurzes Stück nach links, auf dem Fußweg rechts neben der HS, fahren. Die weitere Fahrt erfolgt auf dem Radweg direkt am See entlang. Lediglich ein kurzes Stück (40 m), im Bereich der Kite- und Surfschule bei Navene, muss das Bike geschoben werden. Dann rollt man gemütlich bis nach Malcesine zurück.

© SP Malcesine, Porto Retelino

© SP Uferpromenade, Radweg

© SP Valle della Bova

© SP Campagnola

Tour 20 „Valle della Bova“ **4** **9,95 km** **1:02 Std** **180 Hm**

Tour 20 „Valle della Bova“ 4 9,95 km 1:02 Std 180 Hm

1 **km 0,00**/70 m Von der Einfahrt des Parkplatzes **geradeaus** dem Radweg Ri. Norden (Torbole) folgen.

(+1.570 m) **km 1,57**/71 m (vor der HS) **Links** dem Radweg, stets am Wasser entlang, folgen.

(+1.480 m) **km 3,05**/73 m (ca. 260 m nach dem Segelclub „Faglia Vela Malcesine“) **Rechts** über den Zebrastreifen und nach **links** auf der HS weiterfahren.

(+50 m) **km 3,10**/73 m (vor dem Ortsschild Navene) **Rechts** bergauf (10-13%) in die „via di Mezzo“ abbiegen und dieser Straße stets geradeaus Ri. „Valle della Bova“ (MTB Schild) folgen.

(+550 m) **km 3,65**/126 m **Geradeaus** Ri. „Tennis“, dem schmalen Teerweg folgen. (nach ca. 120 m beginnt der Schotterweg)

(+620 m) **km 4,27**/173 m (bei der Tafel) **Geradeaus** weiterfahren. (links „MTB Lago di Garda“)

2 *(+240 m)* **km 4,51**/202 m **Valle della Bova** (Tafel, Bänke)**: Links** bergab (bis 27%) Ri. „Lago di Garda, loc. Casella, MTB“, dem steilen Karrenweg folgen.

(+280 m) **km 4,79**/163 m **Links** bergab Ri. „Lago di Garda, loc. Casella, MTB“ weiterfahren.

(+150 m) **km 4,94**/112 m (nach der Linkskurve mit Tafel) **Geradeaus** Ri. „Lago di Garda“ weiterfahren. (nicht rechts bergab)

(+80 m) **km 5,02**/113 m „Schuttplatz“: **Geradeaus** weiterfahren.

(+90 m) **km 5,11**/110 m An der Teerstraße, **links** bergab weiterfahren.

(+160 m) **km 5,27**/87 m **An der HS** (links ist ein Parkplatz), HS überqueren und nach **links** (auf dem schmalen Fußweg neben der HS) weiterfahren.

(+450 m) **km 5,72**/86 m **Rechts** dem Radweg bergab zum See folgen.

(+30 m) **km 5,75**/81 m Am See **links** dem Radweg weiter folgen. Nach 20 m kommt man in den Bereich der Kite- und Surfschule. Bitte das Bike die **40 m schieben**!

3 *(+790 m)* **km 6,54**/85 m **Navene: Rechts** am See entlang weiterfahren.

(+1.750 m) **km 8,29**/85 m (Hotel Sailing Club) **Rechts** dem Radweg folgen und zum Ausgangspunkt zurückfahren.

Startplatz:
Malcesine, Porto Retelino.

Anfahrt:
Von Torbole kommend, am Ortseingang von Malcesine, rechts auf dem großen Bus- und PKW-Parkplatz (kostenpflichtig) parken. An der Einfahrt des Parkplatzes beginnt die Tour.

© SP Blick nach Limone

© SP Radweg Nähe Campagnolo

© SP Valle della Bova, Abfahrt

© SP Radweg zurück, vor Navene

© SP Radweg, Blick nach Süden

Monte Baldo, Blick nach Malcesine

Tour 21 „Funivia intermedia-Val di Monte“ 4 14,82 km 2:01 Std 663 Hm

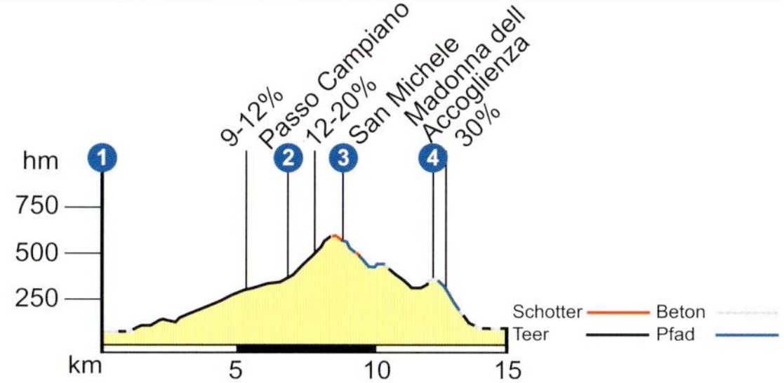

Tourencharakter

Wegbeschaffenheit

Teer	9,94 km
Schotter/Kies	0,55 km
Pfad/Trail	2,19 km
Beton/Pflastersteine	2,14 km
Schiebestrecke	0,10 km

(eventuell auf dem Pfad Ri. Maggiore)

Familienfreundlich

Nein

Einkehrmöglichkeit

Bars / Restaurants in Malcesine

Schwierigkeit

Ausdauer	★☆☆☆☆☆
Fahrkönnen	★★★☆☆☆

Erlebnis

Landschaft	★★★★☆☆
Fahrspaß	★★☆☆☆☆

Höhe

Starthöhe	70 Meter
Höchster Punkt	593 Meter

Aussichts- und abwechslungsreiche Tour über Malcesine

Oberhalb von Malcesine führt an den Abhängen des Monte Baldos die Strada Panoramica entlang. Die Straße verdient zu Recht diesen Namen, denn das Panorama, das man von der Straße aus hat, ist sensationell. Schon am Anfang der Straße, die sich durch das Villenviertel und durch die Olivenhaine an der Westseite des Monte Baldo schlängelt, hat man einen eindrucksvollen Panoramablick über Malcesine und den Gardasee. Bis zur Abzweigung zur Mittelstation der Monte Baldo Bahn hat die Panoramastraße eine moderate Steigung von 8-12%. Danach kommt ein kurzer extrem steiler Anstieg. Am höchsten Punkt, etwas oberhalb der Mittelstation, geht es auf dem Pfad über San Michele hinunter. Im Bereich der Madonna geht es nochmals kurz steil nach oben, dafür genießt man aber von der Madonna einen herrlichen Ausblick.

Strecke

Die Tour beginnt am Parkplatz vor Malcesine. Auf dem Radweg geht es nach Malcesine. An der Talstation der Monte Baldo Bahn vorbei und auf der „Strada Panoramica“ zum Passo Campiano bzw. zum Aussichtspunkt. Dann der Straße, die teilweise extrem steil, hinauf zur Funivia Monte Baldo Mittelstation führt, folgen. An der Mittelstation vorbeifahren und Ri. „San Michele“ weiterfahren. Ab der Kapelle folgt man dem teilweise steilen und steinigen Pfad Ri. Maggiore. Wer diesen Abschnitt nicht fahren kann oder will, muss hier das Bike ein Stück schieben. Dann Ri. „Passo Campiano“ und Madonna fahren. Ein kleines enges Sträßchen führt nochmals kurz, aber sehr steil, bis zum Fußweg zur Madonna hoch. Das letzte Stück zum Aussichtspunkt muss zu Fuß über Stufen zurückgelegt werden. Über die sehr steile und gepflasterte alte Straße geht es dann hinunter nach Malcesine.

© GD Uferpromenade Malcesine

© GD Malcesine

© GD Madonna

© GD San Michele

Tour 21 „Funivia intermedia-Val di Monte“ 4 14,82 km 2:01 Std 663 Hm

Tour 21 „Funivia intermedia-Val di Monte“ 4 14,82 km 2:01 Std 663 Hm

1 **km 0,00**/70 m Vom Parkplatz (Einfahrt) **geradeaus** dem Radweg Ri. Süden „Malcesine Centro“ folgen.

(+600 m) **km 0,60**/69 m **Geradeaus** der Teerstraße folgen.

(+140 m) **km 0,74**/68 m **Links** der Teerstraße weiter folgen.

(+220 m) **km 0,96**/73 m **Links** bergauf (11-14%) der gepflasterten Gasse folgen.

(+70 m) **km 1,03**/83 m **Links** Ri. Kreisverkehr weiterfahren.

(+60 m) **km 1,09**/84 m **Kreisverkehr, geradeaus** Ri. „funivia Malcesine“ fahren. An der Bergbahn vorbeifahren und der Straße weiter bergauf folgen.

(+1.530 m) **km 2,62**/125 m **Rechts** Ri. „Strada panoramica“ abbiegen.

2 *(+4.260 m)* **km 6,78**/378 m **Passo Campiano: Rechts** zum Aussichtspunkt mit Picknick-Platz fahren.

(+100 m) **km 6,88**/371 m Picknick-Platz (mit Parkplatz): Super Aussicht.

(+100 m) **km 6,98**/379 m (wieder an der HS) **Geradeaus** bergauf (20%) Ri. „San Michele, Funivia“ weiterfahren.

(+320 m) **km 7,30**/426 m **Links** bergauf der „via San Michele“ folgen.

(+330 m) **km 7,63**/472 m **Gabelung, links** bergauf dem Hauptweg folgen.

(+510 m) **km 8,14**/549 m **Abzweig, rechts** Ri. „San Michele“ weiterfahren.

(+170 m) **km 8,31**/582 m San Michele (Bergbahn): **Rechts** abbiegen und dem Weg bergauf Ri. „Navene“ folgen.

(+110 m) **km 8,42**/593 m **Gabelung, rechts** Ri. „S. Maggiore“ weiterfahren.

3 *(+380 m)* **km 8,80**/572 m **Kapelle San Michele.** (Beginn Pfad, 200 m sehr steil und steinig)

(+700 m) **km 9,50**/477 m **Geradeaus** dem Pfad Ri. „S. Maggiore“ folgen.

(+960 m) **km 10,46**/411 m **Geradeaus** dem Bikeschild folgen.

(+200 m) **km 10,66**/410 m **Rechts** der Teerstraße folgen.

(+340 m) **km 11,00**/359 m **Rechts** bergab (18%) weiterfahren.

(+450 m) **km 11,45**/300 m **Rechts** Ri. „Passo Campiano“ weiterfahren.

(+170 m) **km 11,62**/305 m **Links** Ri. „Madonna dell`Accoglienza“, in die „via Rochetta“, abbiegen. (nach ca. 180 m geht es kurz mal mit 20% bergauf)

(+280 m) **km 11,90**/327 m **Rechts** Ri. „Madonna dell`Accoglienza“ fahren.

(+100 m) **km 12,00**/344 m **Geradeaus,** Bike die Treppe hochtragen.

4 *(+120 m)* **km 12,12**/360 m **Madonna dell`Accoglienza** (La Rocchetta).

© SP Nähe Passo Campiano

© SP Passo Campiano

© GD Gardasee

© GD Aussichtspunkt, Blick Ri. Norden

(+490 m) **km 21,84**/211 m Nago: **An der HS, geradeaus** (HS überqueren) weiterfahren.

(+30 m) **km 21,87**/211 m **T-Kreuzung, rechts** abbiegen.

(+100 m) **km 21,97**/206 m **Kreuzung, rechts** der „via Sighele“ folgen.

(+180 m) **km 22,15**/203 m **Kreisverkehr, links** die „alte Straße“ bergab nach Torbole fahren.

(+1.400 m) **km 23,55**/79 m Torbole: **Rechts** der gepflasterten Straße folgen.

(+170 m) **km 23,72**/60 m (beim Hotel Centrale) **Rechts** über den Dorfplatz zur HS weiterfahren.

(+40 m) **km 23,76**/60 m **An der HS, rechts** weiterfahren.

(+150 m) **km 23,91**/61 m **Kreisverkehr, links** Ri. „Riva“ abbiegen und zum Startpunkt zurückfahren.

Startplatz:
Torbole, Parkplatz bei der Tankstelle.

Anfahrt:
Von Nago kommend in Torbole am Kreisverkehr rechts Ri. „Riva“ abbiegen. Nach wenigen Metern befindet sich auf der rechten Seite ein großer Parkplatz (kostenpflichtig).

© GD Blick zum Gardasee

© GD Blick zurück zum Monte Brugnolo

© GD Abfahrt nach Torbole

© GD Nago

© SP Torbole, Sarcabrücke

© SP Radweg Torbole-Arco

Tour 23 „Troiana-Castel Drena" 4 31,33 km 3:15 Std 907 Hm

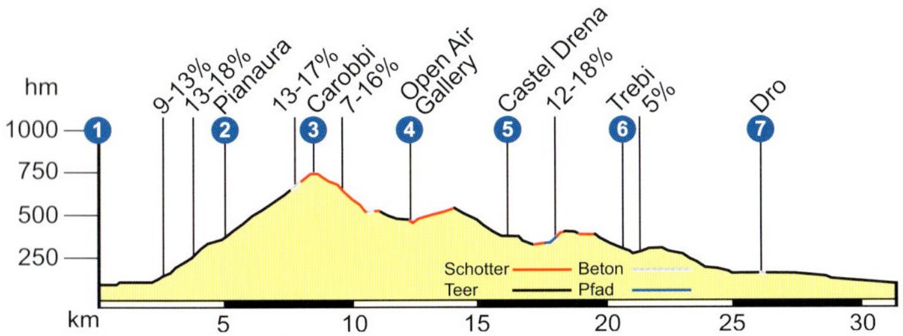

Tourencharakter

Wegbeschaffenheit

Teer	24,59 km
Schotter/Kies	5,60 km
Pfad/Trail	0,54 km
Beton/Pflastersteine	0,60 km
Schiebestrecke	0,26 km

(↑ Pfadabschnitt nach dem Castel Drena)

Familienfreundlich

Nein

Einkehrmöglichkeit

Bars / Restaurants in Arco, Ceniga, Dro und Drena

Schwierigkeit

Ausdauer	★★★★★★ (3 von 6)
Fahrkönnen	★★★★★★ (3 von 6)

Erlebnis

Landschaft	★★★★★★ (4 von 6)
Fahrspaß	★★★★★★ (3 von 6)

Höhe

Starthöhe	90 Meter
Höchster Punkt	742 Meter

Schöne Tour zum Castel Drena und durch das Sarcatal

Die mittelschwere Tour verläuft überwiegend auf Nebenstraßen und teilweise auf einfachen Schotterwegen. Unterhalb von Drena befinden sich sehr schön angelegte Picknick-Plätze, die auf der Runde gut zur Rast genutzt werden können. Eine genussvolle Tour durch die Hügellandschaften oberhalb des Sarcatales. Immer wieder schöne Ausblicke nach Arco, in das Sarcatal und zum Gardasee.

Strecke

Von der Sarcabrücke in Arco geht es zunächst auf dem Radweg an der Sarca entlang Ri. „Dro". Hier hat man herrliche Ausblicke auf die Felsmassive des Colodri, welcher sich steil über Arco erhebt. Beim Kreisel fährt man weiter an der Sarca entlang. Nach einem Spielplatz zweigt man rechts ab und fährt über Nebenstraßen Ri. San Martino. Vor San Martino links bergauf Ri. „Troiana" abbiegen. Dieser wenig befahrenen Nebenstraße nun stets bergauf nach Troiana folgen. Von Troiana fährt man auf der zunächst betonierten, dann geschotterten Straße, hinauf zu den einzelnen Häusern von Carobbi. Dort links Ri. „Braila" abbiegen und der Schotterstraße bergab folgen. Bei einer Kapelle erreicht man eine Teerstraße, hier links nach Braila abbiegen. Von dort dem Weg weiter zur Open Air Gallery folgen. Hier dem Schotterweg nach rechts folgen und über diesen, an den Kunstwerken der Open Air Gallery vorbei, nach Drena fahren. In Drena bietet sich eine Rast am Castel Drena geradezu an. Danach geht es kurz auf der HS bergab, bis nach rechts ein Teerweg steil bergauf führt. Auf diesen abbiegen und dem folgenden Karrenweg, bis oberhalb vom Cavedine See folgen. Von dort geht es auf Nebenstraßen bergab zum See und weiter nach Dro. Ab Dro fährt man über den Radweg zurück nach Arco.

© SP Auffahrt nach Troiana

© SP Troiana

© SP Castel Drena

© SP Blick zum Cavedine See

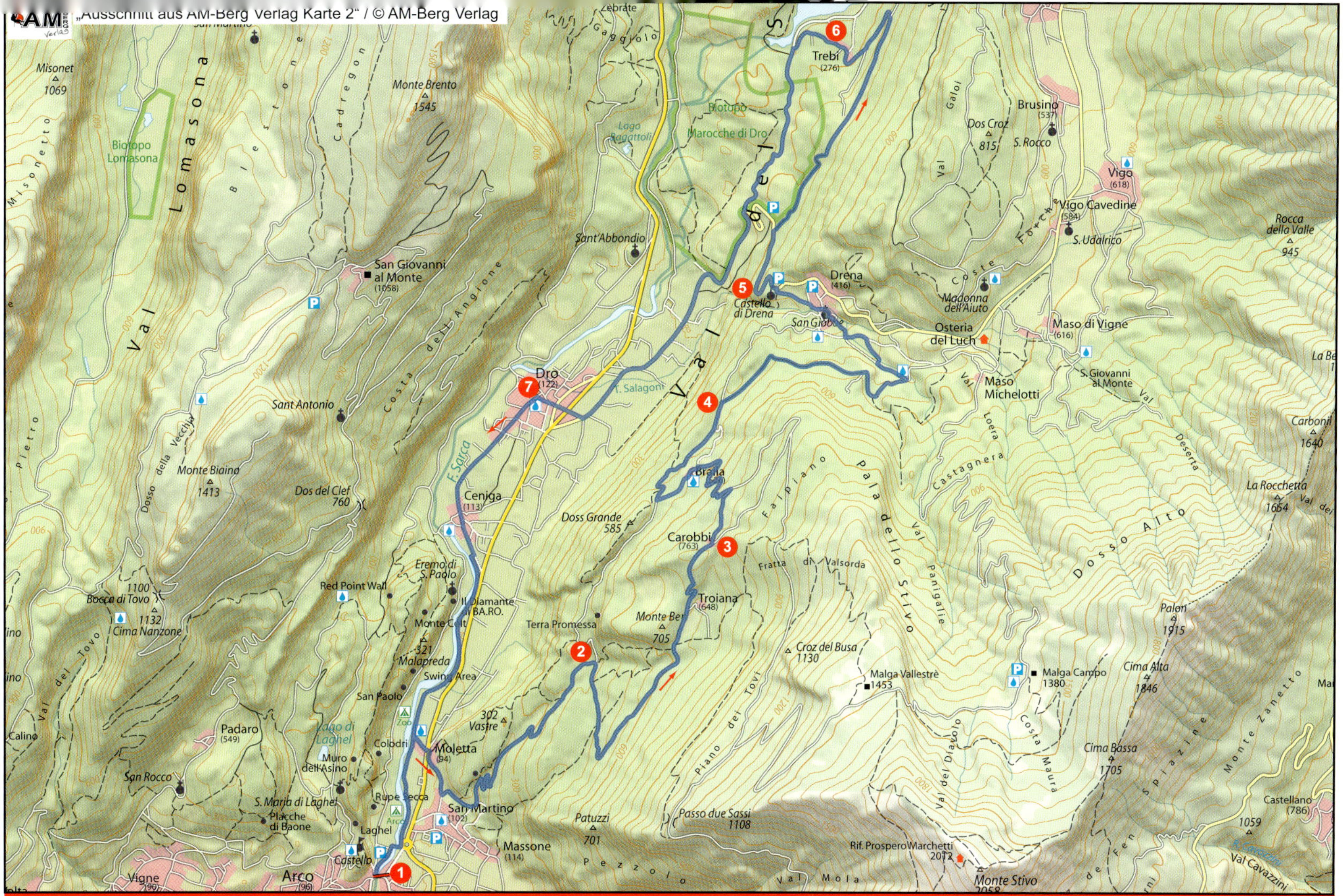

Tour 23 „Troiana-Castel Drena“ | 4 | **31,33 km** | **3:15 Std** | **907 Hm**

Tour 23 „Troiana-Castel Drena“ 4 31,33 km 3:15 Std 907 Hm

1 **km 0,00**/90 m Von der Sarcabrücke **geradeaus** dem Radweg flussaufwärts, entlang der Sarca, Ri. „Sarche 18“ folgen.

(+340 m) **km 0,34**/91 m **Rechts** dem Radweg über die Brücke Ri. „pista ciclabile“ folgen.

(+70 m) **km 0,41**/91 m (beim Kreisverkehr) **Geradeaus** dem Radweg an der Sarca entlang folgen.

(+1.020 m) **km 1,43**/93 m (nach dem Spielplatz) **Rechts** Ri. „B & B Lo Moleta“ abbiegen.

(+210 m) **km 1,64**/95 m **An der HS** (Ampel), **geradeaus** (HS überqueren) und gegenüber der kleinen Teerstraße „via S. Martino“ nach **rechts** folgen.

(+460 m) **km 2,10**/105 m **Links** bergauf Ri. „Massone, Troiana 5, Anello Garda-Sarca“ fahren.

(+330 m) **km 2,43**/134 m **Links** bergauf Ri. „Troiana 4,5“ abbiegen und dieser Teerstraße stets bergauf folgen.

(+2.340 m) **km 4,77**/355 m Rechts ist der Picknick-Platz „Rupresti di Pianaura“ (mit Felszeichnungen). Der Teerstraße **geradeaus** weiter folgen.

2 *(+110 m)* **km 4,88**/350 m **Pianaura**. (Wiese mit Kastanienbäumen und Picknick-Plätzen)

(+110 m) **km 4,99**/373 m **Geradeaus** Ri. „Troiana 2, 60 km di Gardum“ weiterfahren und stets dieser HS bergauf bis nach Troiana folgen.

(+2.530 m) **km 7,52**/638 m Località Troiana: **Geradeaus** Ri. „60 km di Gardum“ fahren.

(+120 m) **km 7,64**/648 m **Geradeaus** bergauf (13-17%) Ri. „Carobbi“ weiterfahren.

3 *(+950 m)* **km 8,59**/742 m **Carobbi: Links** Ri. „Braila-Drena“ abbiegen.

(+600 m) **km 9,19**/686 m **Linkskehre** bergab (7-16%) folgen. (rechts „Malga Zanga“)

(+1.420 m) **km 10,61**/518 m (Nähe Kapelle) **Links** weiterfahren. (rechts würde auch gehen, Abkürzer ohne Braila und Brunnen)

(+100 m) **km 10,71**/522 m Braila: **Geradeaus** durch den Torbogen fahren. (Brunnen nach 50 m auf der linken Seite)

(+400 m) **km 11,11**/513 m (beim grünen Kreuz) **Rechts** bergab (9-11%) weiterfahren.

(+1.010 m) **km 12,12**/461 m **Geradeaus** bergab weiterfahren. (rechts „Braila“)

4 *(+250 m)* **km 12,37**/455 m **Open Air Gallery: Rechts** dem Schotterweg folgen.

(+1.030 m) **km 13,40**/507 m **Geradeaus** dem oberen Weg (Hauptweg) folgen.

(+550 m) **km 13,95**/541 m **Geradeaus** der Teerstraße bergab (9-12%), am Restaurant „La Casina“ vorbei, folgen.

(+490 m) **km 14,44**/507 m **Links** dem Hauptweg weiter folgen.

(+180 m) **km 14,62**/493 m (am Stoppschild) **Links** bergab (10-18%) weiterfahren.

(+760 m) **km 15,38**/417 m (bei der Kapelle) **Rechts** der „via Alessandro Manzoni“ folgen.

© SP Auffahrt bei Massone, Blick Ri. Süden

© SP Pianaura

© SP Abfahrt von Carobbi nach Braila

© SP Kapelle bei Braila

(+190 m) **km 15,57**/394 m Drena: **Rechts** weiterfahren.

(+90 m) **km 15,66**/388 m **Rechts** weiterfahren.

(+70 m) **km 15,73**/389 m **Links** bergab weiterfahren. (nicht rechts bergauf)

(+90 m) **km 15,82**/389 m **Rechts** weiterfahren.

(+40 m) **km 15,86**/382 m **Geradeaus** bergab Ri. Castel der „via al Castello" folgen.

5 *(+360 m)* **km 16,22**/382 m **Castel Drena: An der HS** (rechts Parkplatz), **links** auf die HS fahren und dieser bergab folgen.

(+940 m) **km 17,16**/318 m **Rechts** steil bergauf der Teerstraße folgen.

(+110 m) **km 17,27**/332 m **Geradeaus** dem Karrenweg folgen. (nach ca. 590 m führt der Pfad mit 12-18% steil bergauf = eventuell schieben)

(+1.040 m) **km 18,31**/398 m **Geradeaus** bergab auf der Teerstraße weiterfahren und stets diesem Hauptweg geradeaus (Abzweige ignorieren), oberhalb vom Cavedine See, bis zur nächsten HS folgen.

(+1.290 m) **km 19,60**/379 m **An der HS, links** bergab fahren und der HS nach Trebi folgen.

6 *(+1.080 m)* **km 20,68**/294 m **Trebi: Geradeaus** weiterfahren.

(+420 m) **km 21,10**/271 m Lago di Cavedine: **An der HS, links** bergauf (5%) weiterfahren. (rechts Abstecher zum See möglich)

(+1.730 m) **km 22,83**/270 m **An der HS** (nach Drena), **geradeaus** bergab weiterfahren.

(+2.120 m) **km 24,95**/155 m **Geradeaus** Ri. „Dro" auf der HS weiterfahren und dieser Straße bis nach Dro folgen.

(+930 m) **km 25,88**/149 m Dro: **Kreisverkehr, geradeaus** in den Ort fahren.

7 *(+200 m)* **km 26,08**/148 m **Dro** (bei der Kirche): **Links** der HS folgen.

(+1.800 m) **km 27,88**/130 m Ortsende Ceniga: **Rechts** dem Radweg, an der Sarca entlang, bis nach Arco folgen.

(+3.040 m) **km 30,92**/115 m Arco (beim Kreisverkehr): **Rechts** über die Sarcabrücke fahren und dem Radweg zum Ausgangspunkt zurück folgen.

Startplatz:
Arco, Sarcabrücke.

Anfahrt:
Von Dro nach Arco kommend, am Kreisverkehr geradeaus nach Arco und dann rechts über die Sarcabrücke fahren. Direkt nach der Brücke, rechts Ri. Campingplätze abbiegen. Gleich auf der rechten Seite befindet sich ein großer Parkplatz.

Carobbi, Braila und Troiana

Am Gardasee gibt es noch etwa 124 alte Kalköfen. Die sogenannten „Calchére" befinden sich am nordwestlichen Teil des Gardasees. In den uralten kleinen Siedlungen wie Carobbi, Braila und Troiana, unterhalb des Monte Stivo, findet man noch Reste der ehemaligen Kalkbrennereien.

© SP Open Air Gallery

© SP zwischen Drena und Cavedine See

© SP Singletrail bergauf

© SP Radweg vor Arco

Tour 24 „Malga Campo“ 4 25,19 km 3:05 Std 1.155 Hm

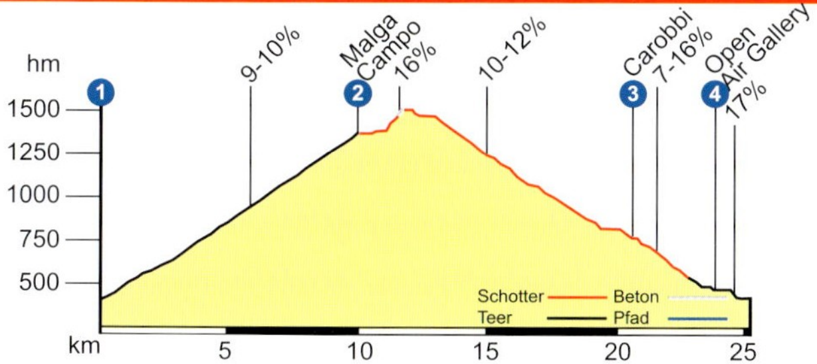

© GD Drena

© GD Sarcatal, Monte Casale

© GD Castel Drena

© GD Nähe Malga Vallestre

Tourencharakter

Wegbeschaffenheit

Teer	12,38 km
Schotter/Kies	12,53 km
Pfad/Trail	0,00 km
Beton/Pflastersteine	0,28 km
Schiebestrecke	0,00 km

Familienfreundlich

Ja, überwiegend verkehrsfreie Wege

Einkehrmöglichkeit

Malga Campo

Schwierigkeit

Ausdauer	★★★☆☆☆
Fahrkönnen	★★☆☆☆☆

Erlebnis

Landschaft	★★★★☆☆
Fahrspaß	★★☆☆☆☆

Höhe

Starthöhe	403 Meter
Höchster Punkt	1.519 Meter

Aussichtsreiche Tour, hoch über Drena

Oberhalb von Drena befindet sich auf fast 1300 Metern die Malga Campo. Das Hochplateau mit den verschiedenen Almhütten liegt unterhalb des Gebirgszuges, welcher von der Cima Alta über die Cima Basa bis zum Monte Stivo reicht. Bei dieser Tour fährt man von Drena auf der leicht ansteigenden und geteerten Straße bequem hinauf zur Malga Campo. Der steilste Abschnitt ist die Schotterpiste hinauf zum Passo Scaletta, danach geht es auf guten Schotterwegen über Carobbi und Braila hinunter nach Drena.

Strecke

Die Tour beginnt in Drena und geht auf kleinen Nebenstraßen durch die Plantagen oberhalb von Drena bis zum Ort Luch. Dort folgt man der kaum befahrenen Teerstraße, hinauf zur Malga Campo. Hier rechts dem geschotterten Weg Ri. „Malga Vallestré“ folgen. Nach der Malga Pedrini führt der Weg in den Wald. Das letzte Wegstück zum Passo Scaletta, an dem eine Holzbank mit Kreuz steht, verläuft auf einer extrem steilen Betonrampe. Vom Pass, dem höchsten Punkt dieser Tour, auf der Schotterpiste bergab fahren. Auf Höhe der Malga Vallestré hat man einen sensationellen Blick in das Sarcatal und hinüber zum Monte Casale sowie in die Brenta Dolomiten. Bei der nächsten Kreuzung geradeaus bergab fahren und dieser Piste bis nach Carobbi folgen. Dort rechts abbiegen und der Schotterstraße bergab bis zur Kapelle folgen. Hier rechts auf die Teerstraße abbiegen und zurück nach Drena fahren.

Bike & Hike

Monte Stivo (2.058 m): Aufstieg ca. 500 Hm, Zeit: ca. 1 Std. 45 min.

„Ausschnitt aus AM-Berg Verlag Karte 2“ / © AM-Berg Verlag

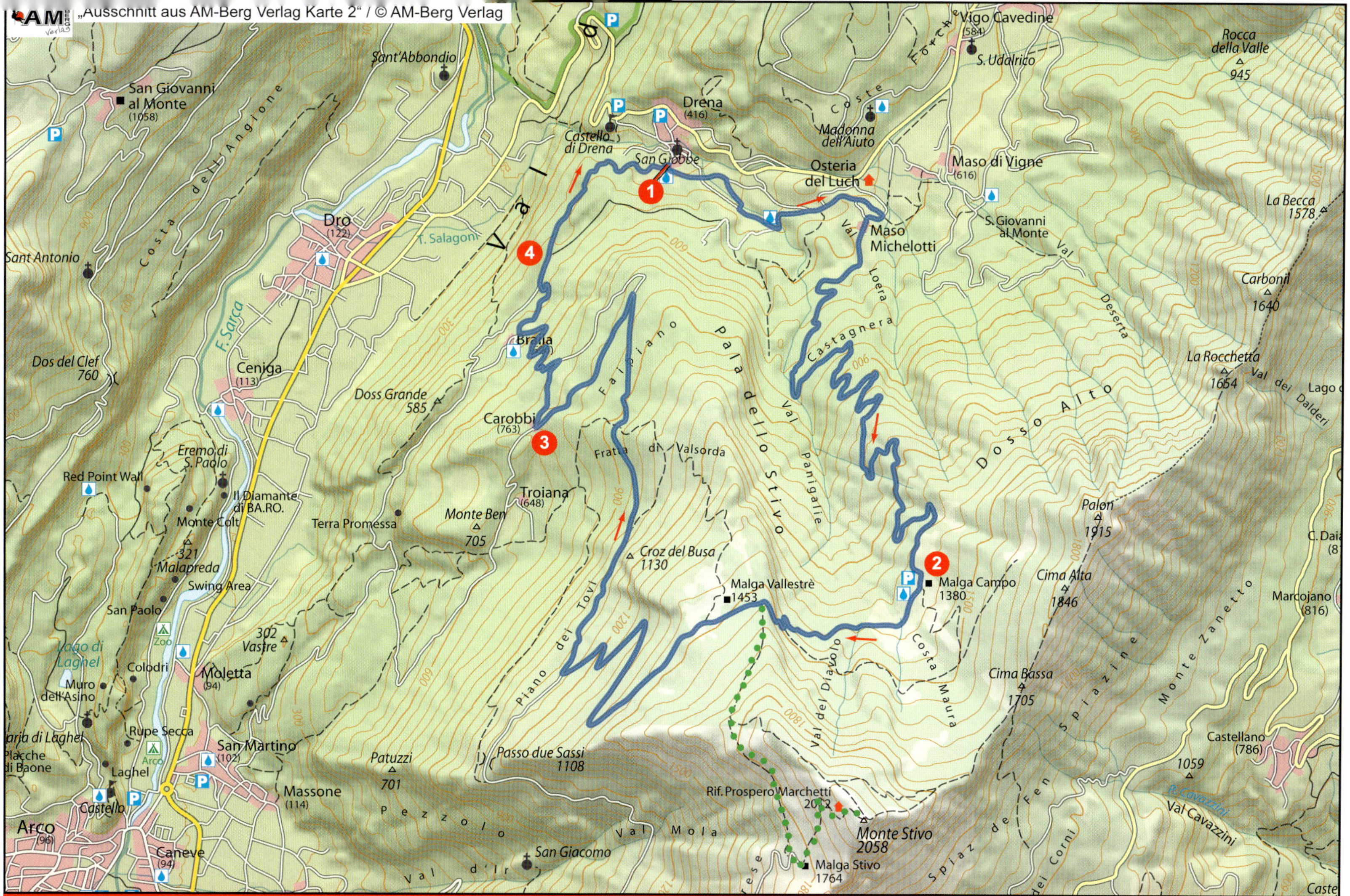

Tour 24 „Malga Campo“ 4 **25,19 km** **3:05 Std** **1.155 Hm**

Tour 24 „Malga Campo“ 4 25,19 km 3:05 Std 1.155 Hm

1

km 0,00/403 m Vom Parkplatz **geradeaus** und dann, durch die Linkskurve der „via di Vespiaia“ folgen.

(+280 m) **km 0,28**/427 m (bei der Kapelle) **Kreuzung, geradeaus** weiterfahren.

(+790 m) **km 1,07**/506 m **Links** der HS bergauf folgen.

(+1.020 m) **km 2,09**/582 m **Kreuzung, rechts** bergauf (9-10%) Ri. „Malga Campo“ abbiegen.

2

(+7.840 m) **km 9,93**/1359 m **Malga Campo:** (nach dem Parkplatz) **Rechts** weiterfahren.

(+70 m) **km 10,00**/1365 m **Gabelung, rechts** Ri. „Malga Vallestré“ weiterfahren.

(+2.310 m) **km 12,31**/1469 m **Geradeaus** Ri. „666, Monte Stivo“ weiterfahren.

(+3.690 m) **km 16,00**/1140 m **Rechtskehre** Ri. „Troiana“ folgen.

(+3.410 m) **km 19,41**/823 m **Linkskehre** (Hauptweg) folgen.

3

(+1.310 m) **km 20,72**/765 m **Carobbi: Rechts** Ri. „Braila-Drena“ abbiegen.

(+600 m) **km 21,32**/708 m **Linkskehre** bergab (7-16%) folgen. (rechts „Malga Zanga“)

(+1.420 m) **km 22,74**/541 m (Nähe Kapelle „Chiesa Madonna del Monte Carmelo“) **Rechts** der Teerstraße weiter folgen.

(+630 m) **km 23,37**/482 m **Rechts** weiterfahren.

4

(+270 m) **km 23,64**/474 m **Open Air Gallery: Geradeaus** auf der Teerstraße weiterfahren und bis zum Ausgangspunkt zurückfahren.

Startplatz:
Drena, Parkplatz in der „via Giovanni Segantini“.

Anfahrt:
Von Dro nach Drena kommend, nach dem Castel Drena, rechts abbiegen. In Drena der „via G. Segantini“ Ri. „Braila“ folgen. Nach ca. 600 m befindet sich links ein Parkplatz. Hier, beim Brunnen, beginnt die Tour.

Monte Stivo (2.058 m)

Vom Monte Stivo hat man einen hervorragenden Ausblick auf alle umliegenden Berge und Täler.

Bike & Hike bietet sich ab dem Passo Scaletta 1.534 m (Passo due Sassi) an. Von hier folgt man dem Weg „660B“ über Mandrie Alte zur Malga Stivo. Von dort dem Weg „608“, zum Rifugio Monte Stivo bzw. dem Gipfel, weiter folgen.

Im Winter ist der Monte Stivo auch ein beliebter Skitourenberg.

© GD Nähe Carobbi

© GD Malga Campo

© GD Betonrampe zum Passo Scaletta

© GD Passo Scaletta

© GD Abfahrt nach Carobbi

© Susi Plott Nago

© Günter Durner Nago

Tour 25 „Corna della Paura“ 4 33,57 km 3:45 Std 1.173 Hm

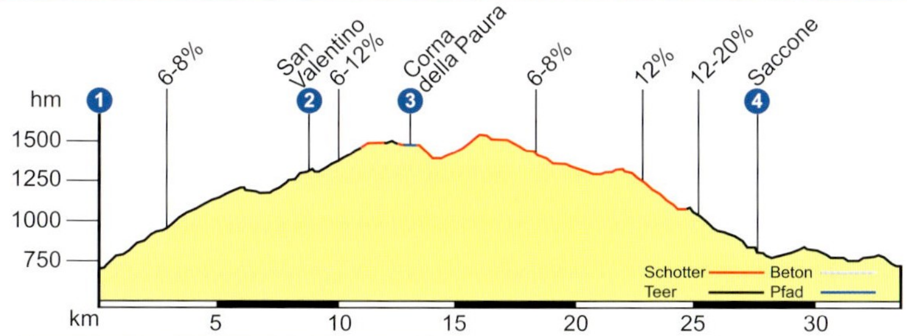

Tourencharakter

Wegbeschaffenheit

Teer	20,82 km
Schotter/Kies	12,23 km
Pfad/Trail	0,42 km
Beton/Pflastersteine	0,10 km
Schiebestrecke	0,00 km

Familienfreundlich

Ja, überwiegend auf verkehrsarmen und verkehrsfreien Straßen

Einkehrmöglichkeit

Bars / Restaurants in San Giacomo, San Valentino, Saccone und Prada

Schwierigkeit

Ausdauer	★★★☆☆☆
Fahrkönnen	★★☆☆☆☆

Erlebnis

Landschaft	★★★★★★
Fahrspaß	★★★☆☆☆

Höhe

Starthöhe	691 Meter
Höchster Punkt	1.542 Meter

Rundtour auf dem Hochplateau, östlich des Monte Baldo

Östlich des Monte Baldo Gebirgszuges befindet sich auf einem Hochplateau der Ort Brentonico, zu dem u.a. die Ortschaften Castione, Crosano, Prada, Saccone, San Giacomo, San Valentino und Polsa gehören. Auf dieser Hochebene gibt es zahlreiche Möglichkeiten für schöne MTB Touren. Eine davon ist die Rundtour um das Skigebiet von Polsa. Von den alten Militärwegen, die im Bereich um das Corna della Paura in den Fels gesprengt wurden, hat man einen sensationellen Ausblick in das Etschtal. Die bequeme Auffahrt von Brentonico nach San Valentino verläuft auf der HS. Entlang der Felsklippe des Corna della Paura fährt man auf teilweise grob geschotterten, alten Militärwegen.

Strecke

Die Tour beginnt in Brentonico, im Ortsteil Fontechel. Am Ortsausgang hält man sich rechts und folgt der schmalen HS Ri. „San Valentino“. Die wenig befahrene HS führt in zahlreichen Kurven über den kleinen Ort San Giacomo, hinauf nach San Valentino. Auf der Passhöhe links Ri. „Avio“ abbiegen. Das Restaurant an der Passhöhe bietet sich für eine Rast an. Kurz nach dem Restaurant, bei der Skischule, links dem Weg Ri. „Corna della Paura“ folgen. Nach einem kurzen Anstieg erreicht man den Höhenzug des Corna della Paura. Nun rechts auf die Schotterpiste abbiegen. Bevor die Straße bergab führt, rechts zum Corna Paura, einer alten Militärstellung, bergauf fahren. Von hier ergibt sich ein sensationeller Ausblick. Der weitere Weg verläuft durch mehrere Tunnels und an der Hangkante des Corna della Paura entlang, bis zum Monte Vignola. Über die Malga Vignola und Malga Cestarelli geht es hinunter nach Saccone und weiter über Prada zurück nach Brentonico.

© SP Auffahrt, Blick zurück nach Brentonico

© SP Auffahrt, Blick ins Skigebiet „La Polsa“

© GD Blick zurück zum Corna della Paura

© GD Blick ins Etschtal, Ri. Süden

Tour 25 „Corna della Paura“ 4 33,57 km 3:45 Std 1.173 Hm

Tour 25 „Corna della Paura“ 4 33,57 km 3:45 Std 1.173 Hm

1 **km 0,00**/691 m Vom Parkplatz **geradeaus** der HS zum Monte Baldo folgen.

(+120 m) **km 0,12**/703 m **Rechtskurve**, der HS weiter folgen.

(+5.750 m) **km 5,87**/1199 m San Giacomo (Kapelle): **Links** der HS weiter folgen.

2 *(+2.910 m)* **km 8,78**/1315 m (vor San Valentino) **Kreuzung, links** Ri. „Avio“ abbiegen.

(+250 m) **km 9,03**/1308 m (bei der Skischule) **Links** auf die schmale Teerstraße Ri. „Polsa, Corna della Paura“ abbiegen.

(+3.680 m) **km 12,71**/1473 m (beim Gedenkstein an den Krieg) **Rechts** auf die Schotterpiste abbiegen.

(+140 m) **km 12,85**/1461 m **Rechts** dem Pfad bergauf zum Corna Paura folgen.

3 *(+210 m)* **km 13,06**/1497 m **Corna della Paura** (Aussichtspunkt, militärische Stellung).

(+210 m) **km 13,27**/1461 m (wieder unten) **Rechts** auf dem Schotterweg weiterfahren.

(+3.700 m) **km 16,97**/1498 m (Militärdenkmal) **Linkskehre** Ri. „Loc. Pozze“ folgen.

(+2.030 m) **km 19,00**/1367 m **Rechts** bergab Ri. „Percorso No 8, La Faggeta dei Cestarelli“ weiterfahren.

(+2.770 m) **km 21,77**/1314 m **Links** bergab dem Weg folgen.

(+2.150 m) **km 23,92**/1115 m (Siedlung, 3 Häuser) **Rechts** Ri. „Percorso No 8“ weiterfahren.

(+910 m) **km 24,83**/1077 m **T-Kreuzung, rechts** bergab weiterfahren.

(+1.510 m) **km 26,34**/925 m **T-Kreuzung, links** bergab Ri. „Percorso No 8“ abbiegen.

4 *(+1.180 m)* **km 27,52**/835 m **Saccone: Rechts** bergab weiterfahren und der HS durch den Ort folgen.

(+470 m) **km 27,99**/784 m Ortsende Saccone: **Geradeaus** Ri. „Mori, Prada“ weiterfahren.

(+1.980 m) **km 29,97**/820 m Prada: **Geradeaus** Ri. „Mori, Brentonico“ weiterfahren.

(+3.490 m) **km 33,46**/737 m **Kreuzung, rechts** bergab Ri. „Brentonico“ abbiegen und zum Startpunkt zurückfahren.

Startplatz:
Brentonico, Parkplatz in Fontechel.

Anfahrt:
Von Mori kommend, der HS Ri. „Brentonico, Monte Baldo“ folgen. In Brentonico, durch den Ort fahren und im Ortsteil „Fontechel“ links, auf dem großen Parkplatz, parken.

© GD Abfahrt vom Aussichtspunkt Corna della Paura

© GD Weiterfahrt vom Corna della Paura

© SP Weiterfahrt vom Corna della Paura

© GD Nähe Malga Vignola, Blick zurück

© GD Blick zum Monte Altissimo

Corna della Paura

Tour 26 „Monte Velo 3“ 4 39,06 km 4:53 Std 1.357 Hm

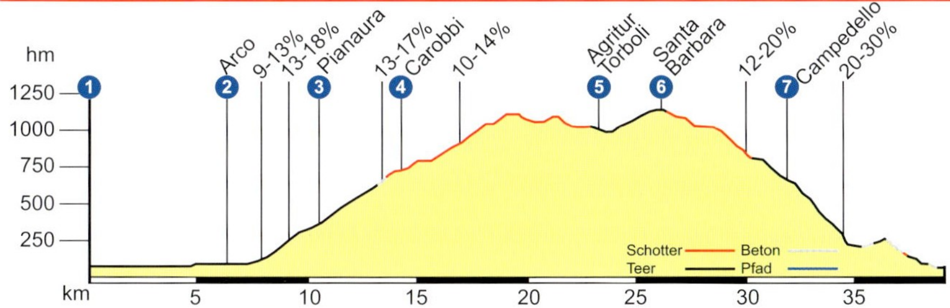

Tourencharakter

Wegbeschaffenheit

Teer	23,98 km
Schotter/Kies	13,29 km
Pfad/Trail	0,00 km
Beton/Pflastersteine	1,79 km
Schiebestrecke	0,00 km

Familienfreundlich

Nein

Einkehrmöglichkeit

Bars / Restaurants in Torbole, entlang der Sarca, Arco, Santa Barbara, Nago und Agritur Torboli

Schwierigkeit

Ausdauer	★★★☆☆☆
Fahrkönnen	★★★☆☆☆

Erlebnis

Landschaft	★★★★★☆
Fahrspaß	★★★☆☆☆

Höhe

Starthöhe	66 Meter
Höchster Punkt	1.133 Meter

Hoch über dem Sarcatal, zwischen Arco und Torbole

Östlich von Arco erstreckt sich ein Höhenzug, der vom Monte Brugnolo über den Pass Santa Barbara und den Monte Stivo, bis zum Monte Palon verläuft. In den Westhängen dieses Höhenzuges gibt es zahlreiche Wege, Steige und Forststraßen. Diese Tour führt von Torbole über Arco, hinauf nach Troiana und weiter zum Passo due Sassi, der sich zwischen Bolognano und Monto Stivo auf einer Höhe von etwa 1100 m befindet. Von hier hat man super Ausblicke zum Gardasee, ins Sarcatal und zu den Brenta Dolomiten. Die Tour führt dann über Santa Barbara und Nago zurück nach Torbole. Wunderschöne, sehr aussichtsreiche Tour, auf durchwegs sehr guten Wegen.

Strecke

Die Tour beginnt in Torbole. Auf dem Radweg geht es nach Arco und weiter nach San Martino. Dort beginnt die lange Auffahrt, die zunächst auf der Teerstraße bis Troiana führt. Dann geht es über Schotterwege, hinauf zum Passo due Sassi, der eigentlich kein richtiger Pass ist, sondern der höchste Punkt des Weges, der den Hang vom Monte Stivo quert. Einen sensationellen Ausblick hat man, wenn man auf den markanten Felsen rechts des Weges steigt. Vom höchsten Punkt folgt man der Straße bergab bis zum Agritur Torboli. Kurz danach erreicht man die HS, die von Bolognano nach Santa Barbara führt. Auf dieser HS geht es hinauf nach Santa Barbara. Direkt auf der Passhöhe, vor dem Hotel Genzianella, rechts Ri. „Nago“ abbiegen. Ein ausgewaschener, holpriger Karrenweg führt unterhalb des Monte Brugnolo hinunter, bis zur Kreuzung Pannone / Campedello. Hier rechts auf die schmale Teerstraße, die über Campedello und S. Tommaso nach Nago führt. Von dort geht es über Busatte zurück nach Torbole.

© SP Radweg Torbole-Arco

© SP Auffahrt Massone-Pianaura

© GD Passo due Sassi, Blick zum Gardasee

© GD Torbole, Hafen

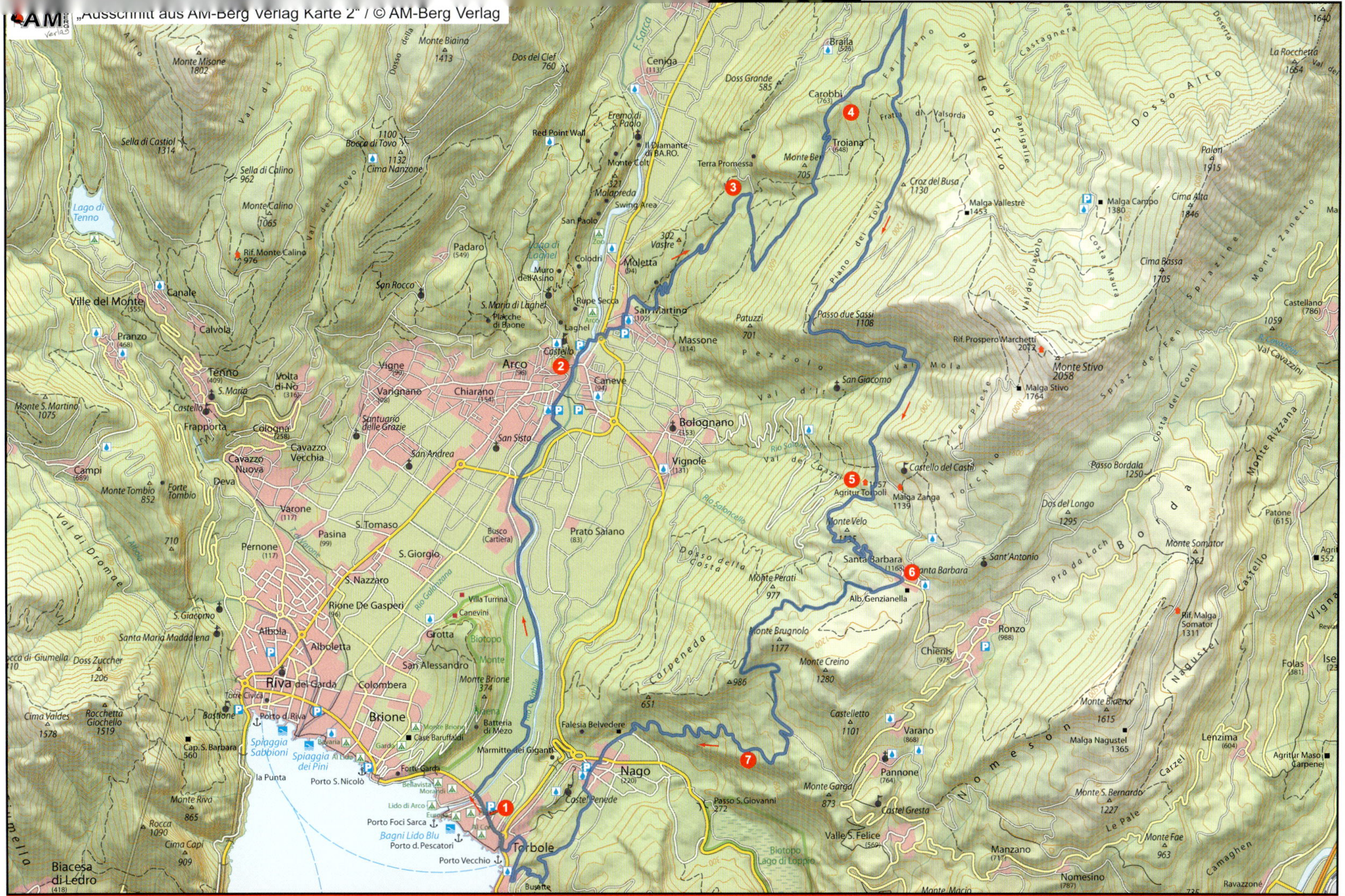

Tour 26 „Monte Velo 3" **4** **39,06 km** **4:53 Std** **1.357 Hm**

Tour 26 „Monte Velo 3“ 4 39,06 km 4:53 Std 1.357 Hm

1 **km 0,00**/66 m Vom Parkplatz (Einfahrt Ri. Riva, Zebrastreifen) **rechts** auf der HS Ri. Riva fahren.

(+270 m) **km 0,27**/67 m (nach der Sarcabrücke) **Rechts** dem Radweg Ri. „Arco“ folgen.

(+1.120 m) **km 1,39**/67 m **T-Kreuzung, rechts** Ri. „Arco“ weiterfahren.

(+250 m) **km 1,64**/66 m **Abzweig, rechts** Ri. „Arco 3,8“ weiterfahren.

(+3.980 m) **km 5,62**/79 m Arco (beim Sportplatz): **Rechts** über den Parkplatz, dem Radwegschild folgen.

(+60 m) **km 5,68**/79 m **Geradeaus** der Teerstraße weiter folgen.

(+220 m) **km 5,90**/79 m **An der HS, rechts** auf dieser weiterfahren.

2 *(+440 m)* **km 6,34**/82 m **Arco** (bei der Sarcabrücke) **Geradeaus** auf dem Radweg, an der Sarca entlang, weiterfahren.

(+340 m) **km 6,68**/83 m **Rechts** dem Radweg über die Brücke Ri. „pista ciclabile“ folgen.

(+70 m) **km 6,75**/82 m (beim Kreisverkehr) **Links** am Kreisel entlang (nicht geradeaus dem Radweg an der Sarca entlang folgen) Ri. Zebrastreifen und durch die Unterführung fahren.

(+180 m) **km 6,93**/82 m Nach der Unterführung (auf der anderen Straßenseite) **links** zurück, am Parkplatz vorbei, weiterfahren.

(+110 m) **km 7,04**/83 m **Rechts** in die „via Angelo Maino“ Ri. „Massone“ abbiegen.

(+210 m) **km 7,25**/93 m **Links** (rechts Parkplatz) in die „via S. Martino“ abbiegen und durch San Martino fahren.

(+150 m) **km 7,40**/93 m San Martino (beim Brunnen): **Rechts** bergauf Ri. „Chiesetta San Martini“ und gleich **danach links** weiterfahren.

(+170 m) **km 7,57**/96 m (nach San Martino) **Rechts** bergauf Ri. „Carobbi, Chiesetta San Martini“ fahren.

(+330 m) **km 7,90**/126 m **Links** bergauf Ri. „Carobbi, Braila“ weiterfahren und dieser Teerstraße stets bergauf folgen.

(+2.340 m) **km 10,24**/340 m Rechts ist der Picknick-Platz „Rupresti di Pianaura“ (mit Felszeichnungen). Der HS **geradeaus** weiter folgen.

3 *(+110 m)* **km 10,35**/350 m **Pianaura**. (Wiese mit Kastanienbäumen und Picknick-Plätzen)

(+110 m) **km 10,46**/362 m **Geradeaus** Ri. „Troiana 2“ weiterfahren und stets dieser HS bergauf, bis nach Troiana folgen.

(+2.530 m) **km 12,99**/624 m Località Troiana: **Geradeaus** Ri. „60 km di Gardum“ weiterfahren.

(+120 m) **km 13,11**/633 m **Geradeaus** bergauf (13-17%) Ri. „Carobbi“ weiterfahren.

4 *(+950 m)* **km 14,06**/728 m **Carobbi: Geradeaus** Ri. „Monte Velo“ weiterfahren.

(+1.540 m) **km 15,60**/789 m **Rechtskehre** bergauf Ri. „Malga Zanga“ folgen.

(+1.100 m) **km 16,70**/891 m **Geradeaus** Ri. „Santa Barbara“ weiterfahren.

© SP Arco, Blick nach Süden

© SP Auffahrt bei Massone, Blick zurück

© GD Auffahrt

© GD Passo due Sassi, Blick zum Mt. Casale

(+890 m) **km 17,59**/973 m **Geradeaus** bergauf dem Hauptweg Ri. „Santa Barbara“ folgen.

(+1.310 m) **km 18,90**/1092 m **Geradeaus** Ri. „Santa Barbara“ weiterfahren. (nach ca. 800 m folgt der Aussichtspunkt auf dem Felsen)

(+3.700 m) **km 22,60**/1018 m (beim Haus) **Geradeaus** dem Hauptweg Ri. „Santa Barbara“ folgen.

(+300 m) **km 22,90**/1024 m **Geradeaus** auf der Teerstraße Ri. „Bolognano“ weiterfahren.

5 *(+330 m)* **km 23,23**/1005 m **Agritur Torboli.** Der Teerstraße weiter bergab folgen.

(+670 m) **km 23,90**/992 m **An der HS, links** bergauf Ri. „Santa Barbara“ weiterfahren.

6 *(+2.170 m)* **km 26,07**/1130 m **Santa Barbara** (vor dem Hotel Genzianella): **Rechts** Ri. „Nago, 637“ abbiegen.

(+280 m) **km 26,35**/1124 m **Rechts** auf den Karrenweg Ri. „Nago, 637“ abbiegen.

(+2.570 m) **km 28,92**/980 m **Geradeaus** Ri. „Pannone“ weiterfahren.

(+620 m) **km 29,54**/897 m **Rechts** dem Hauptweg bergab (12-20%) Ri. „Percorso B“ folgen.

(+680 m) **km 30,22**/809 m **Geradeaus** dem Forstweg Ri. „Percorso B“ folgen.

(+490 m) **km 30,71**/793 m (nach dem Haus) **Rechts** bergab Ri. „Campedello“ fahren.

7 *(+1.160 m)* **km 31,87**/668 m **Campedello**: Der Straße weiter bergab folgen.

(+2.820 m) **km 34,69**/225 m **Rechts** weiterfahren.

(+50 m) **km 34,74**/219 m **Rechts** Ri. „60 km di Gardum“ weiterfahren.

(+490 m) **km 35,23**/210 m Nago: **An der HS, geradeaus** (HS überqueren) weiterfahren.

(+30 m) **km 35,26**/210 m **T-Kreuzung, rechts** abbiegen.

(+100 m) **km 35,36**/206 m **Kreuzung, geradeaus** der „via San Vigilio“ Ri. „Busatte“ folgen.

(+210 m) **km 35,57**/214 m **Links** Ri. „strada del monte baldo“ weiterfahren.

(+110 m) **km 35,68**/220 m **Geradeaus** der „via monte baldo“ folgen.

(+130 m) **km 35,81**/223 m **Rechts** Ri. „Busatte“ weiterfahren.

(+500 m) **km 36,31**/251 m (beim Steinmarterl mit Bank) **Geradeaus** Ri. „Torbole, Busatte“.

(+100 m) **km 36,41**/247 m **Rechts** dem Weg Ri. „Busatte“ folgen. Nach 360 m befindet sich auf der linken Seite ein Aussichtspunkt.

(+950 m) **km 37,36**/146 m Busatte: **Geradeaus** auf der Teerstraße Ri. „Torbole“ weiterfahren.

(+60 m) **km 37,42**/142 m **Geradeaus** bergab Ri. „Torbole“ fahren.

(+190 m) **km 37,61**/120 m **Geradeaus** weiterfahren.

© GD Passo due Sassi, Blick auf Arco

© GD Blick nach Arco und Riva

© GD Nähe Passo due Sassi

© GD Blick zurück Ri. Passo due Sassi

(+840 m) **km 38,45**/80 m **Links** der „via di Santa Lucia“ bergab, bis zum Dorfplatz folgen.

(+210 m) **km 38,66**/59 m (beim Hotel Centrale) **Rechts** über den Dorfplatz zur HS weiterfahren.

(+40 m) **km 38,70**/58 m **An der HS, rechts** weiterfahren.

(+150 m) **km 38,85**/59 m **Kreisverkehr, links** Ri. „Riva“ abbiegen und zum Startpunkt zurückfahren.

Startplatz:
Torbole, Parkplatz bei der Tankstelle.

Anfahrt:
Von Nago kommend, in Torbole am Kreisverkehr rechts Ri. „Riva“ abbiegen. Nach wenigen Metern befindet sich auf der rechten Seite ein großer Parkplatz (kostenpflichtig).

© SP Nago, Blick zum Monte-Baldo-Massiv

© GD Agritur Torboli

© GD Blick über Passo due Sassi zur Brenta

© GD Santa Barbara

© GD Blick nach Arco

© GD Campedello

Tour 27 „Pala dello Stivo" 4 39,81 km 4:49 Std 1.471 Hm

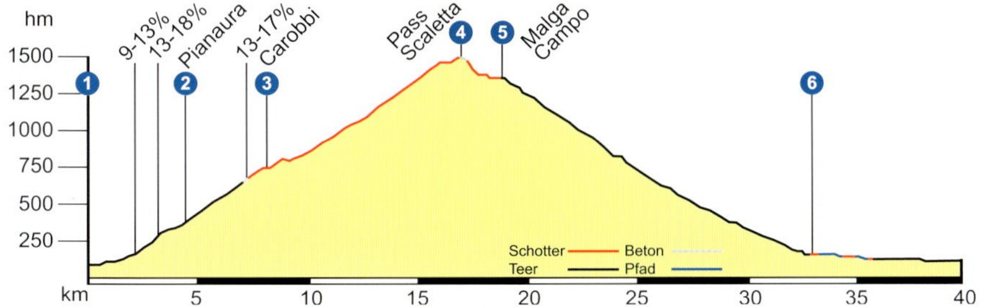

© GD Arco, Colodri

© GD Auffahrt zum Pala dello Stivo

© GD Nähe Malga Vallestre

© GD Castel Drena

Tourencharakter

Wegbeschaffenheit

Teer	25,45 km
Schotter/Kies	12,31 km
Pfad/Trail	1,59 km
Beton/Pflastersteine	0,46 km
Schiebestrecke	0,00 km

Familienfreundlich
Ja, verkehrsarme Straßen

Einkehrmöglichkeit
Bars / Restaurants in Drena, Moletto und Malga Campo

Schwierigkeit

Ausdauer	★★★★☆☆
Fahrkönnen	★★★☆☆☆

Erlebnis

Landschaft	★★★★★☆
Fahrspaß	★★★☆☆☆

Höhe

Starthöhe	90 Meter
Höchster Punkt	1.534 Meter

Klassische, nicht allzu schwere Rundtour, am Monte Stivo

Östlich von Arco erhebt sich der 2058 m hohe Monte Stivo über dem Sarcatal. Die Auffahrt verläuft durch die nordwestlich ausgerichtete Flanke des Monte Stivo. Zwischen der Malga Vallestrè und dem Passo Scaletta hat man einen herrlichen Ausblick ins Sarcatal, zum Gardasee und auf die umliegenden Berge. Die Malga Campo liegt mitten auf einem weitläufigen Almgelände und ist ein beliebtes Ausflugsziel. Eine breite Teerstraße führt hinunter nach Drena. Durch das Sarcatal geht es zurück nach Arco.

Strecke
Die Tour beginnt in Arco. Auf der kaum befahrenen Teerstraße geht es über Massone, Troiana nach Carobbi. Kurz nach dem kleinen Weiler Carobbi, schlängelt sich der Schotterweg durch die nordwestlichen Hänge des Monte Stivo, bis zur Malga Vallestrè hinauf. Erst im Bereich der Malga Vallestrè kommt man aus dem Wald und hat einen sensationellen Blick ins Sarcatal und zum Monte Casale sowie in die Brenta. Ein kurzer Anstieg führt zum Passo Scaletta. Die Holzbank neben dem Kreuz, direkt am Pass, lädt zu einer Pause ein. Die Abfahrt zur Malga Campo verläuft zunächst auf einer extrem steilen Betonrampe. Von dort geht es auf der wenig befahrenen Teerstraße hinunter nach Drena. Man folgt der HS bis kurz vor Dro und fährt dann auf einem sehr schön angelegtem Pfad und später durch die Obstplantagen zurück nach Arco.

Bike & Hike
Monte Stivo (2.058 m): Aufstieg ca. 600 Hm, Zeit: ca. 2 Std.

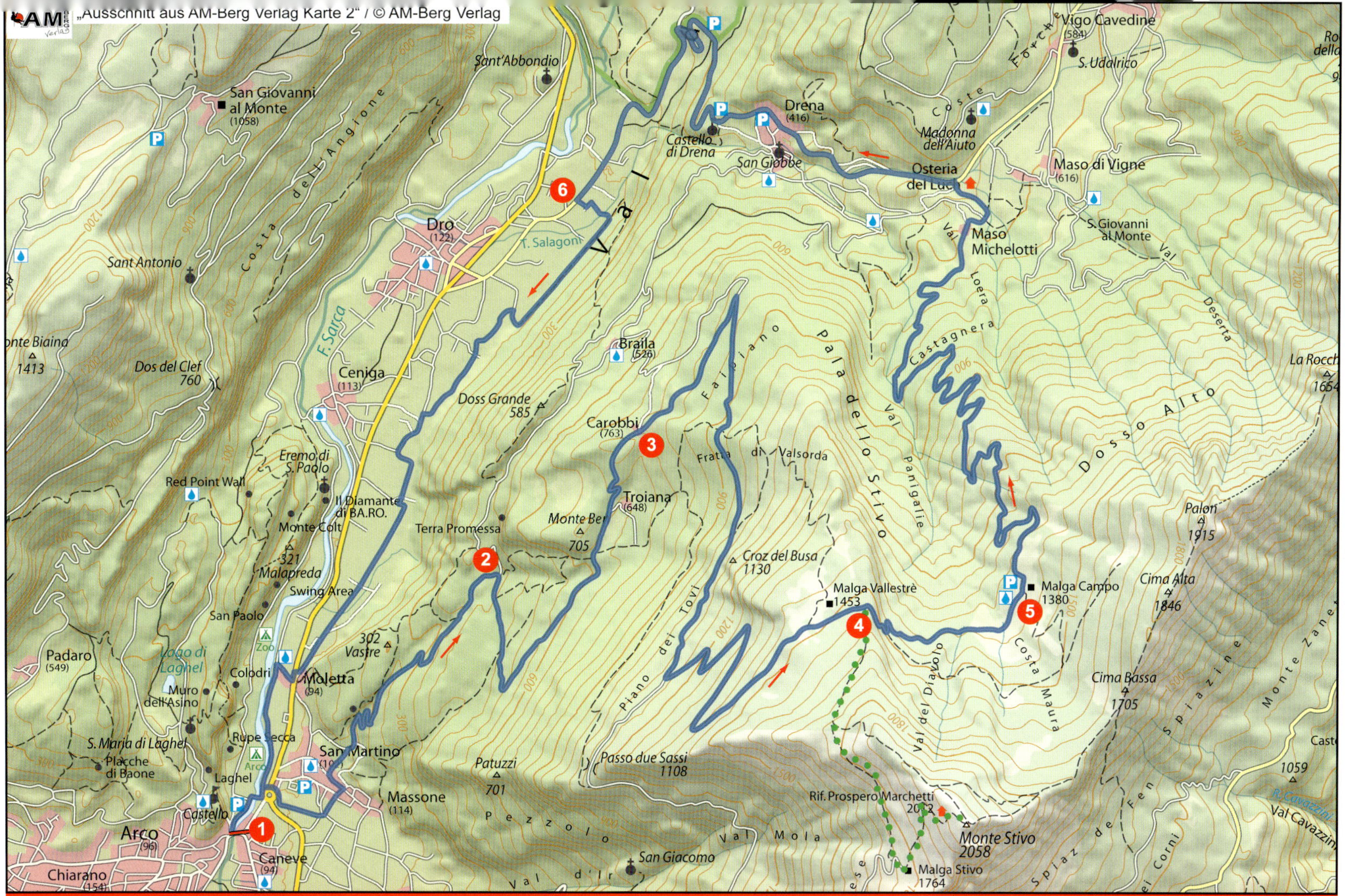

Tour 27 „Pala dello Stivo“ **4** **39,81 km** **4:49 Std** **1.471 Hm**

Tour 27 „Pala dello Stivo“ 4 39,81 km 4:49 Std 1.471 Hm

1 **km 0,00**/90 m Von der Sarcabrücke **geradeaus** dem Radweg flussaufwärts, entlang der Sarca, Ri. „Sarche 18“ folgen.

(+340 m) **km 0,34**/91 m **Rechts** dem Radweg über die Brücke Ri. „pista ciclabile“ folgen.

(+70 m) **km 0,41**/92 m (beim Kreisverkehr) **Links** am Kreisel entlang (nicht geradeaus dem Radweg an der Sarca entlang folgen) Ri. Zebrastreifen und durch die Unterführung fahren.

(+180 m) **km 0,59**/92 m Nach der Unterführung (auf der anderen Straßenseite) **links** bergauf Ri. „Chiosa di San Lorenzo“ der „viale S. Francesco“ folgen.

(+500 m) **km 1,09**/108 m (beim Friedhof) **Links** in die „via Bezecca“ abbiegen und dieser folgen.

(+260 m) **km 1,35**/111 m **Links** Ri. „Massone“ abbiegen.

(+50 m) **km 1,40**/115 m **Links** Ri. „Falesia Policromuro“ weiterfahren. (rechts „Massone“)

(+120 m) **km 1,52**/120 m **Rechts** dem Teerweg folgen.

(+70 m) **km 1,59**/124 m **Geradeaus** Ri. „Falesia Policromuro“ weiterfahren.

(+150 m) **km 1,74**/132 m **Geradeaus** bergauf Ri. „Carobbi“ weiterfahren.

(+2.340 m) **km 4,08**/340 m Rechts ist der Picknick-Platz „Rupresti di Pianaura“ (mit Felszeichnungen). Der HS **geradeaus** weiter folgen.

2 *(+110 m)* **km 4,19**/350 m **Pianaura**. (Wiese mit Kastanienbäumen und Picknick-Plätzen)

(+110 m) **km 4,30**/362 m **Geradeaus** Ri. „Troiana 2“ weiterfahren und stets dieser HS bergauf, bis nach Troiana folgen.

(+2.530 m) **km 6,83**/635 m Località Troiana: **Geradeaus** Ri. „60 km di Gardum“ weiterfahren.

(+120 m) **km 6,95**/643 m **Geradeaus** bergauf (13-17%) Ri. „Carobbi“ weiterfahren.

3 *(+950 m)* **km 7,90**/728 m **Carobbi: Geradeaus** Ri. „Monte Velo“ weiterfahren.

(+1.540 m) **km 9,44**/789 m **Rechtskehre** bergauf Ri. „Malga Zanga“ folgen.

(+1.100 m) **km 10,54**/891 m **Geradeaus** Ri. „Santa Barbara“ weiterfahren.

(+890 m) **km 11,43**/973 m **Geradeaus** bergauf dem Hauptweg Ri. „Santa Barbara“ folgen.

(+1.310 m) **km 12,74**/1113 m **Links** bergauf Ri. „M. Campo, Drena“ weiterfahren.

(+3.600 m) **km 16,34**/1456 m (Hochplateau, Wiese) **Geradeaus** dem Hauptweg folgen.

(+130 m) **km 16,47**/1452 m **Rechts** bergauf Ri. „Malga Campo“ weiterfahren.

4 *(+480 m)* **km 16,95**/1534 m **Pass Scaletta / Pala dello Stivo.**

5 *(+1.800 m)* **km 18,75**/1385 m **Malga Campo: Geradeaus** fahren und der Teerstraße stets geradeaus (Abzweige ignorieren) bergab bis zur HS (nach Drena) folgen.

(+8.360 m) **km 27,11**/527 m **An der HS, links** bergab Ri. „Drena“ abbiegen und dieser folgen.

© GD Arco, Colodri

© GD

© GD Passo Scaletta, Blick zur Malga Campo

© GD Passo Scaletta, Blick nach Norden

(+3.950 m) **km 31,06**/252 m Der HS **links** bergab Ri. „Dro" folgen.

6 *(+1.830 m)* **km 32,89**/133 m (nach der Bergabfahrt und den Picknick-Plätzen) **Links** auf den Schotterweg Ri. „Anello Garda-Sarca" abbiegen.

(+100 m) **km 32,99**/132 m **Links** Ri. „Anello Garda-Sarca" und **nach 50 m rechts** abbiegen.

(+230 m) **km 33,22**/135 m **Rechts** dem Pfad Ri. „Anello Garda-Sarca, Maso Giare" folgen.

(+240 m) **km 33,46**/132 m **Links** dem Schotterweg folgen.

(+870 m) **km 34,33**/120 m **Rechts** dem Schotterweg Ri. „Anello Garda Bike" folgen.

(+80 m) **km 34,41**/118 m **Links** Ri. „Anello Garda Bike" abbiegen und dem Weg durch die Plantagen stets Ri. „Anello Garda Bike" folgen. **(Abzweige so folgen: rechts-rechts-links)**

(+480 m) **km 34,89**/110 m Coste di Varino: **Links** und gleich wieder **rechts** dem Pfad Ri. „Anello Garda Bike" folgen.

(+740 m) **km 35,63**/105 m **Kreuzung, links** Ri. „Anello Garda-Sarca" weiterfahren.

(+290 m) **km 35,92**/99 m **Links** Ri. „Anello Garda-Sarca" weiterfahren.

(+430 m) **km 36,35**/98 m Maso Giare: **Geradeaus** Ri. „Moletta" fahren. Stets diesem Teerweg, vorbei an der Pizzeria Piccola Dallas, bis zur HS folgen.

(+1.610 m) **km 37,96**/89 m **An der HS, links** auf dem Gehweg bis zur Ampel fahren.

(+100 m) **km 38,06**/89 m An der Ampel, nach **rechts** die HS überqueren und **geradeaus** Ri. „pista ciclabile" weiterfahren.

(+200 m) **km 38,26**/86 m (bei der Bar) **Links** dem Radweg an der Sarca Ri. „Torbole 7,5" folgen.

(+1.030 m) **km 39,29**/84 m (beim Kreisverkehr) **Rechts** über die Sarcabrücke und zum Ausgangspunkt zurückfahren.

Startplatz:
Arco, Sarcabrücke.

Anfahrt:
Von Dro nach Arco kommend, am Kreisverkehr geradeaus nach Arco und dann rechts über die Sarcabrücke fahren. Direkt nach der Brücke, rechts Ri. Campingplätze abbiegen. Gleich auf der rechten Seite befindet sich ein großer Parkplatz.

© GD Blick auf die Marocche und HS Dro-Drena

© GD Malga Campo

© GD Malga Campo

© GD Sarcatal

© GD Marocche

Tour 28 „Dosso della Barchessa“ 4 27,21 km 4:05 Std 1.274 Hm

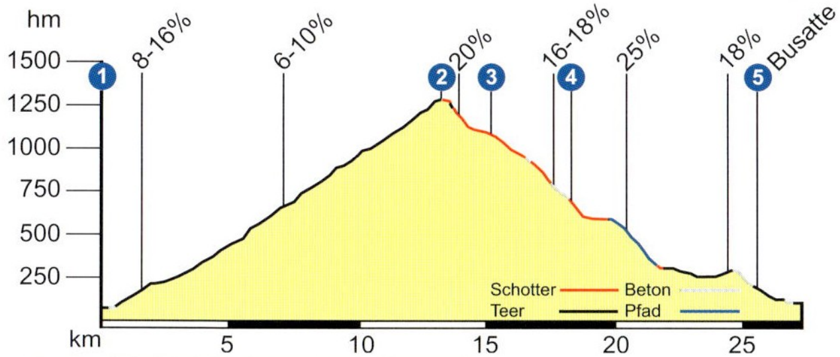

Tourencharakter

Wegbeschaffenheit

Teer	16,84 km
Schotter/Kies	6,01 km
Pfad/Trail	1,82 km
Beton/Pflastersteine	2,54 km
Schiebestrecke	0,00 km

Familienfreundlich
Nein

Einkehrmöglichkeit
Bars / Restaurants in Arco und Nago

Schwierigkeit

Ausdauer	★★★☆☆☆
Fahrkönnen	★★★★☆☆

Erlebnis

Landschaft	★★★☆☆☆
Fahrspaß	★★★★☆☆

Höhe

Starthöhe	66 Meter
Höchster Punkt	1.280 Meter

Schöne interessante Rundtour, an der Nordflanke des Monte Altissimo

Die Monte Baldo Straße führt von Nago, in zahlreichen Kurven und Kehren durch die Nordflanke des Monte Altissimo, hinauf auf etwa 1700 m. Die Straße hat, bis auf wenige Stellen, eine angenehme Steigung, so lassen sich die Höhenmeter bequem überwinden. Man muss nicht bis zum Ende der Straße, die bis zu einem Parkplatz führt, fahren, denn es gibt zahlreiche Möglichkeiten, die Teerpiste vorher zu verlassen und auf anderen interessanten Wegen wieder in das Tal zu gelangen. Bei dieser Tour geht es lediglich bis auf etwa 1300 m hinauf. Die Abfahrt verläuft auf Schotterpisten und anspruchsvollen Singletrails, hinunter nach Nago und weiter bis Torbole.

Strecke

Die Tour beginnt in Torbole. Über die alte Straße fährt man nach Nago. Dann weiter auf der asphaltierten und verkehrsarmem Monte Baldo Straße hinauf, bis zu einem Abzweig in etwa 1300 m Höhe. Ein zunächst geteerter schmaler Weg zweigt von der Monte Baldo Straße nach links ab und führt zu einem Almgelände mit einigen Häusern. Von dort hat man einen wunderschönen Ausblick zum Monte Stivo, in das Sarcatal und zu den Brenta Dolomiten. Auf einem schmalen Karrenweg geht es hinunter, bis zur Abzweigung zum „Percorso Nr. 7“ und auf diesem Weg bis zu einem Haus mit einem Brunnen. Kurz nach dem Haus zweigt vom Forstweg ein unscheinbarer Karrenweg nach links ab. Dieser Abzweig ist leicht zu übersehen. Der Karrenweg wird nach wenigen Metern zu einem genialen Singletrail, der bis zum Industriegebiet von Nago hinunterführt und an der gleichen Stelle endet wie der „Skull“. Über Nago und Busatte geht es zurück nach Torbole.

© GD Blick nach Riva

© GD Blick zum Monte Casale

© GD Blick zum Monte Stivo

© GD oberhalb von Busatte

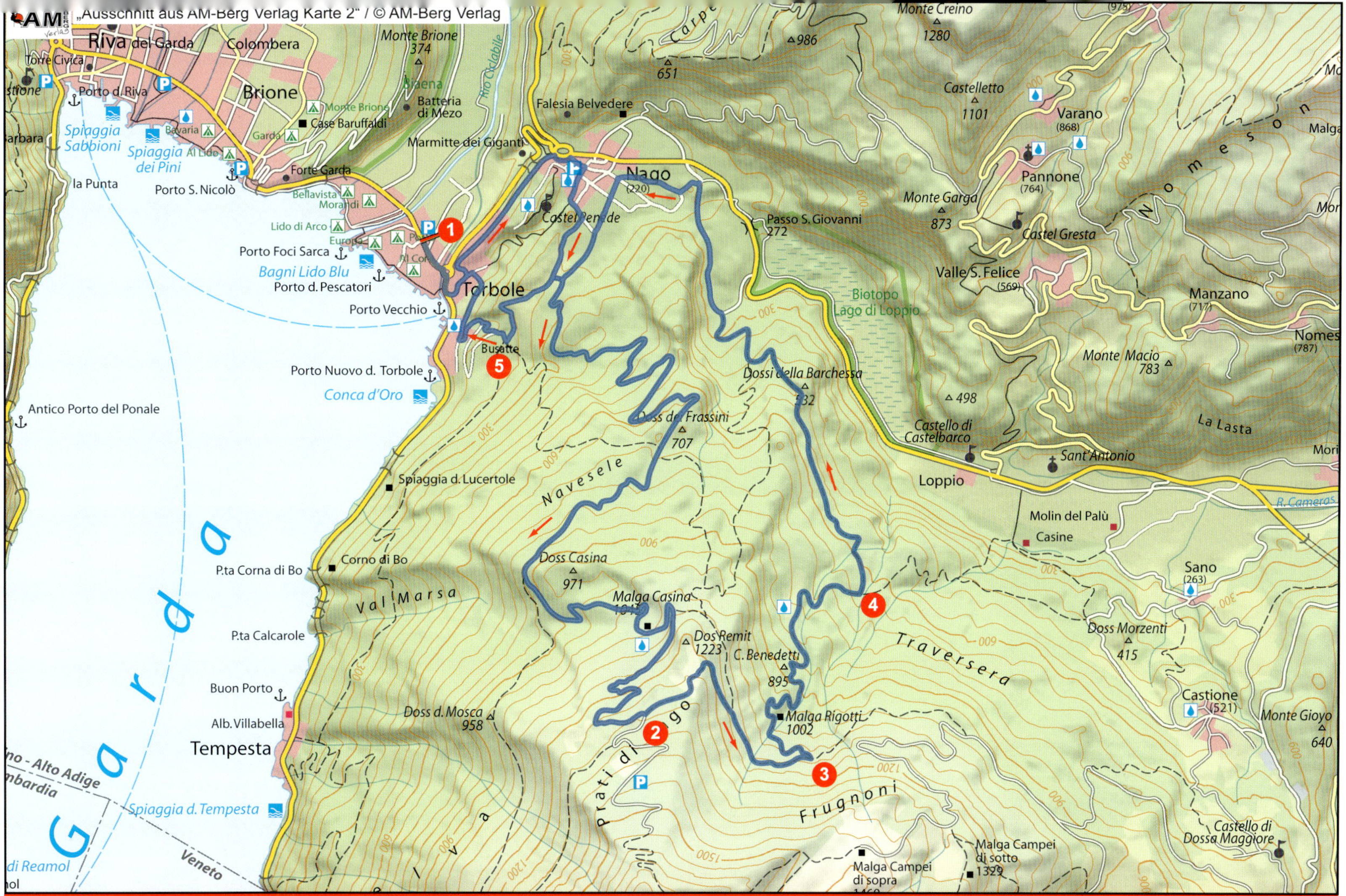

Tour 28 „Dosso della Barchessa“ 4 27,21 km 4:05 Std 1.274 Hm

Tour 28 „Dosso della Barchessa“ 4 27,21 km 4:05 Std 1.274 Hm

1 **km 0,00**/66 m Vom Parkplatz (Einfahrt bei der Tankstelle) **links** auf der HS Ri. Kreisverkehr fahren.

(+130 m) **km 0,13**/67 m **Kreisverkehr, rechts** der HS Ri. „Malcesine“ folgen.

(+170 m) **km 0,30**/68 m (beim Hafen, Zebrastreifen) **Links** Ri. „Busatte“ abbiegen.

(+40 m) **km 0,34**/67 m (nach dem Hotel Centrale) **Links** bergauf (12-14%) Ri. „Busatte“ abbiegen.

(+180 m) **km 0,52**/87 m **Links** Ri. „Nago“ weiterfahren.

(+1.370 m) **km 1,89**/210 m Nago (beim Kreisverkehr): **Rechts** Ri. „centro“, der gepflasterten Straße folgen.

(+220 m) **km 2,11**/213 m **Kreuzung** (beim Supermarkt), **rechts** weiterfahren.

(+220 m) **km 2,33**/222 m **Links** Ri. „strada del monte baldo“ weiterfahren.

(+110 m) **km 2,44**/231 m **Geradeaus** der „via monte baldo“ folgen.

(+130 m) **km 2,57**/231 m **Rechts** Ri. „Busatte“ weiterfahren.

(+500 m) **km 3,07**/259 m (Steinmarterl) **Links** der Monte Baldo Straße folgen.

(+8.030 m) **km 11,10**/1075 m (Abzweig „Skull“) **Rechts** der Teerstraße weiter bergauf folgen.

2 *(+1.970 m)* **km 13,07**/1278 m **Abzweig, links** dem Teerweg bergab folgen.

(+520 m) **km 13,59**/1244 m (bei der Alm) **Rechts** bergab, dem steilen, engen Teerweg folgen.

(+650 m) **km 14,24**/1128 m **Geradeaus** weiterfahren.

(+80 m) **km 14,32**/1120 m **Links** bergab dem Forstweg folgen.

3 *(+870 m)* **km 15,19**/1060 m Scharf **links** Ri. „Percorso No 7“ abbiegen.

(+900 m) **km 16,09**/980 m **Rechtskehre** (Hauptweg) folgen.

(+1.530 m) **km 17,62**/774 m Haus mit Brunnen.

4 *(+550 m)* **km 18,17**/694 m **Links** in den unscheinbaren Karrenweg abbiegen. (nach ca. 1,67 km beginnt der Pfad)

(+2.940 m) **km 21,11**/411 m **Rechts** dem Pfad weiter folgen.

(+700 m) **km 21,81**/296 m (Nähe Kieswerk) **Links** auf die Teerstraße fahren und am Kieswerk vorbeifahren.

(+1.040 m) **km 22,85**/276 m **Links** dem Radweg folgen.

(+660 m) **km 23,51**/252 m **Rechts** dem Radweg folgen.

(+30 m) **km 23,54**/251 m (kurz vor Nago) **Links** Ri. „Monte Baldo“ abbiegen und dieser Straße **geradeaus** (2 Kreuzungen) und dann bergauf (18%) folgen.

(+910 m) **km 24,45**/290 m **Rechts** Ri. „Torbole“ abbiegen.

© SP Auffahrt nach Nago

© SP Monte Baldo Straße, Blick z. Mt. Brione

© SP Doss Casina

© GD Blick zum Ledrosee

(+40 m) **km 24,49**/289 m (bei der Heiligenfigur, Marterl) **Links** bergab Ri. „Busatte“ abbiegen.

(+100 m) **km 24,59**/286 m **Rechts** dem Weg Ri. „Busatte“ folgen.

5 (+930 m) **km 25,52**/194 m **Busatte: Geradeaus** Ri. „Torbole“ weiterfahren.

(+60 m) **km 25,58**/192 m **Geradeaus** bergab Ri. „Torbole“ fahren.

(+190 m) **km 25,77**/178 m **Geradeaus** weiterfahren.

(+840 m) **km 26,61**/123 m **Links** bergab der „via di Santa Lucia“ folgen.

(+210 m) **km 26,82**/100 m (beim Hotel Centrale) **Rechts** über den Dorfplatz zur HS weiterfahren.

(+40 m) **km 26,86**/100 m **An der HS, rechts** weiterfahren.

(+150 m) **km 27,01**/101 m **Kreisverkehr, links** Ri. „Riva“ abbiegen und zum Startpunkt zurückfahren.

Startplatz:
Torbole, Parkplatz bei der Tankstelle.

Anfahrt:
Von Nago kommend, in Torbole am Kreisverkehr rechts Ri. „Riva“ abbiegen. Nach wenigen Metern befindet sich auf der rechten Seite ein großer Parkplatz (kostenpflichtig).

Etsch-Garda-Tunnel

Die 415 km lange Etsch ist der zweitlängste Fluss von Italien und entspringt am Reschensee. Sie umfasst ein Einzugsgebiet von über 12.100 km² und mündet bei Porto Fossone in die Adria. In den natürlichen Flusslauf der Etsch und deren Nebenflüsse wie Passer, Eisack, Noce sowie Avisio wurde immer wieder eingegriffen. Die Folge von Flussbegradigung und befestigten Ufern ist, dass sich die Fließgeschwindigkeit des Wassers erhöht und dadurch die Gefahr von Hochwässern ansteigt. Besonders die Stadt Verona, zahlreiche Orte in der Po-Ebene und an der Mündung in die Adria sind von Hochwasser bedroht.

Bereits im 19. Jahrh. entstand die Idee, dass wenn die Etsch Hochwasser führt, dieses über einen Verbindungsstollen in den Gardasee fließen zu lassen und über den Fluss Mincio (Abfluss aus dem Gardasee) abzuleiten. Aber erst 1939 wurde mit dem Bau des 10 km langen Verbindungsstollens bei Mori begonnen. Aufgrund des Krieges wurde der Bau 1943 eingestellt. 1954 wurde am Tunnel, diesmal von beiden Seiten, weitergearbeitet und der Durchbruch erfolgte im Jahre 1959.

Der Tunnel unterquert den Lago di Loppio und den Paß San Giovanni und mündet bei Torbole, hinter einer Surfschule, in den Gardasee. Der Tunnelbau gilt als Ursache, dass der Lago di Loppio ausgetrocknet ist, denn der See liegt direkt über dem Tunnel. Zwischen Seegrund und Tunnel befindet sich lediglich eine Schicht von 100 m porösem Kalkgestein.

Inzwischen wurde der Tunnel schon häufig genutzt und das Hochwasser der Etsch in den Gardasee abgeleitet. Am 4./5. November 1966 wurde die größtmögliche Kapazität des Tunnels ausgeschöpft, dabei flossen etwa 64 Millionen m³ Etschwasser in den Gardasee. Daraufhin stieg der Wasserspiegel des 370 km² großen Sees um ca. 17 cm an.

© GD Singletrail

© GD Singletrail

© GD Singletrail

© GD oberhalb von Busatte

Tour 29 „Malga Campei“ 4 37,50 km 6:03 Std 1.751 Hm

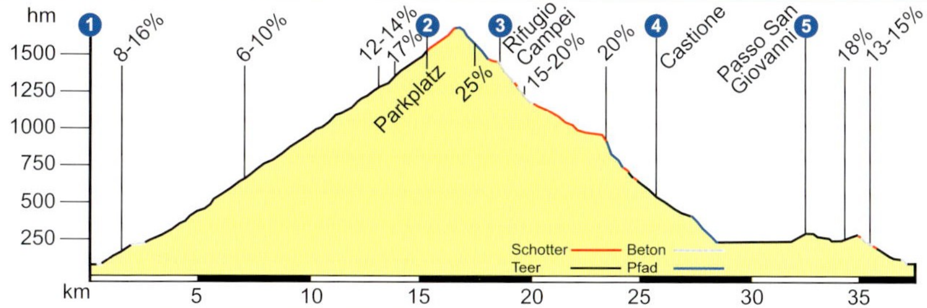

Tourencharakter

Wegbeschaffenheit

Teer	25,15 km
Schotter/Kies	5,98 km
Pfad/Trail	3,19 km
Beton/Pflastersteine	3,18 km
Schiebestrecke	0,30 km

(zw. Monte Varagna und Malga Campei)

Familienfreundlich

Nein

Einkehrmöglichkeit

Bars / Restaurants in Torbole, Nago und Malga Campei

Schwierigkeit

Ausdauer	★★★☆☆☆
Fahrkönnen	★★★★☆☆

Erlebnis

Landschaft	★★★★★☆
Fahrspaß	★★★★☆☆

Höhe

Starthöhe	66 Meter
Höchster Punkt	1.687 Meter

Abwechslungsreiche Rundtour an den Nordhängen des Monte Altissimo

An den nach Norden Ri. Nago abfallenden Hängen des Monte Altissimo, gibt es ein weitverzweigtes Wegenetz. An einem der zahlreichen Wege befindet sich auf einem Plateau die Alm Malga Campei. Von der Alm hat man einen sensationellen Blick in das Etschtal, nach Rovereto, zum Monte Stivo und, über das Sarcatal hinweg, in die Brenta Dolomiten. Die anspruchsvolle Rundtour hat eine einfache Auffahrt auf Asphalt, ist landschaftlich sehr schön und bietet eine abwechslungsreiche, teilweise schwierige Abfahrt.

Strecke

Die Tour beginnt in Torbole. Auf der alten Straße fährt man nach Nago. Von hier geht es über die asphaltierte und verkehrsarme Monte Baldo Straße hinauf, bis zu einem Parkplatz, der auf etwa 1560 m liegt. Ab dem Parkplatz ist die Straße für den Autoverkehr gesperrt und ab dort auch geschottert. Der schmale Schotterweg schlängelt sich in einigen Kehren hinauf zu einer großen Wiese unterhalb des Monte Varagno. Hier teilen sich die Wege, der Steig 601 führt hinauf zum Monte Altissimo, der Weg 624 hinunter zur Malga Campei. Der Singletrail zur Malga Campei ist an einigen Stellen sehr steil und anspruchsvoll. Ab der Malga Campei geht es auf Schotterpisten und Singletrails nur noch bergab, bis nach Loppio. Von dort folgt man dem Radweg, der über den Passo San Giovanni, bis kurz vor Nago führt. Hier links Ri. Monte Baldo Straße abbiegen und über Busatte nach Torbole hinunterfahren.

Tour 29 „Malga Campei“ 4 37,50 km 6:03 Std 1.751 Hm

Tour 29 „Malga Campei" 4 37,50 km 6:03 Std 1.751 Hm

1

km 0,00/66 m Vom Parkplatz (Einfahrt bei der Tankstelle) **links** auf der HS zum Kreisverkehr fahren.

(+130 m) **km 0,13**/67 m **Kreisverkehr, rechts** auf der HS Ri. „Malcesine" weiterfahren.

(+170 m) **km 0,30**/68 m (beim Hafen, Zebrastreifen) **Links** Ri. „Busatte" abbiegen.

(+40 m) **km 0,34**/67 m (nach dem Hotel Centrale) **Links** bergauf (12-14%) Ri. „Busatte" abbiegen.

(+180 m) **km 0,52**/87 m **Links** Ri. „Nago" weiterfahren.

(+1.370 m) **km 1,89**/210 m Nago (beim Kreisverkehr): **Rechts** Ri. „centro", der gepflasterten Straße folgen.

(+220 m) **km 2,11**/213 m **Kreuzung** (beim Supermarkt), **rechts** weiterfahren.

(+220 m) **km 2,33**/222 m **Links** Ri. „strada del monte baldo" weiterfahren.

(+110 m) **km 2,44**/231 m **Geradeaus** der „via monte baldo" folgen.

(+130 m) **km 2,57**/231 m **Rechts** Ri. „Busatte" weiterfahren.

(+500 m) **km 3,07**/259 m (beim Steinmarterl mit Bank) **Links** der Monte Baldo Straße folgen.

(+8.030 m) **km 11,10**/1075 m (Abzweig „Skull") Der Monte Baldo Straße weiter bergauf folgen.

(+1.970 m) **km 13,07**/1278 m **Rechts** der Teerstraße bergauf (12-14%) weiter folgen.

(+300 m) **km 13,37**/1300 m **Geradeaus** der HS stets bergauf folgen. (rechts „Malcesine")

2

(+1.960 m) **km 15,33**/1526 m **Parkplatz** (Beginn). Dem Schotterweg weiter bergauf folgen.

(+1.310 m) **km 16,64**/1687 m **Links** dem Pfad Ri. „Malga Campei" folgen.

(+1.320 m) **km 17,96**/1472 m Val del Parol: **Geradeaus** Ri. „Rif. Campei" weiterfahren.

3

(+530 m) **km 18,49**/1470 m **Rifugio Campei.**

(+3.800 m) **km 22,29**/964 m **Abzweig, geradeaus** weiterfahren.

(+1.000 m) **km 23,29**/938 m **Links** bergab weiterfahren. (ACHTUNG: leicht zu übersehen)

(+20 m) **km 23,31**/932 m (geradeaus: Schranke) **Links** bergab (20%) dem Karrenweg folgen.

(+620 m) **km 23,93**/782 m (Nähe Haus) **Rechts** abbiegen.

(+190 m) **km 24,12**/737 m **Kreuzung, rechts** dem Forstweg folgen.

(+50 m) **km 24,17**/731 m **Links** bergab weiterfahren.

(+1.020 m) **km 25,19**/608 m **Kreuzung, links** bergab (12%) weiterfahren.

(+140 m) **km 25,33**/583 m **Rechts** Ri. „Percorso No 3" abbiegen und dem Weg in die Dorfmitte von Castione folgen.

© SP Auffahrt nach Nago

© SP Monte Baldo Straße, Blick Ri. Ledrosee

© GD Blick Ri. Malga Campei, Etschtal

© GD Blick zurück Ri. Monte Varagna

4 *(+380 m)* **km 25,71**/537 m **Castione: Links** weiterfahren.

(+150 m) **km 25,86**/522 m Castione (Dorfplatz, Brunnen): **Links** der „via Loppio“ folgen.

(+330 m) **km 26,19**/491 m **Gabelung, links** Ri. „Percorso No 3“ weiterfahren.

(+1.130 m) **km 27,32**/403 m **Geradeaus** dem Pfad Ri. „Percorso No 3“ folgen.

(+1.610 m) **km 28,93**/235 m Loppio: **An der HS, links** auf den Radweg abbiegen und diesem bis nach Nago folgen.

5 *(+3.530 m)* **km 32,46**/287 m **Passo San Giovanni.**

(+1.320 m) **km 33,78**/236 m **Rechts** dem Radweg folgen.

(+30 m) **km 33,81**/236 m (kurz vor Nago) **Links** Ri. „Monte Baldo“ abbiegen. Dieser Straße **geradeaus** (2 Kreuzungen ignorieren) und später bergauf (18%) folgen.

(+910 m) **km 34,73**/290 m **Rechts** Ri. „Torbole“ abbiegen.

(+40 m) **km 34,77**/278 m (bei der Heiligenfigur, Marterl) **Links** bergab Ri. „Busatte“ abbiegen.

(+100 m) **km 34,87**/274 m **Rechts** dem Weg Ri. „Busatte“ folgen. Nach 360 m befindet sich auf der linken Seite ein Aussichtspunkt.

(+930 m) **km 35,80**/185 m **Busatte: Geradeaus** auf der Teerstraße Ri. „Torbole“ weiterfahren.

(+60 m) **km 35,86**/178 m **Geradeaus** bergab Ri. „Torbole“ fahren.

(+190 m) **km 36,05**/160 m **Geradeaus** weiterfahren.

(+840 m) **km 36,89**/112 m **Links** bergab der „via di Santa Lucia“ bis zum Dorfplatz folgen.

(+210 m) **km 37,10**/90 m (beim Hotel Centrale) **Rechts** über den Dorfplatz zur HS fahren.

(+40 m) **km 37,14**/90 m **An der HS, rechts** weiterfahren.

(+150 m) **km 37,29**/101 m **Kreisverkehr, links** Ri. „Riva“ abbiegen und zum Startpunkt zurückfahren.

Startplatz:
Torbole, Parkplatz bei der Tankstelle.

Anfahrt:
Von Nago kommend, in Torbole am Kreisverkehr rechts Ri. „Riva“ abbiegen. Nach wenigen Metern befindet sich auf der rechten Seite ein großer Parkplatz (kostenpflichtig).

© GD Esel beim Rifugio Campei

© GD Rifugio Campei

© GD Blick ins Etschtal

© GD Karrenweg

© GD Loppio

Tour 30 „Monte Velo-Monte Altissimo“ 4 78,75 km 9:58 Std 2.988 Hm

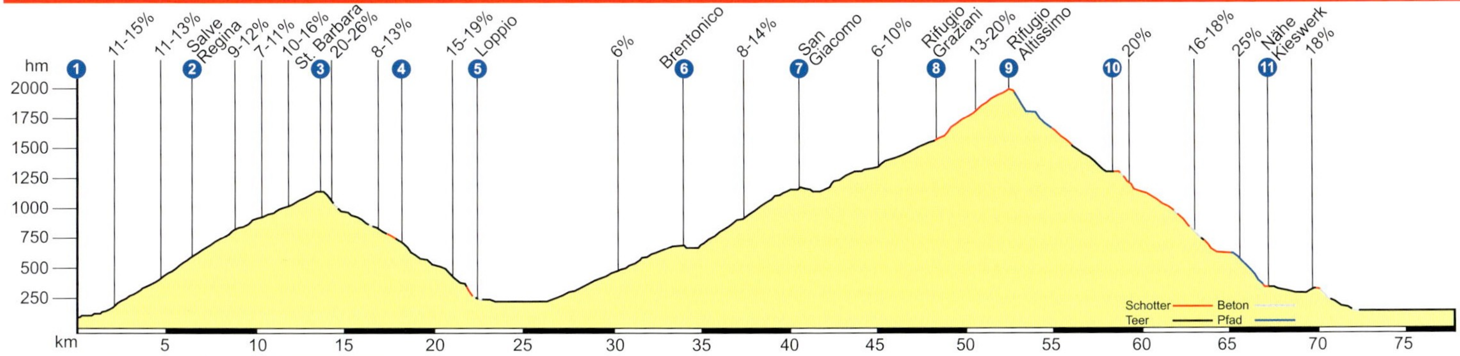

Tourencharakter

Wegbeschaffenheit

Teer	60,28 km
Schotter/Kies	12,54 km
Pfad/Trail	3,89 km
Beton/Pflastersteine	2,04 km
Schiebestrecke	0,50 km

(ab Rifugio Altissimo: je nach Fahrkönnen)

Familienfreundlich

Nein

Einkehrmöglichkeit

Bars in Bolognano, St. Barbara, Mori, San Giacomo, Rifugio Graziani, Rifugio Altissimo, Nago und Torbole

Schwierigkeit

Ausdauer	★★★★★★
Fahrkönnen	★★★★☆☆

Erlebnis

Landschaft	★★★★★★
Fahrspaß	★★★☆☆☆

Höhe

Starthöhe	90 Meter
Höchster Punkt	2.060 Meter

Lange Runde über den Monte Velo und den Monte Altissimo

Lange Tour mit abwechslungsreichem Landschaftsbild. Die Auffahrten zum Monte Velo sowie zum Rifugio Graziani, über Brentonico, sind nicht allzu steil und verlaufen auf Teerstraßen. Lediglich der letzte Anstieg, vom Passo Creer zum Monte Altissimo auf dem Schotterweg ist sehr steil (13-20%). Die Abfahrt erfolgt teilweise auf Schotterwegen und Singletrails an der Nordflanke des Monte Altissimos.

Strecke

Von Arco fährt man auf Nebenstraßen über Bolognano, Salve Regina zum Passo Santa Barbara (Monte Velo). Von dort geht es auf alten Teer- und Schotterwegen, mit herrlichen Aussichten, teilweise steil bergab, nach Loppio. Hier links, dem Radweg nach Mori folgen. Von dort auf der HS über Brentonico, San Giacomo und San Valentino, hinauf zum Passo Creer / Rifugio Graziani fahren. Nun verlässt man die HS und folgt rechts bergauf dem steilen Schotterweg zum Rifugio Altissimo. Von nun an geht es, bis auf einen ganz kleinen Anstieg bei Nago, nur noch bergab. Ab dem Rifugio Altissimo fährt man auf einem anspruchsvollen Pfad bergab, bis zum Monte Varagna. Hier links auf dem Schotterweg bis zum Parkplatz an der Monte Baldo Teerstraße fahren und dieser Straße ca. 2,3 km bergab folgen. In einer Linkskehre der HS, rechts auf einen Teerweg abzweigen. Dann auf Schotterpisten über die Malga Rigotti nach Nago und über Busatte und Torbole zurück nach Arco fahren.

© SP Abfahrt von Santa Barbara

© GD Ausblick vom Monte Altissimo

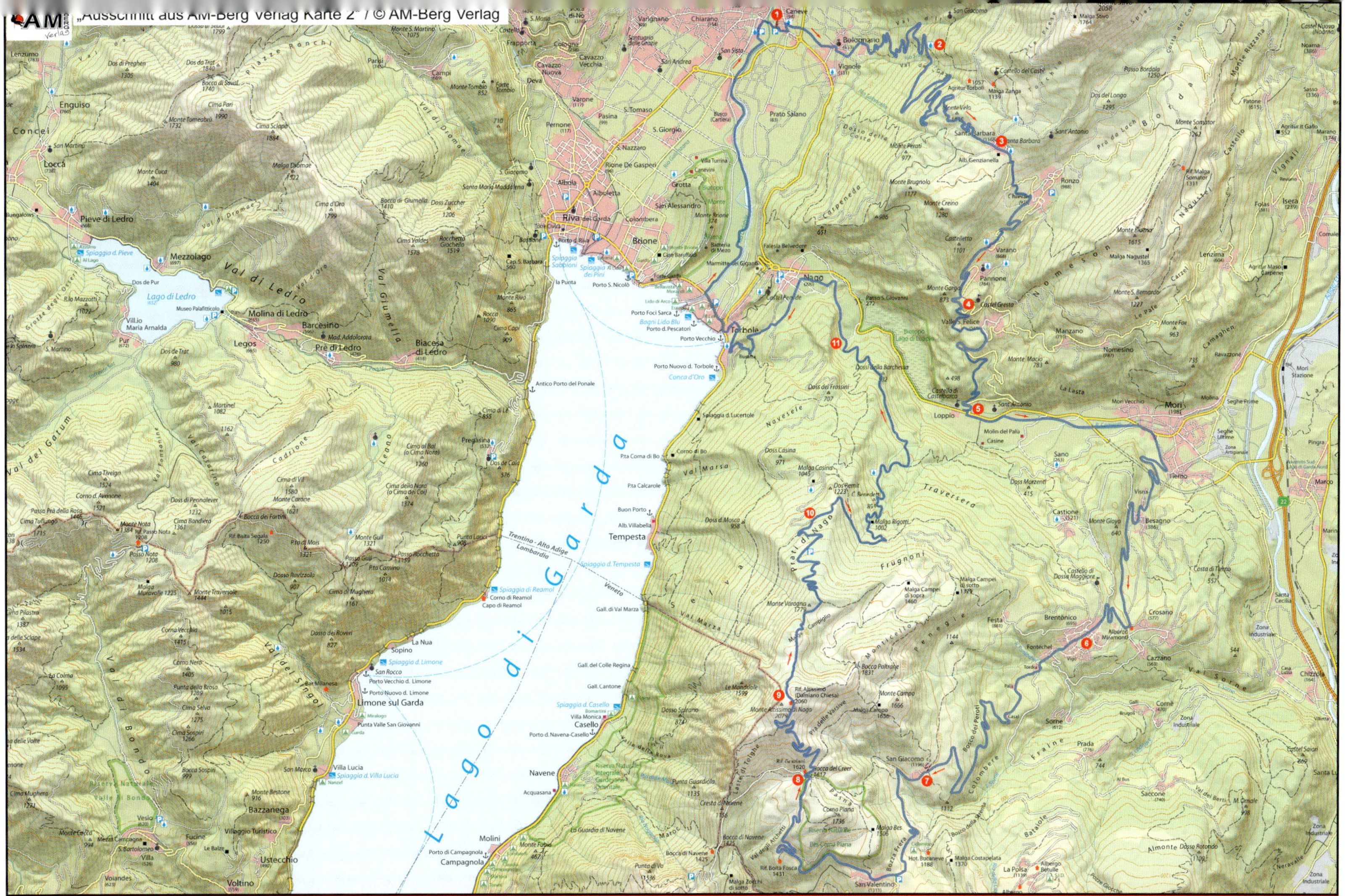

Tour 30 „Monte Velo-Monte Altissimo“ **4** **78,75 km** **9:58 Std** **2.988 Hm**

Tour 30 „Monte Velo-Monte Altissimo“ 4 78,75 km 9:58 Std 2.988 Hm

1 **km 0,00**/90 m Vom Parkplatz (hinteres Ende bei der Brücke) **geradeaus** dem Radweg zur Einfahrt des Parkplatzes folgen.

(+270 m) **km 0,27**/97 m **Kreisverkehr, links** der „viale Rovereto“ folgen.

(+110 m) **km 0,38**/96 m (nächste Straße, bei der Bushaltestelle / Zebrastreifen) **Rechts** abbiegen.

(+30 m) **km 0,41**/98 m (an der Piazza Trento) **Rechts** der Einbahnstraße folgen.

(+280 m) **km 0,69**/108 m (nach der Brücke, Umgehungsstraße) **Geradeaus** der „via del Ri“ folgen.

(+450 m) **km 1,14**/120 m Bolognano: **Links** leicht bergauf weiterfahren.

(+180 m) **km 1,32**/131 m **Links** Ri. Kirche fahren und dann **rechts** der HS folgen.

(+80 m) **km 1,40**/136 m **Rechts** der HS Ri. „monte Velo“ folgen.

(+60 m) **km 1,46**/136 m **Links** der HS Ri. „monte Velo“ folgen.

(+230 m) **km 1,69**/153 m **Links** auf der HS weiterfahren und dieser stets bergauf folgen.

2 *(+4.690 m)* **km 6,38**/620 m **Salve Regina** (mit Brunnen). HS weiter bergauf folgen.

(+10 m) **km 6,39**/622 m **Geradeaus** Ri. „Monte Velo“ weiterfahren.

(+5.050 m) **km 11,44**/1001 m **Rechtskehre** folgen und bergauf (10-16%) nach Santa Barbara fahren. (links „Agritur Torboli, Malga Zanga“)

(+2.170 m) **km 13,61**/1140 m **Geradeaus** weiterfahren. (rechts „Nago, 637“)

3 *(+100 m)* **km 13,71**/1141 m **Santa Barbara** (links Brunnen): **Geradeaus** bergab der HS folgen.

(+230 m) **km 13,94**/1121 m (nach dem Steinkreuz) **Links** der schmalen Teerstraße folgen.

(+450 m) **km 14,39**/1040 m **An der HS, links** bergab fahren.

(+10 m) **km 14,40**/1038 m **Rechts** dem Pfad (neben der HS) zur steilen Betonrampe folgen.

(+40 m) **km 14,44**/1030 m An der Betonrampe, **rechts** steil bergab (16-20%) weiterfahren.

(+440 m) **km 14,88**/969 m **An der HS, rechts** bergab (5-13%) weiterfahren.

(+850 m) **km 15,73**/920 m **An der HS, rechts** Ri. „Rovereto, Riva“ weiterfahren.

(+390 m) **km 16,12**/887 m (vor der Linkskehre) **Links** bergab Ri. „Gole, F06“ abbiegen.

(+50 m) **km 16,17**/879 m **Rechts** dem Hauptweg folgen.

(+70 m) **km 16,24**/872 m **An der HS, geradeaus** dem schmalen Teerweg Ri. „Gole, F06“ folgen.

(+220 m) **km 16,46**/855 m Varano (beim Brunnen): **Links** bergab zur HS fahren.

(+130 m) **km 16,59**/842 m **Links** zur HS und an der HS **rechts** bergab (8-13%) weiterfahren.

(+710 m) **km 17,30**/789 m **Linkskurve** (HS) folgen. (rechts „M.Brugnolo, Campedello“)

© SP Salve Regina, Auffahrt Mt. Velo

© SP Auffahrt Monte Velo

© GD Auffahrt Monte Velo

© SP Abzweig rechts bei km 14,40

(+140 m) **km 17,44**/777 m (beim Picknick-Platz) **Rechts** bergab auf den Wiesenweg abbiegen.

(+400 m) **km 17,84**/743 m **An der HS** (Kapelle), **rechts** bergab auf die HS Ri. „Capello dei Signori“ abbiegen.

4 (+410 m) **km 18,25**/711 m (vor dem Picknick-Platz) **Rechts** steil bergab (15-21%) Ri. „F05 Grom-San VI“ abbiegen.

(+1.210 m) **km 19,46**/562 m **Rechts** abbiegen und zur HS weiterfahren.

(+250 m) **km 19,71**/548 m **Rechts** zur HS und (an der HS) dieser **rechts** bergab folgen.

(+800 m) **km 20,51**/495 m (nach der Linkskehre) **Rechts** bergab auf den Teerweg abbiegen und diesem stets geradeaus (Abzweige ignorieren) bis zur HS folgen. (letzten 400 m zur HS: Schotter)

(+1.710 m) **km 22,22**/253 m **An der HS, rechts** auf dieser, bis zum Picknick-Platz, weiterfahren.

5 (+260 m) **km 22,48**/239 m **Loppio** (Parkplatz, Picknick-Platz): **Rechts** über den Parkplatz und dem gepflasterten Weg folgen.

(+50 m) **km 22,53**/237 m **Links** weiterfahren.

(+80 m) **km 22,61**/235 m **An der HS, links** zur Unterführung abbiegen.

(+100 m) **km 22,71**/235 m (andere Straßenseite) **Geradeaus** dem Radweg nach Mori (Abzweige ignorieren) folgen.

(+2.830 m) **km 25,54**/211 m Mori: **Geradeaus** weiterfahren. (im Ort: Radweg neben der HS)

(+470 m) **km 26,01**/213 m **Rechts** dem Radweg in der „via dei Garda“ folgen.

(+180 m) **km 26,19**/216 m **An der HS, rechts** bergauf (6%) der HS nach Brentonico folgen.

6 (+7.680 m) **km 33,87**/685 m **Brentonico: Geradeaus** weiterfahren (rechts „Festa“) und der HS zum Monte Baldo folgen.

7 (+6.670 m) **km 40,54**/1168 m **San Giacomo** (Kapelle): **Links** der HS weiter folgen.

(+2.910 m) **km 43,45**/1285 m (vor San Valentino) **Kreuzung, geradeaus** der HS folgen.

8 (+4.950 m) **km 48,40**/1617 m **Passo Creer, Rifugio Graziani: Rechts** dem Schotterweg Ri. „Rifugio Altissimo“ folgen.

(+210 m) **km 48,61**/1630 m **Links** bergauf (13-20%) Ri. „Altissimo“ weiterfahren.

9 (+3.820 m) **km 52,43**/2060 m **Rifugio Altissimo: Geradeaus** dem Weg Ri. „Torbole, 601“ folgen.

(+2.440 m) **km 54,87**/1802 m Monte Varagna: **Links** Ri. „Torbole sul Garda“ weiterfahren.

(+1.290 m) **km 56,16**/1526 m Parkplatz. Der Teerstraße bergab weiter folgen.

(+1.960 m) **km 58,12**/1300 m **Geradeaus** der HS weiter folgen. (links „Malcesine, Navene“)

10 (+300 m) **km 58,42**/1278 m **Rechts** bergab dem Teerweg folgen.

(+520 m) **km 58,94**/1272 m (bei der Alm) **Rechts** bergab dem steilen engen Teerweg folgen.

© SP Betonrampe bergab, Blick z. Mt. Baldo

© SP Pannone

© SP Abfahrt auf alter Straße nach Loppio

© SP Abzweig bei km 20,51

(+650 m) **km 59,59**/1155 m **Geradeaus** weiterfahren.

(+80 m) **km 59,67**/1150 m **Links** bergab dem Forstweg folgen.

(+870 m) **km 60,54**/1094 m Scharf **links** Ri. „Percorso No 7“ abbiegen.

(+900 m) **km 61,44**/1010 m **Rechtskehre** (Hauptweg) folgen.

(+1.530 m) **km 62,97**/804 m Haus mit Brunnen.

(+550 m) **km 63,52**/730 m **Abzweig, links** in den unscheinbaren Karrenweg abbiegen. (nach ca. 1,67 km beginnt der Pfad)

(+2.940 m) **km 66,46**/445 m **Rechts** dem Pfad weiter folgen.

11 *(+700 m)* **km 67,16**/330 m (Nähe Kieswerk) **Links** auf die Teerstraße fahren und am Kieswerk vorbeifahren.

(+1.040 m) **km 68,20**/310 m **Links** dem Radweg folgen.

(+660 m) **km 68,86**/285 m **Rechts** dem Radweg folgen.

(+30 m) **km 68,89**/286 m (kurz vor Nago) **Links** Ri. „Monte Baldo“ abbiegen und dieser Straße **geradeaus** (2 Kreuzungen) und dann bergauf (18%) folgen.

(+910 m) **km 69,80**/324 m **Rechts** Ri. „Torbole“ abbiegen.

(+40 m) **km 69,84**/324 m (bei der Heiligenfigur, Materl) **Links** bergab Ri. „Busatte“ abbiegen.

(+100 m) **km 69,94**/314 m **Rechts** dem Weg Ri. „Busatte“ folgen. Nach 360 m befindet sich auf der linken Seite ein Aussichtspunkt.

(+930 m) **km 70,87**/227 m **Busatte: Geradeaus** Ri. „Torbole“ auf der Teerstraße weiterfahren.

(+60 m) **km 70,93**/222 m **Geradeaus** bergab Ri. „Torbole“ fahren.

(+190 m) **km 71,12**/200 m **Geradeaus** weiterfahren.

(+840 m) **km 71,96**/157 m **Links** der „via di Santa Lucia“ bergab, bis zum Dorfplatz, folgen.

(+210 m) **km 72,17**/134 m (beim Hotel Centrale) **Rechts** über den Dorfplatz zur HS weiterfahren.

(+40 m) **km 72,21**/134 m **An der HS, rechts** weiterfahren.

(+150 m) **km 72,36**/101 m Torbole: **Kreisverkehr, links** Ri. „Riva“ abbiegen.

(+270 m) **km 72,93**/100 m (nach der Sarcabrücke) **Rechts** auf den Radweg abbiegen.

(+1.120 m) **km 74,05**/101 m **T-Kreuzung, rechts** Ri. „Arco“ weiterfahren.

(+250 m) **km 74,30**/101 m **Abzweig, rechts** Ri. „Arco 3,8“ weiterfahren.

(+3.980 m) **km 78,28**/114 m Arco (beim Sportplatz): **Rechts** über den Parkplatz fahren und dem Radwegschild folgen.

(+60 m) **km 78,34**/114 m **Geradeaus** der Teerstraße weiter folgen.

© SP Abfahrt Ri. San Felice

© SP Blick zurück

© SP Auffahrt nach S. Valentino, Blick zurück

© SP Auffahrt zum Passo Creer

(+180 m) **km 78,52**/114 m **Arco** (vor der HS): **Rechts** dem Radweg über die Sarcabrücke folgen.

(+170 m) **km 78,69**/114 m **T-Kreuzung, rechts** dem Radwegschild zum großen Parkplatz folgen und daran vorbeifahren.

Startplatz:
Arco, neuer großer Parkplatz.

Anfahrt:
In Arco, von Nago aus kommend, beim ersten großen Kreisverkehr geradeaus Ri. „Zentrum“ fahren. Nach wenigen Metern, beim kleinen Kreisverkehr, links auf den großen Parkplatz fahren.

Die Ostseite des Monte Baldo

Der Höhenzug des Monte Baldo verläuft ziemlich genau in Nord-Süd-Richtung. Zum Gardasee hin fallen die Hänge des Monte Baldo extrem steil ab und verschwinden in dem Gardasee.

Die entgegengesetzte östliche Hangseite ist deutlich flacher. Hier finden sich ausgedehnte Weide- und Almlandschaften. Brentonico und San Valentino sind die bedeutendsten Orte auf der Hochebene, am Osthang des Monte Baldo.

Bei San Valentino befindet sich ein sehr gut ausgebautes Skigebiet mit etwa 40 km Skipisten.

© GD Rifugio Graziani, Monte Altissimo

© SP Blick zum Monte-Baldo-Massiv

© GD Abfahrt vom Monte Altissimo

© GD Ausblick vom Monte Altissimo nach Süden

© SP Abfahrt nach Busatte

Tour 31 „Monte Bondone“ 5 16,17 km 2:26 Std 704 Hm

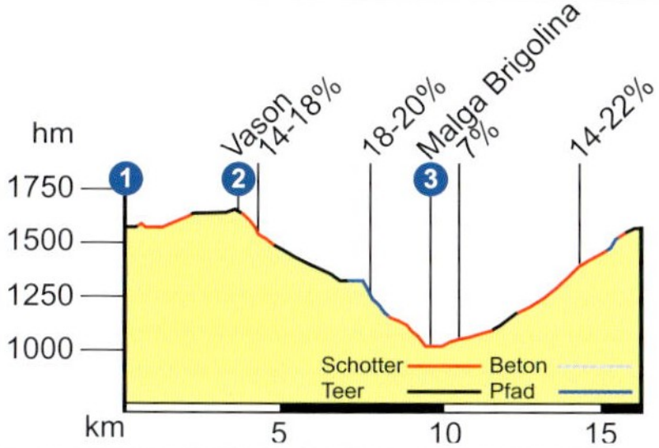

Tourencharakter

Wegbeschaffenheit

Teer	5,67 km
Schotter/Kies	9,02 km
Pfad/Trail	1,48 km
Beton/Pflastersteine	0,00 km
Schiebestrecke	0,50 km

(letzter Schlußanstieg: blockig, steil)

Familienfreundlich

Nein

Einkehrmöglichkeit

Bars / Restaurants in Viote, Vason und Malga Brigolina

Schwierigkeit

Ausdauer	★★★★★★ (3 von 6)
Fahrkönnen	★★★★★★ (4 von 6)

Erlebnis

Landschaft	★★★★★★ (3 von 6)
Fahrspaß	★★★★★★ (5 von 6)

Höhe

Starthöhe	1.566 Meter
Höchster Punkt	1.651 Meter

Interessante Rundtour, unterhalb des Monte Bondone

Am Fuße des Monte Bondone befindet sich das Hochplateau Viote mit Alm- und Sumpfwiesen und einer sehr reichen alpinen Vegetation. Von dort lassen sich einige schöne Touren unternehmen. Diese Runde führt, im Gegensatz zu den üblichen Touren, nicht gleich nach oben, sondern es geht zunächst bergab und erst später, wieder bergauf. Die abwechslungsreiche Runde verläuft über steile Pisten, enge Pfade und holprige Karrenwege. Man darf nicht unterschätzen, dass es ab der Tourenmitte, und besonders am Ende, steil bergauf geht.

Strecke

Die Tour beginnt in Viote. Zunächst geht es durch saftige und blumenreiche Almwiesen, entlang des Giro del Viote bis nach Vason. In der Ortsmitte, bei der Skischule, nach rechts abbiegen und hinter der Skihütte, links auf die Skipiste einbiegen. Auf dem Karrenweg, der direkt auf der Skipiste verläuft, geht es teilweise sehr steil, bis zur Talstation des Schleppliftes hinunter. Beim Parkplatz des Liftes auf die HS, die nach Sopramonte führt, abbiegen und auf dieser, durch zahlreiche Kehren, bergab bis nach Vaneze fahren. In einer Rechtskehre links in die „via dei Falchi-Vason“ abbiegen. Am Ende der Straße zweigt etwas versteckt der Pfad „Mezavia-Vason Nr. 11“ ab. Dieser führt teilweise steil bergab durch einen Hochwald. Bei einer Weggabelung bergab Ri. „Brigolina 11“, und dann auf der Forststraße, Wegnummer 628 über Pra della Fava zur Malga Brigolina fahren. Von hier führt eine mäßig ansteigende Schotterpiste bis zur Malga Mezavia. Nun auf dem Weg Nr. 24, der später zum Karrenweg wird, Ri. „Viote“ fahren. Der letzte Streckenabschnitt, hinauf nach Viote, verläuft auf einem extrem steilen, verblockten und ausgewaschenen Karrenweg.

© GD Hochplateau Viote

© GD Blick zur Brenta

© SP Vason, Monte Bondone

© GD Malga Brigolina

Tour 31 „Monte Bondone" 5 16,17 km 2:26 Std 704 Hm

Tour 31 „Monte Bondone“ 5 16,17 km 2:26 Std 704 Hm

1 **km 0,00**/1566 m Von der Bushaltestelle (Schild „Centro Fondo Viote 1566m“) **geradeaus** die 10 m zur HS fahren und dort auf dieser nach **rechts** Ri. „Trento“ abbiegen.

(+450 m) **km 0,45**/1583 m (nach dem Parkplatz) **Links** in den Schotterweg abbiegen.

(+500 m) **km 0,95**/1560 m **Gabelung** (mit Brunnen), **rechts** Ri. „Piani di Mezavia“ fahren.

(+550 m) **km 1,50**/1578 m **Rechts** dem unscheinbaren Wiesenweg Ri. „Giro delle Viote“ folgen.

(+610 m) **km 2,11**/1634 m **An der HS, links** auf dem Fuß-/Radweg weiterfahren. Der Weg geht durch einen Tunnel und an einer Infotafel vorbei.

2 *(+1.430 m)* **km 3,54**/1648 m **Vason** (Passhöhe bei der Skischule): **Rechts** Ri. „Trento Funive“ weiterfahren.

(+110 m) **km 3,65**/1653 m (auf Höhe des Skiliftes) **Links** bergab weiterfahren.

(+1.020 m) **km 4,67**/1485 m Baita Montesel (Parkplatz, Lift): **Links** über den Parkplatz zur HS fahren und dieser **geradeaus** bergab folgen.

(+2.250 m) **km 6,92**/1320 m (in der Rechtskehre) **Links** in die „via dei falchi-Vaneze“ abbiegen.

(+110 m) **km 7,03**/1316 m **Links** bergauf weiterfahren. **Nach 30 m geradeaus** dem Pfad zwischen den Häusern Ri. „Mezavia-Vason-Viote“ folgen.

(+650 m) **km 7,68**/1284 m **Geradeaus** den Forstweg überqueren und dem Pfad steil bergab Ri. „Brigolina 11“ folgen.

(+580 m) **km 8,26**/1157 m **Rechts** der Forststraße Ri. „Giro delle Malghe, Candriai“ folgen.

(+500 m) **km 8,76**/1120 m Pra della Fava: Scharf **links** bergab dem Karrenweg Ri. „Malga Brigolina, 628“ folgen.

3 *(+890 m)* **km 9,65**/1015 m **Malga Brigolina: Links** auf der Forststraße weiterfahren.

(+2.760 m) **km 12,41**/1177 m **Rechts** und nach 10 m **rechts** Ri. „Viote“ weiterfahren.

(+540 m) **km 12,95**/1224 m Piani di Mezavia: **Links** bergauf weiterfahren.

(+710 m) **km 13,66**/1301 m **Geradeaus** Ri. „Viote“ weiterfahren.

(+220 m) **km 13,88**/1334 m **Gabelung, rechts** Ri. „Viote, Sentiero del Fiono“ weiterfahren.

(+1.350 m) **km 15,23**/1474 m **Links** dem Pfad (steil und blockig) folgen.

(+280 m) **km 15,51**/1535 m **Rechts** auf die Forststraße abbiegen.

(+200 m) **km 15,71**/1553 m (beim Spielplatz) **Rechts** Ri. „Giro delle Viote“ weiterfahren.

(+390 m) **km 16,10**/1567 m **An der HS, links** und dann **rechts** zum Startpunkt zurückfahren.

Startplatz:
Viote, Bushaltestelle „Centro Fondo Viote“.

Anfahrt:
Von Lasino Ri. „Monte Bondone“ abbiegen und der HS bis nach Viote folgen. Rechts abbiegen und auf dem Parkplatz parken.

© GD Hochplateau Viote

© SP HS Viote-Vason

© GD Karrenweg / Skipiste - Blick Ri. Etschtal

© GD Singletrail oberhalb der Malga Brigolina

Nähe Lago Lagolo

Tour 32 „Monte Fubia“ | 5 | 17,65 km | 2:11 Std | 587 Hm

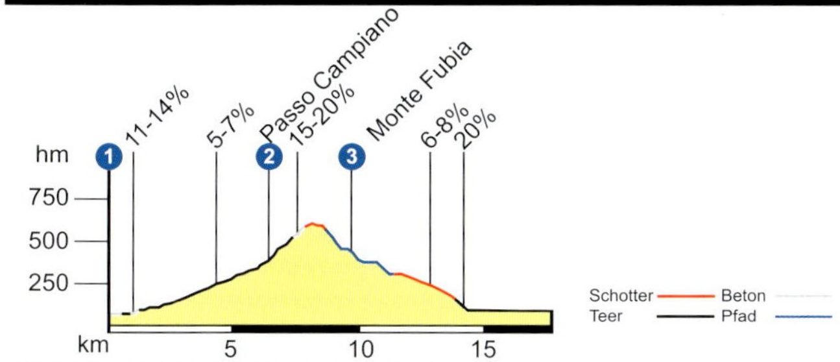

Tourencharakter

Wegbeschaffenheit

Teer	10,55 km
Schotter/Kies	3,33 km
Pfad/Trail	2,71 km
Beton/Pflastersteine	1,06 km
Schiebestrecke (auf dem Sentiero Nr. 4)	0,10 km

Familienfreundlich

Nein

Einkehrmöglichkeit

Bars in Malcesine, Navene und an der Uferpromenade auf der Rückfahrt

Schwierigkeit

Ausdauer	★★☆☆☆☆
Fahrkönnen	★★★★★☆

Erlebnis

Landschaft	★★★★★☆
Fahrspaß	★★★★★★

Höhe

Starthöhe	70 Meter
Höchster Punkt	597 Meter

Aussichtsreiche und abwechslungsreiche Tour zum Monte Fubia

Oberhalb von Malcesine erhebt sich, fast 2000 m über den Gardasee, der Monte Baldo. Am Fuße dieses mächtigen Bergmassivs befindet sich der Monte Fubia. Von dort hat man eine sensationelle Aussicht. Die Auffahrt verläuft auf der „Strada Panoramica“, die zur Mittelstation des Monte Baldo führt. Schon bei der Auffahrt und vom Monte Fubia, dessen Gipfel über einen Pfad in wenigen Minuten erreicht werden kann, ergeben sich immer wieder traumhafte Ausblicke. Die Abfahrt vom Monte Fubia zum Gardasee verläuft auf Pfaden und Schotterstraßen. Der Abschnitt auf dem Pfad „Sentiero Nr. 4“, ist der anspruchsvollste Teil der Tour.

Strecke

Die Tour beginnt vor Malcesine. Auf dem Radweg geht es nach Malcesine und nach der Touristinformation folgt man links der „Strada Panoramica“. Während der relativ flachen Auffahrt ergeben sich immer wieder herrliche Ausblicke auf den Gardasee und Malcesine. Beim Passo Campiano rechts abbiegen. Die Straße führt, teilweise extrem steil, hinauf Ri. Funivia Monte Baldo Mittelstation. Dort geradeaus Ri. „Via dei Prai“ fahren und später links bergab, dem Wiesenweg Ri. „Navene“ folgen. Dann dem Sentiero Nr. 4 bis zum Pass, unterhalb des Monte Fubia, folgen. Die Abfahrt verläuft zunächst auf dem steilen Serpentinenpfad, dann auf einem Schotterweg, hinunter nach Navene und auf dem Radweg, am Gardasee entlang, zurück nach Malcesine.

Bike und Hike

Monte Fubia (467 m): Aufstieg ca. 40 Hm, Zeit: ca. 10 min.

© GD strada panoramica, Blick nach Süden

© GD höchster Punkt der Tour

© GD Blick vom Monte Fubia nach Süden

© GD Blick vom Monte Fubia nach Norden

Tour 32 „Monte Fubia“ **5** **17,65 km** **2:11 Std** **587 Hm**

Tour 32 „Monte Fubia“ 5 17,65 km 2:11 Std 587 Hm

1 **km 0,00**/70 m Vom Parkplatz (Einfahrt) **geradeaus** dem Radweg Ri. Süden „Centro“ folgen.

(+600 m) **km 0,60**/69 m **Geradeaus** der Teerstraße folgen.

(+140 m) **km 0,74**/68 m **Links** der Teerstraße weiter folgen. (nicht geradeaus auf den Kiesweg)

(+220 m) **km 0,96**/73 m **Links** bergauf (11-14%) der gepflasterten Gasse folgen.

(+70 m) **km 1,03**/83 m **Links** Ri. Kreisverkehr weiterfahren.

(+60 m) **km 1,09**/84 m **Kreisverkehr, rechts** auf der HS entlang weiterfahren.

(+140 m) **km 1,23**/88 m **Kreisverkehr, geradeaus** der HS, an der Kirche vorbei, folgen.

(+320 m) **km 1,55**/93 m **Links** bergauf (3-5%) Ri. „Strada Panoramica“ abbiegen.

(+900 m) **km 2,45**/132 m **Linkskehre** (Hauptweg) Ri. „Strada Panoramica“ und stets diesem Hauptweg bergauf (5-10%) bis zum Passo Campiano folgen. (Abzweige ignorieren)

2 *(+3.710 m)* **km 6,16**/375 m **Passo Campiano** (mit Brunnen, Bänken): **Rechts** Ri. „S.Michele“ fahren.

(+1.350 m) **km 7,51**/541 m **Geradeaus** bergauf (20%) Ri. „Via dei Prai“ weiterfahren.

(+350 m) **km 7,86**/591 m **Geradeaus** dem Forstweg Ri. „Fubia, Weg 4“ folgen.

(+740 m) **km 8,60**/576 m **Links** auf den Wiesenweg Ri. „Navene, 4“ abbiegen. (nach ca. 40 m beginnt der Trail; bergab mit bis zu 30%)

(+680 m) **km 9,28**/444 m **Rechts** Ri. „Navene, 4“ und **nach 30 m** (beim Wasserloch) **rechts** dem Hauptweg weiter folgen.

(+120 m) **km 9,40**/453 m **Links** dem Weg „No 4“ folgen.

3 *(+300 m)* **km 9,70**/439 m **Monte Fubia** (unterhalb des Gipfels, zum Gipfel sind es nur wenige Hm): **Geradeaus** Ri. „Navene, 4“ weiterfahren.

(+1.650 m) **km 11,35**/305 m (bei der Infotafel) **Geradeaus** auf dem Karrenweg weiterfahren.

(+280 m) **km 11,63**/307 m **Geradeaus** weiterfahren. (rechts „Bocca Navene, 634“)

(+230 m) **km 11,86**/297 m **Linkskehre** bergab (6-8%) Ri. „Navene“ folgen.

(+2.040 m) **km 13,90**/146 m **T-Kreuzung, links** bergab (20%) der Teerstraße folgen.

(+102 m) **km 14,02**/122 m Navene: **Links** bergab weiterfahren.

(+360 m) **km 14,38**/83 m **An der HS, links** abbiegen und dann **rechts** auf dem Radweg (am Segelclub Malcesine vorbei) zurück zum Ausgangspunkt fahren.

Startplatz:
Malcesine, Porto Retelino.

Anfahrt:
Von Torbole kommend, am Ortseingang von Malcesine rechts auf den großen Bus- und PKW-Parkplatz (kostenpflichtig) parken. An der Einfahrt des Parkplatzes beginnt die Tour.

© GD Mittelstation Monte Baldo Bahn

© GD Abfahrt vom Monte Fubia

© GD Singletrail nach dem Monte Fubia

© SP Rückweg an der Uferpromenade

Malcesine

Tour 33 „Val del Diaol-The Skull" 5 19,71 km 2:45 Std 1.037 Hm

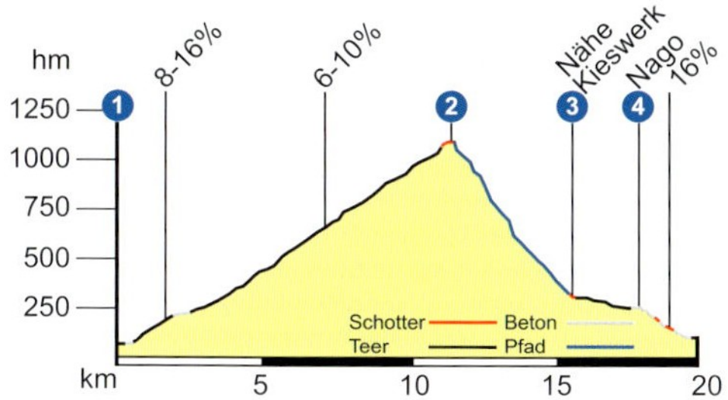

Tourencharakter

Wegbeschaffenheit

Teer	12,66 km
Schotter/Kies	0,68 km
Pfad/Trail	4,01 km
Beton/Pflastersteine	2,36 km
Schiebestrecke	0,00 km

Familienfreundlich
Nein

Einkehrmöglichkeit
Bars / Restaurants in Torbole und Nago

Schwierigkeit

Ausdauer	★★★☆☆☆
Fahrkönnen	★★★★★★

Erlebnis

Landschaft	★★☆☆☆☆
Fahrspaß	★★★★★★

Höhe

Starthöhe	66 Meter
Höchster Punkt	1.090 Meter

Anspruchsvoller Downhill, am Nordhang des Monte Altissimo

In dem weitläufigen Nordhang des Monte Altissimo gibt es mehrere kleine Täler. Eines dieser Täler ist das Val del Diaol, durch das eine mittlerweile sehr beliebte Downhill-Strecke führt. Am Einstieg des Downhills, durch das Val del Diaol, hing ursprünglich ein Kuhschädel, deswegen wird die Strecke auch „The Skull" genannt. Heute steht am Einstieg eine hölzerne Informationstafel, die auf den Downhill durch das Val del Diaol hinweist. Der Weg schlängelt sich über mehrere Steilstufen und Flachstücke durch den Wald. Die Strecke ist ziemlich interessant, da technisch anspruchsvolle Abschnitte, flowige Passagen und sogar einige Rampen vorhanden sind. Insgesamt betrachtet, kein einfacher Trail, auf dem man aber mit der entsprechenden Ausrüstung richtig viel Spaß haben kann.

Strecke

Die Tour beginnt in Torbole. Auf der alten Straße fährt man nach Nago. Von hier geht es über die asphaltierte und verkehrsarme Monte Baldo Straße bergauf, vorbei an der Malga Zures, an den Antennen und am Dos Casina. Kurz nach Dos Casina, in einer Rechtskehre, steht am linken Straßenrand die Infotafel, die den Einstieg zum Val del Diaol Downhill markiert. Der Trail durch das Val del Diaol endet in der Nähe des Industriegebietes von Nago. Auf der Teerstraße fährt man ein kurzes Stück talauswärts, bis man den Radweg nach Nago kreuzt. Hier links, dann bis zur Ortsmitte von Nago, zu dem Torbogen, fahren. Nach dem Torbogen links, durch die schmalen Gassen fahren. Über den historischen Pflasterweg „Strada di Santa Lucia", durch das Tal Valle Santa Lucia, hinunter nach Torbole und zurück zum Ausgangspunkt fahren.

© SP Auffahrt Monte Baldo Straße

© SP Auffahrt Monte Baldo Straße

© SP Doss Casina, Blick zum Monte Brione

© GD Singletrail

Tour 33 „Val del Diaol-The Skull" **5** **19,71 km** **2:45 Std** **1.037 Hm**

Tour 33 „Val del Diaol-The Skull“ 5 19,71 km 2:45 Std 1.037 Hm

1 **km 0,00**/66 m Vom Parkplatz (Einfahrt bei der Tankstelle) **links** auf der HS Ri. Kreisverkehr fahren.

(+130 m) **km 0,13**/67 m **Kreisverkehr, rechts** auf der HS Ri. „Malcesine“ weiterfahren.

(+170 m) **km 0,30**/68 m (beim Hafen, Zebrastreifen) **Links** Ri. „Busatte“ abbiegen.

(+40 m) **km 0,34**/67 m (nach dem Hotel Centrale) **Links** bergauf (12-14%) Ri. „Busatte“ abbiegen.

(+180 m) **km 0,52**/87 m **Links** Ri. „Nago“ weiterfahren.

(+1.370 m) **km 1,89**/210 m Nago (beim Kreisverkehr): **Rechts** Ri. „centro“, der gepflasterten Straße folgen.

(+220 m) **km 2,11**/213 m **Kreuzung** (beim Supermarkt), **rechts** weiterfahren.

(+220 m) **km 2,33**/222 m **Links** Ri. „strada del monte baldo“ weiterfahren.

(+110 m) **km 2,44**/231 m **Geradeaus** der „via monte baldo“ folgen.

(+130 m) **km 2,57**/231 m **Rechts** Ri. „Busatte“ weiterfahren.

(+500 m) **km 3,07**/259 m (beim Steinmarterl mit Bank) **Links** der Monte Baldo Straße folgen.

2 *(+8.030 m)* **km 11,10**/1075 m (Abzweig „Skull“) **Links** Ri. „Nago, The Skull“ abbiegen.

(+270 m) **km 11,37**/1089 m **Links** auf den Trail „The Skull“ abbiegen.

(+3.460 m) **km 14,83**/410 m **Geradeaus** dem Trail weiter folgen.

3 *(+400 m)* **km 15,53**/299 m **Nähe Kieswerk: Links** auf die breite Teerstraße abbiegen.

(+1.040 m) **km 16,57**/278 m **Links** dem Radweg folgen.

(+660 m) **km 17,23**/255 m **Rechts** dem Radweg nach Nago folgen.

(+130 m) **km 17,36**/253 m Nago: **Geradeaus** der Gasse folgen.

(+170 m) **km 17,53**/246 m (nach dem Torbogen) **Links** weiterfahren.

4 *(+230 m)* **km 17,76**/253 m **Nago: Rechts** Ri. „Torbole“ abbiegen und über das Tal Santa Lucia bis zum Dorfplatz in Torbole fahren.

(+350 m) **km 19,21**/100 m (beim Hotel Centrale) **Rechts** über den Dorfplatz zur HS fahren.

(+40 m) **km 19,25**/100 m **An der HS, rechts** weiterfahren.

(+140 m) **km 19,39**/101 m **Kreisverkehr, links** Ri. „Riva“ abbiegen und zum Startpunkt zurückfahren.

Startplatz:
Torbole, Parkplatz bei der Tankstelle.

Anfahrt:
Von Nago kommend, in Torbole am Kreisverkehr, rechts Ri. „Riva“ abbiegen. Nach wenigen Metern befindet sich auf der rechten Seite ein großer Parkplatz (kostenpflichtig).

© SP Monte Baldo Straße, Blick zurück

© GD Singletrail

© GD Singletrail

© GD Singletrail

„The Skull"-Val del Diaol
Der Name „The Skull" stammt von einem Kuhschädel, der ursprünglich am Anfang des Trails stand. Mittlerweile ist die Strecke offiziell als „Val del Diaol-Downhill" ausgewiesen.

© GD

© GD

© SP

© SP

Tour 34 „Monte Velo 4-Downhill“ 5 22,19 km 3:25 Std 1.093 Hm

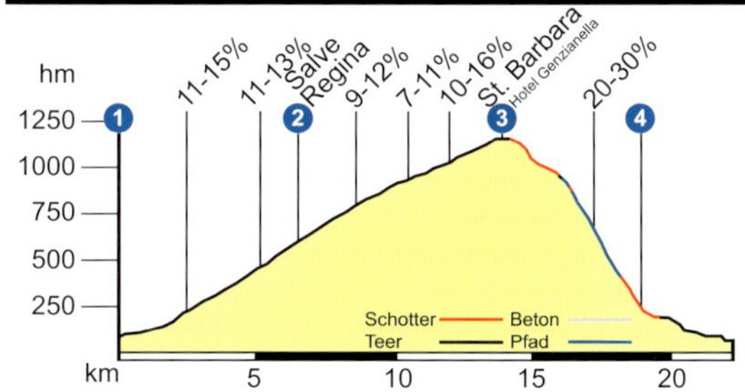

Tourencharakter

Wegbeschaffenheit

Teer	16,90 km
Schotter/Kies	3,24 km
Pfad/Trail	2,05 km
Beton/Pflastersteine	0,00 km
Schiebestrecke	0,00 km

Familienfreundlich

Nein

Einkehrmöglichkeit

Bars / Restaurants in Bolognano und Hotel Genzianella

Schwierigkeit

Ausdauer	★★★☆☆☆
Fahrkönnen	★★★★★★

Erlebnis

Landschaft	★★☆☆☆☆
Fahrspaß	★★★★★★

Höhe

Starthöhe	90 Meter
Höchster Punkt	1.165 Meter

Interessante Downhilltour, am Westhang des Monte Velo

Hoch über Arco, zwischen dem Monte Stivo und dem Monte Brugnolo, liegt der Pass Santa Barbara. Er ist von Arco aus, auf einer schmalen, verkehrsarmen Teerstraße, leicht zu erreichen. Die fantastische Freeride Strecke schlängelt sich durch den Wald, am Westhang des Monte Velos, hinunter nach Arco und führt über mehrere Steilstufen und Flachstücke. Am Beginn ist die Strecke relativ einfach, erst ab der Mitte wird der Downhill deutlich anspruchsvoller. Insgesamt betrachtet ein Trail, der nicht einfach ist, auf dem man aber mit der entsprechenden Ausrüstung richtig viel Spaß haben kann.

Strecke

Die Tour beginnt in Arco. Auf der schmalen Teerstraße, die in angenehmer Steigung zum Pass Santa Barbara hinaufführt, sind die rund 1.000 Hm relativ schnell und bequem zu schaffen. Direkt auf der Passhöhe vor dem Hotel Genzianella, rechts Ri. „Nago“ abbiegen. Ein ausgewaschener, holpriger Karrenweg führt, unterhalb des Monte Brugnolo hinunter Ri. „Nago“. Diesen Weg verlässt man aber schon bei der ersten Linkskurve und fährt auf einem Pfad, der durch den Wald bergab zu alten Bauernhäusern führt. Bei der Kapelle Chiesa San Francesco überquert man die Teerstraße und folgt beim letzten Haus einem Pfad, der weiter unten zu einem holprigen, steilen Karrenweg wird. Etwas oberhalb von Bolognano erreicht man die Forststraße, die über die Malga Flavei hinauf zum Monte Brugnolo führt. Hier rechts nach Bolognano hinunterfahren und auf der Teerstraße zurück zum Ausgangspunkt fahren.

© GD Blick über das Sarcatal

© GD HS nach St. Barbara, Blick z. Mt. Stivo

© GD vor Santa Barbara, Blick zurück

© GD Singletrail

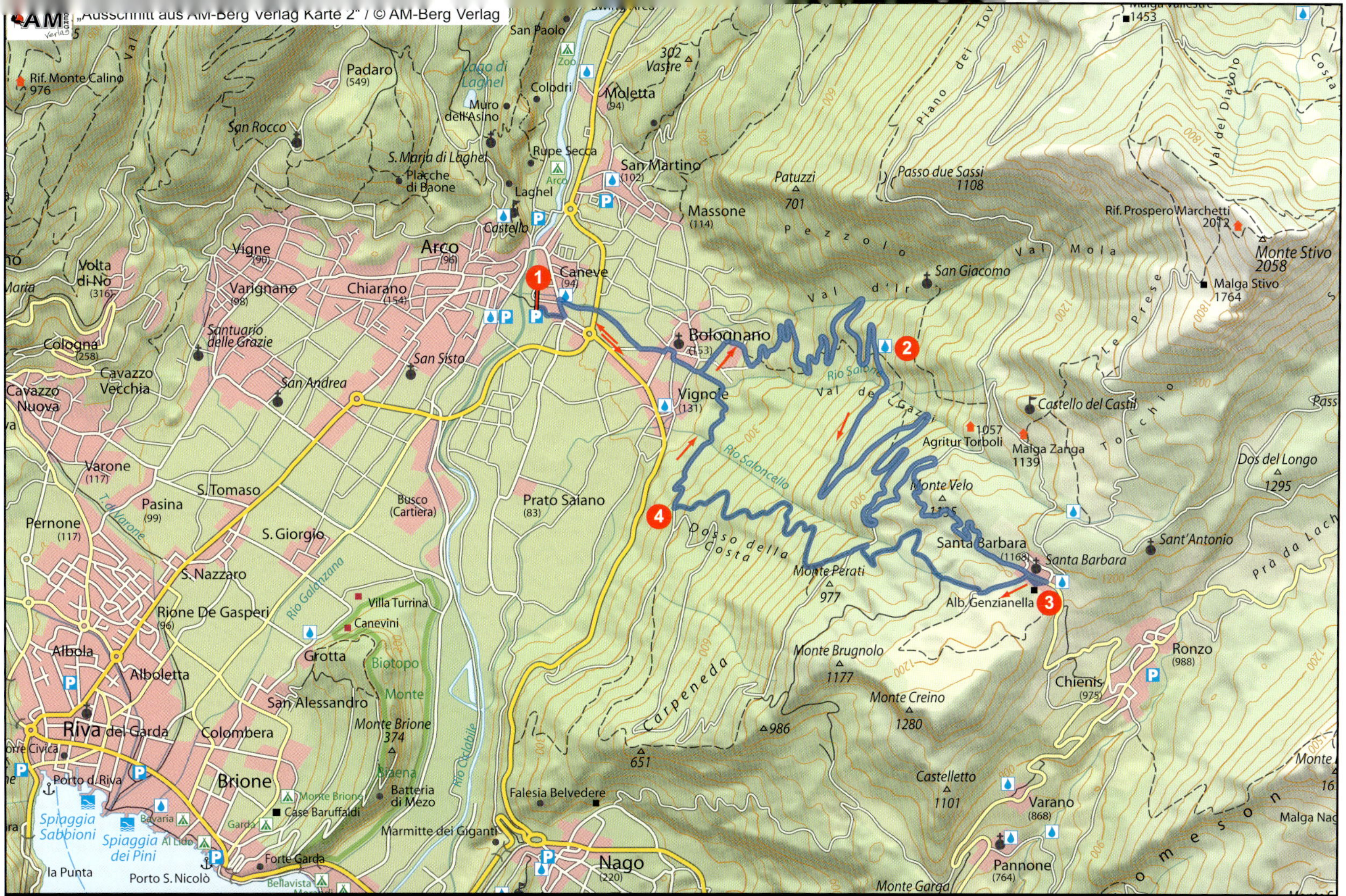

Tour 34 „Monte Velo 4-Downhill" **5** **22,19 km** **3:25 Std** **1.093 Hm**

Tour 34 „Monte Velo 4-Downhill“ 5 22,19 km 3:25 Std 1.093 Hm

1 **km 0,00**/90 m Vom Parkplatz (hinteres Ende bei der Brücke) **geradeaus** dem Radweg zur Einfahrt des Parkplatzes folgen.

(+270 m) **km 0,27**/97 m **Kreisverkehr, links** der „viale Rovereto“ folgen.

(+110 m) **km 0,38**/96 m (nächste Straße, bei der Bushaltestelle / Zebrastreifen) **Rechts** abbiegen.

(+30 m) **km 0,41**/98 m (an der Piazza Trento) **Rechts** der Einbahnstraße folgen.

(+280 m) **km 0,69**/108 m (nach der Brücke, Umgehungsstraße) **Geradeaus** der „via del Ri“ folgen.

(+450 m) **km 1,14**/120 m Bolognano: **Links** leicht bergauf weiterfahren.

(+180 m) **km 1,32**/131 m **Links** Ri. Kirche abbiegen und dann **rechts** der HS folgen.

(+80 m) **km 1,40**/136 m **Rechts** der HS Ri. „monte Velo“ folgen.

(+60 m) **km 1,46**/136 m **Links** der HS Ri. „monte Velo“ folgen.

(+230 m) **km 1,69**/153 m **Links** auf der HS weiterfahren und dieser stets bergauf folgen.

2 *(+4.690 m)* **km 6,38**/620 m **Salve Regina** (mit Brunnen). HS weiter bergauf folgen.

(+10 m) **km 6,39**/622 m **Geradeaus** Ri. „Monte Velo“ weiterfahren.

(+5.050 m) **km 11,44**/1001 m **Rechtskehre** folgen und bergauf (10-16%) nach Santa Barbara fahren. (links „Agritur Torboli, Malga Zanga“)

(+2.170 m) **km 13,61**/1140 m **Geradeaus** weiterfahren. (rechts „Nago, 637“)

(+100 m) **km 13,71**/1141 m Santa Barbara (links Brunnen): **Rechts** bergauf zum Hotel Genzianella fahren.

3 *(+50 m)* **km 13,76**/1165 m **Santa Barbara / Hotel Genzianella. Geradeaus** zur HS fahren.

(+70 m) **km 13,83**/1158 m **An der HS, links** in die Seitenstraße Ri. „Nago“ abbiegen.

(+310 m) **km 14,14**/1151 m **Rechts** auf dem Schotterweg Ri. „637“ weiterfahren.

(+470 m) **km 14,61**/1113 m (in der Linkskurve) **Rechts** der roten Markierung folgen.

(+280 m) **km 14,89**/1052 m **Kreuzung** (Forstweg), **geradeaus** weiterfahren.

(+350 m) **km 15,24**/1001 m (bei der Wiese) **Links** zu den Häusern (Malga Bergotti) fahren.

(+490 m) **km 15,73**/973 m (verfallene Häuser) **Rechts** bergab weiterfahren.

(+220 m) **km 15,95**/945 m (an der Teerstraße) **Links** weiterfahren.

(+100 m) **km 16,05**/939 m Chiesa S. Francesco: (3 Häuser - nach dem 1. Haus ist rechts die Kirche) Vor dem letzten Haus (beim gelben Schild „chiesa“), **rechts** bergab dem Pfad folgen.

(+310 m) **km 16,36**/884 m **Geradeaus** dem Forstweg folgen.

(+110 m) **km 16,47**/860 m **Abzweig, rechts** auf den Pfad abbiegen.

© GD Auffahrt nach Santa Barbara

© GD Auffahrt nach Santa Barbara

© GD Auffahrt nach Santa Barbara

© GD km 14,61 - rechts beim Baum abbiegen

(+70 m) **km 16,54**/840 m **Kreuzung** (Forstweg), **geradeaus** dem Pfad folgen.

(+1.670 m) **km 18,21**/408 m **T-Kreuzung, rechts** auf dem Karrenweg weiterfahren.

(+200 m) **km 18,41**/366 m **Geradeaus** weiterfahren.

4 *(+450 m)* **km 18,86**/248 m **Rechts** der Forststraße folgen.

(+1.610 m) **km 20,47**/131 m Bolognano: **Geradeaus** auf die HS fahren.

(+230 m) **km 20,70**/122 m **Rechts** der HS folgen.

(+40 m) **km 20,74**/119 m (vor der Kirche) **Links** weiterfahren.

(+60 m) **km 20,80**/114 m **Links** Ri. „Arco“ und **nach 30 m rechts** der „via Rovero“ folgen.

(+200 m) **km 21,00**/102 m **Rechts** in die „via del Ri“ abbiegen.

(+460 m) **km 21,46**/89 m **Geradeaus** über die Brücke (Umgehungsstraße) fahren.

(+280 m) **km 21,74**/81 m **Links** weiterfahren.

(+30 m) **km 21,77**/81 m **An der HS, links** auf dieser weiterfahren.

(+120 m) **km 21,89**/77 m **Kreisverkehr, rechts** dem Radweg zum Startpunkt zurück folgen.

Startplatz:
Arco, neuer großer Parkplatz.

Anfahrt:
In Arco, von Nago aus kommend, beim ersten großen Kreisverkehr geradeaus Ri. „Zentrum“ fahren. Nach wenigen Metern, beim kleinen Kreisverkehr, links auf den großen Parkplatz fahren.

© GD Karrenweg

© GD Singletrail

© GD Blick auf Bolognano und Arco

© GD Abzweig Nahe Chiesa S. Francesco

© GD Singletrail

© GD Singletrail

Tour 35 „Malga Vallestre“ 5 28,90 km 4:27 Std 1.416 Hm

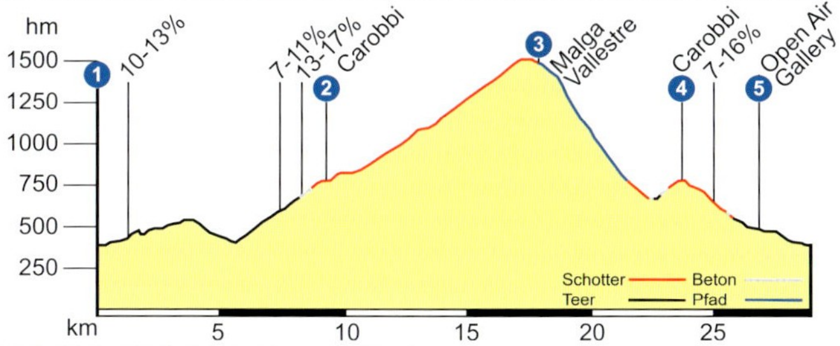

© GD Ausblick kurz vor der Malga Vallestre

Tourencharakter

Wegbeschaffenheit

Teer	11,60 km
Schotter/Kies	12,75 km
Pfad/Trail	3,55 km
Beton/Pflastersteine	1,00 km
Schiebestrecke	0,00 km

Familienfreundlich
Nein

Einkehrmöglichkeit
Bars / Restaurants in Drena

Schwierigkeit

Ausdauer	★★★★☆☆
Fahrkönnen	★★★★★★

Erlebnis

Landschaft	★★★★★☆
Fahrspaß	★★★★★★

Höhe

Starthöhe	393 Meter
Höchster Punkt	1.505 Meter

Abwechslungsreiche Tour, mit Singletrail Downhill am Monte Stivo

Östlich von Arco erhebt sich der 2058 m hohe Monte Stivo über dem Sarcatal. An seiner nordwestlichen Flanke gibt es zahlreiche Wege, Straßen und auch zwei Almen. Eine der Almen ist die Malga Campo, sie kann von Drena aus über eine geteerte Straße leicht erreicht werden. Zu der zweiten Alm, die Malga Vallestre, kann man von Troiana auf einer Schotterpiste hinauffahren. Von dort hat man dann die Möglichkeit, einer Singletrail-Abfahrt. Bei dieser Tour geht es von Drena über Troiana zur Malga Vallestre und über Singletrails zurück nach Drena. Die Auffahrt verläuft auf überwiegend guten, nicht allzu steilen Forstwegen. Der Downhill bietet jede Menge Fahrspaß.

© GD Malga Vallestre, Blick nach Südwesten

Strecke
Die Tour beginnt in Drena bei der Burg. Zunächst geht es bergab, dann leicht bergauf in den Ort. Hier hält man sich Ri. „Braila“. Die geteerte Straße führt in mäßiger Steigung hinauf nach Troiana. Nun auf der geschotterten Straße bergauf nach Carobbi fahren. Von hier den Hinweisschildern erst Ri. „Malga Zanga“, dann Ri. „Malga Vallestre“ folgen. Direkt bei der Malga Vallestre beginnt der Singletrail, der erst über eine Wiese führt und dann im Wald steil bergab geht. Man folgt dem Singletrail bergab bis nach Troiana. Über einen kurzen Gegenanstieg geht es hinauf nach Carobbi. Nun links bergab und über die Open Air Gallery zurück nach Drena fahren.

© GD Malga Vallestre, Blick nach Nordwesten

Bike & Hike
Monte Stivo (2.058 m): Aufstieg ca. 600 Hm, Zeit: ca. 2 Std.

© SP Abfahrt von Carobbi

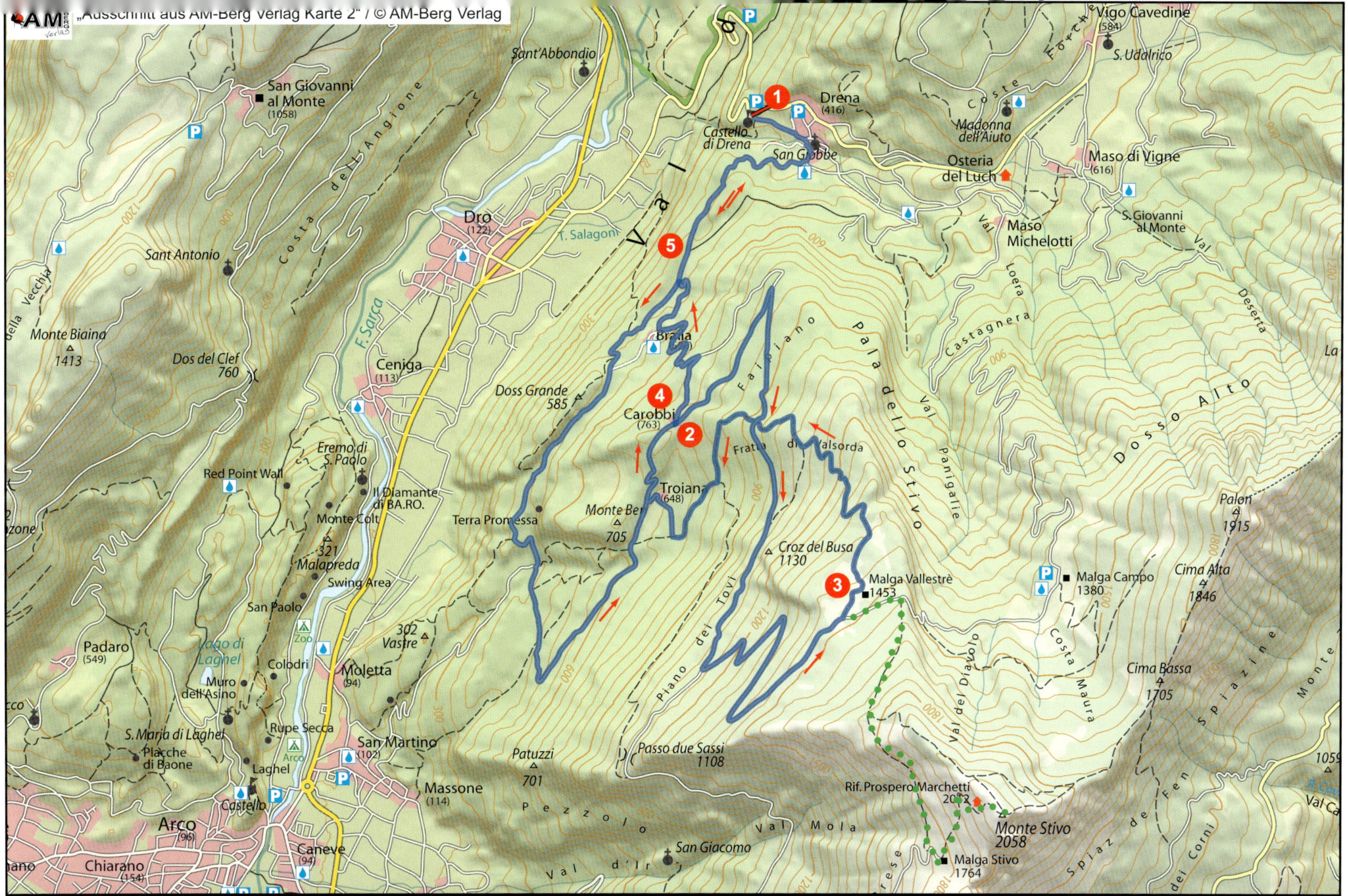

Tour 35 „Malga Vallestre“ **5** **28,90 km** **4:27 Std** **1.416 Hm**

Tour 35 „Malga Vallestre“ 5 28,90 km 4:27 Std 1.416 Hm

1 **km 0,00**/393 m Vom Parkplatz, **geradeaus** bergab der „via Castello“ folgen.

(+360 m) **km 0,36**/393 m (nach der Bergauffahrt) **Geradeaus** der „via G. Segantini“ folgen.

(+40 m) **km 0,40**/393 m **Abzweig, geradeaus** leicht bergab Ri. „Loc. Braila“ weiterfahren.

(+90 m) **km 0,49**/394 m **Links** Ri. „Loc. Braila 2,7km/160hm“ abbiegen.

(+70 m) **km 0,56**/399 m **Rechts** Ri. „Braila“ weiterfahren.

(+60 m) **km 0,62**/405 m (links Parkplatz) **Abzweig, rechts** Ri. „Braila“ weiterfahren.

(+1.540 m) **km 2,16**/474 m Open Air Gallery: **Geradeaus** dem Teerweg weiter folgen.

(+290 m) **km 2,45**/481 m **Abzweig, geradeaus** Ri. „Braila“ weiterfahren.

(+1.230 m) **km 3,68**/535 m **Rechts** dem Hauptweg Ri. „Arco“ folgen.

(+1.840 m) **km 5,52**/397 m Pianaura: **An der HS, links** bergauf Ri. „Carobbi“ abbiegen und stets dieser HS bergauf bis nach Troiana folgen.

(+2.600 m) **km 8,12**/665 m Località Troiana: **Geradeaus** Ri. „60 km di Gardum“ weiterfahren.

(+120 m) **km 8,24**/676 m **Geradeaus** bergauf (13-17%) Ri. „Carobbi“ weiterfahren.

2 *(+950 m)* **km 9,19**/770 m **Carobbi: Geradeaus** Ri. „Malga Vallestre“ weiterfahren.

(+1.540 m) **km 10,73**/830 m **Rechtskehre** bergauf Ri. „Malga Zanga“ folgen.

(+1.100 m) **km 11,83**/936 m **Geradeaus** Ri. „Santa Barbara“ weiterfahren.

(+890 m) **km 12,72**/1015 m **Geradeaus** bergauf dem Hauptweg Ri. „Santa Barbara“ folgen.

(+1.310 m) **km 14,03**/1157 m **Links** bergauf Ri. „Malga Campo, Drena“ weiterfahren.

(+3.610 m) **km 17,64**/1500 m **Links** bergab Ri. „Malga Vallestre“ fahren.

3 *(+310 m)* **km 17,95**/1476 m **Malga Vallestre:** Dem Pfad über die Wiese (direkt unter Alm) folgen.

(+2.710 m) **km 20,66**/929 m (beim Strommasten) **Geradeaus** (Forstweg überqueren) dem Pfad weiter folgen.

(+1.420 m) **km 22,08**/688 m **Kreuzung, rechts** Ri. „Troiana“ weiterfahren. (geradeaus „668“)

(+550 m) **km 22,63**/672 m **Rechts** auf der Teerstraße bergauf, Ri. „60 km di Gardum“ weiterfahren.

(+110 m) **km 22,74**/681 m **Geradeaus** bergauf (13-17%) Ri. „Carobbi“ weiterfahren.

4 *(+950 m)* **km 23,69**/776 m **Carobbi: Links** Ri. „Braila-Drena“ abbiegen.

(+600 m) **km 24,29**/702 m **Linkskehre** bergab (7-16%) folgen. (rechts „Malga Zanga“)

(+1.420 m) **km 25,71**/542 m (Nähe Kapelle) **Rechts** der Teerstraße folgen.

© GD Auffahrt nach Troiana

© GD Kastanienwälder bei Carobbi

© GD kurz vor der Malga Vallestre

© GD Blick über San Giovanni nach Westen

(+700 m) **km 26,41**/485 m **Rechts** weiterfahren.

5 *(+270 m)* **km 26,68**/478 m **Open Air Gallery: Geradeaus** der Teerstraße bis nach Drena folgen.

(+1.490 m) **km 28,17**/407 m Drena (gegenüber Brunnen): **Links** leicht bergab, am Parkplatz vorbei, der HS durch den Ort folgen.

(+280 m) **km 28,45**/396 m **Geradeaus** bergab Ri. Castel in die „via al Castello" fahren und zum Ausgangspunkt zurückfahren.

Startplatz:
Drena, Parkplatz Castel Drena.

Anfahrt:
Von Dro kommend, gleich am Ortsanfang von Drena, beim Castel Drena auf dem Parkplatz rechts oder etwas weiter links, auf dem großen Parkplatz parken.

© SP

© GD Wiesenweg nach der Malga Vallestre

© GD Malga Vallestre

© GD Singletrail

© SP Open Air Gallery

© GD Troiana

Tour 36 „Passo Bordala“ 5 51,62 km 6:00 Std 1.687 Hm

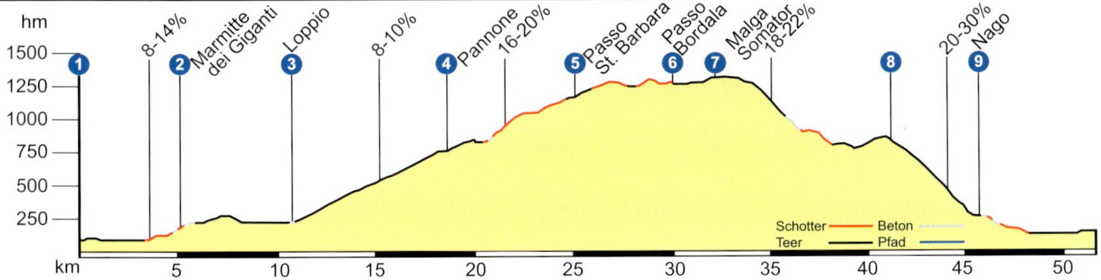

© GD Valle San Felice

© GD Blick zum Monte Stivo

© GD Malga Somator

© GD Ausblick unterhalb vom Monte Brugnolo

Tourencharakter

Wegbeschaffenheit

Teer	36,53 km
Schotter/Kies	13,04 km
Pfad/Trail	0,00 km
Beton/Pflastersteine	2,05 km
Schiebestrecke	0,00 km

Familienfreundlich

Nein

Einkehrmöglichkeit

Bars / Restaurants in Nago, Loppio, Pannone, Santa Barbara und Rifugio Malga Somator

Schwierigkeit

Ausdauer	★★★★☆☆
Fahrkönnen	★★★★☆☆

Erlebnis

Landschaft	★★★★★★
Fahrspaß	★★★★☆☆

Höhe

Starthöhe	90 Meter
Höchster Punkt	1.315 Meter

Lange, landschaftlich traumhafte Tour um das Val di Gresta

Das Val di Gresta besteht aus verschiedenen Terrassen, die sich zwischen Loppio und dem Passo Bordala befinden. Rund um dieses Tal gibt es unzählige Tourenmöglichkeiten. Entlang des Monte Biaena hat man einen sensationellen Blick in das Etschtal. Die Tour ist nicht besonders anspruchsvoll, da sie meist auf sehr guten Wegen und Straßen verläuft, allerdings sind die Abfahrten teilweise extrem steil.

Strecke

Die Tour beginnt in Arco. Man folgt dem ausgeschilderten Weg, der durch die Obstplantagen von Arco nach Nago führt. Auf dem Radweg Nago-Mori fährt man über den Passo San Giovanni, am Biotopo di Loppio vorbei, bis nach Loppio. Hier folgt man der HS bergauf Ri. „Ronzo-Chienis“. Kurz nach dem Ort Pannone, in einer markanten Rechtskehre, links dem Weg Ri. „Campedello“ folgen. Nach einer Kapelle geht es rechts bergauf, dieser Weg, der später ziemlich ausgewaschen und schottrig ist, führt unterhalb des Monte Brugnolo hinauf nach Santa Barbara. An der Passhöhe von Santa Barbara, links Ri. Monte Stivo fahren. Der weitere Weg führt über die Kapelle Sant Antonio und Gombino zum Passo Bordala. Hier folgt man der Straße zum Rifugio Malga Somator. Bei der Hütte, die direkt unter dem Monte Biaena liegt, hat man einen wunderbaren Ausblick in das Etschtal. Ab der Kapelle San Bernado geht es ziemlich steil hinunter zur Häusergruppe von Corniano. Etwas unterhalb rechts abbiegen und dieser Straße bis nach Pannone folgen. Hier rechts, auf der HS kurz bergauf, bis zu der Kehre, über die auch schon der Hinweg führte. Über Campedello geht es extrem steil hinunter nach Nago. Der Rückweg nach Arco verläuft auf der gleichen Stecke wie bei der Hinfahrt.

Tour 36 „Passo Bordala“ 5 **51,62 km** **6:00 Std** **1.687 Hm**

Tour 36 „Passo Bordala“ 5 51,62 km 6:00 Std 1.687 Hm

1 **km 0,00**/90 m Vom Parkplatz (hinteres Ende bei der Brücke) **geradeaus** dem Radweg zur Einfahrt des Parkplatzes folgen.

(+270 m) **km 0,27**/97 m **Kreisverkehr, rechts** dem Radwegschild folgen. Im Kreisel, nach ca. 20 m, **rechts** Ri. „Prata saiano“ abbiegen und über die Brücke (Umgehungsstraße) fahren.

(+540 m) **km 0,81**/97 m **Kreuzung, rechts** bergab (7-8%) Ri. „localitá Bruttagosto“ fahren und dem Radwegschild durch die Plantagen folgen.

(+90 m) **km 0,90**/87 m **T-Kreuzung, links** dem Radwegschild folgen.

(+390 m) **km 1,29**/84 m **Rechts** dem Radwegschild folgen.

(+390 m) **km 1,68**/83 m **T-Kreuzung, links** Ri. „NW 13“ (Nordic Walking Schild) abbiegen.

(+270 m) **km 1,95**/83 m (bei kleiner Kapelle mit Bank) **Geradeaus** dem Radwegschild folgen.

(+630 m) **km 2,58**/79 m **Geradeaus** dem Radwegschild folgen.

(+250 m) **km 2,83**/79 m **Schräg rechts** weiterfahren. (nicht ganz rechts)

(+130 m) **km 2,96**/80 m **Rechts** dem Bikeschild folgen.

(+330 m) **km 3,29**/78 m **Rechts** Ri. „Nago“ und bergauf bis zum Marmitte dei Giganti fahren.

2 *(+1.710 m)* **km 5,00**/175 m **Marmitte dei Giganti** (Aussichtspunkt): **An der HS, geradeaus** (HS überqueren) und gegenüber dem Schotterweg (links neben der Bar) bergauf nach Nago folgen.

(+440 m) **km 5,44**/213 m Nago (Kreisverkehr): **Geradeaus** der gepflasterten Straße in den Ort folgen.

(+210 m) **km 5,65**/214 m **Geradeaus** durch den Torbogen fahren.

(+170 m) **km 5,82**/221 m **Geradeaus** weiterfahren.

(+140 m) **km 5,96**/220 m **Abzweig, geradeaus** weiterfahren.

(+640 m) **km 6,60**/234 m (wieder am Radweg) **Rechts** weiterfahren.

(+190 m) **km 6,79**/245 m **Geradeaus** dem Radweg bis nach Loppio folgen.

3 *(+3.880 m)* **km 10,67**/223 m **Loppio** (vor dem Radwegtunnel): **Links** durch das Tor, Ri. „Val di Gresta“ fahren.

(+80 m) **km 10,75**/225 m **Rechts** zum Parkplatz und über diesen auf die HS fahren.

(+40 m) **km 10,79**/228 m **Links** auf die HS abbiegen und dieser stets bergauf folgen.

(+5.010 m) **km 15,80**/575 m Valle San Felice (Kirche): **Geradeaus** weiterfahren.

4 *(+2.820 m)* **km 18,62**/758 m **Pannone** (Kirche): **Links** der HS weiter bergauf folgen.

(+480 m) **km 19,10**/792 m (in der Rechtskehre) **Links** Ri. „Campedello, Percorso B“ abbiegen.

(+480 m) **km 19,58**/816 m Dos alt: **Geradeaus** dem Hauptweg Ri. „Campedello“ folgen.

© GD Auffahrt bei Valle San Felice

© GD vor Pannone

© GD vor Santa Barbara

© GD Sant Antonio

(+620 m) **km 20,20**/814 m **Rechts** Ri. „Monte Brugnolo“ weiterfahren.

(+400 m) **km 20,60**/817 m **Rechts** bergauf dem Weg Ri. „Monte Creino, St. Barbara“ folgen.

(+100 m) **km 20,70**/829 m **Rechts** bergauf (16%) Ri. „Monte Creino“ fahren. (schmälerer Weg)

(+600 m) **km 21,30**/905 m **Links** bergauf (16-20%) dem Hauptweg folgen.

(+700 m) **km 22,00**/1001 m (bei der Kehre) **Rechts** bergauf Ri. „Passo St. Barbara, 637“ fahren.

(+2.570 m) **km 24,57**/1145 m **Links** auf die Teerstraße abbiegen.

(+330 m) **km 24,90**/1152 m **An der HS, rechts** abbiegen. (rechts oben „Hotel Genzianella“)

5 *(+100 m)* **km 25,00**/1157 m **Passo Santa Barbara: Links** bergauf Ri. „608 B“ abbiegen.

(+70 m) **km 25,07**/1164 m (oberhalb der Kapelle) **Rechts** der „via s. antonio“ folgen.

(+90 m) **km 25,16**/1175 m **Linkskehre** bergauf folgen.

(+740 m) **km 25,90**/1212 m Baita Castil (Pferdehof): **Rechts** Ri. „MTB Bordala“ weiterfahren.

(+1.900 m) **km 27,80**/1226 m **Links** auf die Teerstraße, Ri. „Passo Bordala“ abbiegen.

(+1.700 m) **km 29,50**/1253 m **Geradeaus** Ri. „Passo Bordala“ weiterfahren.

6 *(+500 m)* **km 30,00**/1256 m **Passo Bordala: An der HS, links** und dann **rechts** Ri. „Rifugio Malga Somator“ abbiegen.

(+1.450 m) **km 31,45**/1269 m (Infotafel, Parkplatz) **Geradeaus** weiterfahren.

7 *(+700 m)* **km 32,15**/1303 m **Rifugio Malga Somator.** (mit Spielplatz)

(+2.350 m) **km 34,50**/1221 m Kapelle San Bernardo: **Geradeaus** bergab (18-22%) fahren.

(+1.300 m) **km 35,80**/1008 m Corniano: **Geradeaus** bergab (20%) weiterfahren.

(+650 m) **km 36,45**/901 m **Kreuzung, rechts** Ri. „Pannone, Percorso C“ weiterfahren.

(+730 m) **km 37,18**/890 m **Rechts** bergauf Ri. „Percorso C“ weiterfahren.

(+1.480 m) **km 38,66**/799 m **Geradeaus** bergab Ri. „Pannone“ fahren und diesem Hauptweg bis nach Pannone folgen.

(+960 m) **km 39,62**/782 m Pannone (Kirche): **An der HS, rechts** bergauf weiterfahren.

(+500 m) **km 40,12**/816 m (in der Rechtskehre) **Links** Ri. „Campedello, Percorso B“ abbiegen.

(+480 m) **km 40,60**/843 m Dos alt: **Geradeaus** dem Hauptweg Ri. „Campedello“ folgen.

8 *(+620 m)* **km 41,22**/833 m **Links** bergab Ri. „Campedello“ fahren.

(+3.980 m) **km 45,20**/264 m **Rechts** weiterfahren.

(+50 m) **km 45,25**/264 m **Rechts** Ri. „60 km di Gardum“ weiterfahren.

© GD Doss del Longo, Blick zum Monte Stivo

© GD Passo Bordala

© GD Blick nach Pannone

© GD Nähe Malga Somator, Blick ins Etschtal

9 *(+490 m)* **km 45,74**/254 m Nago: **An der HS, geradeaus** (HS überqueren) weiterfahren.

(+30 m) **km 45,77**/254 m **T-Kreuzung, rechts** abbiegen.

(+100 m) **km 45,87**/250 m **Kreuzung, rechts** der „via Sighele“ folgen.

(+180 m) **km 46,05**/247 m **Kreisverkehr, geradeaus** bergab (am Parkplatz vorbei) fahren.

(+370 m) **km 46,42**/221 m Marmitte dei Giganti: **An der HS**, **geradeaus** diese überqueren (Vorsicht Autoverkehr!) und gegenüber dem Schotterweg folgen.

(+1.700 m) **km 48,12**/117 m **Links** Ri. „Radwegschild“ weiterfahren.

(+330 m) **km 48,45**/116 m **Links** über den Bach fahren. (NICHT rechts dem Radwegschild folgen)

(+50 m) **km 48,50**/114 m Den zweiten Weg **links** nehmen und diesem geradeaus (2 Abzweige ignorieren) folgen. (NICHT ganz links, MTB Schild)

(+870 m) **km 49,37**/119 m (bei der Steinkapelle, Schild „localitá Bruttugosto“) **Links** weiterfahren.

(+270 m) **km 49,64**/120 m **Rechts** dem Hauptweg folgen.

(+380 m) **km 50,02**/120 m **Links** weiterfahren.

(+400 m) **km 50,42**/125 m **Rechts** bergauf weiterfahren. (rechts an den Felsen vorbei)

(+80 m) **km 50,50**/125 m **An der HS, links** Ri. „NW 13“ weiterfahren.

(+620 m) **km 51,12**/132 m **Kreisverkehr, rechts** dem Kreisverkehr folgen und nach ca. 40 m **links** und zum Startplatz, leicht bergab, zurückfahren.

Startplatz:
Arco, neuer großer Parkplatz.

Anfahrt:
In Arco, von Nago aus kommend, beim ersten großen Kreisverkehr geradeaus Ri. „Zentrum“ fahren. Nach wenigen Metern, beim kleinen Kreisverkehr, links auf den großen Parkplatz fahren.

© GD Kiche von San Felice

© GD Nähe Malga Somator, Blick ins Etschtal

© GD Monte S. Bernado

© GD Pannone

© GD Rückfahrt, kurz vor Arco

© Susi Plott
Monte Baldo

Tour 37 „Monte Altissimo 1“ 5 51,52 km 7:40 Std 2.298 Hm

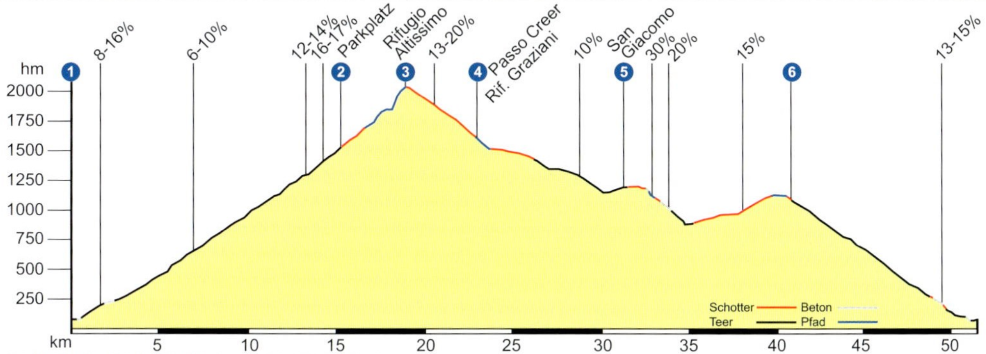

Tourencharakter

Wegbeschaffenheit

Teer	30,78 km
Schotter/Kies	14,28 km
Pfad/Trail	4,05 km
Beton/Pflastersteine	2,41 km
Schiebestrecke	0,84 km

(zum Rifugio Altissimo; nach San Giacomo)

Familienfreundlich

Nein

Einkehrmöglichkeit

Bars / Restaurants in Torbole, Nago, Rifugio Altissimo, Rifugio Graziani und San Giacomo

Schwierigkeit

Ausdauer	★★★★★★
Fahrkönnen	★★★★★★

Erlebnis

Landschaft	★★★★★★
Fahrspaß	★★★★★★

Höhe

Starthöhe	66 Meter
Höchster Punkt	2.060 Meter

Anspruchsvolle und aussichtsreiche Tour zum Monte Altissimo

Abwechslungsreiche Tour über die Nordhänge, hinauf zum höchsten Punkt, den Monte Altissimo. Die Ostseite des Monte Altissimo ist geprägt von ausgedehnten Weide- und Almlandschaften, in denen die Orte Brentonico und San Valentino malerisch eingebettet liegen. Auf dieser Tour hat man einen sensationellen Blick ins Etschtal, nach Rovereto, zum Monte Stivo und in die Brenta Dolomiten. Für die sehr lange und anstrengende Auffahrt wird man mit einer großartigen, genußvollen Abfahrt belohnt.

Strecke

Die Tour beginnt in Torbole. Auf der alten Straße fährt man nach Nago und weiter über die verkehrsarme Monte Baldo Straße hinauf, bis zu einem Parkplatz, der auf etwa 1560 m liegt. Ab hier ist die Straße für den Autoverkehr gesperrt und auch geschottert. Der schmale Weg schlängelt sich in einigen Kehren hinauf zu einer großen Wiese, unterhalb des Monte Varagno. Über den Steig 601, der teilweise nicht fahrbar ist, trägt oder schiebt man das Bike hinauf zum Rifugio Altissimo. Auf einer holprigen Schotterpiste geht es hinunter zum Rifugio Graziani, das direkt am Bocca del Creer liegt. Ein Pfad führt vorbei am Corna Piana, hinunter zur Passstraße. Dort auf der HS Ri. San Giacomo fahren und dann auf Schotterstraßen, an der Nordseite des Monte Altissimo entlang, bis zur Monte Baldo Straße weiterfahren. Auf dieser geht es über Nago zurück nach Torbole.

© GD Auffahrt, Ausblick Ri. Arco

© GD Monte Altissimo, Blick Ri. Limone

© GD Rifugio Altissimo

© GD Nähe Festa, Blick nach Brentonico

Tour 37 „Monte Altissimo 1" 5 51,52 km 7:40 Std 2.298 Hm

Tour 37 „Monte Altissimo 1" 5 51,52 km 7:40 Std 2.298 Hm

1 **km 0,00**/66 m Vom Parkplatz (Einfahrt bei der Tankstelle) **links,** auf der HS Ri. Kreisverkehr fahren.

(+130 m) **km 0,13**/67 m **Kreisverkehr, rechts** auf der HS Ri. „Malcesine" weiterfahren.

(+170 m) **km 0,30**/68 m (beim Hafen, Zebrastreifen) **Links** Ri. „Busatte" abbiegen.

(+40 m) **km 0,34**/67 m (nach dem Hotel Centrale) **Links** bergauf (12-14%) Ri. „Busatte" abbiegen.

(+180 m) **km 0,52**/87 m **Links** Ri. „Nago" weiterfahren.

(+1.370 m) **km 1,89**/210 m Nago (beim Kreisverkehr): **Rechts** Ri. „centro", der gepflasterten Straße folgen.

(+220 m) **km 2,11**/213 m **Kreuzung** (beim Supermarkt), **rechts** weiterfahren.

(+220 m) **km 2,33**/222 m **Links** Ri. „strada del monte baldo" weiterfahren.

(+110 m) **km 2,44**/231 m **Geradeaus** der „via monte baldo" folgen.

(+130 m) **km 2,57**/231 m **Rechts** Ri. „Busatte" weiterfahren.

(+500 m) **km 3,07**/259 m (beim Steinmarterl mit Bank) **Links** der Monte Baldo Straße folgen.

(+8.030 m) **km 11,10**/1075 m (Abzweig „Skull") Der Monte Baldo Straße weiter bergauf folgen.

(+1.970 m) **km 13,07**/1278 m **Rechts** der Teerstraße bergauf (12-14%) folgen.

(+300 m) **km 13,37**/1300 m **Geradeaus** der HS stets bergauf folgen. (rechts „Malcesine")

2 *(+1.960 m)* **km 15,33**/1526 m **Parkplatz** (Beginn). Dem Schotterweg weiter bergauf folgen.

(+1.310 m) **km 16,64**/1687 m **Rechts** dem Pfad bis zum Rifugio Altissimo folgen. (links „Malga Campei")

3 *(+2.260 m)* **km 18,90**/2060 m **Rifugio Altissimo: Geradeaus** Ri. „Bocca del Creer" auf dem Schotterweg weiterfahren.

(+3.890 m) **km 22,79**/1627 m **Geradeaus** Ri. „San Giacomo" fahren.

4 *(+210 m)* **km 23,00**/1617 m **Passo Creer, Rifugio Graziani: Links** über den Parkplatz und dann dem Pfad bergab folgen.

(+1.550 m) **km 24,55**/1490 m **Malga Bes: Rechts** bergab (6%) weiterfahren.

(+1.560 m) **km 26,11**/1415 m **An der HS, links** auf dieser weiterfahren.

(+2.290 m) **km 28,40**/1299 m San Valentino: **Geradeaus** Ri. „San Giacomo" weiterfahren.

5 *(+2.940 m)* **km 31,34**/1180 m **San Giacomo** (vor der Kapelle): **Links** Ri. „Malga Campo, 622" abbiegen.

(+1.370 m) **km 32,71**/1157 m **Abzweig, rechts** dem Pfad bergab (30%) Ri. „Festa" folgen. (links geht auch, Wege verlaufen nebeneinander)

(+2.190 m) **km 34,90**/977 m **T-Kreuzung, links** Ri. „Percorso No 7, Dal Palu a Feste" weiterfahren.

© SP Auffahrt Monte Baldo Straße

© GD Auffahrt zum Monte Altissimo

© GD Auffahrt zum Mt. Altissimo, Blick zurück

© GD Kapelle am Monte Altissimo

(+100 m) **km 35,00**/870 m **Abzweig, rechts** Ri. „Rif. Campei 650, San Valentino“ abbiegen.

(+330 m) **km 35,33**/888 m **Geradeaus** dem Hauptweg Ri. „Percorso No 7“ folgen.

(+1.950 m) **km 37,28**/953 m **Abzweig, rechts** bergauf (15%) Ri. „Nago, Percorso No 7“ abbiegen.

(+1.530 m) **km 38,81**/1051 m **Links** bergauf (10%) Ri. „Percorso No 2, Dal Pino Mugo del Baldo“ weiterfahren.

(+890 m) **km 39,70**/1114 m **Geradeaus** Ri. „Nago“ auf dem Forstweg weiterfahren.

(+50 m) **km 39,75**/1114 m **Rechts** bergab dem Pfad folgen.

(+760 m) **km 40,51**/1095 m (rechts Trailabzweig „The Skull“) **Geradeaus** dem Forstweg folgen.

6 *(+280 m)* **km 40,79**/1075 m **An der HS** (zum Monte Baldo), **rechts** bergab weiterfahren.

(+8.030 m) **km 48,82**/251 m (Heiligenfigur, Marterl) **Links** bergab Ri. „Busatte“ weiterfahren.

(+100 m) **km 48,92**/246 m **Rechts** dem Weg Ri. „Busatte“ folgen. Nach 360 m befindet sich auf der linken Seite ein Aussichtspunkt.

(+930 m) **km 49,85**/155 m Busatte: **Geradeaus** Ri. „Torbole“ auf der Teerstraße weiterfahren.

(+60 m) **km 49,91**/152 m **Geradeaus** bergab Ri. „Torbole“ fahren.

(+190 m) **km 50,01**/133 m **Geradeaus** weiterfahren.

(+840 m) **km 50,85**/81 m **Links** bergab der „via di Santa Lucia“, bis zum Dorfplatz, folgen.

(+210 m) **km 51,06**/62 m (beim Hotel Centrale) **Rechts** über den Dorfplatz zur HS weiterfahren.

(+40 m) **km 51,10**/60 m **An der HS, rechts** weiterfahren.

(+150 m) **km 51,25**/59 m **Kreisverkehr, links** Ri. „Riva“ abbiegen und zum Startpunkt zurückfahren.

Startplatz:
Torbole, Parkplatz bei der Tankstelle.

Anfahrt:
Von Nago kommend in Torbole am Kreisverkehr rechts Ri. „Riva“ abbiegen. Nach wenigen Metern befindet sich auf der rechten Seite ein großer Parkplatz (kostenpflichtig).

Rifugio Altissimo Damiano Chiesa

Etwas unterhalb des Monte Altissimo steht die Berghütte Altissimo Damiano Chiesa. Sie wurde nach dem Patrioten Damiano Chiesa benannt und am 6. Juni 1892 vom Tridentinischen Alpenverein (SAT) eröffnet.

Da die Hütte schon nach kurzer Zeit zu klein war, wurde sie 1897 erweitert. Zwischen 1904 und 1906 erfolgte erneut ein Umbau mit Vergrößerung der Hütte. Sämtliches Baumaterial wurde mit Maultieren zur Baustelle hinauf transportiert. Erst ab den 50er-Jahren konnte die Hütte mit dem Traktor oder dem Motorrad erreicht werden. Ab 1941 erfolgten weitere Aus- und Umbauarbeiten.

Vom Gipfel des 2.060 m hohen Monte Altissimo hat man eine atemberaubende Panoramaaussicht über den Gardasee.

© GD Nähe Malga Bes, Blick z. Mt. Altissimo

© GD Nähe Malga Bes, Blick Ri. Brentonico

© GD HS nach Mori, Blick nach S. Valentino

© GD Nähe Festa

Tour 38 „Monte Altissimo 2-über Brentonico“ 5 56,93 km 6:25 Std 2.188 Hm

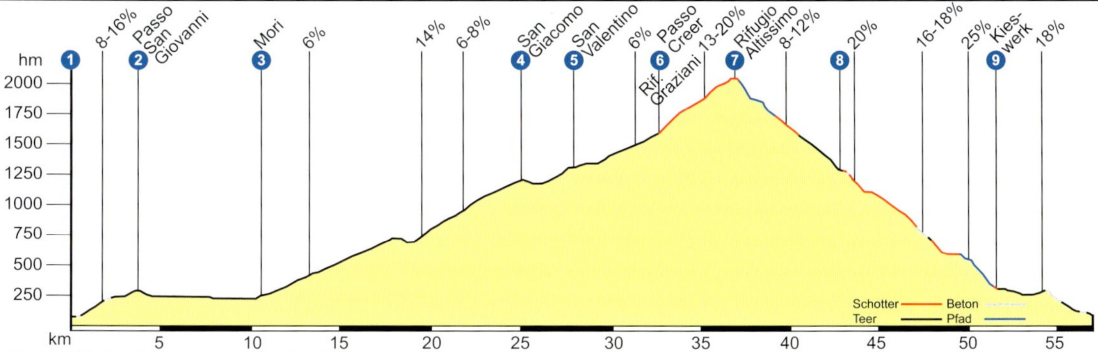

Tourencharakter

Wegbeschaffenheit

Teer	38,96 km
Schotter/Kies	11,74 km
Pfad/Trail	3,85 km
Beton/Pflastersteine	2,38 km
Schiebestrecke	0,50 km

(ab Rifugio Altissimo: je nach Fahrkönnen)

Familienfreundlich

Nein

Einkehrmöglichkeit

Bars in Torbole, Nago, Loppio, Mori, Brentonico, San Giacomo, San Valentino, Rif. Graziani und Rif. Altissimo

Schwierigkeit

Ausdauer	★★★★☆☆
Fahrkönnen	★★★★☆☆

Erlebnis

Landschaft	★★★★★★
Fahrspaß	★★★★★☆

Höhe

Starthöhe	66 Meter
Höchster Punkt	2.060 Meter

Lange Auffahrt über die Ostseite zum Monte Altissimo

Die Auffahrt auf der HS von Mori, über Brentonico zum Passo Creer, ist nicht allzu steil. Die letzten Kilometer, ab dem Passo Creer, auf dem Schotterweg zum Monte Altissimo, sind jedoch umso anstrengender. Unterwegs ergeben sich wunderbare Aussichten, und oben angekommen wird man mit einem grandiosen Rundumblick belohnt. Ab dem Rifugio Altissimo erwartet einen dann ein schöner Singletrail bergab, der je nach Fahrkönnen mehr oder weniger befahrbar ist. Ab dem Monte Varagna beginnt der Schotterweg, der bis zur geteerten Monte Baldo Straße führt. Nach einigen Kilometern auf dieser HS verläuft die weitere Abfahrt auf Schotterpisten und anspruchsvollen Singletrails, hinunter nach Nago und weiter bis Torbole.

Strecke

Von Torbole fährt man über die alte Straße nach Nago und von dort, auf dem schön angelegten Radweg, weiter bis nach Mori. Ab Mori folgt man der HS zum Monte Baldo über Brentonico, San Giacomo und San Valentino bis zum Passo Creer / Rifugio Graziani. Ab hier erfolgt die Weiterfahrt auf einem steilen Schotterweg zum Rifugio Altissimo. Von nun an geht es, ausgenommen einem ganz kurzem Gegenanstieg bei Nago, nur noch bergab. Anfangs auf einem anspruchsvollen Singletrail bis zum Monte Varagna. Dann auf einem Schotterweg und ein kurzes Stück auf der geteerten Monte Baldo Straße, bis es dann rechts über weitere Schotterwege und Singletrails nach Nago und Torbole geht.

© SP Auffahrt zum Passo Creer

© SP Corna Piana beim Passo Creer

© GD Auffahrt zum Mt. Altissimo, Blick zurück

© GD Auffahrt, Blick nach Limone

Tour 38 „Monte Altissimo 2-über Brentonico“ 5 56,93 km 6:25 Std 2.188 Hm

Tour 38 „Monte Altissimo 2-über Brentonico“ 5 56,93 km 6:25 Std 2.188 Hm

1 **km 0,00**/66 m Vom Parkplatz (Einfahrt bei der Tankstelle) **links** auf der HS Ri. Kreisverkehr fahren.

(+130 m) **km 0,13**/67 m **Kreisverkehr, rechts** auf der HS Ri. „Malcesine“ weiterfahren.

(+170 m) **km 0,30**/68 m (beim Hafen, Zebrastreifen) **Links** Ri. „Busatte“ abbiegen.

(+40 m) **km 0,34**/67 m (nach dem Hotel Centrale) **Links** bergauf (12-14%) Ri. „Busatte“ abbiegen.

(+180 m) **km 0,52**/87 m **Links** Ri. „Nago“ weiterfahren.

(+1.370 m) **km 1,89**/210 m Nago (beim Kreisverkehr): **Rechts** Ri. „centro“, der gepflasterten Straße folgen.

(+220 m) **km 2,11**/213 m **Kreuzung** (beim Supermarkt), **geradeaus** durch den Torbogen fahren.

(+170 m) **km 2,28**/229 m **Abzweig, geradeaus** weiterfahren.

(+140 m) **km 2,42**/231 m **Links** dem Radweg folgen.

(+720 m) **km 3,14**/255 m **Rechts** dem Radweg weiter folgen.

2 *(+590 m)* **km 3,73**/287 m **Passo San Giovanni.** Dem Radweg nun bis nach Mori folgen.

(+6.160 m) **km 9,89**/213 m Mori: **Geradeaus** Ri. „Rovereto 7,4“ weiterfahren.

(+460 m) **km 10,35**/215 m **Geradeaus** weiterfahren. (nicht links dem Radwegschild folgen)

(+40 m) **km 10,39**/215 m **Rechts** dem Radweg in der „via dei Garda“ folgen.

3 *(+180 m)* **km 10,57**/216 m **Mori: An der HS, rechts** bergauf (6%) nach Brentonico fahren.

(+7.680 m) **km 18,25**/685 m **Brentonico: Geradeaus** weiterfahren (rechts „Festa“) und der HS zum Monte Baldo folgen.

4 *(+6.670 m)* **km 24,92**/1197 m **San Giacomo** (Kapelle): **Links** der HS weiter folgen.

5 *(+2.910 m)* **km 27,83**/1313 m **San Valentino: Kreuzung, geradeaus** der HS folgen.

6 *(+4.950 m)* **km 32,78**/1632 m **Passo Creer, Rifugio Graziani: Rechts** dem Schotterweg Ri. „Rifugio Altissimo“ folgen.

(+210 m) **km 32,99**/1643 m **Links** bergauf (13-20%) Ri. „Altissimo“ weiterfahren.

7 *(+3.820 m)* **km 36,81**/2060 m **Rifugio Altissimo: Geradeaus** dem Weg Ri. „Torbole, 601“ folgen.

(+2.440 m) **km 39,25**/1802 m Monte Varagna: **Links** Ri. „Torbole sul Garda“ weiterfahren.

(+1.290 m) **km 40,54**/1526 m Parkplatz. Der Teerstraße weiter bergab folgen.

(+1.960 m) **km 42,50**/1300 m **Geradeaus** der HS weiter folgen. (links „Malcesine, Navene“)

8 *(+300 m)* **km 42,80**/1278 m **Rechts** bergab dem Teerweg folgen.

(+520 m) **km 43,32**/1272 m (bei der Alm) **Rechts** bergab dem steilen engen Teerweg folgen.

© SP Auffahrt nach Nago, Blick z. Mt. Brione

© SP Auffahrt nach San Valentino

© SP bei San Valentino

© GD Rifugio Graziani, Monte Altissimo

(+650 m) **km 43,97**/1155 m **Geradeaus** weiterfahren.

(+80 m) **km 44,05**/1150 m **Links** bergab dem Forstweg folgen.

(+870 m) **km 44,92**/1094 m Scharf **links** Ri. „Percorso No 7“ abbiegen.

(+900 m) **km 45,82**/1010 m **Rechtskehre** (Hauptweg) folgen.

(+1.530 m) **km 47,35**/804 m Haus mit Brunnen.

(+550 m) **km 47,90**/730 m **Abzweig, links** in den unscheinbaren Karrenweg abbiegen. (nach ca. 1,67 km beginnt der Pfad)

(+2.940 m) **km 50,84**/445 m **Rechts** dem Pfad weiter folgen.

9 (+700 m) **km 51,54**/330 m (Nähe Kieswerk) **Links** auf die Teerstraße fahren und am Kieswerk vorbeifahren.

(+1.040 m) **km 52,58**/310 m **Links** dem Radweg folgen.

(+660 m) **km 53,24**/285 m **Rechts** dem Radweg folgen.

(+30 m) **km 53,27**/286 m (kurz vor Nago) **Links** Ri. „Monte Baldo“ abbiegen und dieser Straße **geradeaus** (2 Kreuzungen) und dann bergauf (18%) folgen.

(+910 m) **km 54,18**/316 m **Rechts** Ri. „Torbole“ abbiegen.

(+40 m) **km 54,22**/316 m (bei der Heiligenfigur, Marterl) **Links** bergab Ri. „Busatte“ abbiegen.

(+100 m) **km 54,32**/314 m **Rechts** dem Weg Ri. „Busatte“ folgen. Nach 360 m befindet sich auf der linken Seite ein Aussichtspunkt.

(+930 m) **km 55,25**/222 m **Busatte: Geradeaus** Ri. „Torbole“ auf der Teerstraße weiterfahren.

(+60 m) **km 55,31**/217 m **Geradeaus** bergab Ri. „Torbole“ fahren.

(+190 m) **km 55,50**/200 m **Geradeaus** weiterfahren.

(+840 m) **km 56,34**/157 m **Links** der „via di Santa Lucia“ bergab, bis zum Dorfplatz, folgen.

(+210 m) **km 56,55**/116 m (beim Hotel Centrale) **Rechts** und über den Dorfplatz zur HS weiterfahren.

(+40 m) **km 56,59**/116 m **An der HS, rechts** weiterfahren.

(+150 m) **km 56,74**/116 m Torbole: **Kreisverkehr, links** Ri. „Riva“ abbiegen und zum Startplatz zurückfahren.

Startplatz:
Torbole, Parkplatz bei der Tankstelle.

Anfahrt:
Von Nago kommend, in Torbole am Kreisverkehr, rechts Ri. „Riva“ abbiegen. Nach wenigen Metern befindet sich auf der rechten Seite ein großer Parkplatz (kostenpflichtig).

© SP Hinweis zum Rifugio Altissimo

© GD Auffahrt zum Monte Altissimo

© GD Auffahrt zum Mt. Altissimo, Blick zurück

© GD Abfahrt vom Monte Altissimo

Tour 39 „Monte Baldo-Monte Altissimo“ 6 30,01 km 4:16 Std ↑835 - ↓2.402 Hm

Tourencharakter

Wegbeschaffenheit

Teer	7,22 km
Schotter/Kies	12,42 km
Pfad/Trail	9,41 km
Beton/Pflastersteine	0,96 km
Schiebestrecke	0,75 km

(ab Rifugio Altissimo: je nach Fahrkönnen und auf dem Pfad nach Malcesine)

Familienfreundlich

Nein

Einkehrmöglichkeit

Rifugio Bocca Navene, Rifugio Graziani und Rifugio Altissimo

Schwierigkeit

Ausdauer	★★★★☆☆
Fahrkönnen	★★★★★☆

Erlebnis

Landschaft	★★★★★★
Fahrspaß	★★★★★★

Höhe

Starthöhe	1.760 Meter
Höchster Punkt	2.060 Meter

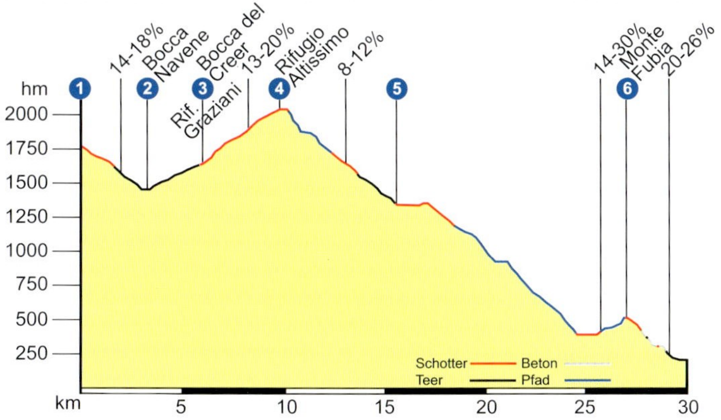

Großartige Tour mit sehr langem Downhill, auf sensationellen Trails

Der Monte Baldo ist sicher der bekannteste Berg am Gardasee. Der Höhenunterschied zwischen dem Gardasee und dem Monte Baldo, von etwa 1700 m, lässt sich in wenigen Minuten mit der Seilbahn überwinden. Die Aussicht von dort oben ist genial, aber noch besser ist sie vom Monte Altissimo. Dieser lässt sich nicht so leicht bezwingen. Durch die Auffahrt mit der Seilbahn zum Monte Baldo erspart man sich aber einige Hm und viel Zeit. So braucht man nur noch etwa 800 Hm bergauf zu fahren und hat dann einen Downhill von ca. 2400 Hm vor sich. Die extrem lange, teilweise sehr schwere Abfahrt, erfordert nicht nur gutes Material, sondern auch viel Erfahrung und Kondition.

© GD Abfahrt von der Bergstation

© GD Bocca Navene

© GD Ausblick vom Monte Altissimo

© GD Rifugio Altissimo

Strecke

Von der Bergstation des Monte Baldo fährt man bergab bis zum Bocca Navene. Auf der HS geht es hinauf zum Bocca del Creer. Dort links, am Rifugio Graziani vorbei, und der teilweise sehr steilen und holprigen Schotterpiste, hinauf zum Monte Altissimo folgen. Fast am höchsten Punkt steht das Rifugio Altissimo. Wer den schönsten Blick auf den Gardasee und eine atemberaubende Panoramaaussicht genießen möchte, sollte die wenigen Meter bis zum Gipfel des Monte Altissimo hinaufgehen. Der Streckenabschnitt von der Hütte, bis unterhalb des Monte Varagna, verläuft auf einem teilweise steilen Trail. Nach diesen schwierigen 300 Hm erreicht man die zunächst geschotterte Altissimostraße und fährt auf dieser bis auf eine Höhe von 1200 m. Hier links, Ri. „Malcesine“, abbiegen. Der Weg erfordert bis nach Malcesine wieder vollen Einsatz.

Bike & Hike

Monte Fubia (467 m): Aufstieg ca. 40 Hm, Zeit: ca. 10 min

Tour 39 „Monte Baldo-Monte Altissimo" **6** **30,01** km **4:16** Std ↑835 - ↓2.402 Hm

Tour 39 „Monte Baldo-Monte Altissimo“	6	30,01 km	4:16 Std	↑835 - ↓2.402 Hm

1 **km 0,00**/1760 m (Ausgang der Bergbahn) **Links** und nach wenigen Metern **rechts** bergab, dem Schotterweg Ri. „Bocca Navene“ folgen.

(+2.900 m) **km 2,90**/1462 m **An der HS, geradeaus** Ri. „Al percorsi“ weiterfahren.

2 *(+310 m)* **km 3,21**/1425 m **Bocca Navene:** Der HS weiter bergauf zum Bocca del Creer folgen.

3 *(+2.580 m)* **km 5,79**/1617 m **Bocca del Creer / Rifugio Graziani: Links** Ri. „Lago di Garda“ abbiegen.

(+210 m) **km 6,00**/1650 m **Links** bergauf (13-20%) Ri. „Altissimo“ weiterfahren.

4 *(+3.820 m)* **km 9,82**/2060 m **Rifugio Altissimo: Geradeaus** dem Weg Ri. „Torbole, 601“ folgen.

(+2.440 m) **km 12,26**/1802 m Monte Varagna: **Links** Ri. „Torbole sul Garda“ weiterfahren.

(+1.290 m) **km 13,55**/1526 m Parkplatz. Der Teerstraße bergab weiter folgen.

5 *(+1.960 m)* **km 15,51**/1300 m **Links** auf den Schotterweg Ri. „Malcesine, Navene“ abbiegen.

(+2.680 m) **km 18,19**/1207 m Scharf **links** Ri. „Malcesine, Navene“ abbiegen. (nach ca. 230 m beginnt der Pfad)

(+6.670 m) **km 24,86**/376 m **Links** Ri. „Fubia, Malcesine“ weiterfahren.

(+520 m) **km 25,38**/385 m **Abzweig, geradeaus** bergab dem Hauptweg folgen. (nach ca. 420 m beginnt der Pfad, der sehr steil, mit 14-30%, bergauf geht = Schiebepassage)

6 *(+1.620 m)* **km 27,00**/515 m (Pass) **Monte Fubia: Rechts** Ri. „Malcesine“ auf dem Karrenweg weiterfahren. (nichts links „S. Michele“)

(+750 m) **km 27,75**/415 m **Geradeaus** bergab dem Hauptweg Ri. „Malcesine 4“ folgen.

(+270 m) **km 28,02**/367 m **An der HS, geradeaus** der „via Panoramica“ Ri. „Malcesine 4“ folgen.

(+400 m) **km 28,42**/298 m **Geradeaus** bergauf Ri. „Malcesine“ weiterfahren.

(+280 m) **km 28,70**/309 m **Geradeaus** bergab (20-26%) dem Steinweg folgen.

(+540 m) **km 29,24**/233 m **An der HS, links** abbiegen und der HS bis zur Talstation der Monte Baldo Bergbahn folgen.

Startplatz:
Malcesine, Bergstation Monte Baldo.

Anfahrt:
Von Torbole kommend, in Malcesine, beim Kreisverkehr, links Ri. „Monte Baldo Bahn“ abbiegen und auf den ausgewiesenen Parkplätzen parken.

Funivia Malcesine-Monte Baldo

Die Bergbahn „Funivia Malcesine-Monte Baldo“ wurde 2002 grunderneuert und besteht aus einer Kabine, die sich während der Fahrt langsam um 360° dreht. So lässt sich der traumhafte Ausblick auf den Gardasee und die Berge genießen.

Zu bestimmten Betriebszeiten werden auch Mountainbikes transportiert. Wenn viel Betrieb herrscht, gibt es nur jede Stunde eine „Fahrradtour“.

© GD Rifugio Graziani

© GD Auffahrt zum Mt. Altissimo, Blick zurück

© GD Abfahrt vom Monte Altissimo

© GD Blick zurück zum Monte Altissimo

Monte Baldo

Der Monte Baldo ist ein etwa 30 km lang gezogener Bergrücken zwischen der Etsch (im Osten) und dem Gardasee (im Westen). Von Norden nach Süden erstreckt er sich von Torbole bis nach Garda.
Es gibt keinen Gipfel, der den Namen Monte Baldo trägt, aber auf dem Bergrücken sind einige nennenswerte Erhebungen wie der Monte Altissimo di Nago (2.079 m), die Cima del Longino (2.179 m), die Cima delle Pozzette (2.132 m), die Cima Valdritta (2.218 m) und der Punto Telegrafo (2.200 m).

Der Monte Baldo ist für Botaniker ein wahres Paradies, denn hier gibt es zahlreiche Pflanzenarten, die es nur hier gibt und sonst in Europa nirgends mehr. Die Artenvielfalt der Vegetation am Monte Baldo ist darauf zurückzuführen, dass der Bergrücken während der Eiszeit hindurch nicht von einer Eisdecke bedeckt war und so urtümliche Pflanzen überleben konnten. An den Hängen des Monte Baldo wachsen über 600 unterschiedliche Pflanzenarten, darunter zahlreiche botanische Raritäten.

An den Osthängen des Monte Baldo liegen viele kleine Dörfer. Für die Menschen dort, spielt der Tourismus nur eine untergeordnete Rolle, da sie hauptsächlich von der Landwirtschaft leben. Es gibt zahlreiche Restaurants, die für diese Gegend typische Speisen aus Wild, Pilzen, Kastanien, Trüffeln und Käse anbieten.

Riserva naturale Bes-Corna Piana

Das 150 Hektar große Naturschutzgebiet, das seit 1972 besteht, ist nicht nur Anziehungspunkt für Forscher, sondern auch für Naturfreunde. Es verläuft entlang des Monte Baldo Gebirgszuges, auf einer Höhe von 1.500 m-1.700 m. Die äußerst reiche Flora ist eine Rarität, die im Alpenraum ihresgleichen sucht. Aufgrund der geografischen Lage und der besonderen klimatischen Bedingungen konnte sich hier eine unglaublich reiche botanische Vielfalt entwickeln.

© SP Türkenbund

© SP Teufelskralle

© SP Knabenkraut

© SP Taubenkopf-Leimkraut

© GD Feuerlilie

© SP Murmeltier am Monte Baldo

Tour 40 „Monte Baldo-Corna Paura“ 6 61,18 km 8:00 Std ↑1.600 - ↓3.152 Hm

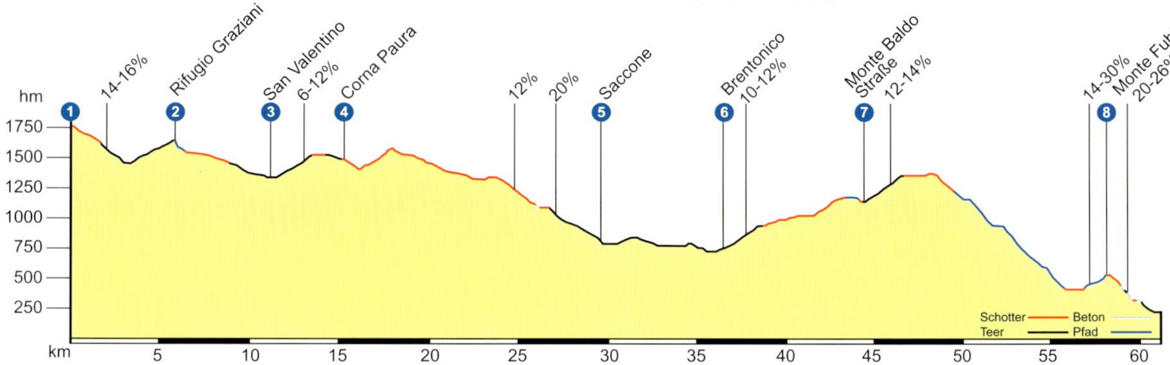

© SP Blick zum Mt. Altissimo, Corna Piana

© GD Corna Paura, Blick zum Mt. Altissimo

© GD Blick nach Brentonico

© GD Blick zum Gardasee, Riva

Tourencharakter

Wegbeschaffenheit

Teer	25,11 km
Schotter/Kies	26,18 km
Pfad/Trail	8,83 km
Beton/Pflastersteine	1,06 km
Schiebestrecke	0,25 km

Familienfreundlich

Nein

Einkehrmöglichkeit

Rifugio Bocca Navene, Rifugio Graziani und Bars in San Valentino und Brentonico

Schwierigkeit

Ausdauer	★★★★☆☆
Fahrkönnen	★★★★★☆

Erlebnis

Landschaft	★★★★★★
Fahrspaß	★★★★★★

Höhe

Starthöhe	1.760 Meter
Höchster Punkt	1.760 Meter

Landschaftlich traumhafte, abwechslungsreiche Tour vom Monte Baldo über Corna Paura und Brentonico, hinunter zum Gardasee

Der Gipfel des Monte Baldo kann dank der Bergbahn, bequem und schnell erreicht werden. Die Tour verläuft durch die weitläufigen Weide- und Almlandschaften, die sich süd- und westlich des Monte Altissimo befinden. Während der langen Rundtour über Corna della Paura, hat man einen sensationellen Blick ins Etschtal, nach Rovereto, zum Monte Stivo und über das Sarcatal hinweg in die Brenta Dolomiten. Der Steckenabschnitt, entlang des Corna della Paura, ist landschaftlich wunderschön.

Strecke

Die Tour beginnt bei der Bergstation der Monte Baldo Bahn. Auf der zunächst geschotterten Piste geht es hinunter, zum Passo Bocca Navene. Ein leichter Anstieg führt hinauf, zum Passo Bocca del Creer, wo sich das Rifugio Graziani befindet. Über einen Trail fährt man um den Corna Paura, hinunter nach San Valentino. Ein kurzer Anstieg führt dann hinauf zum Corna Paura, wo der endlos lange Downhill über Saccone nach Brentonico beginnt. Ab Brentonico fährt am Nordhang des Monte Altissimo entlang bis zur Monte Baldo Straße. Auf einem anspruchsvollen, traumhaften Singletrail fährt man an der Westseite des Monte Altissimo hinunter zum Monte Fubia und letztendlich zurück zum

Tour 40 „Monte Baldo-Corna Paura“ 6 61,18 km 8:00 Std ↑1.600 - ↓3.152 Hm

Tour 40 „Monte Baldo-Corna Paura“ 6 61,18 km 8:00 Std ↑1.600 - ↓3.152 Hm

1 **km 0,00**/1760 m (Ausgang der Bergbahn) **Links** und nach wenigen Metern **rechts** bergab dem Schotterweg Ri. „Bocca Navene“ folgen.

(+2.900 m) **km 2,90**/1462 m **An der HS, geradeaus** Ri. „Al percorsi“ weiterfahren.

(+310 m) **km 3,21**/1425 m Bocca Navene: Der HS weiter bergauf zum Bocca del Creer folgen.

2 *(+2.580 m)* **km 5,79**/1617 m **Bocca del Creer / Rifugio Graziani: Links** über den Parkplatz und dann dem Pfad bergab folgen.

(+1.550 m) **km 7,34**/1522 m Malga Bes: **Rechts** bergab (6%) weiterfahren.

(+1.560 m) **km 8,90**/1450 m **An der HS, links** auf dieser weiterfahren.

3 *(+2.290 m)* **km 11,19**/1335 m **San Valentino** (Infotafel): **Rechts** Ri. „Avio“ abbiegen.

(+250 m) **km 11,44**/1332 m (bei der Skischule) **Links** auf die schmale Teerstraße, Ri. „Polsa, Corna della Paura“ abbiegen.

(+3.680 m) **km 15,12**/1486 m (beim Gedenkstein vom Krieg) **Rechts** auf die Schotterpiste abbiegen.

4 *(+140 m)* **km 15,26**/1488 m Nähe **Corna Paura: Links** dem Schotterweg folgen. (rechts bergauf Pfad zum Corna Paura = super Aussicht).

(+3.700 m) **km 18,96**/1519 m (Militärdenkmal) **Linkskehre** Ri. „Loc. Pozze“ folgen.

(+2.030 m) **km 20,99**/1378 m **Rechts** bergab Ri. „Percorso No 8, La Faggeta dei Cestarelli“ weiterfahren.

(+2.770 m) **km 23,76**/1326 m **Links** bergab dem Weg folgen.

(+2.150 m) **km 25,91**/1115 m (Siedlung, 3 Häuser) **Rechts** Ri. „Percorso No 8“ weiterfahren.

(+910 m) **km 26,82**/1062 m **T-Kreuzung, rechts** bergab weiterfahren.

(+1.510 m) **km 28,33**/919 m **T-Kreuzung, links** bergab Ri. „Percorso No 8“ abbiegen.

5 *(+1.180 m)* **km 29,51**/810 m **Saccone: Rechts** bergab weiterfahren und der HS durch den Ort folgen.

(+470 m) **km 29,98**/780 m Ortsende Saccone: **Geradeaus** Ri. „Mori, Prada“ weiterfahren.

(+1.980 m) **km 31,96**/820 m Prada: **Geradeaus** Ri. „Mori, Brentonico“ weiterfahren.

(+3.490 m) **km 35,45**/727 m **Kreuzung, rechts** bergab Ri. „Brentonico“ abbiegen und der HS folgen.

6 *(+930 m)* **km 36,38**/743 m **Brentonico: Links** bergauf (6%) Ri. „Festa 2,5“ in die „via Albino Zenatti“ abbiegen.

(+250 m) **km 36,63**/759 m **Kreuzung, geradeaus** Ri. „Festa“ weiterfahren.

(+190 m) **km 36,82**/775 m **Linkskehre** bergauf Ri. „Festa“ folgen. (geradeaus zum Sportplatz)

(+1.700 m) **km 38,52**/929 m (Infotafel Festa) **Geradeaus** Ri. „Percorso No 7“ weiterfahren.

(+100 m) **km 38,62**/930 m **Abzweig, rechts** Ri. „Rif. Campei 650, San Valentino“ abbiegen.

© GD HS, Blick zurück zum Monte Baldo

© GD Blick Ri. Corna Paura

© GD Nähe Corna Paura, Blick nach Osten

© GD Corna della Paura

(… m) km …/… m Geradeaus dem Hauptweg Ri. „Percorso No 7“ folgen.

(+1.950 m) **km 40,90**/1013 m **Abzweig, rechts** bergauf (15%) Ri. „Nago, Percorso No 7“ abbiegen.

(+1.530 m) **km 42,43**/1111 m **Links** bergauf (10%) Ri. „Percorso No 2, Dal Pino Mugo del Baldo“ weiterfahren.

(+890 m) **km 43,32**/1174 m **Geradeaus** auf dem Forstweg Ri. „Nago“ weiterfahren.

(+50 m) **km 43,37**/1174 m **Rechts** bergab dem Pfad folgen.

(+760 m) **km 44,13**/1156 m (rechts Trailabzweig „The Skull“) **Geradeaus** dem Forstweg folgen.

7 *(+280 m)* **km 44,41**/1135 m **Monte Baldo Straße: Links** bergauf auf der HS weiterfahren.

(+1.970 m) **km 46,38**/1345 m **Rechts** der Teerstraße weiter bergauf (12-14%) folgen.

(+300 m) **km 46,68**/1367 m **Rechts** dem Schotterweg Ri. „Malcesine, Navene“ folgen.

(+2.680 m) **km 49,36**/1242 m Scharf **links** Ri. „Malcesine, Navene“ abbiegen. (nach ca. 230 m beginnt der Pfad)

(+6.670 m) **km 56,03**/397 m **Links** Ri. „Fubia, Malcesine“ weiterfahren.

(+520 m) **km 56,55**/404 m **Abzweig, geradeaus** bergab dem Hauptweg folgen. (nach ca. 420 m beginnt der Pfad, der sehr steil, mit 14-30%, bergauf geht = Schiebepassage)

8 *(+1.620 m)* **km 58,17**/526 m (Pass) **Monte Fubia: Rechts** Ri. „Malcesine“ auf dem Karrenweg weiterfahren. (nichts links „S. Michele“)

(+750 m) **km 58,92**/441 m **Geradeaus** bergab, dem Hauptweg Ri. „Malcesine 4“ folgen.

(+270 m) **km 59,19**/397 m **An der HS, geradeaus** der „via Panoramica“ Ri. „Malcesine 4“ folgen.

(+400 m) **km 59,59**/324 m **Geradeaus** bergauf, Ri. „Malcesine“ weiterfahren.

(+280 m) **km 59,87**/319 m **Geradeaus** dem Steinweg bergab (20-26%) folgen.

(+540 m) **km 60,41**/263 m **An der HS, links** abbiegen und der HS bis zur Talstation der Monte Baldo Bergbahn folgen.

Startplatz:
Malcesine, Bergstation Monte Baldo.

Anfahrt:
Von Torbole kommend, in Malcesine, beim Kreisverkehr, links Ri. „Monte Baldo Bahn“ abbiegen und auf den ausgewiesenen Parkplätzen parken.

© SP Abfahrt von der Bergstation

© GD Corna Paura, Abfahrt

© GD Blick zum Monte Vignola

© GD Malga Vignola, Blick Ri. Trento

© GD Brentonico

Tour 41 „Monte Altissimo-Corna Paura“ 6 68,58 km 9:43 Std 2.596 Hm

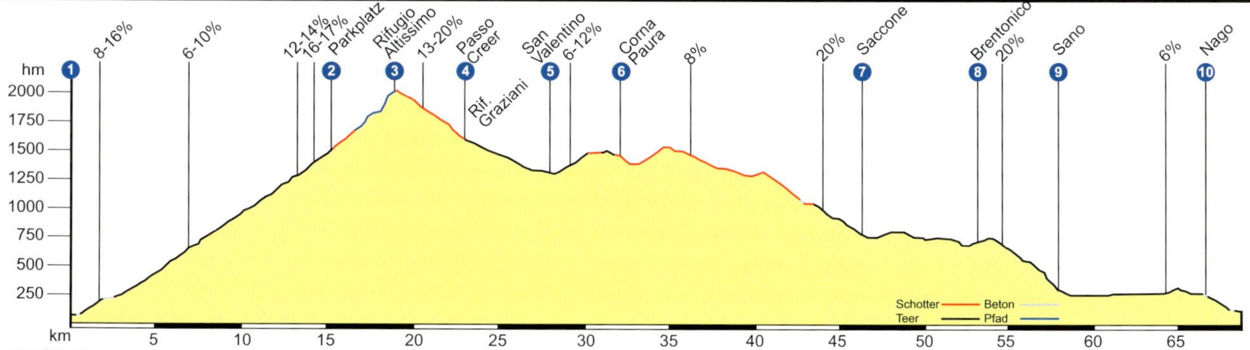

Tourencharakter

Wegbeschaffenheit

Teer	47,39 km
Schotter/Kies	17,65 km
Pfad/Trail	2,26 km
Beton/Pflastersteine	1,28 km
Schiebestrecke	0,50 km

(↑Steig 601 zum Rifugio Altissimo)

Familienfreundlich

Nein

Einkehrmöglichkeit

Bars in Torbole, Nago, San Valentino, Brentonico, Loppio und Rifugio Altissimo und Rifugio Graziani

Schwierigkeit

Ausdauer	★★★★★★
Fahrkönnen	★★★☆☆☆

Erlebnis

Landschaft	★★★★★★
Fahrspaß	★★★★☆☆

Höhe

Starthöhe	66 Meter
Höchster Punkt	2.060 Meter

Abwechslungsreiche Tour zum Monte Altissimo und Corna Paura

Der Höhenzug des Monte Baldo verläuft genau in Nord-Süd Richtung. Bei dieser sehr abwechslungs- und aussichtsreichen Tour, erreicht man den Monte Altissimo über die Nordhänge. Man hat sensationelle Blicke ins Etschtal, nach Rovereto, zum Monte Stivo und über das Sarcatal hinweg in die Brenta Dolomiten. Die Auffahrt ist sehr lange und anstrengend, dafür hat man einen traumhaften Downhill. Der Abschnitt, entlang des Corna della Paura, ist landschaftlich wunderschön.

Strecke

Von Torbole fährt man auf der alten Straße nach Nago und weiter über die verkehrsarme Altissimostraße, hinauf bis zu einem Parkplatz, der auf 1.560 m liegt. Ab hier ist die Straße nur noch geschottert und für den Autoverkehr gesperrt. Der schmale Weg schlängelt sich in einigen Kehren hinauf, zu einer großen Wiese, unterhalb des Monte Varagna. Über den Steig 601, der teilweise nicht fahrbar ist, trägt oder schiebt man das Bike hinauf zum Rifugio Altissimo. Auf einem holprigen Schotterweg geht es hinunter zum Rifugio Graziani, das direkt am Bocca del Creer liegt. Von dort auf der HS hinunter nach San Valentino fahren. Hier rechts Ri. „Avio“ und bei der Skischule links Ri. „Corna della Paura“ fahren. Auf Schotterstraßen fährt man am Corna della Paura entlang, bis zum Monte Vignola und dann weiter bergab nach Saccone. Nun auf der HS bis nach Brentonico. Auf kleinen Nebenstraßen geht es nach

© GD Blick ins Etschtal

© GD Rifugio Altissimo

© GD Abfahrt am Corna Paura

Tour 41 „Monte Altissimo-Corna Paura“ 6 68,58 km 9:43 Std 2.596 Hm

Tour 41 „Monte Altissimo-Corna Paura“ 6 68,58 km 9:43 Std 2.596 Hm

1

km 0,00/66 m Vom Parkplatz (Einfahrt bei der Tankstelle) **links** auf der HS Ri. Kreisverkehr fahren.

(+130 m) **km 0,13**/67 m **Kreisverkehr, rechts** auf der HS Ri. „Malcesine“ weiterfahren.

(+170 m) **km 0,30**/68 m (beim Hafen, Zebrastreifen) **Links** Ri. „Busatte“ abbiegen.

(+40 m) **km 0,34**/67 m (nach dem Hotel Centrale) **Links** bergauf (12-14%) Ri. „Busatte“ abbiegen.

(+180 m) **km 0,52**/87 m **Links** Ri. „Nago“ weiterfahren.

(+1.370 m) **km 1,89**/210 m Nago (beim Kreisverkehr): **Rechts** Ri. „centro“ der gepflasterten Straße folgen.

(+220 m) **km 2,11**/213 m **Kreuzung** (beim Supermarkt), **rechts** weiterfahren.

(+220 m) **km 2,33**/222 m **Links** Ri. „strada del monte baldo“ weiterfahren.

(+110 m) **km 2,44**/231 m **Geradeaus** der „via monte baldo“ folgen.

(+130 m) **km 2,57**/231 m **Rechts** Ri. „Busatte“ weiterfahren.

(+500 m) **km 3,07**/259 m (beim Steinmarterl mit Bank) **Links** der Monte Baldo Straße folgen.

(+8.030 m) **km 11,10**/1075 m (Abzweig „Skull“) **Rechts** der Monte Baldo Straße bergauf folgen.

(+1.970 m) **km 13,07**/1278 m **Rechts** der Teerstraße bergauf (12-14%) folgen.

(+300 m) **km 13,37**/1300 m **Geradeaus** der HS stets bergauf folgen. (rechts „Malcesine“)

2

(+1.960 m) **km 15,33**/1526 m **Parkplatz** (Beginn). Dem Schotterweg weiter bergauf folgen.

(+1.310 m) **km 16,64**/1687 m **Rechts** dem Pfad bis zum Rifugio Altissimo folgen. (links „Malga Campei“)

3

(+2.260 m) **km 18,90**/2060 m **Rifugio Altissimo: Geradeaus** Ri. „Bocca del Creer“ auf dem Schotterweg weiterfahren.

(+3.890 m) **km 22,79**/1627 m **Geradeaus** Ri. „San Giacomo“ fahren.

4

(+210 m) **km 23,00**/1617 m **Bocca del Creer, Rifugio Graziani: Rechts** der HS bergab nach San Valentino folgen.

5

(+4.950 m) **km 27,95**/1308 m **San Valentino** (Infotafel): **Rechts** Ri. „Avio“ abbiegen.

(+250 m) **km 28,20**/1305 m (bei der Skischule) **Links** auf die schmale Teerstraße Ri. „Polsa, Corna della Paura“ abbiegen.

(+3.680 m) **km 31,88**/1458 m (Gedenkstein an den Krieg) **Rechts** auf den Schotterweg abbiegen.

6

(+140 m) **km 32,02**/1460 m Nähe **Corna Paura: Links** dem Schotterweg folgen. (rechts Pfad bergauf zum Corna Paura = super Aussicht)

(+3.700 m) **km 35,72**/1493 m (Militärdenkmal) **Linkskehre** Ri. „Loc. Pozze“ folgen.

(+2.030 m) **km 37,75**/1351 m **Rechts** bergab Ri. „Percorso No 8, La Faggeta dei Cestarelli“ weiterfahren.

© SP Auffahrt Monte Baldo Straße, Ausblick

© GD Blick vom Mt. Altissimo nach Norden

© GD Blick zum Corna della Paura

© GD Blick zurück zum Monte Altissimo

[illegible] /1017 m **Links** bergab dem Weg folgen.

(+2.150 m) **km 42,87**/1085 m (Siedlung, 3 Häuser) **Rechts** Ri. „Percorso No 8“ weiterfahren.

(+910 m) **km 43,58**/1038 m **T-Kreuzung, rechts** bergab weiterfahren.

(+1.510 m) **km 45,09**/892 m **T-Kreuzung, links** bergab Ri. „Percorso No 8“ abbiegen.

7 *(+1.180 m)* **km 46,87**/784 m **Saccone: Rechts** bergab weiterfahren und der HS durch den Ort folgen.

(+470 m) **km 46,74**/753 m Ortsende Saccone: **Geradeaus** Ri. „Mori, Prada“ weiterfahren.

(+1.980 m) **km 48,72**/793 m Prada: **Geradeaus** Ri. „Mori, Brentonico“ weiterfahren.

(+3.490 m) **km 52,21**/700 m **Kreuzung, rechts** bergab Ri. „Brentonico“ abbiegen und der HS folgen.

8 *(+930 m)* **km 53,14**/715 m **Brentonico: Links** bergauf (6%) Ri. „Festa 2,5“ in die „via Albino Zenatti“ abbiegen.

(+250 m) **km 53,39**/732 m **Kreuzung, geradeaus** Ri. „Festa“ weiterfahren.

(+190 m) **km 53,58**/746 m **Geradeaus** Ri. „Campo Sportivo“ fahren.

(+840 m) **km 54,42**/720 m **Rechts** bergab dem schmalen Teerweg Ri. „Torbole“ folgen.

(+870 m) **km 55,29**/632 m **Rechts** bergab Ri. „Percorso No 3“ weiterfahren.

(+180 m) **km 55,47**/604 m **Rechts** Ri. „Percorso No 3“ abbiegen und dem Weg nach Castione in die Dorfmitte folgen.

(+380 m) **km 55,85**/564 m Castione: **Links** weiterfahren.

(+180 m) **km 56,03**/549 m (Dorfplatz) **Rechts** weiterfahren.

(+210 m) **km 56,24**/540 m **Links** und dann gleich wieder **links** bergab auf die schmale Teerstraße abbiegen.

9 *(+1.660 m)* **km 57,90**/308 m **Sano** (Dorfplatz): **Links** abbiegen und nach der Rechtskurve rechts weiterfahren.

(+1.900 m) **km 59,80**/246 m **Kreuzung, links** auf den Radweg abbiegen und diesem bis nach Nago (Ortsmitte) folgen.

(+6.670 m) **km 66,47**/259 m Nago (Torbogen): **Geradeaus** weiterfahren.

10 *(+180 m)* **km 66,65**/252 m **Nago** (Kreisverkehr): **Geradeaus** der alten Straße nach Torbole Ri. „Santa Lucia“ folgen.

(+1.380 m) **km 68,03**/129 m Torbole: **Rechts** bergab Ri. „Torbole“ fahren.

(+140 m) **km 68,17**/118 m (Hotel Centrale) **Rechts** über den Dorfplatz zur HS weiterfahren.

(+40 m) **km 68,25**/109 m **An der HS, rechts** weiterfahren.

(+150 m) **km 68,40**/110 m **Kreisverkehr, links** Ri. „Riva“ abbiegen und zum Startpunkt zurückfahren.

© GD am Abzweig zum Corna della Paura

© GD Corna Paura

© GD Blick zum Corna Paura

Startplatz:
Torbole, Parkplatz bei der Tankstelle.

Anfahrt:
Von Nago kommend, in Torbole am Kreisverkehr, rechts Ri. „Riva“ abbiegen. Nach wenigen Metern befindet sich auf der rechten Seite ein großer Parkplatz (kostenpflichtig).

Downhill-Shuttletouren (9 Touren)

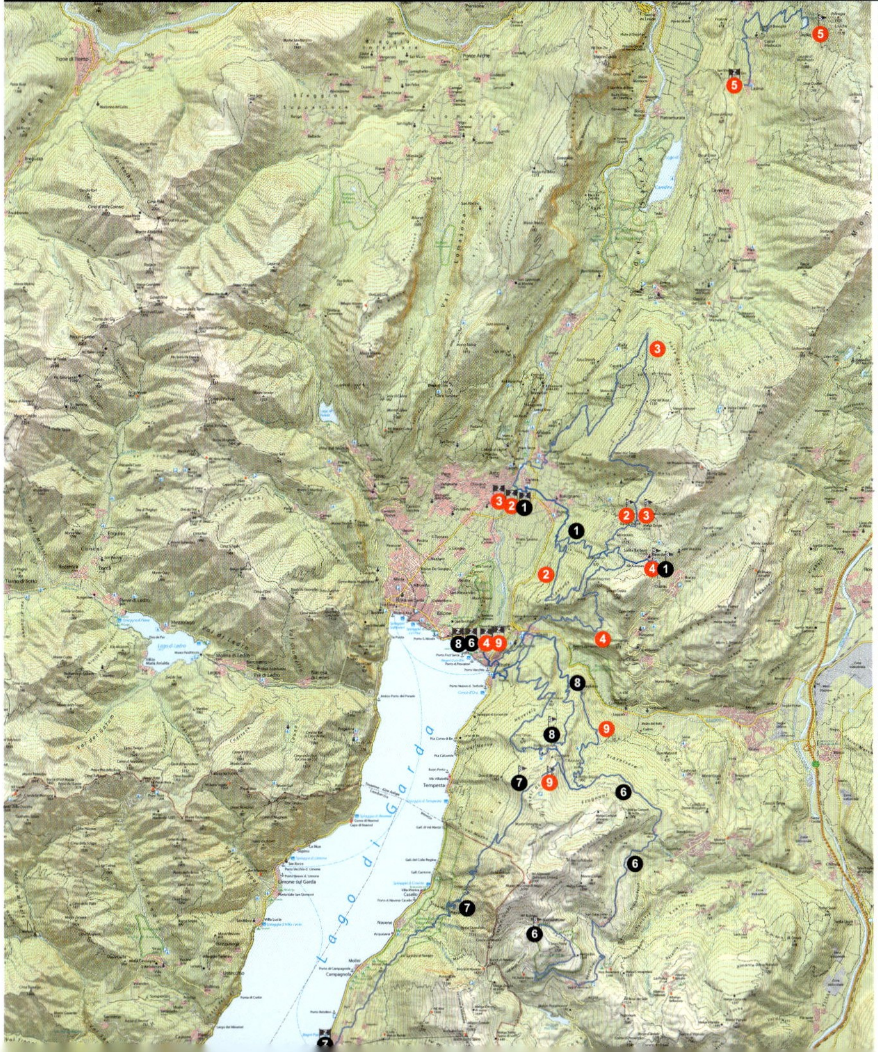

Downhill-Shuttletouren

Aus den 41 beschriebenen Mountainbiketouren können die unten aufgelisteten Touren als fast reine Downhill- bzw. Shuttletouren gefahren werden. Anfahrt zum Start ist mit dem PKW auf öffentlichen Straßen möglich. Bei einigen Touren ist allerdings noch ein kurzer Anstieg zu bewältigen. Die Wegstrecke vom Start bis zum Ziel ist jeweils bei den Touren (siehe **Nr.** und ab welchem km-Stand) beschrieben.

Nr.	Tour	Nr.	Hm ↑	Hm ↓	km
DH 1	**Mt. Velo Downhill - 1 (S)**	T 34	8	1.093	8,18
	Start: Santa Barbara; Ziel: Arco, *(Tour 34 ab km 13,71)*				
DH 2	**Mt. Velo Downhill - 2 (M)**	T 18	35	994	11,25
	Start: Agritur Torboli; Ziel: Arco, *(Tour 18 ab km 14,04)*				
DH 3	**Passo due Sassi (M)**	T 19	178	1.008	17,94
	Start: Agritur Torboli; Ziel: Arco, *(Tour 19 ab P3, km 11,67)*				
DH 4	**Campedello (M)**	T 26	75	1.147	12,78
	Start: Santa Barbara; Ziel: Torbole *(Tour 26 ab P6, km 26,07)*				
DH 5	**Lago Lagolo (M)**	T 12	94	549	6,63
	Start: Lago Lagolo; Ziel: Lasino, *(Tour 12 ab P2, km 7,01)*				
DH 6	**Rifugio Graziani (S)**	T 37	333	1.873	28,52
	Start: Passo Creer; Ziel: Torbole, *(Tour 37 ab P4, km 23,00)*				
DH 7	**Malcesine Downhill (S)**	T 39	206	1.360	14,50
	Start: Monte Baldo Straße; Ziel: Malcesine, *(Tour 39 ab P5, km 15,51)*				
DH 8	**The Skull (M)**	T 33	20	1.001	8,61
	Start: Monte Baldo Straße; Ziel: Torbole, *(Tour 33 ab P2, km 11,10)*				
DH 9	**Dosso della Barchessa (M)**	T 28	73	1.251	14,14
	Start: Monte Baldo Straße; Ziel: Torbole, *(Tour 28 ab P2, km 13,07)*				

S = Start des Downhills — **schwarz** = schwerer Downhill

Z = Ende des Downhills — **rot** = mittelschwerer Downhill

Susi Plott

lebt seit 2003 in Garmisch-Partenkirchen. Die begeisterte Mountainbikerin schätzt und liebt die vielfältigen Tourenmöglichkeiten am Gardasee.
Schon 2003 erschien, auch im AM-Berg Verlag, ihr erster MTB Führer vom Norden Sardiniens (Gallura). Mittlerweile sind insgesamt sechs MTB Führer erschienen.

Günter Durner

lebt seit 1985 in Garmisch-Partenkirchen. Der staatlich geprüfte Berg- und Skiführer kennt nicht nur die alpinen Touren am Gardasee, sondern auch die vielfältigen Möglichkeiten für Biketouren. Er ist Autor von vielen bergbezogenen Büchern (Kletterführer, Lehrbücher und sechs MTB Führern).

In dieser MTB Reihe sind bisher erschienen:

Band 1
Wetterstein-Karwendel West-Estergebirge
ISBN: 978-3-9813471-2-8

Band 2
Ammergauer Alpen-Außerfern-Mieminger Kette
ISBN: 978-3-9810152-8-7

Band 3
Walchensee-Isarwinkel-Karwendel Ost-Achensee
ISBN: 978-3-9813471-3-5

Band 4
Gardasee Nordwest-Ledrosee
ISBN: 978-3-9813471-7-3

Impressum

Mountainbike Touren Gardasee Nordost – Monte Baldo
Erschienen im AM-Berg Verlag

1. Auflage 2013 ISBN 978-3-9813471-8-0
Dieses Buch ist in allen Buchhandlungen in Deutschland, Schweiz, Österreich und Italien erhältlich; oder direkt über den online-Shop vom AM-Berg Verlag unter **www.am-berg-verlag.de**

Produktmanagement:	Susi Plott
Text:	Susi Plott und Günter Durner (www.am-berg.de)
Lektorat:	Susi Plott, Heide Plott
Fotos:	Susi Plott (SP) und Günter Durner (GD)
Layout, Grafik, Satz:	Astanelli (Susi Plott), www.astanelli.de Günter Durner
Druck:	Druckerei Fritz Kriechbaumer, Taufkirchen bei München
Übersichtkarte:	Günter Durner
Landkarten:	© AM-Berg Verlag
Kartographie:	GeoGraphic Production, Thomas Gall – www.geographic-production.de

Vielen Dank für die Unterstützung folgender Firmen:

Tour 1 „Rundtour Malcesine“ **1** **5,63** km **0:27** Std **71** Hm

Tour 1 „Rundtour Malcesine“

1 **km 0,00**/70 m Vom Parkplatz (Einfahrt) **geradeaus** dem Radweg Ri. Süden „Malcesine Centro“ folgen.

(+600 m) **km 0,60**/69 m **Geradeaus** der Teerstraße folgen.

(+140 m) **km 0,74**/68 m **Links** der Teerstraße weiter folgen. (nicht geradeaus auf den Kiesweg)

(+220 m) **km 0,96**/73 m **Links** bergauf (11-14%) der gepflasterten Gasse folgen.

(+70 m) **km 1,03**/83 m **Links** Ri. Kreisverkehr weiterfahren.

(+60 m) **km 1,09**/84 m **Kreisverkehr, geradeaus** Ri. „funivia Malcesine, Monte Baldo Bergbahn“ weiterfahren. An der Bergbahn vorbeifahren und der Straße weiter, leicht bergauf (5-8%), folgen.

(+1.230 m) **km 2,32**/128 m (bei Rechtskurve) **Links** bergab (7-11%) in die „via San Marco“ (schmale autofreie Teerstraße) abbiegen. Diesem Weg oberhalb vom See stets folgen.

2 *(+950 m)* **km 3,27**/95 m **Speckstube Malcesine**.

(+340 m) **km 3,61**/85 m **An der HS, links** bergab weiterfahren.

(+210 m) **km 3,82**/79 m **Links** der HS bergab folgen.

(+140 m) **km 3,96**/69 m **An der HS, geradeaus** (HS überqueren) und dem Radweg, am See entlang, bis zum Ausgangspunkt zurück folgen.

Tour 2 „Wasserfall Varone (Cascata del Varone)“ 1 **16,01** km **1:19** Std **117** Hm

Tour 2 „Wasserfall Varone (Cascata del Varone)“

1 **km 0,00**/66 m Vom Parkplatz (Ausfahrt Ri. Riva, Zebrastreifen) **rechts** auf der HS Ri. Riva und über die Sarcabrücke fahren.

(+270 m) **km 0,27**/69 m (nach der Sarcabrücke) **Rechts** auf den Radweg abbiegen.

(+70 m) **km 0,34**/68 m (am Stopp-Schild) Scharf **rechts** zurück und unter der Sarcabrücke dem Radweg zum See folgen.

(+470 m) **km 0,81**/67 m **Geradeaus** Ri. „Riva del Garda 1,3“ weiterfahren.

(+50 m) **km 0,86**/65 m **Rechts** dem Radweg Ri. „Riva“, entlang der Uferpromenade, folgen.

(+480 m) **km 1,34**/65 m (vor der HS, Tunnel) **Links** Ri. „Riva del Garda 0,7“ weiterfahren.

2 *(+690 m)* **km 2,03**/66 m **Riva (Hafen): An der HS, links** über den Parkplatz des Yachthafens zum Zebrastreifen fahren.

(+110 m) **km 2,14**/65 m **Zebrastreifen: HS überqueren** und gegenüber dem Radweg (roter Teer) nach **rechts** und gleich nach 50 m **links** in die „via Brione“ folgen. Diesem Radweg nun stets geradeaus folgen.

(+1.230 m) **km 11,74**/74 m **An der HS, geradeaus** über den Zebrastreifen, dann **rechts** und gleich wieder **links** (vor dem Parkplatz) dem Radweg am Bach entlang folgen.

(+190 m) **km 11,93**/71 m **Geradeaus** weiterfahren.

(+220 m) **km 12,15**/71 m (nach der Brücke) **Gabelung, links** dem Radweg folgen.

(+330 m) **km 12,48**/68 m (beim Brunnen) **Rechts** weiterfahren.

(+710 m) **km 13,19**/69 m Am Yachthafen (Cafe, Parkplatz), **rechts** und dann **links** über den Parkplatz fahren.

(+170 m) **km 13,36**/70 m (nach dem Parkplatz) **Rechts** dem Radweg nach Torbole folgen.

(+690 m) **km 14,05**/70 m Lido di Arco: **Rechts** am See entlang weiterfahren.

(+470 m) **km 14,52**/68 m **Links** dem Radweg folgen.

(+70 m) **km 14,59**/70 m **Abzweig, rechts** über die Sarcabrücke Ri. „Rovereto 18,2“ fahren.

(+70 m) **km 14,66**/71 m (nach der Brücke) **Rechts** weiterfahren.

(+530 m) **km 15,19**/68 m Am Hafen, **rechts** dem Weg, der direkt am Wasser und dann an der Uferpromenade weitergeht, folgen.

(+340 m) **km 15,53**/69 m **Links** in die „via Benaco“ abbiegen.

(+110 m) **km 15,64**/70 m **An der HS, links** auf diese abbiegen.

(+110 m) **km 15,75**/71 m **Kreisverkehr, links** Ri. „Riva“ und zum Ausgangspunkt zurückfahren.

Tour 3 „Marmitte dei Giganti“ **2** **14,10 km** **1:17 Std** **191 Hm**

Tour 3 „Marmitte dei Giganti“

1 **km 0,00**/90 m Vom Ende des Parkplatzes (vor der Brücke, Schild „centro storico“) **geradeaus** leicht bergauf über die Brücke und dem Radweg folgen.

(+50 m) **km 0,05**/89 m **Links** dem Radweg Ri. „centro storico“ folgen.

(+180m) **km 0,23**/91 m Vor der HS, **links** abbiegen.

(+170 m) **km 0,40**/90 m **Links** über den Parkplatz fahren und dem Radweg, am Sportplatz vorbei, folgen.

(+80 m) **km 0,48**/89 m (am Ende des Parkplatzes) **Geradeaus** dem Radweg folgen, der nun stets entlang der Sarca bis nach Torbole führt.

(+3.970 m) **km 4,45**/78 m **Links** Ri. „Torbole 1,4“ weiterfahren.

(+270 m) **km 4,72**/77 m **Links** Ri. „Torbole 1,1“ abbiegen.

(+1.030 m) **km 5,75**/77 m Torbole: **Links** Ri. „Riva del Garda 1,7“, unter der HS durchfahren und Ri. See weiterfahren.

(+460 m) **km 6,21**/76 m **Links** über die Sarcabrücke Ri. „Rovereto“ abbiegen.

(+70 m) **km 6,28**/77 m (nach der Brücke) **Rechts** weiterfahren.

(+530 m) **km 6,81**/73 m Am Hafen, **rechts** dem Weg, der direkt am Wasser entlang und dann an der Uferpromenade weitergeht, folgen.

(+340 m) **km 7,15**/74 m **Links** in die „via Benaco“ abbiegen.

(+100 m) **km 7,25**/75 m **An der HS, rechts** abbiegen.

2 *(+40 m)* **km 7,29**/75 m **Torbole, Hafen: Links** Ri. „Busatte“ abbiegen.

(+40 m) **km 7,33**/74 m (nach dem Hotel Centrale) **Links** bergauf Ri. „Santa Lucia“ abbiegen.

(+170 m) **km 7,50**/94 m **Abzweig, links** Ri. „Nago“ in die „via Europa“ abbiegen.

(+1.300 m) **km 8,80**/216 m Nago (beim Kreisverkehr): **Scharf links** zurück Ri. „60 km di Gardum“, am Parkplatz vorbei, weiterfahren.

3 *(+410 m)* **km 9,21**/182 m **Marmitte dei Giganti: An der HS** (links Bar), **geradeaus** diese überqueren (Vorsicht viel Autoverkehr!) und gegenüber dem Schotterweg folgen.

(+1.640 m) **km 10,85**/90 m **Links** Ri. „Radwegschild“ weiterfahren.

(+330 m) **km 11,18**/92 m **Links** über den Bach fahren. (NICHT rechts dem Radwegschild folgen)

(+50 m) **km 11,23**/91 m Auf dem zweiten Weg nach **links** weiterfahren und diesem stets geradeaus (2 Abzweige ignorieren) folgen. (NICHT ganz links, MTB Schild)

(+870 m) **km 12,10**/94 m (bei der Steinkapelle, Schild „localitá Bruttugosto“) **Links** weiterfahren.

(+270 m) **km 12,37**/95 m **Rechts** dem Hauptweg folgen.

(+380 m) **km 12,75**/96 m **Links** weiterfahren.

(+400 m) **km 13,15**/98 m **Rechts** bergauf weiterfahren. (rechts an den Felsen vorbei)

(+80 m) **km 13,23**/106 m **An der HS, links** Ri. „NW 13“ weiterfahren.

(+540 m) **km 13,77**/107 m **Kreisverkehr, rechts** dem Kreisverkehr folgen und nach ca. 40 m **links** zum Startplatz zurückfahren.

Tour 4 „Castel Penede“ **2** **7,39 km** **1:00 Std** **311 Hm**

Tour 4 „Castel Penede“

1 **km 0,00**/66 m Vom Parkplatz (Einfahrt bei der Tankstelle) **links** auf der HS Ri. Kreisverkehr fahren.

(+130 m) **km 0,13**/67 m **Kreisverkehr, rechts** auf der HS Ri. „Malcesine“ weiterfahren.

(+170 m) **km 0,30**/68 m (beim Hafen, Zebrastreifen) **Links** Ri. „Busatte“ abbiegen.

(+40 m) **km 0,34**/67 m (nach dem Hotel Centrale) **Links** bergauf (12-14%) Ri. „Busatte“ abbiegen.

(+180 m) **km 0,52**/87 m **Links** Ri. „Nago“ weiterfahren.

(+1.370 m) **km 1,89**/220 m Nago (beim Kreisverkehr): **Rechts** Ri. „centro“ der gepflasterten Straße folgen.

(+40 m) **km 1,93**/222 m (beim Parkplatz) **Rechts** in die „via Castel Penede“ abbiegen.

(+50 m) **km 1,98**/223 m **Rechts** Ri. „Ristorante al forte alto“ fahren und diesem Weg (wird später zum Schotterweg) folgen.

(+540 m) **km 2,52**/239 m **Gabelung, rechts** Ri. Picknick-Patz, über die Wiese fahren.

(+140 m) **km 2,66**/245 m (am Zaun) **Rechts** zu dem Mast fahren.

(+20 m) **km 2,68**/245 m Masten: Super Aussicht ins Tal Santa Lucia und zum Gardasee.

(+20 m) **km 2,70**/245 m **Links** und über die Wiese zurückfahren.

(+140 m) **km 2,84**/241 m **Rechts** bergauf (9-16%) dem Schotterweg folgen.

(+280 m) **km 3,12**/271 m **Rechtskehre** zur Ruine folgen. (hier geht es dann auf dem Rückweg links auf den Pfad)

2 *(+40 m)* **km 3,16**/276 m **Castel Penede** (Eingang zur Ruine): Von hier dann wieder bis zur Linkskehre zurückfahren.

(+40 m) **km 3,20**/272 m (in der Linkskehre) **Geradeaus** bergab dem Pfad folgen.

(+500 m) **km 3,70**/228 m (vor der Festungsanlage, Ristorante) **Rechts** weiterfahren.

(+140 m) **km 3,84**/220 m **Geradeaus** dem gepflasterten Weg folgen.

(+70 m) **km 3,91**/220 m **Gabelung, rechts** der „via al Castel Penede“ (schmale Gasse) folgen.

(+110 m) **km 4,02**/224 m (links Brunnen) **Rechts** weiterfahren.

(+30 m) **km 4,05**/225 m **Links** Ri. „strada del monte baldo“ weiterfahren.

(+110 m) **km 4,16**/231 m **Geradeaus** der „via monte baldo“ folgen.

(+130 m) **km 4,29**/231 m **Rechts** Ri. „Busatte“ weiterfahren.

(+500 m) **km 4,79**/259 m (beim Steinmarterl mit Bank) **Geradeaus** Ri. „Torbole, Busatte“.

(+100 m) **km 4,89**/255 m **Rechts** dem Weg Ri. „Busatte“ folgen. Nach 360 m befindet sich auf der linken Seite ein Aussichtspunkt.

(+850 m) **km 5,74**/154 m Busatte: **Geradeaus** Ri. „Torbole“ auf der Teerstraße weiterfahren.

(+60 m) **km 5,80**/152 m **Geradeaus** bergab Ri. „Torbole“ fahren.

(+190 m) **km 5,99**/128 m **Geradeaus** weiterfahren.

(+840 m) **km 6,83**/88 m **Links** der „via di Santa Lucia“ bergab, bis zum Dorfplatz, folgen.

(+210 m) **km 7,04**/64 m (beim Hotel Centrale) **Rechts** über den Dorfplatz zur HS weiterfahren.

(+40 m) **km 7,08**/64 m **An der HS, rechts** weiterfahren.

(+150 m) **km 7,23**/65 m **Kreisverkehr, links** Ri. „Riva“ abbiegen und zum Startpunkt zurückfahren.

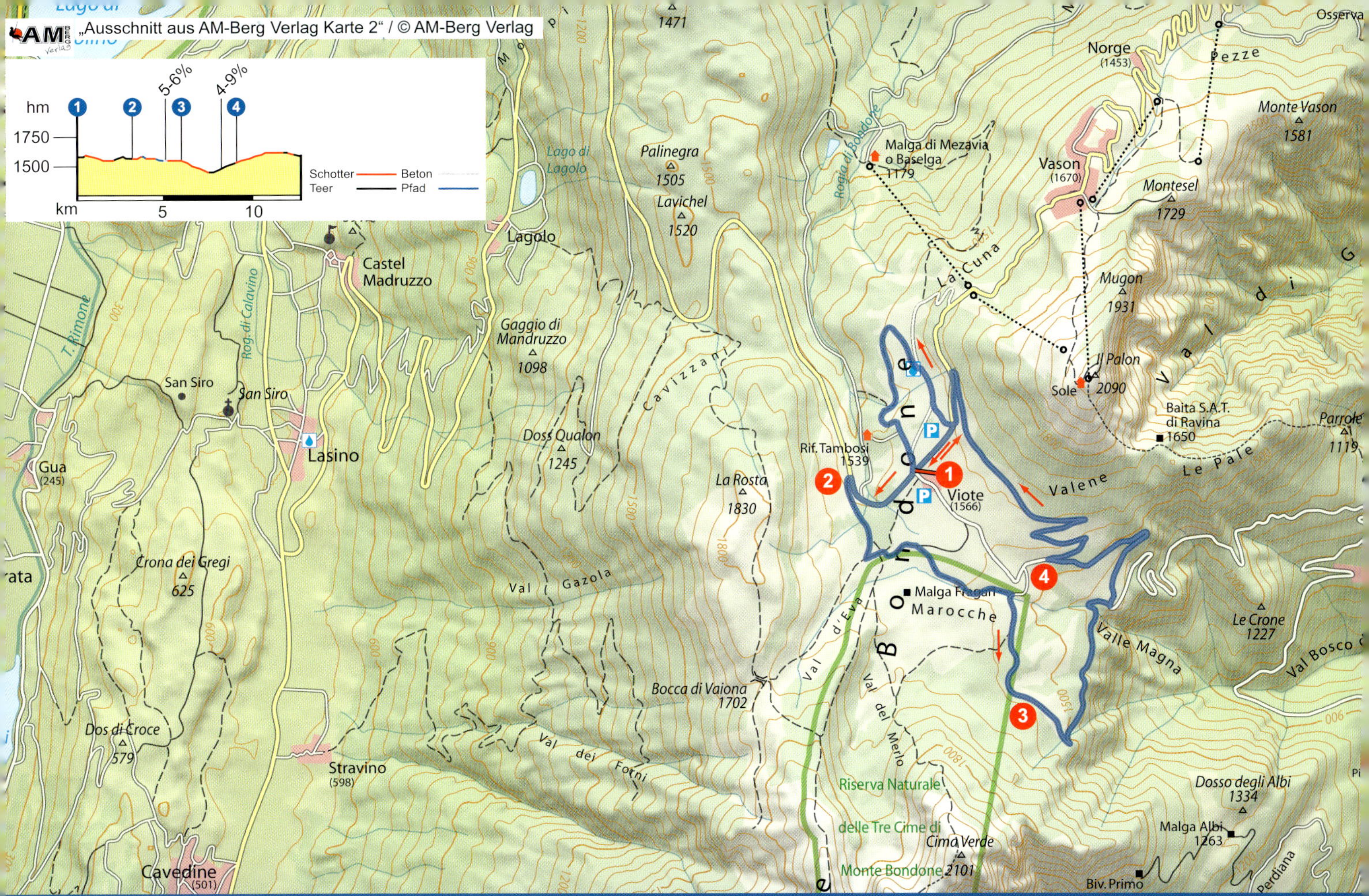

Tour 5 „Hochplateau Monte Bondone“ 2 12,73 km 1:19 Std 278 Hm

Tour 5 „Hochplateau Monte Bondone“

1 **km 0,00**/1566 m Von der Bushaltestelle (Schild „Centro Fondo Viote 1566m“) **geradeaus** die 10 m zur HS fahren und dort nach **rechts** auf diese Ri. „Trento“ abbiegen.

(+450 m) **km 0,45**/1583 m (nach dem Parkplatz) **Links** in den Schotterweg abbiegen.

(+500 m) **km 0,95**/1560 m **Gabelung** (mit Brunnen), **links** Ri. „Giro delle Viote“ weiterfahren.

(+370 m) **km 1,32**/1549 m **Links** dem Schotterweg folgen.

(+830 m) **km 2,15**/1549 m (beim Spielplatz) **Rechts** Ri. „Giro delle Viote“ weiterfahren.

(+60 m) **km 2,21**/1551 m **Geradeaus** zur HS weiterfahren. (nicht rechts Ri. „Giro delle Viote“)

(+330 m) **km 2,54**/1565 m **An der HS, rechts** bergab auf der HS weiterfahren.

2 *(+600 m)* **km 3,14**/1545 m **Links** in den Schotterweg Ri. „Giro delle Viote“ abbiegen.

(+590 m) **km 3,73**/1565 m **Kreuzung, links** bergab dem Wiesenpfad folgen.

(+120 m) **km 3,85**/1555 m **Kreuzung, rechts** dem Schotterweg folgen.

(+260 m) **km 4,11**/1555 m **Abzweig, rechts** auf den Wiesenweg Ri. „Giro delle Viote“ (Holzschild etwas versteckt hinter der Kiefer) abbiegen und diesem durch das kleine Tal, am Bach entlang folgen.

(+850 m) **km 4,96**/1524 m **Rechts** Ri. „Malga Albi“ und durch die Linkskehre fahren.

(+290 m) **km 5,25**/1531 m **Geradeaus** Ri. „Sentiero Malga Albi“ weiterfahren.

(+230 m) **km 5,48**/1536 m **Geradeaus** dem Hauptweg folgen.

(+190 m) **km 5,67**/1544 m **Linkskurve** Ri. „Giro delle Viote“ folgen.

3 *(+300 m)* **km 5,97**/1533 m (großer Platz, super Blick) **Geradeaus** Ri. „Giro delle Viote“ weiterfahren.

(+420 m) **km 6,39**/1503 m **Linkskehre** Ri. „Giro delle Viote“ folgen. (rechts „Sentiero di Malga Albi“)

(+1.290 m) **km 7,68**/1428 m **An der HS, links** bergauf (4-9%) Ri. „Giro delle Viote“ fahren.

4 *(+1.420 m)* **km 9,10**/1522 m (bevor die HS bergab geht) **Rechts** Ri. „Baita SAT, Valle delle Gole“ abbiegen und diesem Weg stets Ri. „Giro delle Viote“ bis zur HS folgen. (2 Abzweige ignorieren)

(+2.790 m) **km 11,89**/1610 m **An der HS, links** bergab (neben der HS auf dem Schotterstreifen) weiterfahren.

(+420 m) **km 12,31**/1583 m (Ende des seitlichen Schotterstreifens) Auf der HS **geradeaus** weiterfahren.

(+400 m) **km 12,71**/1570 m **Links** zum Startpunkt abbiegen.

Tour 6 „Baita Alpini-Passo Santa Barbara“ 2 9,85 km 1:07 Std 350 Hm

Tour 6 „Baita Alpini-Passo Santa Barbara“

1 
km 0,00/988 m Von der Einfahrt des Parkplatzes, **rechts** der HS leicht bergauf (6-9%) durch den Ort folgen.

(+610 m) **km 0,61**/1035 m Ortsausgang Ronzo-Chienis (nach kleiner Kapelle): **Rechts** bergauf (9-13%) Ri. „Piazze zona sportivo, Percorso D“ abbiegen.

(+370 m) **km 0,98**/1056 m **Kreuzung, links** bergauf (4-8%) Ri. „Percorso D, MTB“ abbiegen.

(+530 m) **km 1,51**/1086 m **Links** Ri. „Percorso D“ und zur HS (30 m) fahren. **An der HS, rechts** und dieser stets bergauf folgen.

(+1.370 m) **km 2,88**/1216 m La Baita (Pizzeria, Restaurant, rechte Seite).

2 
(+780 m) **km 3,66**/1253 m **Links** Ri. „Percorso D“ in den Schotterweg abbiegen. (HS verlassen)

(+790 m) **km 4,45**/1211 m **Rechts** bergauf der Teerstraße Ri. „Percorso D“ folgen.

(+590 m) **km 5,04**/1255 m **Abzweig, links** dem Schotterweg folgen.

3 *(+120 m)* **km 5,16**/1263 m **Localitá Gombino**. (rechts Hütte „Gruppo Val di Gresta“)

(+1.710 m) **km 6,87**/1240 m Baita Castil: **Links** Ri. „Percorso D“ weiterfahren.

(+820 m) **km 7,69**/1194 m **Links** weiterfahren.

4 
(+70 m) **km 7,76**/1184 m **Passo Santa Barbara** (mit Brunnen): **Links** der HS Ri. „Ronzo-Chienis“ folgen.

(+880 m) **km 8,64**/1090 m (nach der Linkskehre) **Rechts** dem Teerweg bergab (14-17%) folgen.

(+400 m) **km 9,04**/1030 m **Links** bergab weiterfahren.

(+290 m) **km 9,33**/996 m **Kreisverkehr, geradeaus** bergab nach Ronzo-Chienis fahren.

(+280 m) **km 9,61**/996 m Achtung Einbahnstraße, 30 m bergab - entgegen der Einbahnstraße - gegebenenfalls schieben.

(+30 m) **km 9,64**/978 m **An der HS, links** und zum Startpunkt zurückfahren.

Tour 7 „Sarcatal" **2** **24,71 km 2:05 Std 324 Hm**

Tour 7 „Sarcatal“

1 **km 0,00**/66 m Vom Parkplatz (Einfahrt bei der Tankstelle) **links** auf der HS Ri. Kreisverkehr fahren.

(+130 m) **km 0,13**/67 m **Kreisverkehr, rechts** auf der HS Ri. „Malcesine“ weiterfahren.

(+170 m) **km 0,30**/68 m (beim Hafen, Zebrastreifen) **Links** Ri. „Busatte“ abbiegen.

(+40 m) **km 0,34**/67 m (nach dem Hotel Centrale) **Links** bergauf (12-14%) Ri. „Busatte“ abbiegen.

(+180 m) **km 0,52**/87 m **Links** Ri. „Nago“ weiterfahren.

(+1.370 m) **km 1,89**/220 m Nago (beim Kreisverkehr): **Scharf links** zurück Ri. „60 km di Gardum“, am Parkplatz vorbei, weiterfahren.

2 *(+410 m)* **km 2,30**/182 m **Marmitte dei Giganti: An der HS** (links Bar), **geradeaus** diese überqueren (Vorsicht Autoverkehr!) und gegenüber dem Schotterweg folgen.

(+1.640 m) **km 3,94**/90 m **Links** Ri. „Radwegschild“ weiterfahren.

(+330 m) **km 4,27**/92 m **Links** über den Bach fahren. (NICHT rechts dem Radwegschild folgen)

(+390 m) **km 16,37**/109 m (in der Rechtskurve, HS) **Links** abbiegen und dann rechts weiterfahren.

(+170 m) **km 16,54**/110 m **Links** über den Parkplatz fahren und dem Radweg, am Sportplatz vorbei, folgen.

(+80 m) **km 16,62**/110 m (am Ende des Parkplatzes) **Geradeaus** dem Radweg folgen, der nun stets entlang der Sarca führt.

(+2.380 m) **km 19,00**/102 m **Rechts** dem Pfad (10 m) zur HS folgen und auf dieser weiterfahren.

(+40 m) **km 19,04**/102 m **Rechts** in die „via Sabbioni“ abbiegen.

(+310 m) **km 19,35**/102 m **Abzweig, links** weiterfahren.

(+40 m) **km 19,39**/102 m **Abzweig, rechts** weiterfahren.

(+430 m) **km 19,82**/102 m **Gabelung, links** weiterfahren.

(+190 m) **km 20,01**/101 m **T-Kreuzung, links** in die „via Monte Brione“ abbiegen.

(+550 m) **km 20,56**/102 m **Geradeaus** nach Sant Alessandro fahren.

(+620 m) **km 21,18**/99 m Riva: **An der HS, links** auf dem Radweg (rechts neben der HS) bis zur Uferstraße weiterfahren.

(+1.460 m) **km 22,64**/94 m (an der Uferstraße) **Links** über den Zebrastreifen und dem Radweg nach Torbole folgen.

(+810 m) **km 23,45**/95 m Lido di Arco: **Rechts** abbiegen und dem Uferweg folgen.

(+490 m) **km 23,94**/93 m **Links** dem Radweg bergauf Ri. „Torbole 0,15“, bis zur HS, folgen.

(+430 m) **km 24,37**/97 m **An der HS, rechts** auf diese abbiegen und zum Startpunkt zurückfahren.

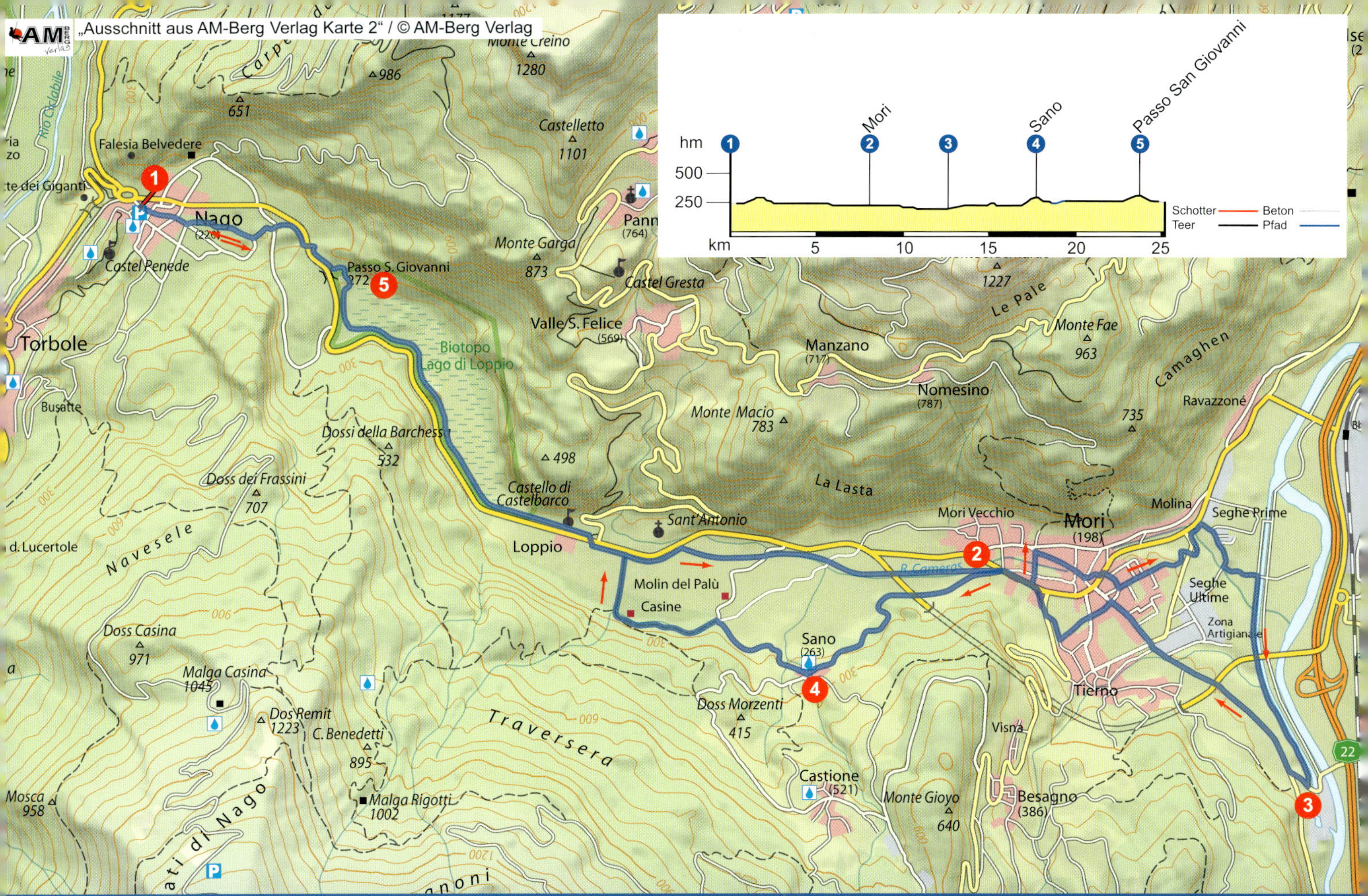

Tour 8 „Radweg Nago-Mori“ 2 25,14 km 2:00 Std 313 Hm

Tour 8 „Radweg Nago-Mori“

1

km 0,00/222 m Von der Einfahrt des Parkplatzes, **rechts** der „via Sighele“ folgen.

(+150 m) **km 0,15**/225 m **Kreuzung, geradeaus** durch den Torbogen fahren.

(+170 m) **km 0,32**/233 m **Geradeaus** weiterfahren.

(+140 m) **km 0,46**/232 m **Abzweig, links** dem Radweg folgen.

(+720 m) **km 1,18**/265 m **Rechts** auf dem Radweg weiterfahren und diesem über Loppio bis nach Mori folgen.

2

(+6.750 m) **km 7,93**/214 m **Mori: Geradeaus** Ri. „Rovereto 7,4“ weiterfahren.

(+460 m) **km 8,39**/216 m **Links** (HS überqueren) dem Radwegschild folgen.

(+250 m) **km 8,64**/214 m **Kreuzung, rechts** weiterfahren.

(+360 m) **km 9,00**/212 m (Kirchplatz) **Links** weiterfahren, durch die Unterführung (unter der HS durchfahren) und zum Sportplatz fahren.

(+1.000 m) **km 10,00**/201 m (Sportplatz) **Geradeaus** dem Radweg unter der HS durch folgen und dann in der „via San Biagio“ weiterfahren.

(+1.000 m) **km 11,00**/181 m (am Kanal) **Kreuzung, rechts** Ri. „Ala 11,9km“ weiterfahren.

3

(+1.620 m) **km 12,62**/183 m **Rechts** bergauf (5%) der Straße folgen.

(+350 m) **km 12,97**/200 m **An der HS, geradeaus** auf dieser weiterfahren.

(+1.270 m) **km 14,24**/222 m **Kreisverkehr, geradeaus** Ri. „Centro, Brentonico“ weiterfahren.

(+420 m) **km 14,66**/223 m **Kreuzung, links** Ri. „Sano-Crosano“ der „via Zandonai“ folgen. (Einbahnstraße, entgegen der Einbahnstraße)

(+190 m) **km 14,85**/222 m **Geradeaus** (HS überqueren) dem Radweg Ri. „Sano-Crosano“ folgen.

(+310 m) **km 15,16**/232 m **Rechts** Ri. „Sano-Crosano“ weiterfahren.

(+220 m) **km 15,38**/225 m **Geradeaus** auf die HS und nach ca. 50 m **links** der „via del garda“ folgen.

(+220 m) **km 15,60**/222 m **Links** dem Radweg, neben der HS, folgen.

(+460 m) **km 16,06**/221 m **Links** Ri. „Grotte del Colombo“ abbiegen.

4

(+1.600 m) **km 17,66**/294 m **Sano** (Dorfplatz): **Rechts** Ri. „Gardasee“ weiterfahren.

(+930 m) **km 18,59**/237 m (in der Rechtskurve) **Geradeaus** dem Forstweg Ri. „Torbole“ folgen.

(+770 m) **km 19,36**/244 m **Rechts** der Teerstraße folgen.

(+430 m) **km 19,79**/252 m (vor der HS, beim Ziegelhaus) **Links** dem Radweg folgen.

5

(+3.570 m) **km 23,36**/299 m **Passo San Giovanni.**

(+610 m) **km 23,97**/279 m **Links** dem Radweg folgen.

(+720 m) **km 24,69**/247 m **Rechts** weiterfahren.

(+140 m) **km 24,83**/249 m **Geradeaus** nach Nago fahren.

(+170 m) **km 25,00**/240 m **Kreuzung** (Torbogen), **geradeaus** und zum Startpunkt zurückfahren.

Tour 9 „Lago Bagattoli“

1

km 0,00/66 m Von der Sarcabrücke (Mecki´s Bar) **geradeaus** dem Radweg Ri. „Arco“ folgen.

(+1.120 m) **km 1,12**/66 m **T-Kreuzung, rechts** Ri. „Arco“ weiterfahren.

(+250 m) **km 1,37**/67 m **Abzweig, rechts** Ri. „Arco 3,8“ weiterfahren.

(+3.980 m) **km 5,35**/82 m Arco (beim Sportplatz): **Rechts** über den Parkplatz, dem Radwegschild folgen.

(+60 m) **km 5,41**/82 m **Geradeaus** der Teerstraße weiter folgen.

(+180 m) **km 5,59**/83 m (vor der HS) **Rechts** dem Radweg über die Sarcabrücke folgen.

(+170 m) **km 5,76**/80 m **T-Kreuzung, links** dem Radweg folgen.

(+310 m) **km 6,07**/85 m **An der HS, rechts** weiterfahren.

(+90 m) **km 6,16**/87 m (auf Höhe der Kirche) **Links** in die gepflasterte Gasse abbiegen.

(+40 m) **km 6,20**/89 m (Platz) **Geradeaus**, am Brunnen vorbei und in der „via Indipendenza“ weiterfahren.

(+40 m) **km 6,24**/90 m **Links** weiterfahren und dem Weg geradeaus (2 Abzweige ignorieren) folgen. (nicht rechts unter dem Haus durchfahren)

(+290 m) **km 6,53**/90 m (beim Holzkreuz) **Rechts** Ri. „Agritur Olivio“ weiterfahren.

(+80 m) **km 6,61**/92 m **Links** weiterfahren und dann über die Brücke (Umgehungsstraße) fahren.

(+360 m) **km 6,97**/100 m **Links** dem Fuß- / Radweg, leicht bergab, folgen.

(+440 m) **km 7,41**/89 m (an der Kirche vorbei, vor dem Kreisverkehr) **Rechts** am Parkplatz vorbeifahren.

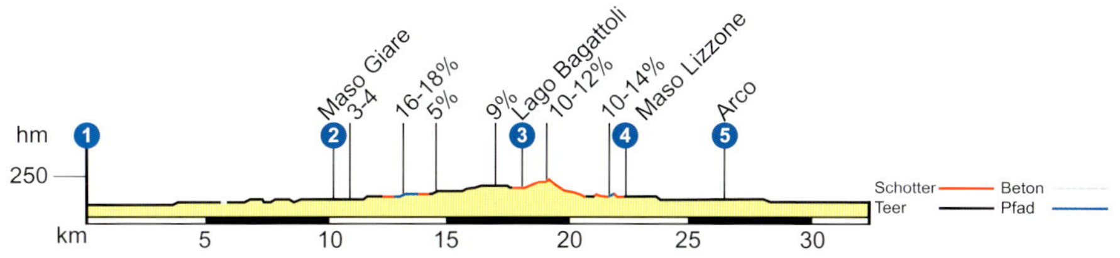

(+120 m) **km 7,53**/88 m **Rechts** in die „via Angela Maino“ Ri. „Massone“ abbiegen.

(+210 m) **km 7,74**/97 m (beim Parkplatz): **Links** in die „via S. Martino“ abbiegen.

(+140 m) **km 7,88**/100 m In San Martino (beim Brunnen): **Rechts** bergauf Ri. „Chiesetta San Martino“ und gleich darauf **links** weiterfahren.

(+160 m) **km 8,04**/101 m **Links** leicht bergab weiterfahren.

(+460 m) **km 8,50**/91 m **An der HS, geradeaus** auf dem Gehsteig weiterfahren.

(+100 m) **km 8,60**/91 m **Abzweig, rechts** Ri. „piccola dallas, Grotte di Patone“ abbiegen.

(+380 m) **km 8,98**/94 m **Gabelung, links** Ri. „Grotte di Patone“ weiterfahren.

2 *(+1.230 m)* **km 10,21**/100 m **Maso Giare**: **Geradeaus** weiterfahren.

(+470 m) **km 10,68**/101 m (nach dem Gehöft) **Rechts** weiterfahren.

(+260 m) **km 10,94**/108 m **Kreuzung, geradeaus** dem Hauptweg durch die Plantagen folgen.

(+710 m) **km 11,65**/111 m **Rechts** durch die Plantagen weiterfahren.

(+30 m) **km 11,68**/112 m **Abzweig, links** weiterfahren.

(+600 m) **km 12,28**/124 m (vor der HS) **Rechts** und gleich nach ca. 20 m wieder **rechts** dem Schotterweg folgen. (alternativ: HS weiterfahren)

(+260 m) **km 12,54**/125 m **T-Kreuzung, rechts** Ri. Strommasten weiterfahren.

(+210 m) **km 12,75**/121 m **Links** weiterfahren. (rechts „Anello Garda Bike“)

(+70 m) **km 12,82**/123 m **Links** dem Pfad folgen.

(+800 m) **km 13,62**/135 m **Rechts** weiterfahren.

(+250 m) **km 13,87**/137 m **Abzweig** (Ende Pfad), **links** Ri. „Dro, 667“ dem Schotterweg folgen.

(+180 m) **km 14,05**/135 m **T-Kreuzung, links** abbiegen.

(+40 m) **km 14,09**/134 m **Abzweig, rechts** abbiegen und zur HS fahren.

(+90 m) **km 14,18**/136 m **An der HS, rechts** auf diese abbiegen und dieser folgen.

(+320 m) **km 14,50**/148 m **Links** (HS verlassen) Ri. „Pietramurata, MTB (Schild)“ abbiegen.

(+240 m) **km 14,74**/144 m **Rechts** dem Radweg Ri. „Pietramurata“ folgen.

(+2.110 m) **km 16,85**/190 m Centrale FIES: **Links** über die Brücke fahren.

(+90 m) **km 16,94**/192 m (vor der HS) **Links** dem Radweg folgen.

(+310 m) **km 17,25**/181 m **Geradeaus** auf dem Gehsteig zur Ampel fahren.

(+70 m) **km 17,32**/179 m Ampel: **Rechts** (Straßenseite wechseln) und dann gegenüber **links** auf dem Gehsteig weiterfahren.

(+320 m) **km 17,64**/173 m **Rechts** Ri. „localita Lago Bagattoli“ abbiegen und dem Weg folgen.

(+310 m) **km 17,95**/180 m **Rechts** zum Lago Bagattoli (Parkplatz) abbiegen.

3 *(+160 m)* **km 18,11**/174 m **Lago Bagattoli** (Bar). (nun wieder bis zum letzten Abzweig zurückfahren)

(+160 m) **km 18,27**/181 m **Rechts** auf dem Schotterweg weiterfahren.

(+330 m) **km 18,60**/207 m **T-Kreuzung, links** Ri. „Dro“ abbiegen.

(+570 m) **km 19,17**/227 m **Links** dem Schotterweg bergab (10-13%) folgen.

(+970 m) **km 20,14**/148 m Oltra: **Rechts** Ri. „Dro“ weiterfahren.

(+510 m) **km 20,65**/126 m **Links** weiterfahren.

(+50 m) **km 20,70**/126 m **Rechts** bergab weiterfahren.

(+50 m) **km 20,75**/125 m Dro: **An der HS, rechts** weiterfahren.

(+120 m) **km 20,87**/124 m (vor der Sarcabrücke) **Rechts** Ri. „Lizzone“ weiterfahren.

(+80 m) **km 20,95**/126 m **Rechts** dem Radweg folgen.

4 *(+1.400 m)* **km 22,35**/122 m **Maso Lizzone: Geradeaus** dem Radweg Ri. „Arco“ folgen.

(+460 m) **km 22,81**/114 m (vor der Brücke) **Rechts** Ri. „Arco“ abbiegen. Es folgen zwei Rastmöglichkeiten „La Lanterna“ (ca. 1,45 km) und „Pizzeria California“ (ca. 2,64 km in Arco).

5 *(+3.620 m)* **km 26,43**/99 m Arco (Sarcabrücke): **Geradeaus** auf der HS weiterfahren.

(+390 m) **km 26,82**/95 m (in der Rechtskurve der HS) **Links** abbiegen und dann rechts fahren.

(+170 m) **km 26,99**/94 m **Links** über den Parkplatz fahren und dem Radweg, am Sportplatz vorbei, folgen.

(+80 m) **km 27,07**/94 m (am Ende des Parkplatzes) **Geradeaus** dem Radweg, der nun stets entlang der Sarca führt, bis nach Torbole folgen.

(+3.990 m) **km 31,06**/82 m **T-Kreuzung, links** Ri. „Torbole 1,4“ weiterfahren.

(+260 m) **km 31,32**/79 m **Links** Ri. „Torbole 1,1“ abbiegen und zum Startpunkt zurückfahren.

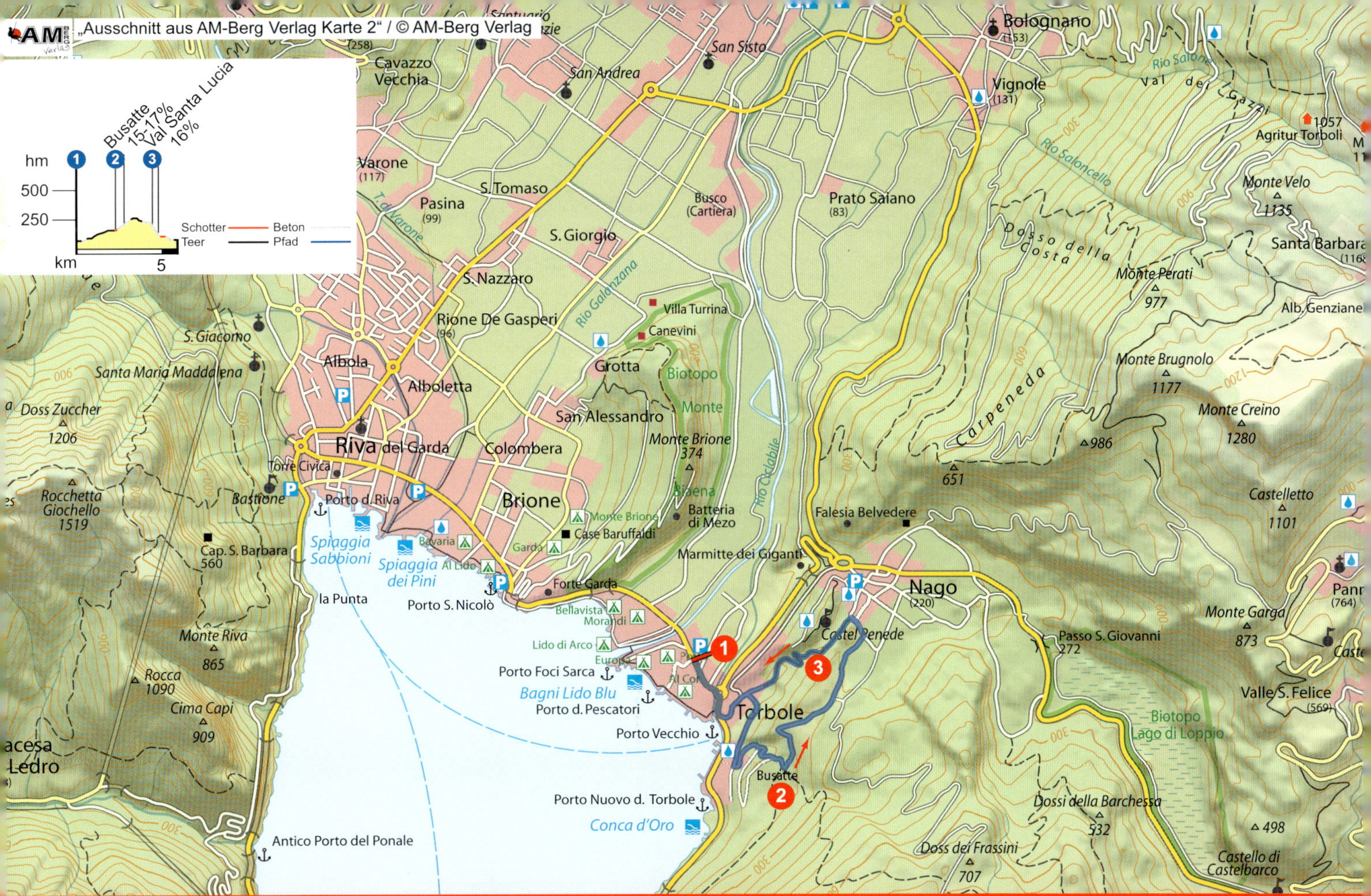

Tour 10 „Valle Santa Lucia“ **3** **5,78 km** **0:52 Std** **215 Hm**

Tour 10 „Valle Santa Lucia“

1 **km 0,00**/66 m Vom Parkplatz (Einfahrt bei der Tankstelle) **links** auf der HS Ri. Kreisverkehr fahren.

(+130 m) **km 0,13**/67 m **Kreisverkehr, rechts** auf der HS Ri. „Malcesine“ weiterfahren.

(+170 m) **km 0,30**/68 m (beim Hafen, Zebrastreifen) **Links** Ri. „Busatte“ abbiegen.

(+40 m) **km 0,34**/67 m (nach dem Hotel Centrale) **Links** bergauf (12-14%) Ri. „Busatte“ abbiegen.

(+180 m) **km 0,52**/87 m **Geradeaus** Ri. „Parco Olivi, Busatte“ weiterfahren.

(+30 m) **km 0,55**/87 m (vor dem Hotel Santa Lucia) **Rechts** Ri. „le Busatte“ und der Straße, am Panorama Parkplatz vorbei, stets folgen.

(+560 m) **km 1,11**/115 m **Linkskehre** Ri. „le Busatte, Villa Gloria“ folgen.

(+240 m) **km 1,35**/127 m **Rechtskehre** (bei Villa Gloria) folgen. (geradeaus „le Busatte“ = steiler)

(+860 m) **km 2,21**/151 m **Rechts** dem Hauptweg folgen.

2 *(+50 m)* **km 2,26**/155 m **Busatte: Geradeaus** Ri. „Dos Carina“ weiterfahren. (rechts Adventure Park Busatte) Diesem Weg nun stets geradeaus bergauf (7-17%), vorbei am Aussichtspunkt (rechts), bis zur HS folgen.

(+980 m) **km 3,24**/263 m (bei kleiner Kapelle, Heiligenfigur) **An der HS, geradeaus** bergab (18%-Schild) weiterfahren.

(+480 m) **km 3,72**/232 m **Links** dem Hauptweg folgen.

(+140 m) **km 3,86**/231 m Nago: **Geradeaus** in den Ort fahren.

(+110 m) **km 3,97**/224 m (beim Parkplatz) **Links** Ri. „Torbole“ abbiegen.

3 *(+400 m)* **km 4,37**/195 m Tafel „Tal Santa Lucia“. (links Picknick-Platz) Ab hier wird der Weg fahrtechnisch etwas anspruchsvoller.

(+700 m) **km 5,07**/94 m **Gabelung, rechts** weiterfahren.

(+140 m) **km 5,21**/93 m (Nähe Hotel Santa Lucia) **Geradeaus** weiterfahren und der Straße bis zum Dorfplatz folgen.

(+210 m) **km 5,42**/72 m (beim Hotel Centrale) **Rechts** über den Dorfplatz zur HS weiterfahren.

(+40 m) **km 5,46**/64 m **An der HS, rechts** weiterfahren.

(+140 m) **km 5,60**/65 m **Kreisverkehr, links** Ri. „Riva“ abbiegen und zum Startpunkt zurückfahren.

Tour 11 „Malcesine-strada panoramica“ 3 11,36 km 1:11 Std 345 Hm

Tour 11 „Malcesine-strada panoramica“

1 **km 0,00**/70 m Vom Parkplatz (Einfahrt) **geradeaus** dem Radweg Ri. Süden „Malcesine Centro“ folgen.

(+600 m) **km 0,60**/69 m **Geradeaus** der Teerstraße folgen.

(+140 m) **km 0,74**/68 m **Links** der Teerstraße weiter folgen. (nicht geradeaus auf den Kiesweg)

(+220 m) **km 0,96**/73 m **Links** bergauf (11-14%) der gepflasterten Gasse folgen.

(+70 m) **km 1,03**/83 m **Links** Ri. Kreisverkehr weiterfahren.

(+60 m) **km 1,09**/84 m **Kreisverkehr, rechts** auf der HS entlang weiterfahren.

(+140 m) **km 1,23**/88 m **Kreisverkehr, geradeaus** der HS, an der Kirche vorbei, folgen.

(+320 m) **km 1,55**/93 m **Abzweig, links** leicht bergauf (3-5%) in die „via Panoramica“, Ri. „Strada Panoramica“, abbiegen.

(+900 m) **km 2,45**/132 m **Linkskehre** (Hauptweg) Ri. „Strada Panoramica“ und stets diesem Hauptweg bergauf (5-10%), bis zum Passo Campiano folgen. (Abzweige ignorieren)

2 *(+3.710 m)* **km 6,16**/381 m **Passo Campiano** (mit Brunnen und Bänken): **Geradeaus** und nach 20 m **links** bergab, Ri. „Park Hotel Querceto“ abbiegen.

(+90 m) **km 6,25**/379 m Picknick-Platz (mit Parkplatz): Super Aussicht.

(+90 m) **km 6,34**/384 m (wieder an der HS) **Links** abbiegen und der HS stets bergab folgen.

3 *(+1.830 m)* **km 8,17**/288 m **Links** (MTB Schild + rote Markierung) bergab auf den Betonweg Ri. „Malcesine 0,40 / 4“ abbiegen. (wer es nicht so steil bergab will, einfach der HS weiter folgen)

(+400 m) **km 8,57**/214 m **Geradeaus** bergauf Ri. „Malcesine“ weiterfahren.

(+280 m) **km 8,85**/223 m **Geradeaus** dem Steinweg bergab (20-26%) folgen.

(+540 m) **km 9,39**/138 m **An der HS, links** weiterfahren.

(+870 m) **km 10,26**/99 m **Kreisverkehr, geradeaus** der gepflasterten Straße folgen.

(+60 m) **km 10,32**/98 m **Rechts** bergab der „via Paina“ folgen.

(+80 m) **km 10,40**/88 m **Rechts** dem Radweg folgen.

(+350 m) **km 10,75**/83 m **Geradeaus** dem Radweg zurück zum Startpunkt folgen.

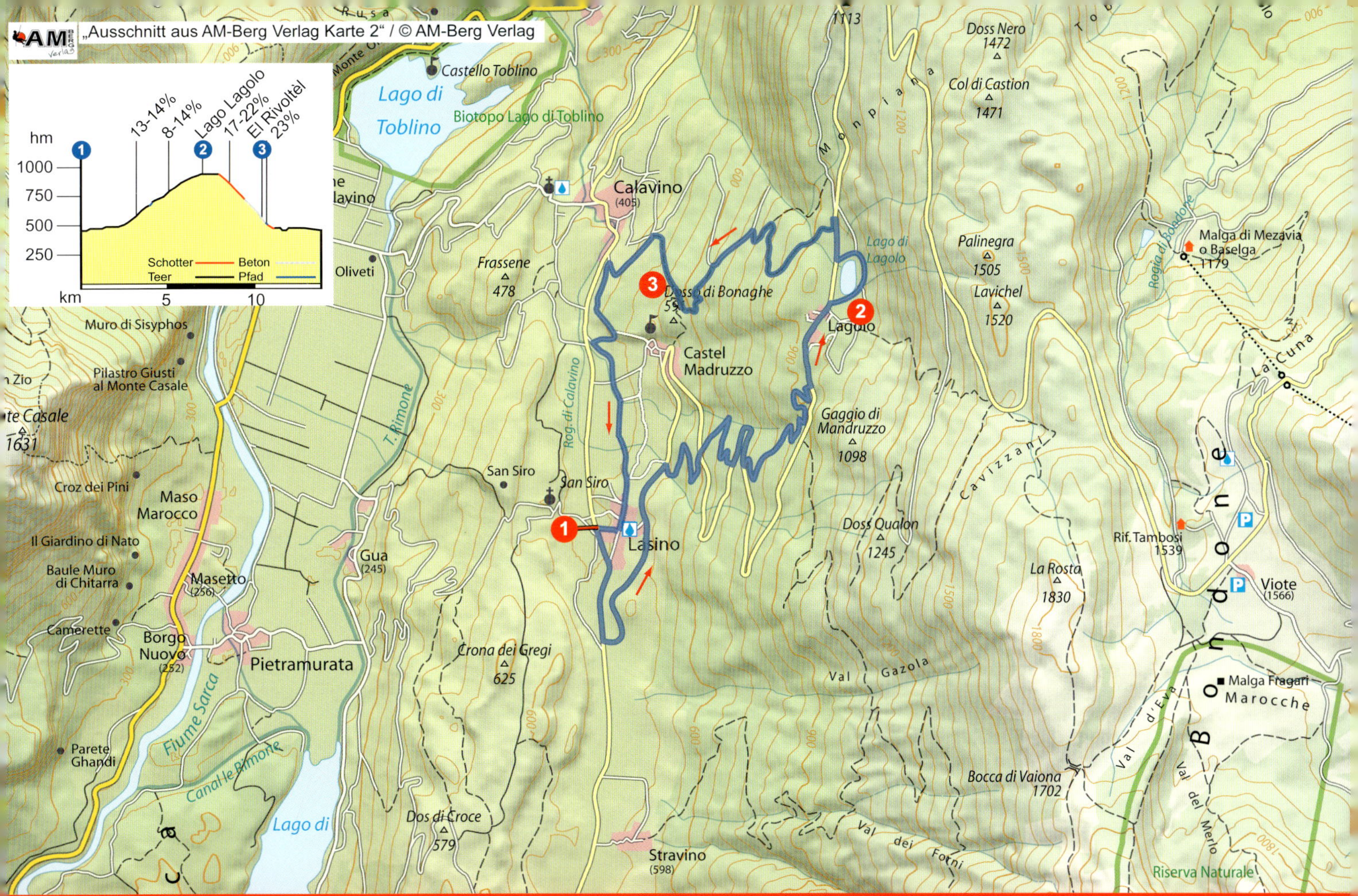

Tour 12 „Lago Lagolo“ 3 **13,81** km **1:49** Std **576** Hm

Tour 12 „Lago Lagolo“

1 **km 0,00**/451 m **An der HS, links** Ri. „Riva del Garda“ auf die HS fahren und dieser aus dem Ort folgen.

(+850 m) **km 0,85**/465 m **Abzweig, links** bergauf (2-3%) der HS Ri. „Mt. Bondone, Lagolo“ folgen.

(+1.540 m) **km 2,39**/494 m **Rechts** dem Teerweg bergauf (9-13%) folgen.

(+330 m) **km 2,72**/534 m **Rechtskehre** weiterfahren und dem Weg bis zur HS bergauf (am Ende 13-14%) folgen.

(+510 m) **km 3,23**/591 m **An der HS, geradeaus** dem Weg (alte Straße) bergauf (12-14%) folgen.

(+410 m) **km 3,64**/639 m **Geradeaus** dem flachen Weg folgen.

(+410 m) **km 4,05**/681 m **Links** auf dem Pfad steil bergauf (25-33% / ca.20 Hm) das Bike schieben. (Pfadabzweig verpasst: Wenn man am querliegenden Baum steht, ist man 10 m zu weit gefahren...)

(+20 m) **km 4,07**/699 m **An der HS**, über die Leitplanke steigen und dann auf der HS **links** bergauf weiterfahren.

(+560 m) **km 4,63**/735 m **Abzweig, links** bergauf (8-14%) auf dem Teerweg (HS verlassen) weiterfahren und diesem stets folgen (Abzweige ignorieren), bis man wieder auf die HS trifft.

(+150 m) **km 12,70**/477 m (beim Steinkreuz) **Rechts** fahren und dann immer geradeaus bis nach Lasino und durch den Ort auf der „via 3 novembre“ weiterfahren.

(+940 m) **km 13,64**/487 m Lasino (Piazza A. Degasperi): **Rechts** Ri. „Passeggiata Lasino“ abbiegen und zum Startpunkt zurückfahren.

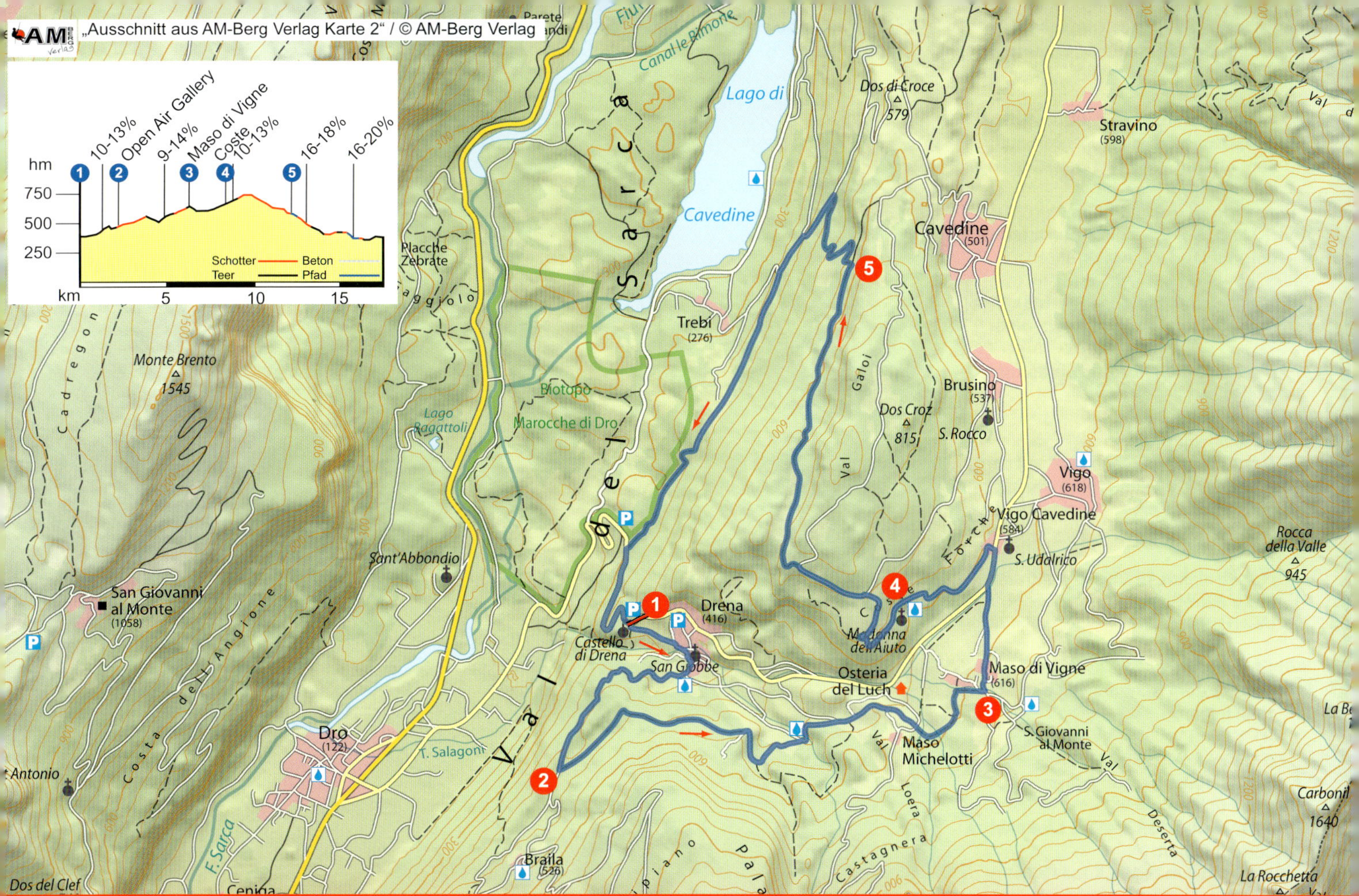

Tour 13 „Dos Calt“ 3 **17,42** km **2:08** Std **589** Hm

Tour 13 „Dos Calt“

1 **km 0,00**/393 m Vom Parkplatz, **geradeaus** bergab der „via Castello“ folgen.

(+360 m) **km 0,36**/393 m (nach der Bergauffahrt) **Geradeaus** der „via G. Segantini“ folgen.

(+40 m) **km 0,40**/393 m **Abzweig, geradeaus** leicht bergab Ri. „Loc. Braila“ weiterfahren.

(+90 m) **km 0,49**/394 m **Links** Ri. „Loc. Braila 2,7km/160hm“ abbiegen.

(+70 m) **km 0,56**/399 m **Rechts** Ri. „Braila“ weiterfahren.

(+60 m) **km 0,62**/405 m (links Parkplatz) **Abzweig, rechts** Ri. „Braila“ weiterfahren.

2 *(+1.540 m)* **km 2,16**/474 m **Open Air Gallery: Links** dem Schotterweg folgen.

(+1.040 m) **km 3,20**/523 m **Geradeaus** dem oberen Weg (Hauptweg) folgen.

(+550 m) **km 3,75**/553 m **Geradeaus** der Teerstraße bergab (9-12%), am Restaurant „La Casina“ vorbei, folgen.

(+490 m) **km 4,24**/521 m **Links** dem Hauptweg weiter folgen.

(+180 m) **km 4,42**/509 m (am Stoppschild) **Geradeaus** bergauf weiterfahren.

(+350 m) **km 13,99**/403 m (vor der Rechtskehre) **Links** in den unscheinbaren Schotterweg bergauf (5-7%) abbiegen.

(+970 m) **km 14,96**/419 m **Links** auf dem Teerweg Ri. „Anello Garda-Sarca“ weiterfahren und stets diesem Weg geradeaus folgen.

(+490 m) **km 15,45**/411 m **Rechtskurve** bergab (16-20%) folgen. (ab hier beginnt der Pfad)

(+930 m) **km 16,38**/363 m **Geradeaus** und bergab zur HS fahren.

(+100 m) **km 16,48**/350 m **An der HS, links** bergauf (5-7%) und auf dieser zum Startpunkt zurückfahren.

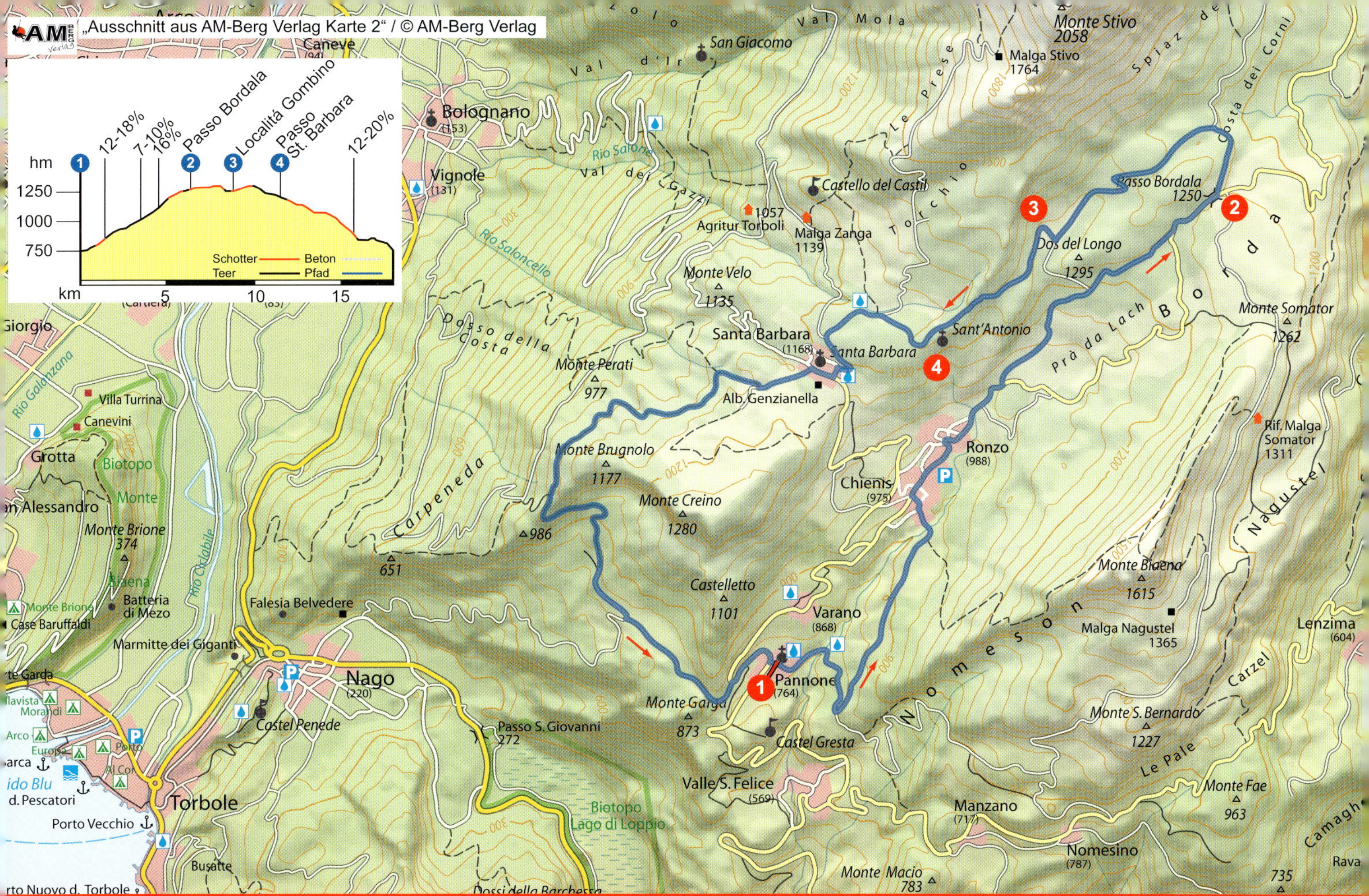

Tour 14 „Val di Gresta-Passo Bordala“ 3 17,90 km 2:00 Std 624 Hm

Tour 14 „Val di Gresta-Passo Bordala“

1  **km 0,00**/783 m Von der Kirche **geradeaus** bergab Ri. Dorfplatz fahren und der „via Molini“ folgen.

 *(+450 m)* **km 0,45**/774 m (nach der Brücke „Molino di Pannone“) **Rechts** Ri. „Percorso B“ abbiegen.

 *(+470 m)* **km 0,92**/796 m **Links** bergauf Ri. „Percorso B“ weiterfahren und diesem Weg stets geradeaus (Abzweige ignorieren) folgen.

 *(+1.770 m)* **km 2,69**/952 m Ronzo-Chienis: **Geradeaus** der „via piazzera“ bis zur HS folgen.

 *(+210 m)* **km 2,90**/979 m **An der HS, rechts** auf diese abbiegen und ihr durch den Ort folgen.

 *(+1.040 m)* **km 3,94**/1058 m (nach Ronzo, beim Kreuz) **Links** Ri. „Percorso B“ auf die kleine Teerstraße abbiegen.

 *(+600 m)* **km 4,54**/1119 m **Links** bergauf (16%) dem Hauptweg folgen.

 *(+580 m)* **km 5,12**/1201 m **Rechts** bergauf (8-12%) dem Schotterweg Ri. „Percorso B“ folgen.

 *(+800 m)* **km 5,92**/1254 m **An der HS, links** bergauf Ri. „Percorso B“ weiterfahren.

2  *(+380 m)* **km 6,30**/1271 m **Passo Bordala** (links „Albergo Passo Bordala“): **Links** auf den Schotterweg Ri. „Percorso A“ abbiegen.

 *(+1.060 m)* **km 7,36**/1283 m **Geradeaus** dem Karrenweg Ri. „Percorso B“ folgen.

 *(+1.360 m)* **km 8,72**/1254 m **Rechts** auf den Schotterweg zur Hütte abbiegen.

3 *(+120 m)* **km 8,84**/1252 m **Localitá Gombino**. (rechts Hütte „Gruppo Val di Gresta“)

 *(+1.710 m)* **km 10,55**/1256 m Baita Castil: **Links** Ri. „Percorso D“ weiterfahren.

 *(+820 m)* **km 11,37**/1210 m **Links** weiterfahren.

4  *(+70 m)* **km 11,44**/1201 m **Passo Santa Barbara** (mit Brunnen): **Rechts** der HS Ri. „Arco“ folgen.

 *(+150 m)* **km 11,59**/1184 m **Links** Ri. „Nago“ abbiegen.

 *(+350 m)* **km 11,94**/1176 m **Rechts** auf den Karrenweg Ri. „Nago, 37“ abzweigen.

 *(+2.570 m)* **km 14,51**/1035 m **Geradeaus** Ri. „Pannone“ weiterfahren.

 *(+620 m)* **km 15,13**/954 m **Rechts** auf dem Hauptweg bergab (12-20%) Ri. „Percorso B“ weiterfahren und diesem stets geradeaus (2 Abzweige ignorieren) folgen.

 *(+2.290 m)* **km 17,42**/817 m **An der HS, rechts** auf dieser bergab nach Pannone fahren.

 *(+450 m)* **km 17,87**/784 m Pannone: **Links** zur Kirche (Startplatz) abbiegen.

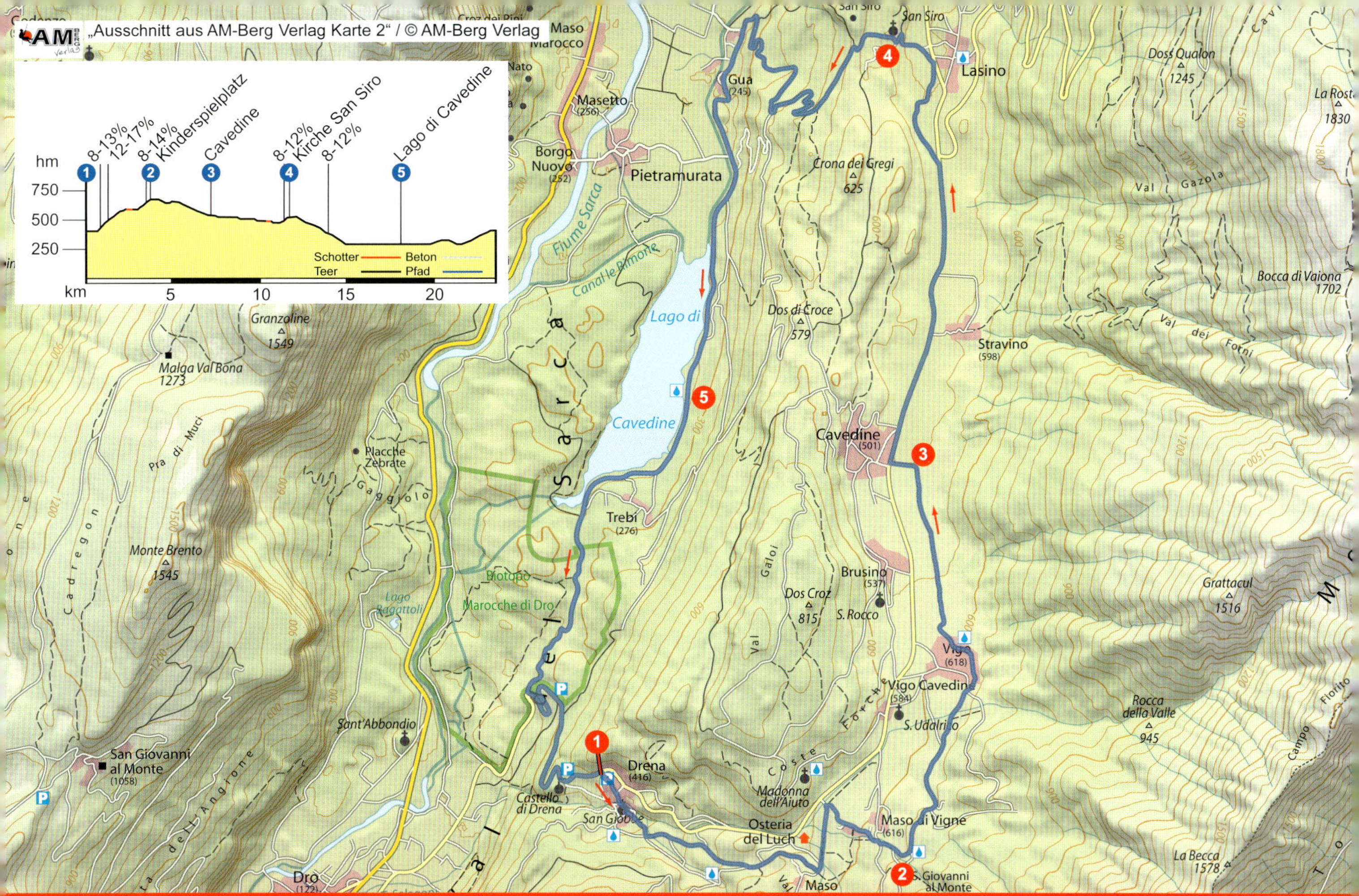

Tour 15 „San Siro-Lago di Cavedine“ 3 23,62 km 1:51 Std 574 Hm

Tour 15 „San Siro-Lago di Cavedine“

1 **km 0,00**/412 m Vom Parkplatz (Einfahrt) **links** der HS bergab folgen.

(+80 m) **km 0,08**/407 m **Links** Ri. „Braila“ abbiegen.

(+70 m) **km 0,15**/406 m Kreisverkehr, **geradeaus** Ri. „chiesa“ (obere Straße) weiterfahren.

(+270 m) **km 0,42**/404 m **Links** der HS folgen.

(+80 m) **km 0,50**/402 m **Rechts** weiterfahren.

(+20 m) **km 0,52**/402 m **Links** bergauf (8%) der „via Alessandro Mazzoni“ folgen.

(+70 m) **km 0,59**/408 m **Geradeaus** bergauf (8-13%) weiterfahren.

(+190 m) **km 0,78**/430 m (vor der kleinen Kapelle) **Links** Ri. „La Casina“ weiterfahren.

(+170 m) **km 0,95**/448 m **Links** bergauf (12-17%) in die kleine Teerstraße abbiegen und dieser folgen.

(+710 m) **km 1,66**/545 m **Links** bergauf weiterfahren.

(+130 m) **km 1,79**/556 m **Geradeaus** der „via di Vespiai“ folgen.

(+310 m) **km 10,87**/473 m (vor der HS) **Links** abbiegen.

(+130 m) **km 11,00**/471 m (beim Steinkreuz) **Geradeaus** bergauf (8-12%) zur Kirche weiterfahren.

(+390 m) **km 11,39**/499 m **Kirche San Siro**: **Rechts** Ri. Kirche (20 m weiter) fahren. Dieser Teerstraße (Hauptweg) nun stets die nächsten ca. 480 m noch bergauf und dann bergab bis nach Pergolese folgen.

(+3.840 m) **km 15,23**/284 m Gua: **Geradeaus** Ri. „Lago di Cavedine“ fahren und der HS geradeaus zum Cavedine See folgen.

(+2.960 m) **km 18,19**/282 m **Lago di Cavedine** (Picknick-Platz). Der HS weiter folgen.

(+3.290 m) **km 21,48**/281 m **An der HS** (Dro-Drena), **links** bergauf Ri. „Drena“ abbiegen und bis zum Startpunkt zurückfahren.

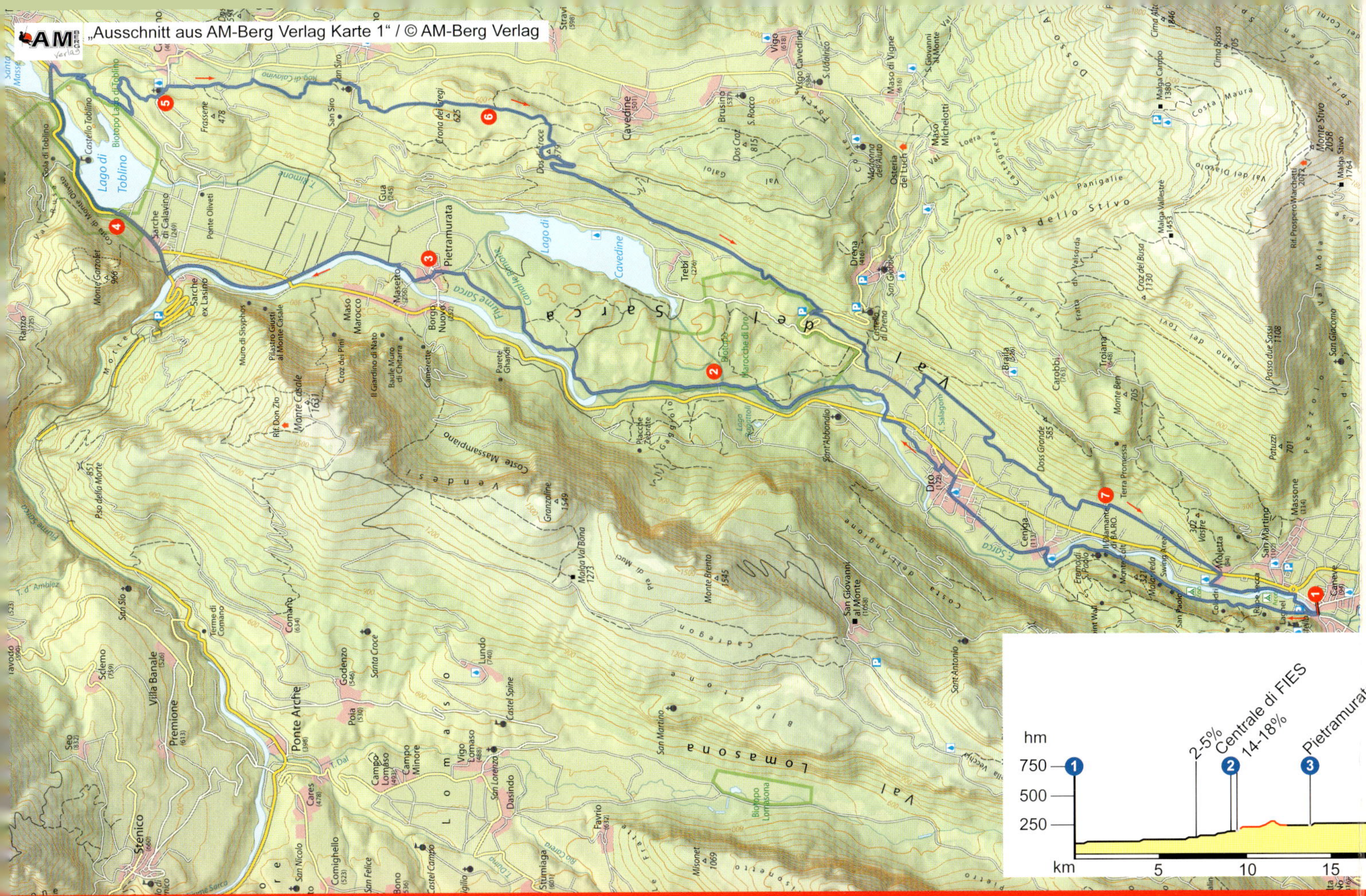

Tour 16 „Lago di Toblino“

1 **km 0,00**/90 m Von der Sarcabrücke (Zebrastreifen) **geradeaus** auf der Teerstraße Ri. „Camping Zoo“ fahren und diesem Weg bis zur römischen Brücke bei Ceniga folgen.

(+3.600 m) **km 3,60**/103 m (römische Brücke) **Rechts** über die Brücke und der „via al Ponte“ bis zur HS in Ceniga folgen.

(+220 m) **km 3,82**/108 m Ceniga: **An der HS, links** auf dieser weiterfahren und stets dem Radwegschild bis nach Dro folgen.

(+1.480 m) **km 5,30**/116 m Dro (bei der Kirche): **Rechts** der HS zum Kreisverkehr folgen.

(+160 m) **km 5,46**/117 m **Kreisverkehr, links** dem Radwegschild folgen.

(+220 m) **km 5,68**/118 m **Links** dem Radwegschild folgen.

(+60 m) **km 5,74**/116 m (kleiner Kreisverkehr) **Rechts** dem Radwegschild folgen.

(+60 m) **km 5,80**/116 m **Kreuzung, rechts** dem Radwegschild folgen.

(+410 m) **km 6,21**/120 m **Rechtskurve,** dem Radwegschild folgen.

(+90 m) **km 6,30**/120 m **Geradeaus** dem Radwegschild folgen. (nach wenigen Metern wird der Radweg schmaler)

(+170 m) **km 6,47**/126 m **Links**, neben der Bundesstraße weiterfahren und dem Radweg durch die Unterführung (Bundesstraße) folgen.

(+640 m) **km 7,11**/139 m **Geradeaus** dem Radweg Ri. „Pietramurata“ folgen.

2 *(+2.110 m)* **km 9,22**/183 m **Centrale di FIES: Geradeaus** weiterfahren.

(+2.240 m) **km 11,46**/271 m M. Taglio di Sarca: **Linkskurve** (Hauptweg) bergab (2-7%) folgen.

(+1.840 m) **km 13,30**/236 m **Links** dem Radwegschild Ri. „Pietramurata“ folgen.

3 *(+350 m)* **km 13,65**/242 m **Pietramurata: Links** Ri. Kirche leicht bergab abiegen.

(+70 m) **km 13,72**/241 m (vor der Kirche) **Rechts** auf der gepflasterten Straße weiterfahren.

(+40 m) **km 13,76**/241 m **Links** Ri. „Sarche 3,6“ der „via Toretta“ folgen. (bis zum Ortsende)

(+190 m) **km 13,95**/242 m (an der Sarca) **Geradeaus**, rechts der Sarca, weiterfahren.

(+260 m) **km 14,21**/242 m **Links** dem Radwegschild, stets an der Sarca entlang, folgen.

(+1.330 m) **km 15,54**/246 m **Rechts** Ri. „Sarche 1,8“ dem Radweg durch die Unterführung folgen. (es folgen Picknick-Plätze entlang der Sarca)

(+1.660 m) **km 17,20**/255 m **An der HS, rechts** bergab dem Radweg folgen.

(+260 m) **km 17,46**/244 m Sarche: **Links** auf der HS Ri. „Trento“ weiterfahren. (rechts an der Kreuzung: Snackbar / Hotel Ideal)

(+400 m) **km 17,86**/240 m **Rechts** neben der HS weiterfahren.

4 *(+330 m)* **km 18,19**/240 m **Biotopo Lago Toblino.** („No Bike“ = schieben und auf Fußgänger Rücksicht nehmen; oder die HS benutzen)

(+840 m) **km 19,03**/244 m **Rechts** weiterfahren. (rechts auch Ristorante „Castel Toblino“)

(+20 m) **km 19,05**/243 m **Links**, zwischen den Mauern durch, dem Weg folgen.

(+930 m) **km 19,98**/247 m **An der HS, rechts** und über die Brücke weiterfahren.

(+260 m) **km 20,24**/249 m **Geradeaus** Ri. „Padergnone“ weiterfahren.

(+100 m) **km 20,34**/251 m (vor dem Ortsschild Padergnone) **Rechts** abbiegen.

(+300 m) **km 20,64**/252 m **Geradeaus** bergauf (15-18%) auf der Teerstraße weiterfahren und dieser bergauf (Abzweige ignorieren) folgen.

(+1.000 m) **km 21,64**/327 m (beim Steinkreuz, vor dem Haus) **Links** bergauf weiterfahren.

(+510 m) **km 22,15**/358 m **Rechts** dem Teerweg bergauf folgen.

5 *(+560 m)* **km 22,71**/402 m **Chiesetta di Corgnon** (mit Brunnen): **Links** weiterfahren.

(+250 m) **km 22,96**/384 m Calavino: **Rechts** Ri. „Valle di Cavedine“ abbiegen.

(+340 m) **km 23,30**/406 m (Steinkreuz) **Rechts** durch die Plantagen (Abzweige ignorieren) weiterfahren.

(+320 m) **km 23,62**/414 m (in der Linkskurve) **Geradeaus** dem Wiesenpfad folgen.

(+220 m) **km 23,84**/417 m **An der HS, geradeaus** auf der HS weiterfahren.

(+170 m) **km 24,01**/426 m (vor dem Zebrastreifen) **Rechts** bergauf auf den Teerweg abbiegen.

(+190 m) **km 24,20**/450 m **Rechts** bergauf dem Schotterweg folgen.

(+120 m) **km 24,32**/462 m **Geradeaus** dem Pfad folgen.

(+290 m) **km 24,61**/472 m **Links** dem Wiesenweg bergab folgen.

(+710 m) **km 25,32**/463 m (an der kleinen HS) **Geradeaus** bergauf weiterfahren.

(+110 m) **km 25,43**/476 m (in der Rechtskurve, vor der Kirche San Siro) **Links** dem Teerweg folgen.

(+400 m) **km 25,83**/500 m **Rechts** der Teerstraße bergauf (9-14%) folgen.

(+320 m) **km 26,15**/529 m **Rechts** der Teerstraße weiter folgen.

(+40 m) **km 26,19**/534 m **Geradeaus** dem Schotterweg folgen.

(+1.120 m) **km 27,31**/582 m **Rechts** dem Pfad Ri. „Cavedine“ folgen.

6 *(+130 m)* **km 27,44**/585 m **La Carega del Diaol** (= der Teufelssessel)

(+270 m) **km 27,71**/578 m **Links** dem Waldweg leicht bergauf folgen.

(+60 m) **km 27,77**/580 m **Links** weiterfahren.

(+80 m) **km 27,85**/582 m **Rechtskurve** folgen.

(+100 m) **km 27,95**/581 m **Links** Ri. „itinerario Archeologico“ weiterfahren.

(+50 m) **km 28,00**/578 m **Rechtskurve** folgen. (links „itinerario Archeologico“)

(+280 m) **km 28,28**/575 m An der Teerstraße, **rechts** bergab (8-15%) weiterfahren.

(+1.140 m) **km 29,42**/511 m **Geradeaus** bergab Ri. „Lago di Cavedine“ weiterfahren und der HS stets bergab folgen.

(+1.360 m) **km 30,78**/367 m (vor der Rechtskehre) **Links** in den unscheinbaren Schotterweg bergauf (5-7%) abbiegen.

(+970 m) **km 31,75**/381 m **Links** auf dem Teerweg Ri. „Anello Garda-Sarca“ weiterfahren und stets diesem Weg geradeaus folgen.

(+490 m) **km 32,24**/373 m **Rechtskurve** bergab (16-20%) folgen. (ab hier beginnt der Pfad)

(+930 m) **km 33,17**/319 m **Geradeaus** und bergab zur HS fahren.

(+100 m) **km 33,27**/350 m **An der HS, rechts** auf der HS bergab weiterfahren.

(+140 m) **km 33,41**/292 m (vor dem Parkplatz auf der rechten Seite) **Links** abbiegen.

(+100 m) **km 33,51**/283 m **Rechts** bergab (15-20%) Ri. „Anello Garda-Sarca“ weiterfahren.

(+480 m) **km 33,99**/216 m **Links** Ri. „Anello Garda-Sarca“ fahren und dem grob schottrigen Weg dann geradeaus bis zur HS folgen.

(+510 m) **km 34,50**/156 m **An der HS, links** Ri. „Anello Garda-Sarca“ weiterfahren.

(+630 m) **km 35,13**/133 m (nach der Bergabfahrt und den Picknick-Plätzen) **Links** in den Schotterweg Ri. „Anello Garda-Sarca“ abbiegen.

(+100 m) **km 35,23**/132 m **Links** Ri. „Anello Garda-Sarca“ und **nach 50 m rechts** abbiegen.

(+230 m) **km 35,46**/135 m **Rechts** dem Pfad Ri. „Anello Garda-Sarca, Maso Giare“ folgen.

(+240 m) **km 35,70**/132 m **Links** dem Schotterweg folgen.

(+870 m) **km 36,57**/120 m **Rechts** dem Schotterweg Ri. „Anello Garda Bike“ folgen.

(+80 m) **km 36,65**/118 m **Links** Ri. „Anello Garda Bike“ abbiegen und dem Weg durch die Plantagen stets Ri. „Anello Garda Bike“ folgen. **(Abzweige so folgen: rechts-rechts-links)**

(+480 m) **km 37,13**/110 m Coste di Varino: **Links** und gleich wieder **rechts** dem Pfad Ri. „Anello Garda Bike“ folgen.

(+740 m) **km 37,87**/105 m **Kreuzung, links** Ri. „Anello Garda-Sarca“ weiterfahren.

(+290 m) **km 38,16**/99 m **Links** Ri. „Anello Garda-Sarca“ weiterfahren.

7 *(+430 m)* **km 38,59**/98 m **Maso Giare: Geradeaus** Ri. „Moletta“ fahren. Stets diesem Teerweg, vorbei an der Pizzeria Piccola Dallas, bis zur HS folgen.

(+1.610 m) **km 40,20**/89 m **An der HS, links** auf dem Gehweg bis zur Ampel fahren.

(+100 m) **km 40,30**/89 m An der Ampel, nach **rechts** die HS überqueren und **geradeaus** Ri. „pista ciclabile“ weiterfahren.

(+200 m) **km 40,50**/86 m (bei der Bar) **Links** dem Radweg an der Sarca Ri. „Torbole 7,5“ folgen.

(+1.030 m) **km 41,53**/84 m (beim Kreisverkehr) **Rechts** über die Sarcabrücke und zum Ausgangspunkt zurückfahren.

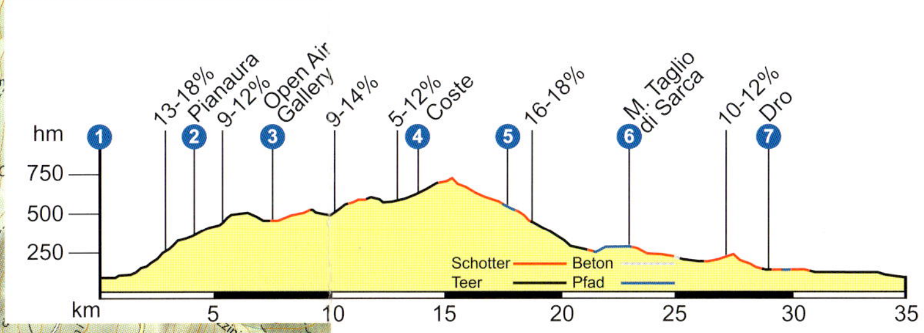

Tour 17 „Biotopo Marocche"

1

km 0,00/90 m Von der Sarcabrücke **geradeaus** dem Radweg flussaufwärts, entlang der Sarca, Ri. „Sarche 18" folgen.

(+340 m) **km 0,34**/91 m **Rechts** dem Radweg über die Brücke Ri. „pista ciclabile" folgen.

(+70 m) **km 0,41**/91 m (beim Kreisverkehr) **Links** am Kreisel entlang (nicht geradeaus dem Radweg an der Sarca entlang folgen) Ri. Zebrastreifen und durch die Unterführung fahren.

(+180 m) **km 0,59**/90 m Nach der Unterführung (auf der anderen Straßenseite) **links** zurück, am Parkplatz vorbei, weiterfahren.

(+110 m) **km 0,70**/91 m **Rechts** in die „via Angelo Maino" Ri. „Massone" abbiegen.

(+210 m) **km 0,91**/99 m **Links** (rechts Parkplatz) in die via S. Martino" abbiegen und durch San Martino fahren.

(+150 m) **km 1,06**/103 m San Martino (beim Brunnen): **Rechts** bergauf Ri. „Chiesetta San Martini" und gleich **danach links** weiterfahren.

(+170 m) **km 1,23**/106 m (nach San Martino) **Rechts** bergauf Ri. „Carobbi, Chiesetta San Martini" fahren.

(+330 m) **km 1,56**/131 m **Links** bergauf Ri. „Carobbi, Braila" weiterfahren und dieser Teerstraße stets bergauf folgen.

(+2.340 m) **km 3,90**/349 m Rechts ist der Picknick-Platz „Rupresti di Pianaura" (mit Felszeichnungen). Der HS **geradeaus** weiter folgen.

2

(+110 m) **km 4,01**/350 m **Pianaura**. (Wiese mit Kastanienbäumen und Picknick-Plätzen)

(+110 m) **km 4,12**/367 m **Abzweig, links** Ri. „Braila 2" abbiegen.

(+1.810 m) **km 5,93**/504 m **Links** der Teerstraße Ri. „Carobbi" folgen. (rechts Sackgasse)

(+210 m) **km 6,14**/504 m (grünes Kreuz) **Abzweig, geradeaus** bergab weiterfahren.

(+1.010 m) **km 7,15**/456 m **Geradeaus** bergab weiterfahren.

3 *(+250 m)* **km 7,40**/448 m **Open Air Gallery** (links Felszeichnungen): **Rechts** dem Schotterweg folgen.

(+1.160 m) **km 8,56**/493 m **Geradeaus** dem oberen Weg (Hauptweg) folgen.

(+550 m) **km 9,11**/526 m **Geradeaus** der Teerstraße bergab (9-12%), am Restaurant „La Casina“ vorbei, folgen.

(+490 m) **km 9,60**/491 m **Links** dem Hauptweg weiter folgen.

(+180 m) **km 9,78**/479 m (am Stoppschild) **Geradeaus** bergauf weiterfahren.

(+490 m) **km 10,27**/525 m **Abzweig, geradeaus** bergauf der „via di Vespiai“ folgen.

(+540 m) **km 10,81**/557 m **Kreuzung** (Madonna), **geradeaus** dem Schotterweg folgen.

(+280 m) **km 11,09**/581 m **Rechts** dem Karrenweg steil bergauf folgen.

(+20 m) **km 11,11**/585 m **Links** auf den Pfad abbiegen und diesem folgen. (wird später zum Karrenweg und führt entlang einer Weinplantage)

(+300 m) **km 11,41**/577 m **Rechts** bergauf (9-13%) dem unscheinbaren Karren- / Wiesenweg folgen. (nicht links bergab)

(+140 m) **km 11,55**/597 m **Geradeaus** dem Schotterweg, der dann in Teer übergeht, folgen.

(+10 m) **km 11,56**/596 m **An der HS, rechts** bergauf Ri. „Maso di Vigne“ fahren.

(+60 m) **km 11,62**/604 m Maso di Vigne: **Links** bergab bis zur HS weiterfahren.

(+840 m) **km 12,46**/565 m **An der HS, geradeaus** auf dieser weiterfahren.

(+180 m) **km 12,64**/571 m Vigo Cavedine: **Links** Ri. „Coste“ abbiegen.

(+140 m) **km 12,78**/579 m **Geradeaus** dem Hauptweg folgen.

(+610 m) **km 13,39**/609 m **Links** dem Hauptweg folgen. (nicht geradeaus bergauf)

4 *(+360 m)* **km 13,75**/631 m **Coste** (links Rastplatz mit Brunnen): **Rechts** auf dem oberen Weg Ri. „Cavedine“ weiterfahren.

(+380 m) **km 14,13**/683 m **Geradeaus** bergauf (10-13%) weiterfahren.

(+30 m) **km 14,16**/652 m **Rechtskehre** bergauf (10-13%) folgen.

(+290 m) **km 14,45**/678 m **Linkskurve** folgen.

(+110 m) **km 14,56**/693 m (Picknick-Platz) **Geradeaus** Ri. „Cavedine“ fahren und diesem Weg stets folgen. (anfangs leicht bergauf, dann bergab)

5 *(+3.020 m)* **km 17,58**/559 m **Abzweig, links** dem Pfad bergab folgen. (ACHTUNG: Kann leicht übersehen werden)

(+510 m) **km 18,09**/514 m (Nähe Haus) **Rechts** dem Schotterweg bergab (16-18%) folgen.

(+610 m) **km 18,70**/445 m An der Teerstraße, **links** bergab fahren.

(+440 m) **km 19,14**/410 m **Linkskehre** bergab bis zur HS folgen.

(+350 m) **km 21,10**/255 m **An der HS, links** und **nach 50 m rechts** weiterfahren.

6 *(+1.980 m)* **km 23,08**/282 m **M. Taglio di Sarca: Links** auf den Forstweg Ri. „Sent. Gaggio“ abbiegen.

(+2.220 m) **km 25,30**/200 m Centrale di FIES: **Rechts** über die Brücke weiterfahren.

(+90 m) **km 25,39**/198 m (vor der HS) **Links** dem Radweg folgen.

(+310 m) **km 25,70**/195 m **Geradeaus** auf dem Gehsteig zur Ampel fahren.

(+70 m) **km 25,77**/190 m Ampel: **Rechts** (Straßenseite wechseln) und gegenüber **links** auf dem Gehsteig weiterfahren.

(+320 m) **km 26,09**/184 m **Rechts** Ri. „localita Lago Bagattoli“ abbiegen und dem Weg folgen.

(+310 m) **km 26,40**/186 m **Geradeaus** weiterfahren. (rechts Rastmöglichkeit am Lago Bagattoli)

(+330 m) **km 26,73**/204 m **T-Kreuzung, links** Ri. „Dro“ abbiegen.

(+570 m) **km 27,30**/221 m **Links** dem Schotterweg bergab (10-13%) folgen.

(+970 m) **km 28,27**/164 m Oltra: **Rechts** Ri. „Dro“ weiterfahren.

(+510 m) **km 28,78**/140 m **Links** weiterfahren.

(+50 m) **km 28,83**/140 m **Rechts** bergab weiterfahren.

(+50 m) **km 28,88**/133 m Dro: **An der HS, rechts** weiterfahren.

7 *(+120 m)* **km 29,00**/132 m **Dro** (vor der Sarcabrücke) **Rechts** Ri. „Lizzone“ weiterfahren.

(+80 m) **km 29,08**/131 m **Rechts** dem Radweg folgen.

(+1.650 m) **km 30,73**/127 m Maso Lizzone: **Geradeaus** dem Radweg Ri. „Arco“ folgen.

(+460 m) **km 31,19**/114 m (vor der Brücke) **Rechts** Ri. „Arco“ abbiegen und zum Startpunkt zurückfahren. Es folgen zwei Rastmöglichkeiten „La Lanterna“ (ca. 1,45 km) und „Pizzeria California“ (ca. 2,64 km in Arco).

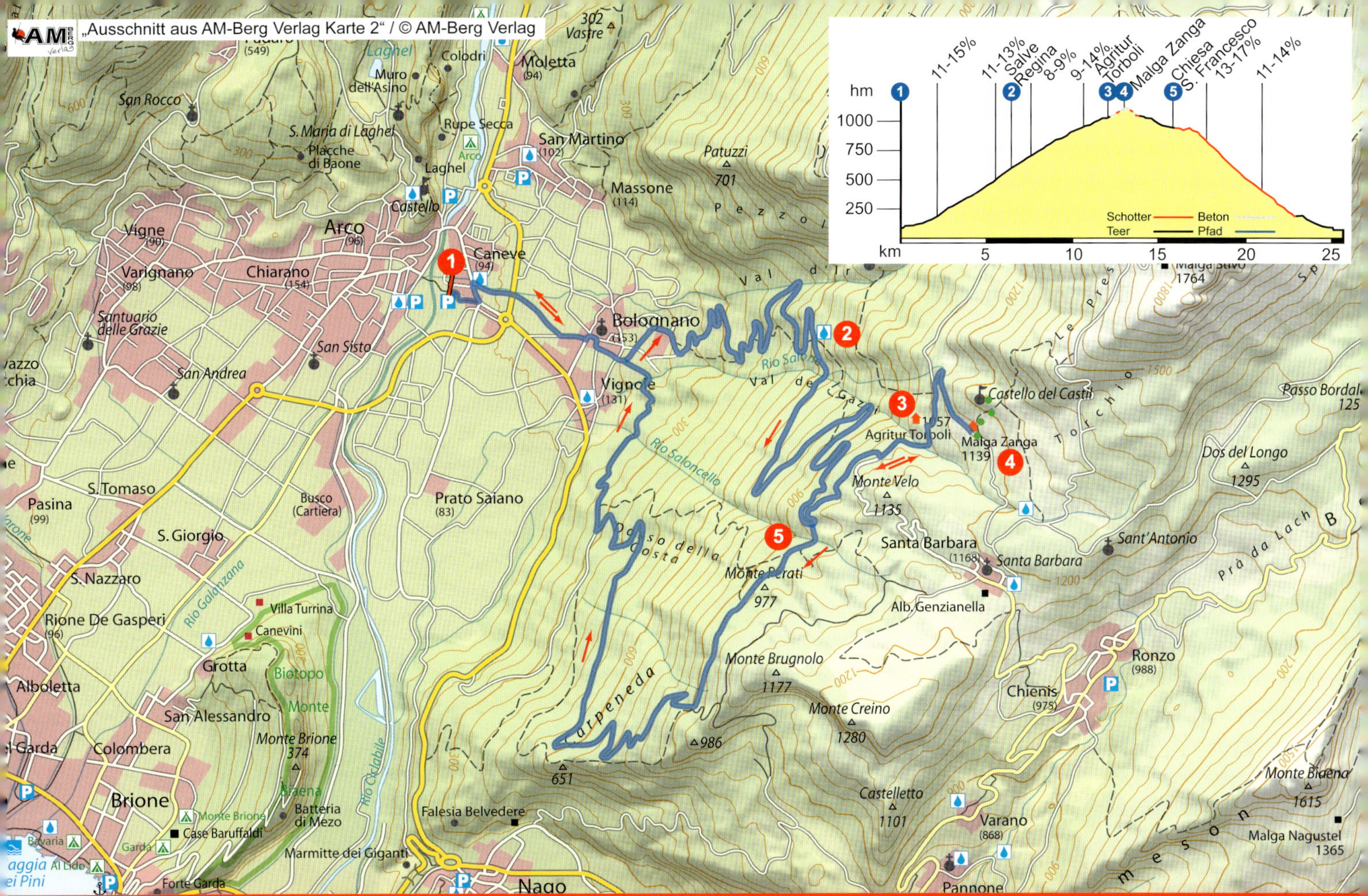

Tour 18 „Monte Velo 1-Malga Zanga“ 3 **25,58** km **3:12** Std **1.085** Hm

Tour 18 „Monte Velo 1-Malga Zanga“

1 **km 0,00**/90 m Vom Parkplatz (hinteres Ende bei der Brücke) **geradeaus** dem Radweg zur Einfahrt des Parkplatzes folgen.

(+270 m) **km 0,27**/97 m **Kreisverkehr, links** der „viale Rovereto“ folgen.

(+110 m) **km 0,38**/96 m (nächste Straße, bei der Bushaltestelle / Zebrastreifen) **Rechts** abbiegen.

(+30 m) **km 0,41**/98 m (am Piazza Trento) **Rechts** der Einbahnstraße folgen.

(+280 m) **km 0,69**/108 m (nach der Brücke, Umgehungsstraße) **Geradeaus** der „via del Ri“ folgen.

(+450 m) **km 1,14**/120 m Bolognano: **Links** leicht bergauf weiterfahren.

(+180 m) **km 1,32**/131 m **Links** Ri. Kirche und dann **rechts** der HS folgen.

(+80 m) **km 1,40**/136 m **Rechts** der HS Ri. „monte Velo“ folgen.

(+60 m) **km 1,46**/136 m **Links** der HS Ri. „monte Velo“ folgen.

(+230 m) **km 1,69**/153 m **Links** auf der HS weiterfahren und dieser stets bergauf folgen.

2 *(+4.690 m)* **km 6,38**/620 m **Salve Regina** (mit Brunnen). HS weiter bergauf folgen.

(+10 m) **km 6,39**/622 m **Geradeaus** Ri. „Monte Velo“ weiterfahren.

(+5.050 m) **km 11,44**/1001 m (in der Rechtskehre) **Links** Ri. „Agritur Torboli, Malga Zanga“ abbiegen.

3 *(+610 m)* **km 12,05**/1028 m **Agritur Torboli.** Rechtskehre Ri. „Malga Zanga“ folgen.

(+280 m) **km 12,33**/1038 m **Gabelung, rechts** bergauf (11-14%) Ri. „Malga Zanga“ weiterfahren.

(+180 m) **km 12,51**/1061 m **Rechtskehre** Ri. „Malga Zanga“ folgen.

(+190 m) **km 12,70**/1078 m **Links** Ri. „Malga Zanga“ weiterfahren.

4 *(+330 m)* **km 13,03**/1115 m **Malga Zanga.** Von hier den gleichen Weg zurück zur HS fahren.

(+730 m) **km 13,76**/1039 m **Geradeaus** Ri. „Salve Regina“ fahren.

(+910 m) **km 14,67**/1002 m **An der HS, rechts** bergab Ri. „Salve Regina“ fahren.

(+890 m) **km 15,56**/942 m (Rechtskehre) **Links** bergab Ri. „Chiesa S. Francesco“ abbiegen.

5 *(+330 m)* **km 15,89**/928 m **Chiesa S. Francesco.**

(+200 m) **km 16,09**/935 m (links Wasserhydrant) **Rechts** (NW-Schild Nr. 12) bergab weiterfahren.

(+270 m) **km 16,36**/918 m **Rechts** dem Hauptweg, an der Schranke vorbei, folgen.

(+940 m) **km 17,30**/890 m **Rechts** bergab (links „NW 12“) weiterfahren und diesem Weg bis nach Bolognano zur HS folgen.

(+6.590 m) **km 23,89**/126 m Bolognano: **Geradeaus** auf die HS fahren.

(+230 m) **km 24,12**/110 m **Rechts** der HS folgen.

(+40 m) **km 24,16**/110 m (vor der Kirche) **Links** weiterfahren.

(+60 m) **km 24,22**/107 m **Links** Ri. „Arco“ und **nach 30 m rechts** der „via Rovero“ folgen.

(+200 m) **km 24,42**/94 m **Rechts** in die „via del Ri“ abbiegen.

(+460 m) **km 24,88**/83 m **Geradeaus** über die Brücke (Bundesstraße) fahren.

(+280 m) **km 25,16**/75 m **Links** weiterfahren.

(+30 m) **km 25,19**/73 m **An der HS, links** auf dieser weiterfahren.

(+120 m) **km 25,31**/74 m **Kreisverkehr, rechts** dem Radweg zum Startpunkt zurück folgen.

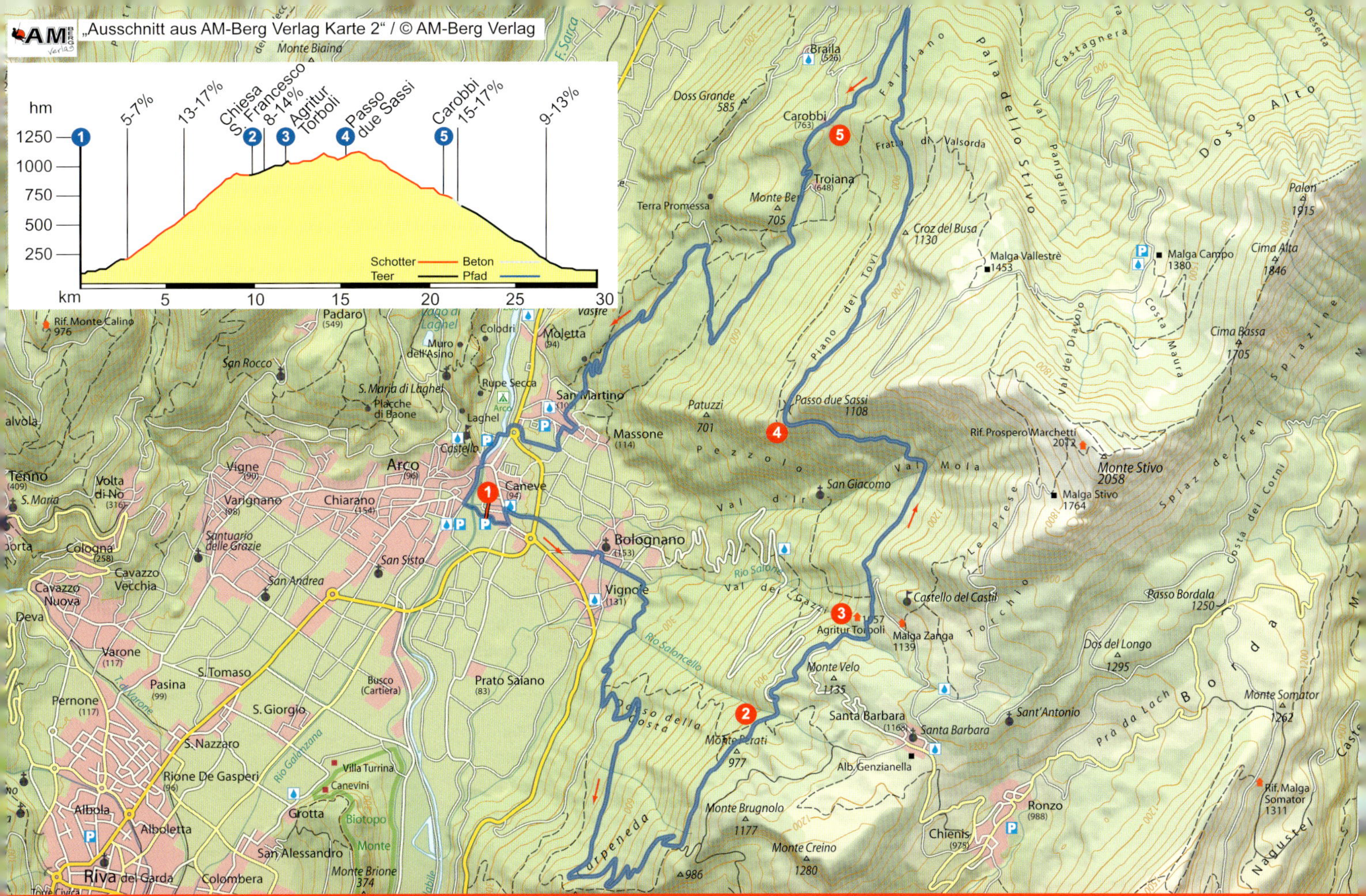

Tour 19 „Monte Velo 2-Passo due Sassi“ 3 29,67 km 3:26 Std 1.137 Hm

Tour 19 „Monte Velo 2-Passo due Sassi“

1 **km 0,00**/90 m Vom Parkplatz (hinteres Ende bei der Brücke) **geradeaus** dem Radweg zur Einfahrt des Parkplatzes folgen.

(+270 m) **km 0,27**/97 m **Kreisverkehr, links** der „viale Rovereto“ folgen.

(+110 m) **km 0,38**/96 m (nächste Straße, bei der Bushaltestelle / Zebrastreifen) **Rechts** abbiegen.

(+30 m) **km 0,41**/98 m (am Piazza Trento) **Rechts** der Einbahnstraße folgen.

(+280 m) **km 0,69**/108 m (nach der Brücke) **Geradeaus** der „via del Ri“ folgen.

(+450 m) **km 1,14**/120 m Bolognano: **Links** leicht bergauf weiterfahren.

(+180 m) **km 1,32**/131 m **Links** Ri. Kirche und dann **rechts** der HS folgen.

(+80 m) **km 1,40**/136 m **Rechts** der HS Ri. „monte Velo“ folgen.

(+60 m) **km 1,46**/136 m **Links** der HS Ri. „monte Velo“ folgen.

(+230 m) **km 1,69**/153 m **Geradeaus** (HS verlassen) der „via Cacciatore“ folgen. (nach ca. 820 m beginnt der Schotterweg, diesem Hauptweg nun stets bergauf Ri. „Monte Velo“ folgen)

(+7.950 m) **km 9,64**/932 m (rechts Wasserhydrant) **Links** bergab der Betonrampe folgen.

2 *(+220 m)* **km 9,86**/926 m **Chiesa S. Francesco.**

(+320 m) **km 10,18**/937 m **An der HS, rechts** bergauf weiterfahren.

(+880 m) **km 11,06**/994 m (in der Rechtskehre) **Links** Ri. „Agritur Torboli, Malga Zanga“ abbiegen.

3 *(+610 m)* **km 11,67**/1021 m **Agritur Torboli.** Rechtskehre Ri. „Malga Zanga“ folgen.

(+280 m) **km 11,95**/1032 m **Gabelung, links** leicht bergab Ri. „Bolognano“ weiterfahren.

(+350 m) **km 12,30**/1012 m **Rechts** dem betonierten Weg Ri. „Passo due Sassi“ folgen. (nicht links „San Giacomo“)

4 *(+2.850 m)* **km 15,15**/1160 m **Passo due Sassi.** (nach 350 m links Felskopf mit super Aussicht)

(+1.050 m) **km 16,20**/1111 m **Gabelung, links** bergab Ri. „Troiana“ weiterfahren.

(+3.400 m) **km 19,60**/803 m **Linkskehre** (Hauptweg) bergab folgen.

5 *(+1.220 m)* **km 20,82**/745 m **Carobbi: Geradeaus** weiterfahren. (nach ca. 940 m beginnt die Teerstraße, dieser stets bergab folgen)

(+3.730 m) **km 24,55**/386 m **Links** der HS bergab, am Picknick-Platz „Pianaura“ vorbei, folgen.

(+2.620 m) **km 27,17**/149 m **Links** weiterfahren und der HS nach Massone folgen.

(+400 m) **km 27,57**/127 m (beim Dorfbrunnen) **Rechts** durch den Torbogen und der HS folgen.

(+140 m) **km 27,71**/123 m **Links** in die „via Europa“ abbiegen.

(+210 m) **km 27,92**/122 m (bei der Kapelle) **Rechts** abbiegen und dann **geradeaus** weiterfahren.

(+500 m) **km 28,41**/109 m **Kreisverkehr, rechts** durch die Unterführung Ri. Sarca fahren.

(+190 m) **km 28,60**/109 m **Rechts** über die Sarcabrücke fahren und dem Radweg folgen.

(+420 m) **km 29,02**/109 m An der Sarcabrücke (HS), **geradeaus** auf der HS weiterfahren.

(+390 m) **km 29,41**/106 m (in der Rechtskurve) **Links** in den Rad-/Fußweg abbiegen und über die Sarcabrücke fahren.

(+200 m) **km 29,61**/107 m **Rechts** dem Radwegschild folgen und zum Ausgangspunkt zurückfahren.

Tour 20 „Valle della Bova“ **4** **9,95 km** **1:02 Std** **180 Hm**

Tour 20 „Valle della Bova“

1 **km 0,00**/70 m Von der Einfahrt des Parkplatzes **geradeaus** dem Radweg Ri. Norden (Torbole) folgen.

(+1.570 m) **km 1,57**/71 m (vor der HS) **Links** dem Radweg, stets am Wasser entlang, folgen.

(+1.480 m) **km 3,05**/73 m (ca. 260 m nach dem Segelclub „Faglia Vela Malcesine“) **Rechts** über den Zebrastreifen und nach **links** auf der HS weiterfahren.

(+50 m) **km 3,10**/73 m (vor dem Ortsschild Navene) **Rechts** bergauf (10-13%) in die „via di Mezzo“ abbiegen und dieser Straße stets geradeaus Ri. „Valle della Bova“ (MTB Schild) folgen.

(+550 m) **km 3,65**/126 m **Geradeaus** Ri. „Tennis“, dem schmalen Teerweg folgen. (nach ca. 120 m beginnt der Schotterweg)

(+620 m) **km 4,27**/173 m (bei der Tafel) **Geradeaus** weiterfahren. (links „MTB Lago di Garda“)

2 *(+240 m)* **km 4,51**/202 m **Valle della Bova** (Tafel, Bänke)**: Links** bergab (bis 27%) Ri. „Lago di Garda, loc. Casella, MTB“, dem steilen Karrenweg folgen.

(+280 m) **km 4,79**/163 m **Links** bergab Ri. „Lago di Garda, loc. Casella, MTB“ weiterfahren.

(+150 m) **km 4,94**/112 m (nach der Linkskurve mit Tafel) **Geradeaus** Ri. „Lago di Garda“ weiterfahren. (nicht rechts bergab)

(+80 m) **km 5,02**/113 m „Schuttplatz“: **Geradeaus** weiterfahren.

(+90 m) **km 5,11**/110 m An der Teerstraße, **links** bergab weiterfahren.

(+160 m) **km 5,27**/87 m **An der HS** (links ist ein Parkplatz), HS überqueren und nach **links** (auf dem schmalen Fußweg neben der HS) weiterfahren.

(+450 m) **km 5,72**/86 m **Rechts** dem Radweg bergab zum See folgen.

(+30 m) **km 5,75**/81 m Am See **links** dem Radweg weiter folgen. Nach 20 m kommt man in den Bereich der Kite- und Surfschule. Bitte das Bike die **40 m schieben**!

3 *(+790 m)* **km 6,54**/85 m **Navene: Rechts** am See entlang weiterfahren.

(+1.750 m) **km 8,29**/85 m (Hotel Sailing Club) **Rechts** dem Radweg folgen und zum Ausgangspunkt zurückfahren.

Tour 21 „Funivia intermedia-Val di Monte“ 4 14,82 km 2:01 Std 663 Hm

Tour 21 „Funivia intermedia-Val di Monte“

1 **km 0,00**/70 m Vom Parkplatz (Einfahrt) **geradeaus** dem Radweg Ri. Süden „Malcesine Centro“ folgen.

(+600 m) **km 0,60**/69 m **Geradeaus** der Teerstraße folgen.

(+140 m) **km 0,74**/68 m **Links** der Teerstraße weiter folgen.

(+220 m) **km 0,96**/73 m **Links** bergauf (11-14%) der gepflasterten Gasse folgen.

(+70 m) **km 1,03**/83 m **Links** Ri. Kreisverkehr weiterfahren.

(+60 m) **km 1,09**/84 m **Kreisverkehr, geradeaus** Ri. „funivia Malcesine“ fahren. An der Bergbahn vorbeifahren und der Straße weiter bergauf folgen.

(+1.530 m) **km 2,62**/125 m **Rechts** Ri. „Strada panoramica“ abbiegen.

2 *(+4.260 m)* **km 6,78**/378 m **Passo Campiano: Rechts** zum Aussichtspunkt mit Picknick-Platz fahren.

(+100 m) **km 6,88**/371 m Picknick-Platz (mit Parkplatz): Super Aussicht.

(+100 m) **km 6,98**/379 m (wieder an der HS) **Geradeaus** bergauf (20%) Ri. „San Michele, Funivia“ weiterfahren.

(+320 m) **km 7,30**/426 m **Links** bergauf der „via San Michele“ folgen.

(+330 m) **km 7,63**/472 m **Gabelung, links** bergauf dem Hauptweg folgen.

(+510 m) **km 8,14**/549 m **Abzweig, rechts** Ri. „San Michele“ weiterfahren.

(+170 m) **km 8,31**/582 m San Michele (Bergbahn): **Rechts** abbiegen und dem Weg bergauf Ri. „Navene“ folgen.

(+110 m) **km 8,42**/593 m **Gabelung, rechts** Ri. „S. Maggiore“ weiterfahren.

3 *(+380 m)* **km 8,80**/572 m **Kapelle San Michele.** (Beginn Pfad, 200 m sehr steil und steinig)

(+700 m) **km 9,50**/477 m **Geradeaus** dem Pfad Ri. „S. Maggiore“ folgen.

(+960 m) **km 10,46**/411 m **Geradeaus** dem Bikeschild folgen.

(+200 m) **km 10,66**/410 m **Rechts** der Teerstraße folgen.

(+340 m) **km 11,00**/359 m **Rechts** bergab (18%) weiterfahren.

(+450 m) **km 11,45**/300 m **Rechts** Ri. „Passo Campiano“ weiterfahren.

(+170 m) **km 11,62**/305 m **Links** Ri. „Madonna dell`Accoglienza“, in die „via Rochetta“, abbiegen. (nach ca. 180 m geht es kurz mal mit 20% bergauf)

(+280 m) **km 11,90**/327 m **Rechts** Ri. „Madonna dell`Accoglienza“ fahren.

(+100 m) **km 12,00**/344 m **Geradeaus**, Bike die Treppe hochtragen.

4 *(+120 m)* **km 12,12**/360 m **Madonna dell`Accoglienza** (La Rocchetta).

(+120 m) **km 12,24**/350 m **Links** dem Pfad folgen.

(+360 m) **km 12,60**/301 m **Links** dem Forstweg durch den Torbogen, Ri. „Malcesine“ folgen.

(+80 m) **km 12,68**/297 m **Geradeaus** dem Pfad, extrem steil bergab (30%), folgen.

(+540 m) **km 13,22**/176 m **Rechts** bergab weiterfahren.

(+80 m) **km 13,30**/154 m **Rechts** bergab auf der HS („via S. Antonio“) weiterfahren.

(+290 m) **km 13,59**/105 m (bei der Bergbahn) **Links** weiterfahren.

(+100 m) **km 13,69**/100 m **Kreisverkehr, geradeaus** der Straße folgen.

(+60 m) **km 13,75**/98 m **Rechts** bergab der „via Paina“ folgen.

(+80 m) **km 13,83**/88 m **Rechts** dem Radweg folgen.

(+350 m) **km 14,18**/83 m **Geradeaus** dem Radweg zurück zum Startpunkt folgen.

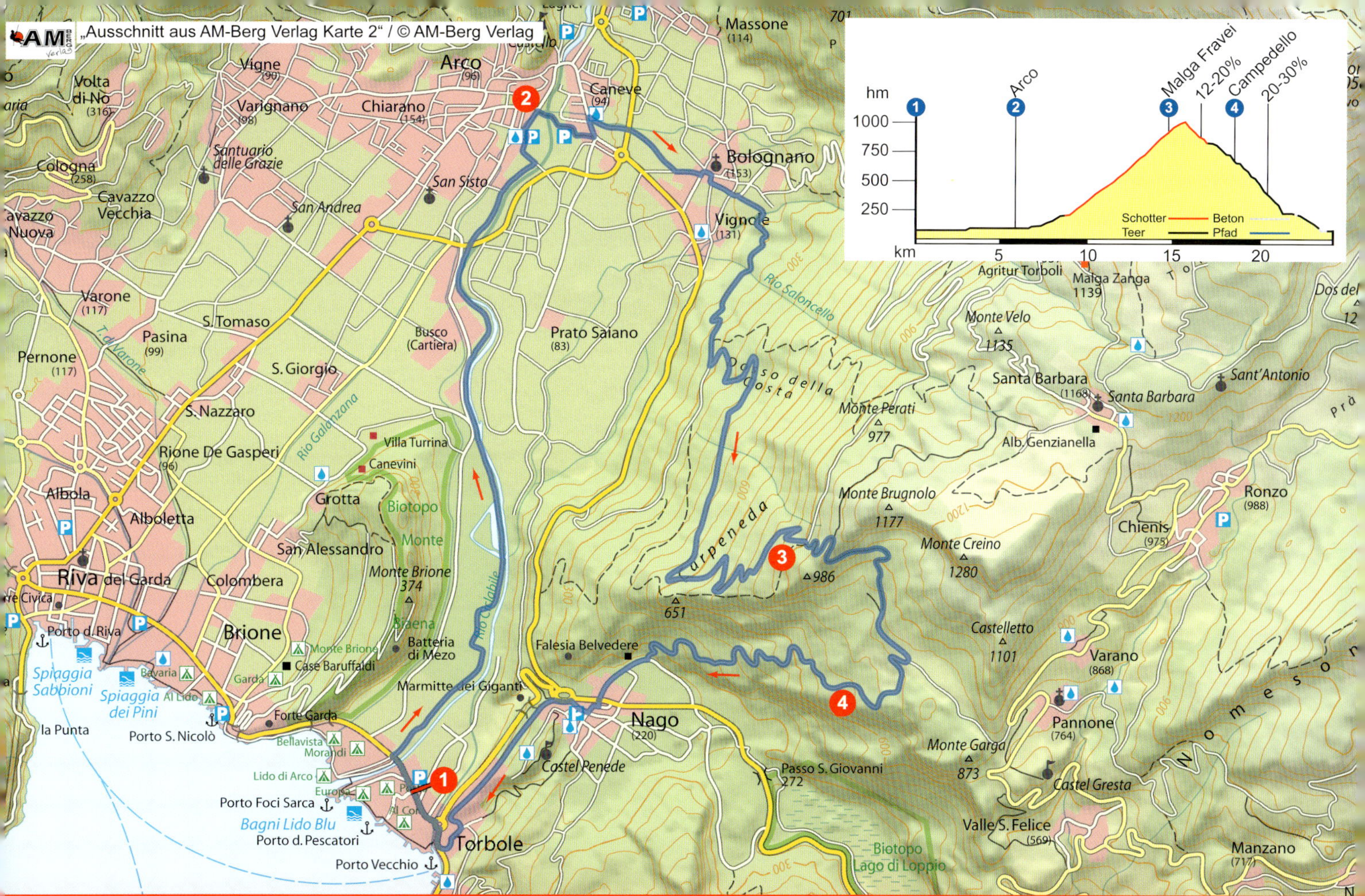

Tour 22 „Monte Brugnolo" **4** **24,10 km** **2:58 Std** **952 Hm**

Tour 22 „Monte Brugnolo“

1 **km 0,00**/66 m Vom Parkplatz (Ausfahrt Ri. Riva, Zebrastreifen) **rechts** auf der HS Ri. Riva und über die Sarcabrücke fahren.

(+270 m) **km 0,27**/69 m (nach der Sarcabrücke) **Rechts** dem Radweg folgen.

(+1.120 m) **km 1,39**/70 m **T-Kreuzung, rechts** Ri. „Arco“ weiterfahren.

(+250 m) **km 1,64**/70 m **Abzweig, rechts** Ri. „Arco 3,8“ weiterfahren.

(+3.980 m) **km 5,62**/83 m Arco (beim Sportplatz): **Rechts** über den Parkplatz und dem Radwegschild folgen.

(+60 m) **km 5,68**/83 m **Geradeaus** der Teerstraße weiter folgen.

2 *(+180 m)* **km 5,86**/83 m **Arco** (vor der HS): **Rechts** dem Radweg über die Sarcabrücke folgen.

(+170 m) **km 6,03**/83 m **T-Kreuzung, rechts** dem Radwegschild zum großen Parkplatz folgen und daran vorbeifahren.

(+400 m) **km 6,43**/89 m **Kreisverkehr, links** der „viale Rovereto“ folgen.

(+110 m) **km 6,54**/89 m (nächste Straße, bei der Bushaltestelle / Zebrastreifen) **Rechts** abbiegen.

(+30 m) **km 6,57**/90 m (am Piazza Trento) **Rechts** der Einbahnstraße folgen.

(+280 m) **km 6,85**/99 m (nach der Brücke) **Geradeaus** der „via del Ri“ folgen.

(+450 m) **km 7,30**/111 m Bolognano: **Links** leicht bergauf weiterfahren.

(+180 m) **km 7,48**/121 m **Links** Ri. Kirche fahren und dann **rechts** der HS folgen.

(+80 m) **km 7,56**/126 m **Rechts** der HS Ri. „monte Velo“ folgen.

(+60 m) **km 7,62**/126 m **Links** der HS Ri. „monte Velo“ folgen.

(+230 m) **km 7,85**/142 m **Geradeaus** (HS verlassen) der „via Cacciatore“ folgen. (nach ca. 820 m beginnt der Schotterweg, diesem Hauptweg nun stets bergauf Ri. „Monte Velo“ folgen)

(+6.770 m) **km 14,62**/906 m **Rechts** Ri. „S. Barbara“ weiterfahren.

3 *(+100 m)* **km 14,72**/917 m **Malga Fravei: Linkskurve** Ri. „S. Barbara, 637“ weiterfahren.

(+830 m) **km 15,55**/1006 m (in der Linkskehre) **Geradeaus** bergab (20%) Ri. „Pannone“ weiterfahren.

(+600 m) **km 16,15**/919 m **Rechts** dem Hauptweg bergab (12-20%) Ri. „Percorso B“ folgen.

(+680 m) **km 16,83**/830 m **Geradeaus** dem Forstweg Ri. „Percorso B“ folgen.

(+490 m) **km 17,32**/814 m (nach dem Haus) **Rechts** bergab Ri. „Campedello“ fahren.

4 *(+1.160 m)* **km 18,48**/675 m **Campedello**: Der Straße weiter bergab folgen.

(+2.820 m) **km 21,30**/227 m **Rechts** weiterfahren.

(+50 m) **km 21,35**/220 m **Rechts** Ri. „60 km di Gardum“ weiterfahren.

(+490 m) **km 21,84**/211 m Nago: **An der HS, geradeaus** (HS überqueren) weiterfahren.

(+30 m) **km 21,87**/211 m **T-Kreuzung, rechts** abbiegen.

(+100 m) **km 21,97**/206 m **Kreuzung, rechts** der „via Sighele“ folgen.

(+180 m) **km 22,15**/203 m **Kreisverkehr, links** die „alte Straße“ bergab nach Torbole fahren.

(+1.400 m) **km 23,55**/79 m Torbole: **Rechts** der gepflasterten Straße folgen.

(+170 m) **km 23,72**/60 m (beim Hotel Centrale) **Rechts** über den Dorfplatz zur HS weiterfahren.

(+40 m) **km 23,76**/60 m **An der HS, rechts** weiterfahren.

(+150 m) **km 23,91**/61 m **Kreisverkehr, links** Ri. „Riva“ abbiegen und zum Startpunkt zurückfahren.

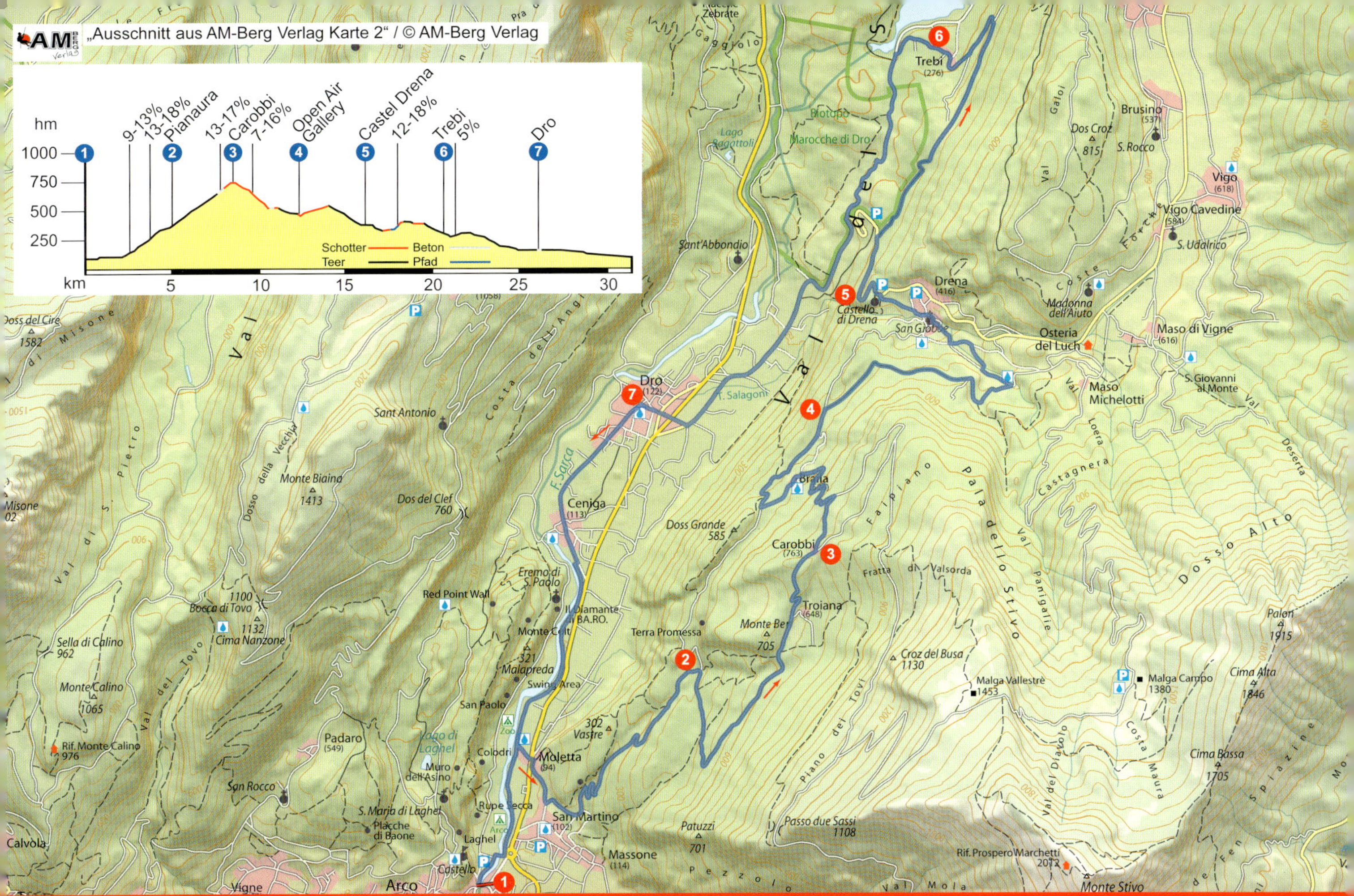

Tour 23 „Troiana-Castel Drena“ 4 31,33 km 3:15 Std 907 Hm

Tour 23 „Troiana-Castel Drena“

1  **km 0,00**/90 m Von der Sarcabrücke **geradeaus** dem Radweg flussaufwärts, entlang der Sarca, Ri. „Sarche 18“ folgen.

 *(+340 m)* **km 0,34**/91 m **Rechts** dem Radweg über die Brücke Ri. „pista ciclabile“ folgen.

 *(+70 m)* **km 0,41**/91 m (beim Kreisverkehr) **Geradeaus** dem Radweg an der Sarca entlang folgen.

 *(+1.020 m)* **km 1,43**/93 m (nach dem Spielplatz) **Rechts** Ri. „B & B Lo Moleta“ abbiegen.

 *(+210 m)* **km 1,64**/95 m **An der HS** (Ampel), **geradeaus** (HS überqueren) und gegenüber der kleinen Teerstraße „via S. Martino“ nach **rechts** folgen.

 *(+460 m)* **km 2,10**/105 m **Links** bergauf Ri. „Massone, Troiana 5, Anello Garda-Sarca“ fahren.

 *(+330 m)* **km 2,43**/134 m **Links** bergauf Ri. „Troiana 4,5“ abbiegen und dieser Teerstraße stets bergauf folgen.

 *(+2.340 m)* **km 4,77**/355 m Rechts ist der Picknick-Platz „Rupresti di Pianaura“ (mit Felszeichnungen). Der Teerstraße **geradeaus** weiter folgen.

2 *(+110 m)* **km 4,88**/350 m **Pianaura**. (Wiese mit Kastanienbäumen und Picknick-Plätzen)

 *(+110 m)* **km 17,27**/332 m **Geradeaus** dem Karrenweg folgen. (nach ca. 590 m führt der Pfad mit 12-18% steil bergauf = eventuell schieben)

 *(+1.040 m)* **km 18,31**/398 m **Geradeaus** bergab auf der Teerstraße weiterfahren und stets diesem Hauptweg geradeaus (Abzweige ignorieren), oberhalb vom Cavedine See, bis zur nächsten HS folgen.

 *(+1.290 m)* **km 19,60**/379 m **An der HS, links** bergab fahren und der HS nach Trebi folgen.

 *(+1.080 m)* **km 20,68**/294 m **Trebi: Geradeaus** weiterfahren.

 *(+420 m)* **km 21,10**/271 m Lago di Cavedine: **An der HS, links** bergauf (5%) weiterfahren. (rechts Abstecher zum See möglich)

 *(+1.730 m)* **km 22,83**/270 m **An der HS** (nach Drena), **geradeaus** bergab weiterfahren.

 *(+2.120 m)* **km 24,95**/155 m **Geradeaus** Ri. „Dro“ auf der HS weiterfahren und dieser Straße bis nach Dro folgen.

 *(+930 m)* **km 25,88**/149 m Dro: **Kreisverkehr, geradeaus** in den Ort fahren.

 *(+200 m)* **km 26,08**/148 m **Dro** (bei der Kirche): **Links** der HS folgen.

 *(+1.800 m)* **km 27,88**/130 m Ortsende Ceniga: **Rechts** dem Radweg, an der Sarca entlang, bis nach Arco folgen.

 *(+3.040 m)* **km 30,92**/115 m Arco (beim Kreisverkehr): **Rechts** über die Sarcabrücke fahren und dem Radweg zum Ausgangspunkt zurück folgen.

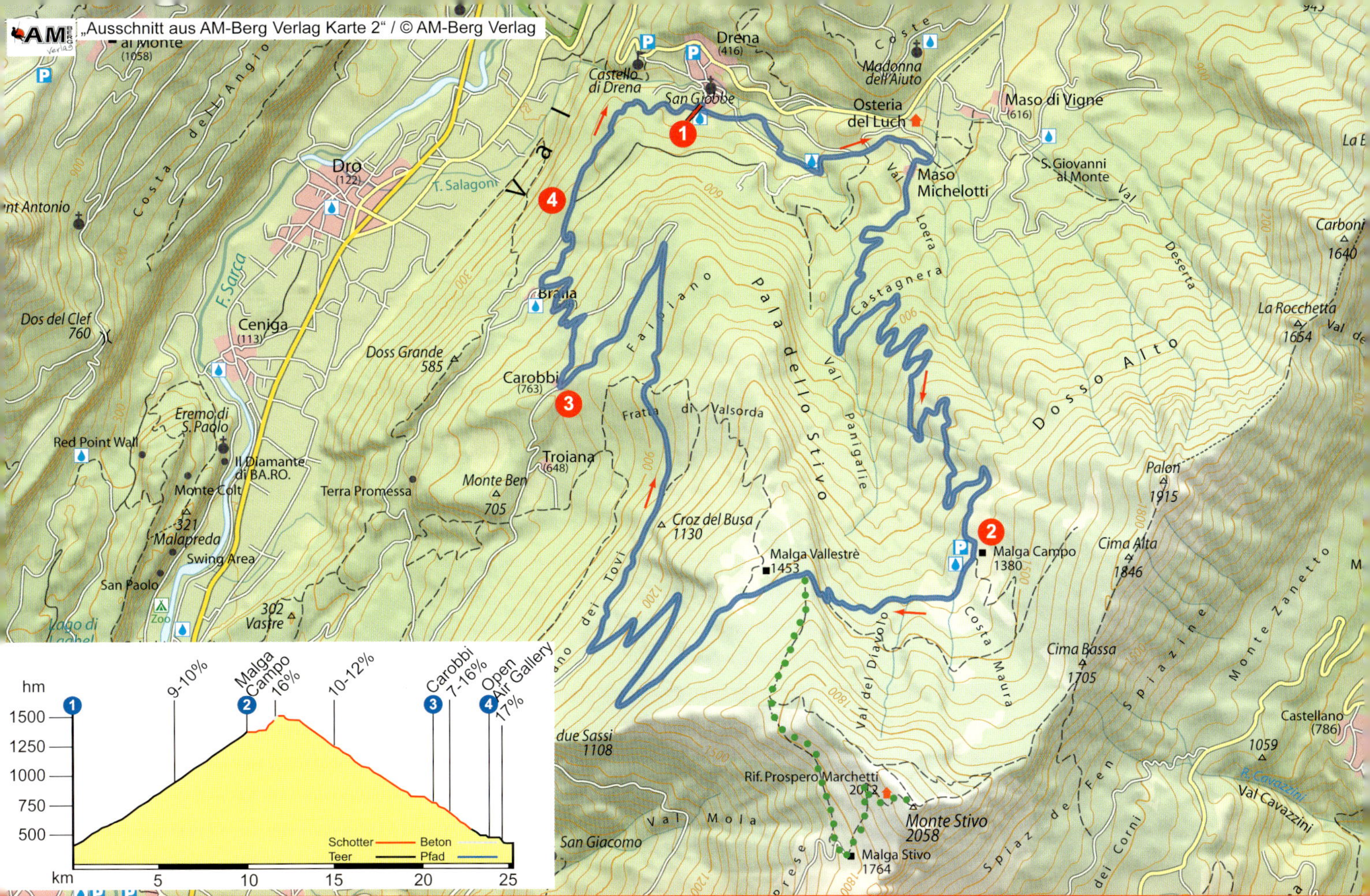

Tour 24 „Malga Campo“ 4 **25,19 km** **3:05 Std** **1.155 Hm**

Tour 24 „Malga Campo“

1 **km 0,00**/403 m Vom Parkplatz **geradeaus** und dann, durch die Linkskurve der „via di Vespiaia“ folgen.

(+280 m) **km 0,28**/427 m (bei der Kapelle) **Kreuzung, geradeaus** weiterfahren.

(+790 m) **km 1,07**/506 m **Links** der HS bergauf folgen.

(+1.020 m) **km 2,09**/582 m **Kreuzung, rechts** bergauf (9-10%) Ri. „Malga Campo“ abbiegen.

2 *(+7.840 m)* **km 9,93**/1359 m **Malga Campo:** (nach dem Parkplatz) **Rechts** weiterfahren.

(+70 m) **km 10,00**/1365 m **Gabelung, rechts** Ri. „Malga Vallestré“ weiterfahren.

(+2.310 m) **km 12,31**/1469 m **Geradeaus** Ri. „666, Monte Stivo“ weiterfahren.

(+3.690 m) **km 16,00**/1140 m **Rechtskehre** Ri. „Troiana“ folgen.

(+3.410 m) **km 19,41**/823 m **Linkskehre** (Hauptweg) folgen.

3 *(+1.310 m)* **km 20,72**/765 m **Carobbi: Rechts** Ri. „Braila-Drena“ abbiegen.

(+600 m) **km 21,32**/708 m **Linkskehre** bergab (7-16%) folgen. (rechts „Malga Zanga“)

(+1.420 m) **km 22,74**/541 m (Nähe Kapelle „Chiesa Madonna del Monte Carmelo“) **Rechts** der Teerstraße weiter folgen.

(+630 m) **km 23,37**/482 m **Rechts** weiterfahren.

4 *(+270 m)* **km 23,64**/474 m **Open Air Gallery: Geradeaus** auf der Teerstraße weiterfahren und bis zum Ausgangspunkt zurückfahren.

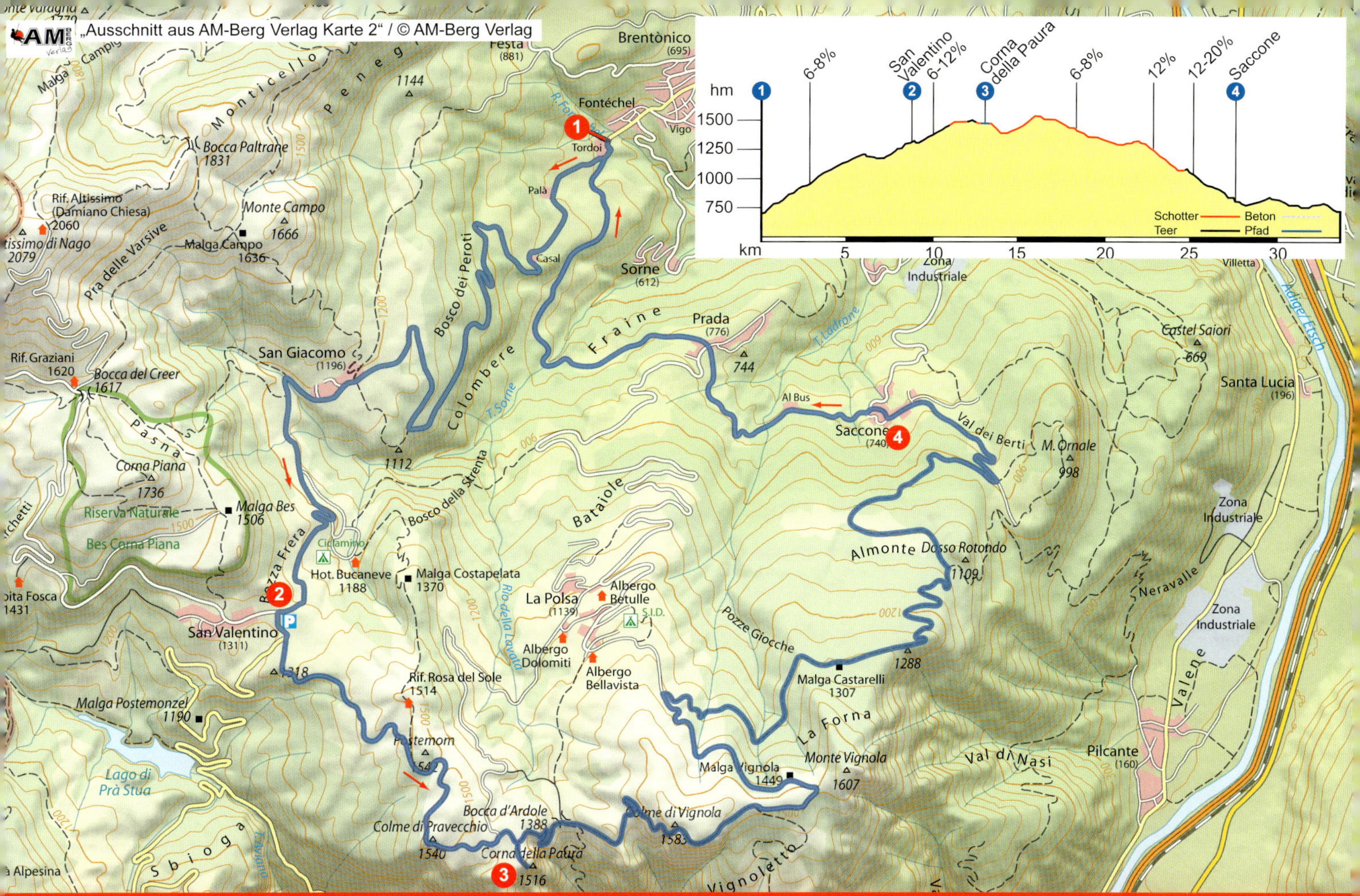

Tour 25 „Corna della Paura“ 4 33,57 km 3:45 Std 1.173 Hm

Tour 25 „Corna della Paura“

1 **km 0,00**/691 m Vom Parkplatz **geradeaus** der HS zum Monte Baldo folgen.

(+120 m) **km 0,12**/703 m **Rechtskurve**, der HS weiter folgen.

(+5.750 m) **km 5,87**/1199 m San Giacomo (Kapelle): **Links** der HS weiter folgen.

2 *(+2.910 m)* **km 8,78**/1315 m (vor San Valentino) **Kreuzung, links** Ri. „Avio“ abbiegen.

(+250 m) **km 9,03**/1308 m (bei der Skischule) **Links** auf die schmale Teerstraße Ri. „Polsa, Corna della Paura“ abbiegen.

(+3.680 m) **km 12,71**/1473 m (beim Gedenkstein an den Krieg) **Rechts** auf die Schotterpiste abbiegen.

(+140 m) **km 12,85**/1461 m **Rechts** dem Pfad bergauf zum Corna Paura folgen.

3 *(+210 m)* **km 13,06**/1497 m **Corna della Paura** (Aussichtspunkt, militärische Stellung).

(+210 m) **km 13,27**/1461 m (wieder unten) **Rechts** auf dem Schotterweg weiterfahren.

(+3.700 m) **km 16,97**/1498 m (Militärdenkmal) **Linkskehre** Ri. „Loc. Pozze“ folgen.

(+2.030 m) **km 19,00**/1367 m **Rechts** bergab Ri. „Percorso No 8, La Faggeta dei Cestarelli“ weiterfahren.

(+2.770 m) **km 21,77**/1314 m **Links** bergab dem Weg folgen.

(+2.150 m) **km 23,92**/1115 m (Siedlung, 3 Häuser) **Rechts** Ri. „Percorso No 8“ weiterfahren.

(+910 m) **km 24,83**/1077 m **T-Kreuzung, rechts** bergab weiterfahren.

(+1.510 m) **km 26,34**/925 m **T-Kreuzung, links** bergab Ri. „Percorso No 8“ abbiegen.

4 *(+1.180 m)* **km 27,52**/835 m **Saccone: Rechts** bergab weiterfahren und der HS durch den Ort folgen.

(+470 m) **km 27,99**/784 m Ortsende Saccone: **Geradeaus** Ri. „Mori, Prada“ weiterfahren.

(+1.980 m) **km 29,97**/820 m Prada: **Geradeaus** Ri. „Mori, Brentonico“ weiterfahren.

(+3.490 m) **km 33,46**/737 m **Kreuzung, rechts** bergab Ri. „Brentonico“ abbiegen und zum Startpunkt zurückfahren.

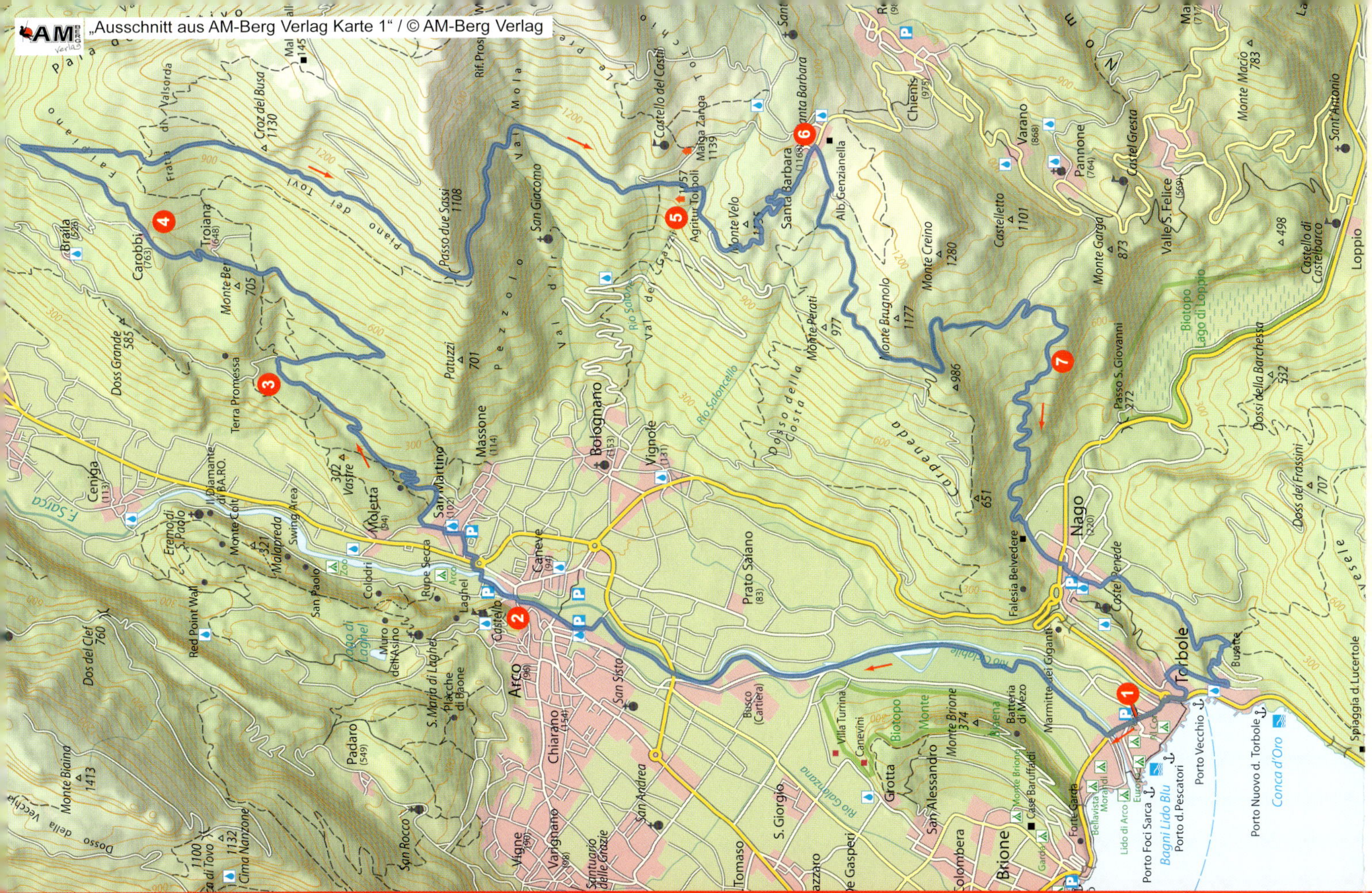

Tour 26 „Monte Velo 3“

1

km 0,00/66 m Vom Parkplatz (Einfahrt Ri. Riva, Zebrastreifen) **rechts** auf der HS Ri. Riva fahren.

(+270 m) **km 0,27**/67 m (nach der Sarcabrücke) **Rechts** dem Radweg Ri. „Arco“ folgen.

(+1.120 m) **km 1,39**/67 m **T-Kreuzung, rechts** Ri. „Arco“ weiterfahren.

(+250 m) **km 1,64**/66 m **Abzweig, rechts** Ri. „Arco 3,8“ weiterfahren.

(+3.980 m) **km 5,62**/79 m Arco (beim Sportplatz): **Rechts** über den Parkplatz, dem Radwegschild folgen.

(+60 m) **km 5,68**/79 m **Geradeaus** der Teerstraße weiter folgen.

(+220 m) **km 5,90**/79 m **An der HS, rechts** auf dieser weiterfahren.

2

(+440 m) **km 6,34**/82 m **Arco** (bei der Sarcabrücke) **Geradeaus** auf dem Radweg, an der Sarca entlang, weiterfahren.

(+340 m) **km 6,68**/83 m **Rechts** dem Radweg über die Brücke Ri. „pista ciclabile“ folgen.

(+70 m) **km 6,75**/82 m (beim Kreisverkehr) **Links** am Kreisel entlang (nicht geradeaus dem Radweg an der Sarca entlang folgen) Ri. Zebrastreifen und durch die Unterführung fahren.

(+180 m) **km 6,93**/82 m Nach der Unterführung (auf der anderen Straßenseite) **links** zurück, am Parkplatz vorbei, weiterfahren.

(+110 m) **km 7,04**/83 m **Rechts** in die „via Angelo Maino“ Ri. „Massone“ abbiegen.

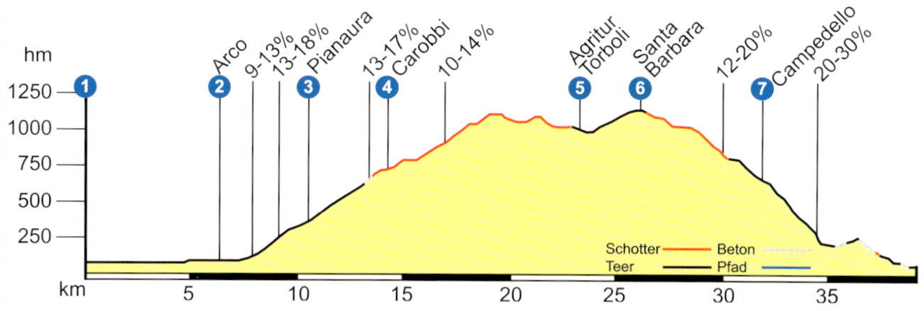

(+210 m) **km 7,25**/93 m **Links** (rechts Parkplatz) in die „via S. Martino“ abbiegen und durch San Martino fahren.

(+150 m) **km 7,40**/93 m San Martino (beim Brunnen): **Rechts** bergauf Ri. „Chiesetta San Martini“ und gleich **danach links** weiterfahren.

(+170 m) **km 7,57**/96 m (nach San Martino) **Rechts** bergauf Ri. „Carobbi, Chiesetta San Martini“ fahren.

(+330 m) **km 7,90**/126 m **Links** bergauf Ri. „Carobbi, Braila“ weiterfahren und dieser Teerstraße stets bergauf folgen.

(+2.340 m) **km 10,24**/340 m Rechts ist der Picknick-Platz „Rupresti di Pianaura“ (mit Felszeichnungen). Der HS **geradeaus** weiter folgen.

3 *(+110 m)* **km 10,35**/350 m **Pianaura**. (Wiese mit Kastanienbäumen und Picknick-Plätzen)

(+110 m) **km 10,46**/362 m **Geradeaus** Ri. „Troiana 2“ weiterfahren und stets dieser HS bergauf, bis nach Troiana folgen.

(+2.530 m) **km 12,99**/624 m Località Troiana: **Geradeaus** Ri. „60 km di Gardum“ weiterfahren.

(+120 m) **km 13,11**/633 m **Geradeaus** bergauf (13-17%) Ri. „Carobbi“ weiterfahren.

4 *(+950 m)* **km 14,06**/728 m **Carobbi: Geradeaus** Ri. „Monte Velo“ weiterfahren.

(+1.540 m) **km 15,60**/789 m **Rechtskehre** bergauf Ri. „Malga Zanga“ folgen.

(+1.100 m) **km 16,70**/891 m **Geradeaus** Ri. „Santa Barbara“ weiterfahren.

(+890 m) **km 17,59**/973 m **Geradeaus** bergauf dem Hauptweg Ri. „Santa Barbara“ folgen.

(+1.310 m) **km 18,90**/1092 m **Geradeaus** Ri. „Santa Barbara“ weiterfahren. (nach ca. 800 m folgt der Aussichtspunkt auf dem Felsen)

(+3.700 m) **km 22,60**/1018 m (beim Haus) **Geradeaus** dem Hauptweg Ri. „Santa Barbara“ folgen.

(+300 m) **km 22,90**/1024 m **Geradeaus** auf der Teerstraße Ri. „Bolognano“ weiterfahren.

5 *(+330 m)* **km 23,23**/1005 m **Agritur Torboli.** Der Teerstraße weiter bergab folgen.

(+670 m) **km 23,90**/992 m **An der HS, links** bergauf Ri. „Santa Barbara“ weiterfahren.

6 *(+2.170 m)* **km 26,07**/1130 m **Santa Barbara** (vor dem Hotel Genzianella): **Rechts** Ri. „Nago, 637“ abbiegen.

(+280 m) **km 26,35**/1124 m **Rechts** auf den Karrenweg Ri. „Nago, 637“ abbiegen.

(+2.570 m) **km 28,92**/980 m **Geradeaus** Ri. „Pannone“ weiterfahren.

(+620 m) **km 29,54**/897 m **Rechts** dem Hauptweg bergab (12-20%) Ri. „Percorso B“ folgen.

(+680 m) **km 30,22**/809 m **Geradeaus** dem Forstweg Ri. „Percorso B“ folgen.

(+490 m) **km 30,71**/793 m (nach dem Haus) **Rechts** bergab Ri. „Campedello“ fahren.

7 *(+1.160 m)* **km 31,87**/668 m **Campedello**: Der Straße weiter bergab folgen.

(+2.820 m) **km 34,69**/225 m **Rechts** weiterfahren.

(+50 m) **km 34,74**/219 m **Rechts** Ri. „60 km di Gardum“ weiterfahren.

(+490 m) **km 35,23**/210 m Nago: **An der HS, geradeaus** (HS überqueren) weiterfahren.

(+30 m) **km 35,26**/210 m **T-Kreuzung, rechts** abbiegen.

(+100 m) **km 35,36**/206 m **Kreuzung, geradeaus** der „via San Vigilio“ Ri. „Busatte“ folgen.

(+210 m) **km 35,57**/214 m **Links** Ri. „strada del monte baldo“ weiterfahren.

(+110 m) **km 35,68**/220 m **Geradeaus** der „via monte baldo“ folgen.

(+130 m) **km 35,81**/223 m **Rechts** Ri. „Busatte“ weiterfahren.

(+500 m) **km 36,31**/251 m (beim Steinmarterl mit Bank) **Geradeaus** Ri. „Torbole, Busatte“.

(+100 m) **km 36,41**/247 m **Rechts** dem Weg Ri. „Busatte“ folgen. Nach 360 m befindet sich auf der linken Seite ein Aussichtspunkt.

(+950 m) **km 37,36**/146 m Busatte: **Geradeaus** auf der Teerstraße Ri. „Torbole“ weiterfahren.

(+60 m) **km 37,42**/142 m **Geradeaus** bergab Ri. „Torbole“ fahren.

(+190 m) **km 37,61**/120 m **Geradeaus** weiterfahren.

(+840 m) **km 38,45**/80 m **Links** der „via di Santa Lucia“ bergab, bis zum Dorfplatz folgen.

(+210 m) **km 38,66**/59 m (beim Hotel Centrale) **Rechts** über den Dorfplatz zur HS weiterfahren.

(+40 m) **km 38,70**/58 m **An der HS, rechts** weiterfahren.

(+150 m) **km 38,85**/59 m **Kreisverkehr, links** Ri. „Riva“ abbiegen und zum Startpunkt zurückfahren.

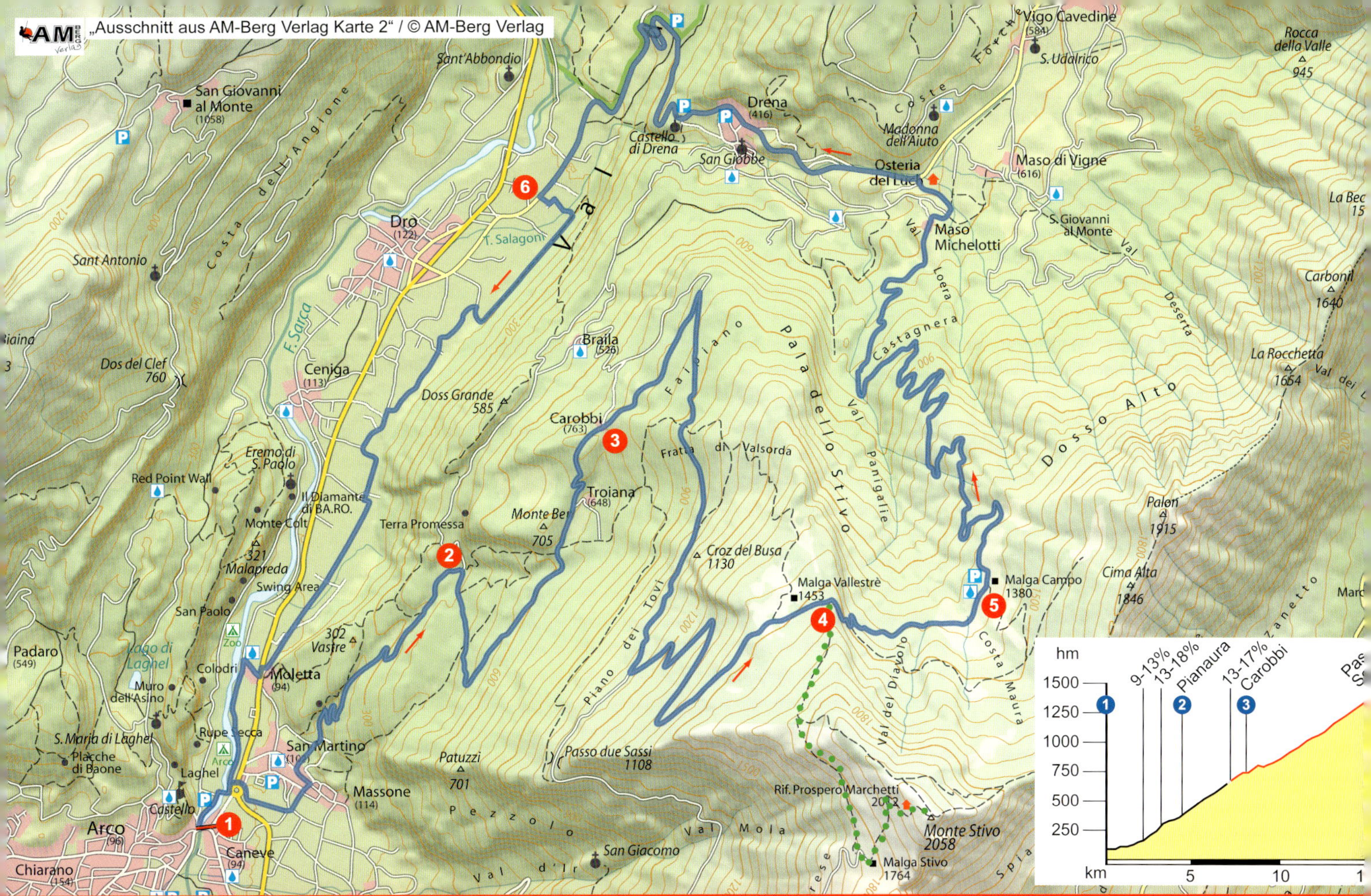

Tour 27 „Pala dello Stivo“ 4 39,81 km 4:49 Std 1.471 Hm

Tour 27 „Pala dello Stivo“

1 **km 0,00**/90 m Von der Sarcabrücke **geradeaus** dem Radweg flussaufwärts, entlang der Sarca, Ri. „Sarche 18“ folgen.

(+340 m) **km 0,34**/91 m **Rechts** dem Radweg über die Brücke Ri. „pista ciclabile“ folgen.

(+70 m) **km 0,41**/92 m (beim Kreisverkehr) **Links** am Kreisel entlang (nicht geradeaus dem Radweg an der Sarca entlang folgen) Ri. Zebrastreifen und durch die Unterführung fahren.

(+180 m) **km 0,59**/92 m Nach der Unterführung (auf der anderen Straßenseite) **links** bergauf Ri. „Chiosa di San Lorenzo“ der „viale S. Francesco“ folgen.

(+500 m) **km 1,09**/108 m (beim Friedhof) **Links** in die „via Bezecca“ abbiegen und dieser folgen.

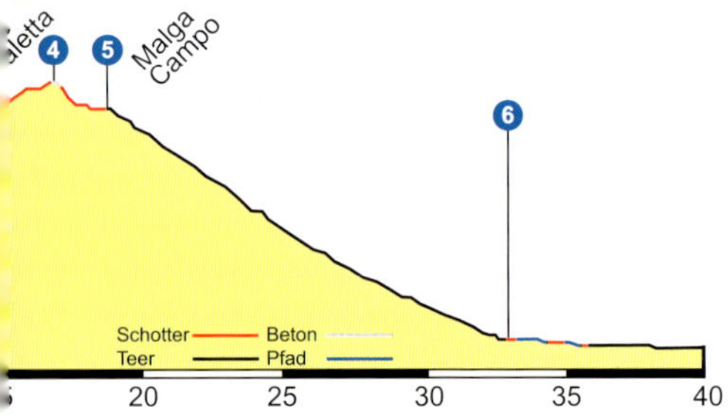

(+3.950 m) **km 31,06**/252 m Der HS **links** bergab Ri. „Dro“ folgen.

(+1.830 m) **km 32,89**/133 m (nach der Bergabfahrt und den Picknick-Plätzen) **Links** auf den Schotterweg Ri. „Anello Garda-Sarca“ abbiegen.

(+100 m) **km 32,99**/132 m **Links** Ri. „Anello Garda-Sarca“ und **nach 50 m rechts** abbiegen.

(+230 m) **km 33,22**/135 m **Rechts** dem Pfad Ri. „Anello Garda-Sarca, Maso Giare“ folgen.

(+240 m) **km 33,46**/132 m **Links** dem Schotterweg folgen.

(+870 m) **km 34,33**/120 m **Rechts** dem Schotterweg Ri. „Anello Garda Bike“ folgen.

(+80 m) **km 34,41**/118 m **Links** Ri. „Anello Garda Bike“ abbiegen und dem Weg durch die Plantagen stets Ri. „Anello Garda Bike“ folgen. **(Abzweige so folgen: rechts-rechts-links)**

(+480 m) **km 34,89**/110 m Coste di Varino: **Links** und gleich wieder **rechts** dem Pfad Ri. „Anello Garda Bike“ folgen.

(+740 m) **km 35,63**/105 m **Kreuzung, links** Ri. „Anello Garda-Sarca“ weiterfahren.

(+290 m) **km 35,92**/99 m **Links** Ri. „Anello Garda-Sarca“ weiterfahren.

(+430 m) **km 36,35**/98 m Maso Giare: **Geradeaus** Ri. „Moletta“ fahren. Stets diesem Teerweg, vorbei an der Pizzeria Piccola Dallas, bis zur HS folgen.

(+1.610 m) **km 37,96**/89 m **An der HS, links** auf dem Gehweg bis zur Ampel fahren.

(+100 m) **km 38,06**/89 m An der Ampel, nach **rechts** die HS überqueren und **geradeaus** Ri. „pista ciclabile“ weiterfahren.

(+200 m) **km 38,26**/86 m (bei der Bar) **Links** dem Radweg an der Sarca Ri. „Torbole 7,5“ folgen.

(+1.030 m) **km 39,29**/84 m (beim Kreisverkehr) **Rechts** über die Sarcabrücke und zum Ausgangspunkt zurückfahren.

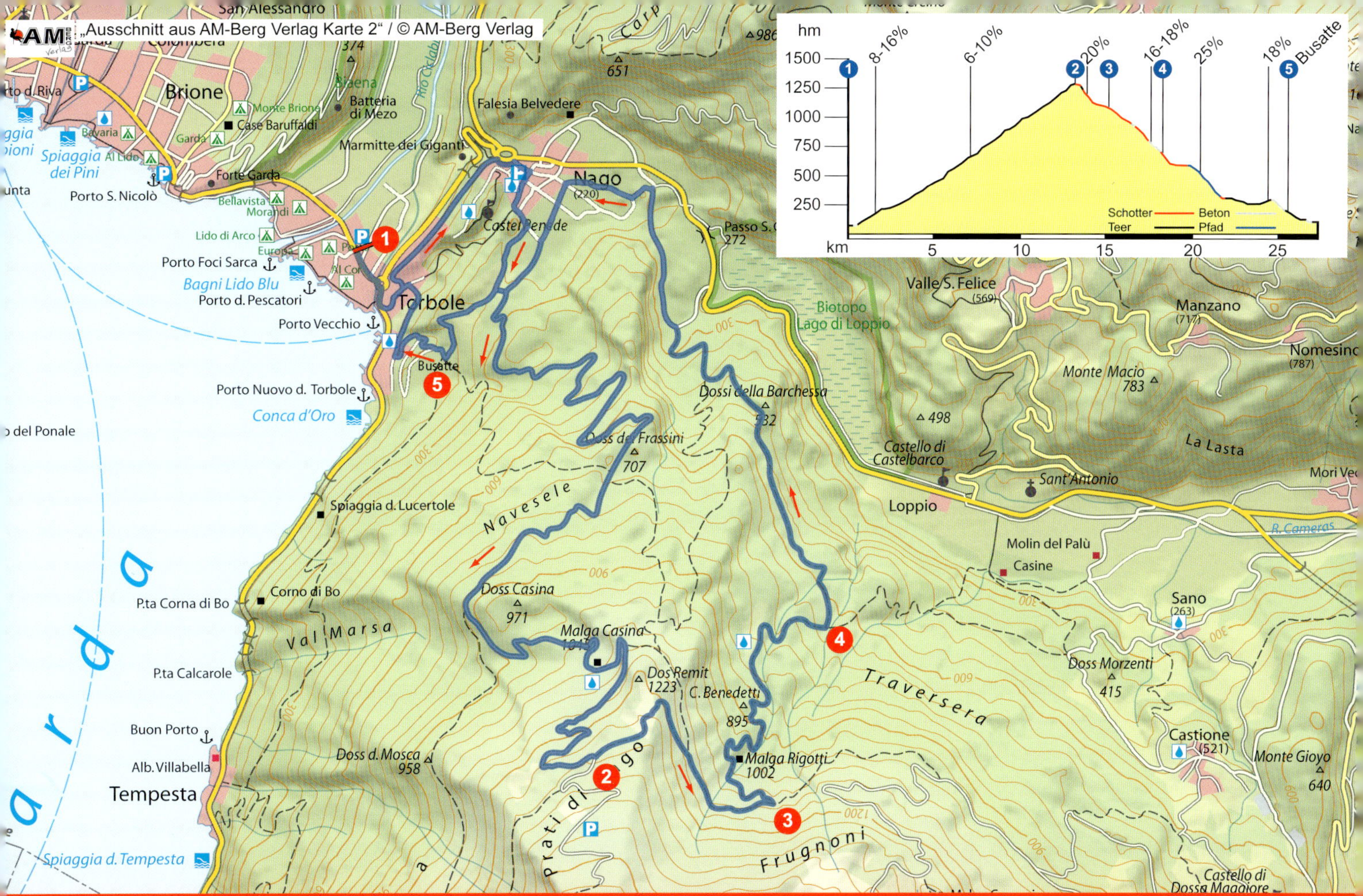

Tour 28 „Dosso della Barchessa“ 4 27,21 km 4:05 Std 1.274 Hm

Tour 28 „Dosso della Barchessa“

1 **km 0,00**/66 m Vom Parkplatz (Einfahrt bei der Tankstelle) **links** auf der HS Ri. Kreisverkehr fahren.

(+130 m) **km 0,13**/67 m **Kreisverkehr, rechts** der HS Ri. „Malcesine“ folgen.

(+170 m) **km 0,30**/68 m (beim Hafen, Zebrastreifen) **Links** Ri. „Busatte“ abbiegen.

(+40 m) **km 0,34**/67 m (nach dem Hotel Centrale) **Links** bergauf (12-14%) Ri. „Busatte“ abbiegen.

(+180 m) **km 0,52**/87 m **Links** Ri. „Nago“ weiterfahren.

(+1.370 m) **km 1,89**/210 m Nago (beim Kreisverkehr): **Rechts** Ri. „centro“, der gepflasterten Straße folgen.

(+220 m) **km 2,11**/213 m **Kreuzung** (beim Supermarkt), **rechts** weiterfahren.

(+220 m) **km 2,33**/222 m **Links** Ri. „strada del monte baldo“ weiterfahren.

(+110 m) **km 2,44**/231 m **Geradeaus** der „via monte baldo“ folgen.

(+130 m) **km 2,57**/231 m **Rechts** Ri. „Busatte“ weiterfahren.

(+500 m) **km 3,07**/259 m (Steinmarterl) **Links** der Monte Baldo Straße folgen.

(+8.030 m) **km 11,10**/1075 m (Abzweig „Skull“) **Rechts** der Teerstraße weiter bergauf folgen.

2 *(+1.970 m)* **km 13,07**/1278 m **Abzweig, links** dem Teerweg bergab folgen.

(+520 m) **km 13,59**/1244 m (bei der Alm) **Rechts** bergab, dem steilen, engen Teerweg folgen.

(+650 m) **km 14,24**/1128 m **Geradeaus** weiterfahren.

(+80 m) **km 14,32**/1120 m **Links** bergab dem Forstweg folgen.

3 *(+870 m)* **km 15,19**/1060 m Scharf **links** Ri. „Percorso No 7“ abbiegen.

(+900 m) **km 16,09**/980 m **Rechtskehre** (Hauptweg) folgen.

(+1.530 m) **km 17,62**/774 m Haus mit Brunnen.

4 *(+550 m)* **km 18,17**/694 m **Links** in den unscheinbaren Karrenweg abbiegen. (nach ca. 1,67 km beginnt der Pfad)

(+2.940 m) **km 21,11**/411 m **Rechts** dem Pfad weiter folgen.

(+700 m) **km 21,81**/296 m (Nähe Kieswerk) **Links** auf die Teerstraße fahren und am Kieswerk vorbeifahren.

(+1.040 m) **km 22,85**/276 m **Links** dem Radweg folgen.

(+660 m) **km 23,51**/252 m **Rechts** dem Radweg folgen.

(+30 m) **km 23,54**/251 m (kurz vor Nago) **Links** Ri. „Monte Baldo“ abbiegen und dieser Straße **geradeaus** (2 Kreuzungen) und dann bergauf (18%) folgen.

(+910 m) **km 24,45**/290 m **Rechts** Ri. „Torbole“ abbiegen.

(+40 m) **km 24,49**/289 m (bei der Heiligenfigur, Marterl) **Links** bergab Ri. „Busatte“ abbiegen.

(+100 m) **km 24,59**/286 m **Rechts** dem Weg Ri. „Busatte“ folgen.

5 *(+930 m)* **km 25,52**/194 m **Busatte: Geradeaus** Ri. „Torbole“ weiterfahren.

(+60 m) **km 25,58**/192 m **Geradeaus** bergab Ri. „Torbole“ fahren.

(+190 m) **km 25,77**/178 m **Geradeaus** weiterfahren.

(+840 m) **km 26,61**/123 m **Links** bergab der „via di Santa Lucia“ folgen.

(+210 m) **km 26,82**/100 m (beim Hotel Centrale) **Rechts** über den Dorfplatz zur HS weiterfahren.

(+40 m) **km 26,86**/100 m **An der HS, rechts** weiterfahren.

(+150 m) **km 27,01**/101 m **Kreisverkehr, links** Ri. „Riva“ abbiegen und zum Startpunkt zurückfahren.

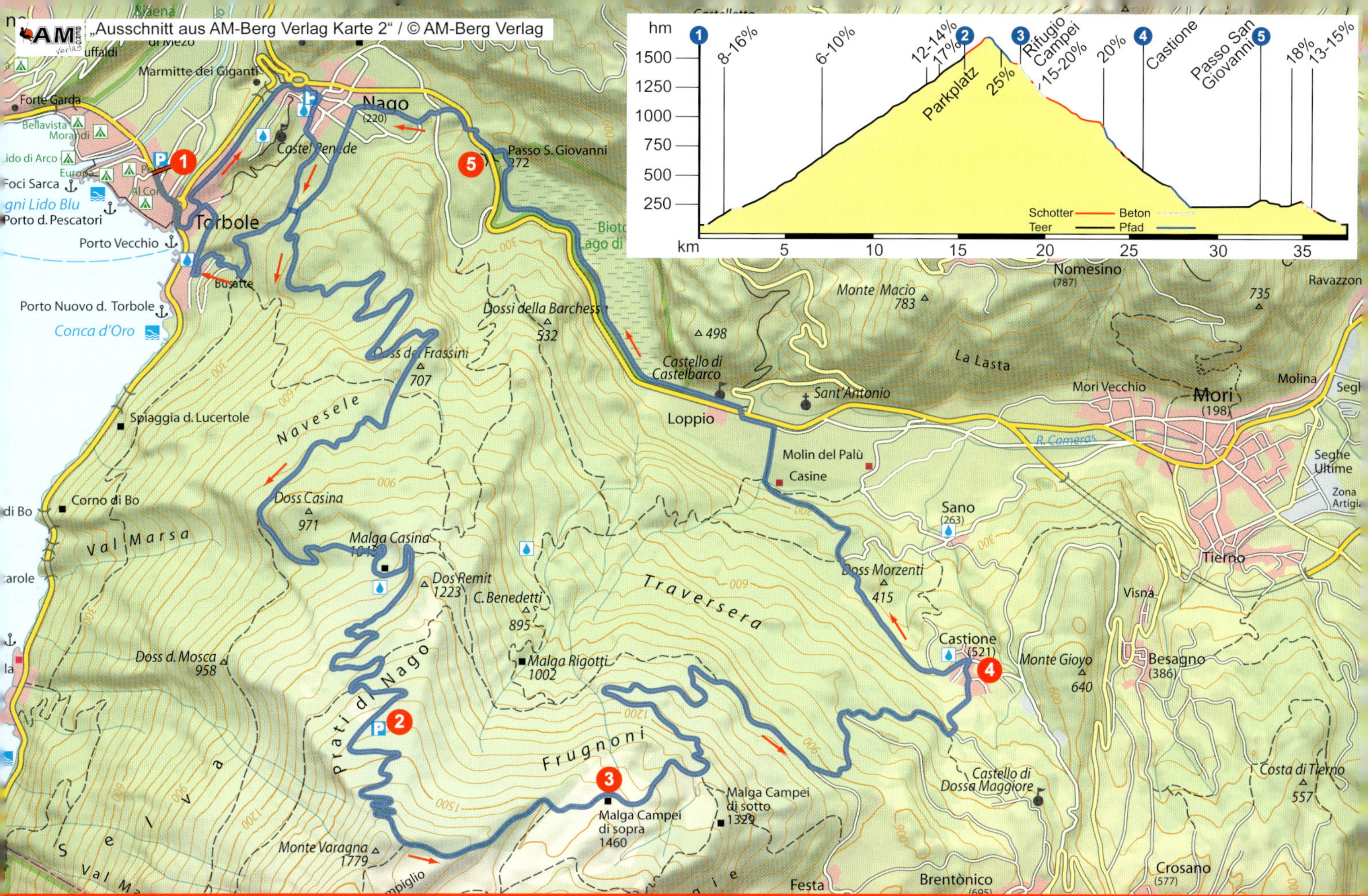

Tour 29 „Malga Campei“ **4** **37,50 km** **6:03 Std** **1.751 Hm**

Tour 29 „Malga Campei“

1 **km 0,00**/66 m Vom Parkplatz (Einfahrt bei der Tankstelle) **links** auf der HS zum Kreisverkehr fahren.

(+130 m) **km 0,13**/67 m **Kreisverkehr, rechts** auf der HS Ri. „Malcesine“ weiterfahren.

(+170 m) **km 0,30**/68 m (beim Hafen, Zebrastreifen) **Links** Ri. „Busatte“ abbiegen.

(+40 m) **km 0,34**/67 m (nach dem Hotel Centrale) **Links** bergauf (12-14%) Ri. „Busatte“ abbiegen.

(+180 m) **km 0,52**/87 m **Links** Ri. „Nago“ weiterfahren.

(+1.370 m) **km 1,89**/210 m Nago (beim Kreisverkehr): **Rechts** Ri. „centro“, der gepflasterten Straße folgen.

(+220 m) **km 2,11**/213 m **Kreuzung** (beim Supermarkt), **rechts** weiterfahren.

(+220 m) **km 2,33**/222 m **Links** Ri. „strada del monte baldo“ weiterfahren.

(+110 m) **km 2,44**/231 m **Geradeaus** der „via monte baldo“ folgen.

(+130 m) **km 2,57**/231 m **Rechts** Ri. „Busatte“ weiterfahren.

(+500 m) **km 3,07**/259 m (beim Steinmarterl mit Bank) **Links** der Monte Baldo Straße folgen.

(+30 m) **km 33,81**/236 m (kurz vor Nago) **Links** Ri. „Monte Baldo“ abbiegen. Dieser Straße **geradeaus** (2 Kreuzungen ignorieren) und später bergauf (18%) folgen.

(+910 m) **km 34,73**/290 m **Rechts** Ri. „Torbole“ abbiegen.

(+40 m) **km 34,77**/278 m (bei der Heiligenfigur, Marterl) **Links** bergab Ri. „Busatte“ abbiegen.

(+100 m) **km 34,87**/274 m **Rechts** dem Weg Ri. „Busatte“ folgen. Nach 360 m befindet sich auf der linken Seite ein Aussichtspunkt.

(+930 m) **km 35,80**/185 m **Busatte: Geradeaus** auf der Teerstraße Ri. „Torbole“ weiterfahren.

(+60 m) **km 35,86**/178 m **Geradeaus** bergab Ri. „Torbole“ fahren.

(+190 m) **km 36,05**/160 m **Geradeaus** weiterfahren.

(+840 m) **km 36,89**/112 m **Links** bergab der „via di Santa Lucia“ bis zum Dorfplatz folgen.

(+210 m) **km 37,10**/90 m (beim Hotel Centrale) **Rechts** über den Dorfplatz zur HS fahren.

(+40 m) **km 37,14**/90 m **An der HS, rechts** weiterfahren.

(+150 m) **km 37,29**/101 m **Kreisverkehr, links** Ri. „Riva“ abbiegen und zum Startpunkt zurückfahren.

Tour 30 „Monte Velo-Monte Altissimo“

1

km 0,00/90 m Vom Parkplatz (hinteres Ende bei der Brücke) **geradeaus** dem Radweg zur Einfahrt des Parkplatzes folgen.

(+270 m) **km 0,27**/97 m **Kreisverkehr, links** der „viale Rovereto“ folgen.

(+110 m) **km 0,38**/96 m (nächste Straße, bei der Bushaltestelle / Zebrastreifen) **Rechts** abbiegen.

(+30 m) **km 0,41**/98 m (an der Piazza Trento) **Rechts** der Einbahnstraße folgen.

(+280 m) **km 0,69**/108 m (nach der Brücke, Umgehungsstraße) **Geradeaus** der „via del Ri“ folgen.

(+450 m) **km 1,14**/120 m Bolognano: **Links** leicht bergauf weiterfahren.

(+180 m) **km 1,32**/131 m **Links** Ri. Kirche fahren und dann **rechts** der HS folgen.

(+80 m) **km 1,40**/136 m **Rechts** der HS Ri. „monte Velo“ folgen.

(+60 m) **km 1,46**/136 m **Links** der HS Ri. „monte Velo“ folgen.

(+230 m) **km 1,69**/153 m **Links** auf der HS weiterfahren und dieser stets bergauf folgen.

2

(+4.690 m) **km 6,38**/620 m **Salve Regina** (mit Brunnen). HS weiter bergauf folgen.

(+10 m) **km 6,39**/622 m **Geradeaus** Ri. „Monte Velo“ weiterfahren.

(+5.050 m) **km 11,44**/1001 m **Rechtskehre** folgen und bergauf (10-16%) nach Santa Barbara fahren. (links „Agritur Torboli, Malga Zanga“)

(+2.170 m) **km 13,61**/1140 m **Geradeaus** weiterfahren. (rechts „Nago, 637“)

3

(+100 m) **km 13,71**/1141 m **Santa Barbara** (links Brunnen): **Geradeaus** bergab der HS folgen.

(+230 m) **km 13,94**/1121 m (nach dem Steinkreuz) **Links** der schmalen Teerstraße folgen.

(+450 m) **km 14,39**/1040 m **An der HS, links** bergab fahren.

(+10 m) **km 14,40**/1038 m **Rechts** dem Pfad (neben der HS) zur steilen Betonrampe folgen.

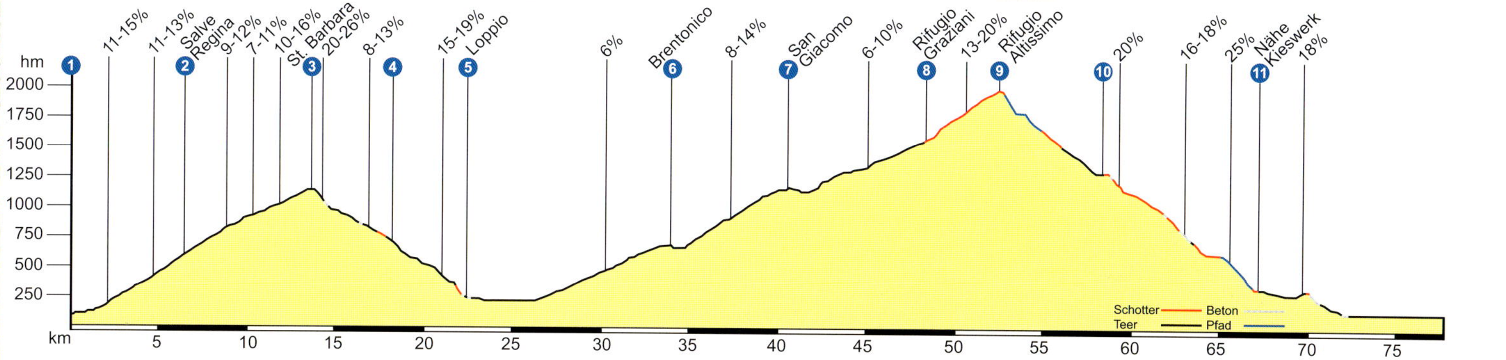

Tour 30 „Monte Velo-Monte Altissimo“ 4 78,75 km 9:58 Std 2.988 Hm

(+40 m) **km 14,44**/1030 m An der Betonrampe, **rechts** steil bergab (16-20%) weiterfahren.

(+440 m) **km 14,88**/969 m **An der HS, rechts** bergab (5-13%) weiterfahren.

(+850 m) **km 15,73**/920 m **An der HS, rechts** Ri. „Rovereto, Riva" weiterfahren.

(+390 m) **km 16,12**/887 m (vor der Linkskehre) **Links** bergab Ri. „Gole, F06" abbiegen.

(+50 m) **km 16,17**/879 m **Rechts** dem Hauptweg folgen.

(+70 m) **km 16,24**/872 m **An der HS, geradeaus** dem schmalen Teerweg Ri. „Gole, F06" folgen.

(+220 m) **km 16,46**/855 m Varano (beim Brunnen): **Links** bergab zur HS fahren.

(+130 m) **km 16,59**/842 m **Links** zur HS und an der HS **rechts** bergab (8-13%) weiterfahren.

(+710 m) **km 17,30**/789 m **Linkskurve** (HS) folgen. (rechts „M.Brugnolo, Campedello")

(+140 m) **km 17,44**/777 m (beim Picknick-Platz) **Rechts** bergab auf den Wiesenweg abbiegen.

(+400 m) **km 17,84**/743 m **An der HS** (Kapelle), **rechts** bergab auf die HS Ri. „Capello dei Signori" abbiegen.

4 *(+410 m)* **km 18,25**/711 m (vor dem Picknick-Platz) **Rechts** steil bergab (15-21%) Ri. „F05 Grom-San VI" abbiegen.

(+1.210 m) **km 19,46**/562 m **Rechts** abbiegen und zur HS weiterfahren.

(+250 m) **km 19,71**/548 m **Rechts** zur HS und (an der HS) dieser **rechts** bergab folgen.

(+800 m) **km 20,51**/495 m (nach der Linkskehre) **Rechts** bergab auf den Teerweg abbiegen und diesem stets geradeaus (Abzweige ignorieren) bis zur HS folgen. (letzten 400 m zur HS: Schotter)

(+1.710 m) **km 22,22**/253 m **An der HS, rechts** auf dieser, bis zum Picknick-Platz, weiterfahren.

5 *(+260 m)* **km 22,48**/239 m **Loppio** (Parkplatz, Picknick-Platz): **Rechts** über den Parkplatz und dem gepflasterten Weg folgen.

(+50 m) **km 22,53**/237 m **Links** weiterfahren.

(+80 m) **km 22,61**/235 m **An der HS, links** zur Unterführung abbiegen.

(+100 m) **km 22,71**/235 m (andere Straßenseite) **Geradeaus** dem Radweg nach Mori (Abzweige ignorieren) folgen.

(+2.830 m) **km 25,54**/211 m Mori: **Geradeaus** weiterfahren. (im Ort: Radweg neben der HS)

(+470 m) **km 26,01**/213 m **Rechts** dem Radweg in der „via dei Garda" folgen.

(+180 m) **km 26,19**/216 m **An der HS, rechts** bergauf (6%) der HS nach Brentonico folgen.

6 *(+7.680 m)* **km 33,87**/685 m **Brentonico: Geradeaus** weiterfahren (rechts „Festa") und der HS zum Monte Baldo folgen.

7 *(+6.670 m)* **km 40,54**/1168 m **San Giacomo** (Kapelle): **Links** der HS weiter folgen.

(+2.910 m) **km 43,45**/1285 m (vor San Valentino) **Kreuzung, geradeaus** der HS folgen.

8 *(+4.950 m)* **km 48,40**/1617 m **Passo Creer, Rifugio Graziani: Rechts** dem Schotterweg Ri. „Rifugio Altissimo" folgen.

(+210 m) **km 48,61**/1630 m **Links** bergauf (13-20%) Ri. „Altissimo" weiterfahren.

9 *(+3.820 m)* **km 52,43**/2060 m **Rifugio Altissimo: Geradeaus** dem Weg Ri. „Torbole, 601" folgen.

(+2.440 m) **km 54,87**/1802 m Monte Varagna: **Links** Ri. „Torbole sul Garda" weiterfahren.

(+1.290 m) **km 56,16**/1526 m Parkplatz. Der Teerstraße bergab weiter folgen.

(+1.960 m) **km 58,12**/1300 m **Geradeaus** der HS weiter folgen. (links „Malcesine, Navene")

10 *(+300 m)* **km 58,42**/1278 m **Rechts** bergab dem Teerweg folgen.

(+520 m) **km 58,94**/1272 m (bei der Alm) **Rechts** bergab dem steilen engen Teerweg folgen.

(+650 m) **km 59,59**/1155 m **Geradeaus** weiterfahren.

(+80 m) **km 59,67**/1150 m **Links** bergab dem Forstweg folgen.

(+870 m) **km 60,54**/1094 m Scharf **links** Ri. „Percorso No 7" abbiegen.

(+900 m) **km 61,44**/1010 m **Rechtskehre** (Hauptweg) folgen.

(+1.530 m) **km 62,97**/804 m Haus mit Brunnen.

(+550 m) **km 63,52**/730 m **Abzweig, links** in den unscheinbaren Karrenweg abbiegen. (nach ca. 1,67 km beginnt der Pfad)

(+2.940 m) **km 66,46**/445 m **Rechts** dem Pfad weiter folgen.

11 *(+700 m)* **km 67,16**/330 m (Nähe Kieswerk) **Links** auf die Teerstraße fahren und am Kieswerk vorbeifahren.

(+1.040 m) **km 68,20**/310 m **Links** dem Radweg folgen.

(+660 m) **km 68,86**/285 m **Rechts** dem Radweg folgen.

(+30 m) **km 68,89**/286 m (kurz vor Nago) **Links** Ri. „Monte Baldo" abbiegen und dieser Straße **geradeaus** (2 Kreuzungen) und dann bergauf (18%) folgen.

(+910 m) **km 69,80**/324 m **Rechts** Ri. „Torbole" abbiegen.

(+40 m) **km 69,84**/324 m (bei der Heiligenfigur, Materl) **Links** bergab Ri. „Busatte" abbiegen.

(+100 m) **km 69,94**/314 m **Rechts** dem Weg Ri. „Busatte" folgen. Nach 360 m befindet sich auf der linken Seite ein Aussichtspunkt.

(+930 m) **km 70,87**/227 m **Busatte: Geradeaus** Ri. „Torbole" auf der Teerstraße weiterfahren.

(+60 m) **km 70,93**/222 m **Geradeaus** bergab Ri. „Torbole" fahren.

(+190 m) **km 71,12**/200 m **Geradeaus** weiterfahren.

(+840 m) **km 71,96**/157 m **Links** der „via di Santa Lucia" bergab, bis zum Dorfplatz, folgen.

(+210 m) **km 72,17**/134 m (beim Hotel Centrale) **Rechts** über den Dorfplatz zur HS weiterfahren.

(+40 m) **km 72,21**/134 m **An der HS, rechts** weiterfahren.

(+150 m) **km 72,36**/101 m Torbole: **Kreisverkehr, links** Ri. „Riva" abbiegen.

(+270 m) **km 72,93**/100 m (nach der Sarcabrücke) **Rechts** auf den Radweg abbiegen.

(+1.120 m) **km 74,05**/101 m **T-Kreuzung, rechts** Ri. „Arco" weiterfahren.

(+250 m) **km 74,30**/101 m **Abzweig, rechts** Ri. „Arco 3,8" weiterfahren.

(+3.980 m) **km 78,28**/114 m Arco (beim Sportplatz): **Rechts** über den Parkplatz fahren und dem Radwegschild folgen.

(+60 m) **km 78,34**/114 m **Geradeaus** der Teerstraße weiter folgen.

(+180 m) **km 78,52**/114 m **Arco** (vor der HS): **Rechts** dem Radweg über die Sarcabrücke folgen.

(+170 m) **km 78,69**/114 m **T-Kreuzung, rechts** dem Radwegschild zum großen Parkplatz folgen und daran vorbeifahren.

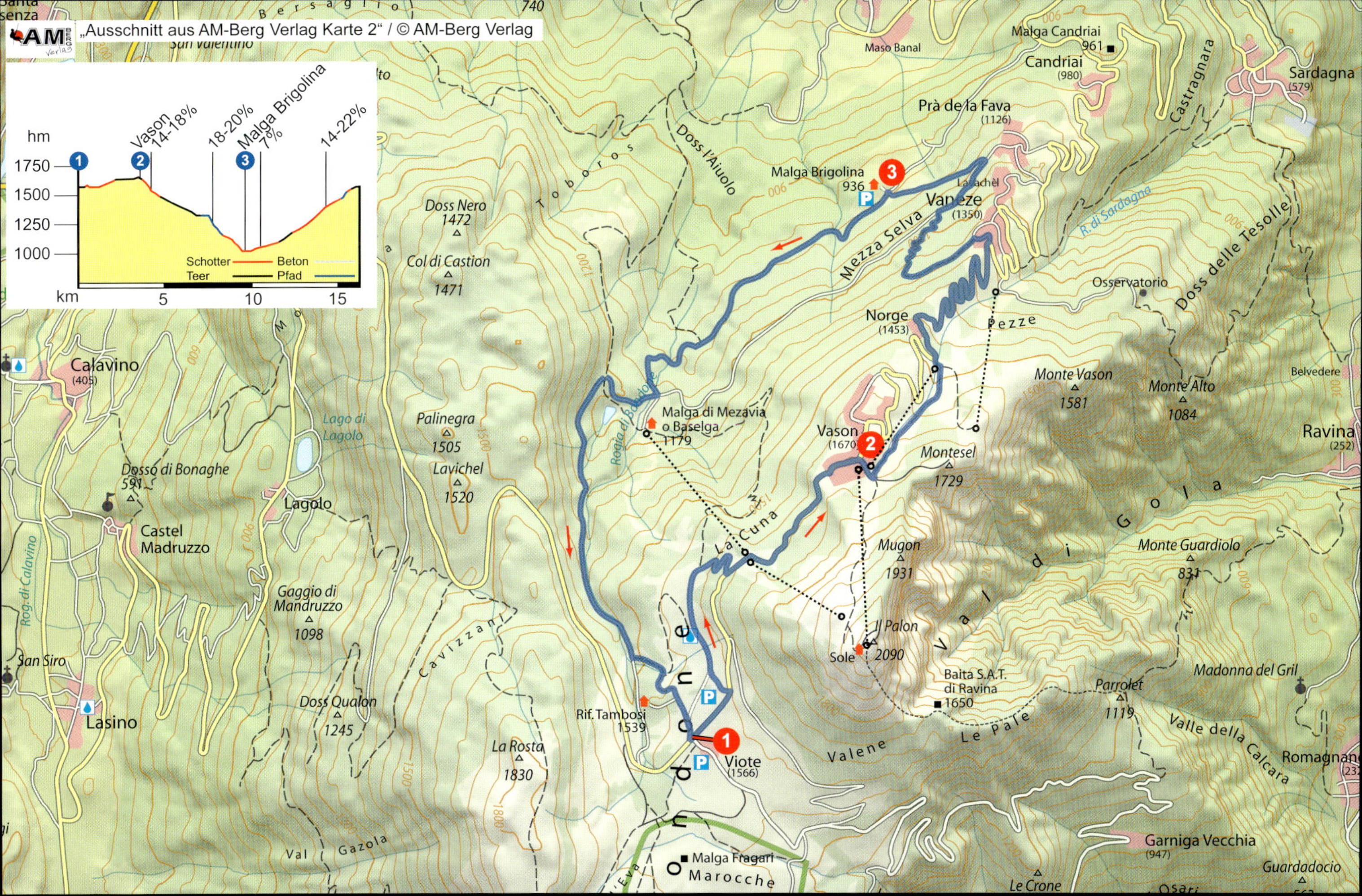

Tour 31 „Monte Bondone" **5** **16,17** km **2:26** Std **704** Hm

Tour 31 „Monte Bondone“

1 **km 0,00**/1566 m Von der Bushaltestelle (Schild „Centro Fondo Viote 1566m“) **geradeaus** die 10 m zur HS fahren und dort auf dieser nach **rechts** Ri. „Trento“ abbiegen.

(+450 m) **km 0,45**/1583 m (nach dem Parkplatz) **Links** in den Schotterweg abbiegen.

(+500 m) **km 0,95**/1560 m **Gabelung** (mit Brunnen), **rechts** Ri. „Piani di Mezavia“ fahren.

(+550 m) **km 1,50**/1578 m **Rechts** dem unscheinbaren Wiesenweg Ri. „Giro delle Viote“ folgen.

(+610 m) **km 2,11**/1634 m **An der HS, links** auf dem Fuß-/Radweg weiterfahren. Der Weg geht durch einen Tunnel und an einer Infotafel vorbei.

2 *(+1.430 m)* **km 3,54**/1648 m **Vason** (Passhöhe bei der Skischule): **Rechts** Ri. „Trento Funive“ weiterfahren.

(+110 m) **km 3,65**/1653 m (auf Höhe des Skiliftes) **Links** bergab weiterfahren.

(+1.020 m) **km 4,67**/1485 m Baita Montesel (Parkplatz, Lift): **Links** über den Parkplatz zur HS fahren und dieser **geradeaus** bergab folgen.

(+2.250 m) **km 6,92**/1320 m (in der Rechtskehre) **Links** in die „via dei falchi-Vaneze“ abbiegen.

(+110 m) **km 7,03**/1316 m **Links** bergauf weiterfahren. **Nach 30 m geradeaus** dem Pfad zwischen den Häusern Ri. „Mezavia-Vason-Viote“ folgen.

(+650 m) **km 7,68**/1284 m **Geradeaus** den Forstweg überqueren und dem Pfad steil bergab Ri. „Brigolina 11“ folgen.

(+580 m) **km 8,26**/1157 m **Rechts** der Forststraße Ri. „Giro delle Malghe, Candriai“ folgen.

(+500 m) **km 8,76**/1120 m Pra della Fava: Scharf **links** bergab dem Karrenweg Ri. „Malga Brigolina, 628“ folgen.

3 *(+890 m)* **km 9,65**/1015 m **Malga Brigolina: Links** auf der Forststraße weiterfahren.

(+2.760 m) **km 12,41**/1177 m **Rechts** und nach 10 m **rechts** Ri. „Viote“ weiterfahren.

(+540 m) **km 12,95**/1224 m Piani di Mezavia: **Links** bergauf weiterfahren.

(+710 m) **km 13,66**/1301 m **Geradeaus** Ri. „Viote“ weiterfahren.

(+220 m) **km 13,88**/1334 m **Gabelung, rechts** Ri. „Viote, Sentiero del Fiono“ weiterfahren.

(+1.350 m) **km 15,23**/1474 m **Links** dem Pfad (steil und blockig) folgen.

(+280 m) **km 15,51**/1535 m **Rechts** auf die Forststraße abbiegen.

(+200 m) **km 15,71**/1553 m (beim Spielplatz) **Rechts** Ri. „Giro delle Viote“ weiterfahren.

(+390 m) **km 16,10**/1567 m **An der HS, links** und dann **rechts** zum Startpunkt zurückfahren.

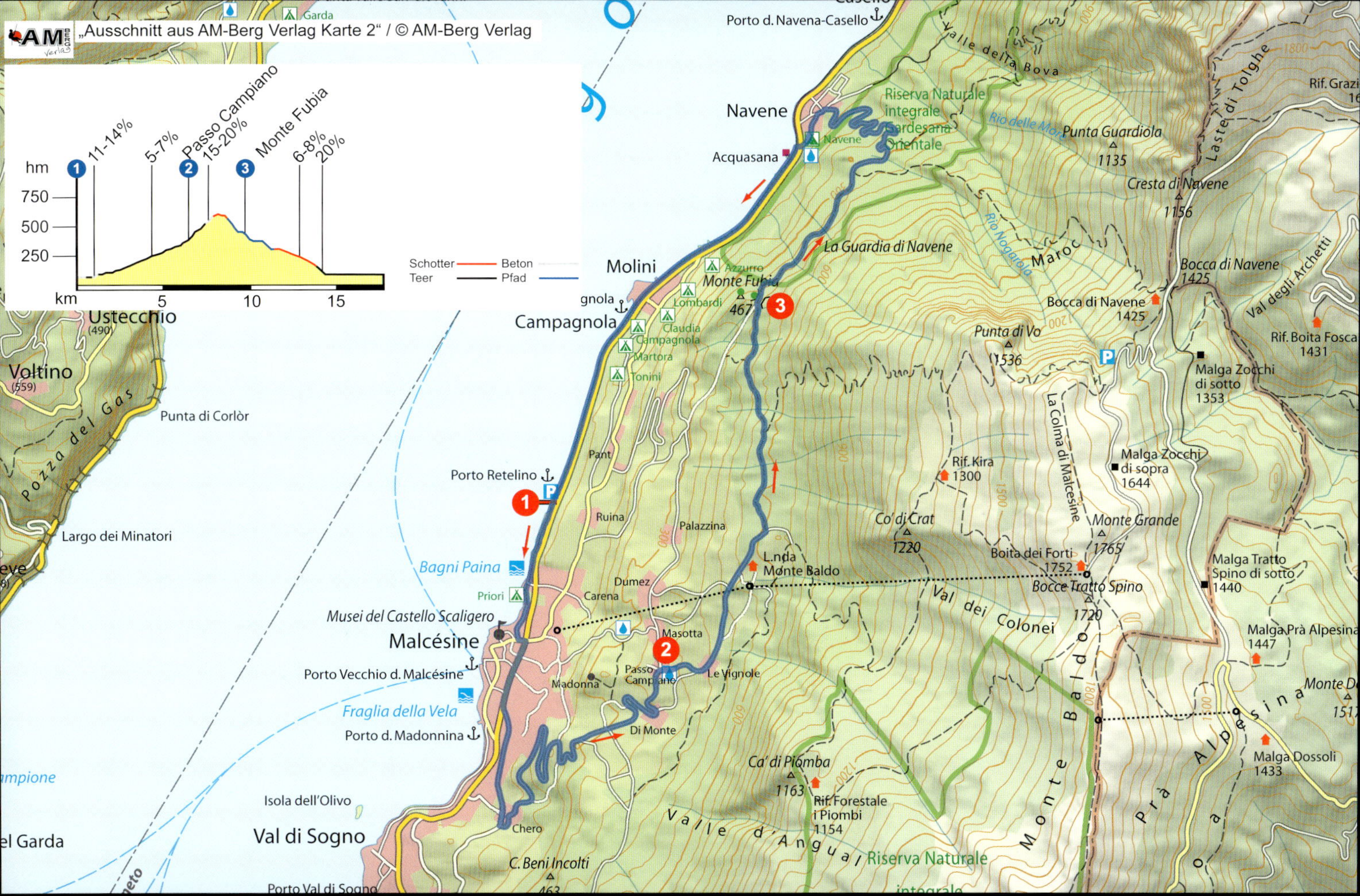

Tour 32 „Monte Fubia“ 5 **17,65** km **2:11** Std **587** Hm

Tour 32 „Monte Fubia“

1 **km 0,00**/70 m Vom Parkplatz (Einfahrt) **geradeaus** dem Radweg Ri. Süden „Centro“ folgen.

(+600 m) **km 0,60**/69 m **Geradeaus** der Teerstraße folgen.

(+140 m) **km 0,74**/68 m **Links** der Teerstraße weiter folgen. (nicht geradeaus auf den Kiesweg)

(+220 m) **km 0,96**/73 m **Links** bergauf (11-14%) der gepflasterten Gasse folgen.

(+70 m) **km 1,03**/83 m **Links** Ri. Kreisverkehr weiterfahren.

(+60 m) **km 1,09**/84 m **Kreisverkehr, rechts** auf der HS entlang weiterfahren.

(+140 m) **km 1,23**/88 m **Kreisverkehr, geradeaus** der HS, an der Kirche vorbei, folgen.

(+320 m) **km 1,55**/93 m **Links** bergauf (3-5%) Ri. „Strada Panoramica“ abbiegen.

(+900 m) **km 2,45**/132 m **Linkskehre** (Hauptweg) Ri. „Strada Panoramica“ und stets diesem Hauptweg bergauf (5-10%) bis zum Passo Campiano folgen. (Abzweige ignorieren)

2 *(+3.710 m)* **km 6,16**/375 m **Passo Campiano** (mit Brunnen, Bänken): **Rechts** Ri. „S.Michele“ fahren.

(+1.350 m) **km 7,51**/541 m **Geradeaus** bergauf (20%) Ri. „Via dei Prai“ weiterfahren.

(+350 m) **km 7,86**/591 m **Geradeaus** dem Forstweg Ri. „Fubia, Weg 4“ folgen.

(+740 m) **km 8,60**/576 m **Links** auf den Wiesenweg Ri. „Navene, 4“ abbiegen. (nach ca. 40 m beginnt der Trail; bergab mit bis zu 30%)

(+680 m) **km 9,28**/444 m **Rechts** Ri. „Navene, 4“ und **nach 30 m** (beim Wasserloch) **rechts** dem Hauptweg weiter folgen.

(+120 m) **km 9,40**/453 m **Links** dem Weg „No 4“ folgen.

3 *(+300 m)* **km 9,70**/439 m **Monte Fubia** (unterhalb des Gipfels, zum Gipfel sind es nur wenige Hm): **Geradeaus** Ri. „Navene, 4“ weiterfahren.

(+1.650 m) **km 11,35**/305 m (bei der Infotafel) **Geradeaus** auf dem Karrenweg weiterfahren.

(+280 m) **km 11,63**/307 m **Geradeaus** weiterfahren. (rechts „Bocca Navene, 634“)

(+230 m) **km 11,86**/297 m **Linkskehre** bergab (6-8%) Ri. „Navene“ folgen.

(+2.040 m) **km 13,90**/146 m **T-Kreuzung, links** bergab (20%) der Teerstraße folgen.

(+102 m) **km 14,02**/122 m Navene: **Links** bergab weiterfahren.

(+360 m) **km 14,38**/83 m **An der HS, links** abbiegen und dann **rechts** auf dem Radweg (am Segelclub Malcesine vorbei) zurück zum Ausgangspunkt fahren.

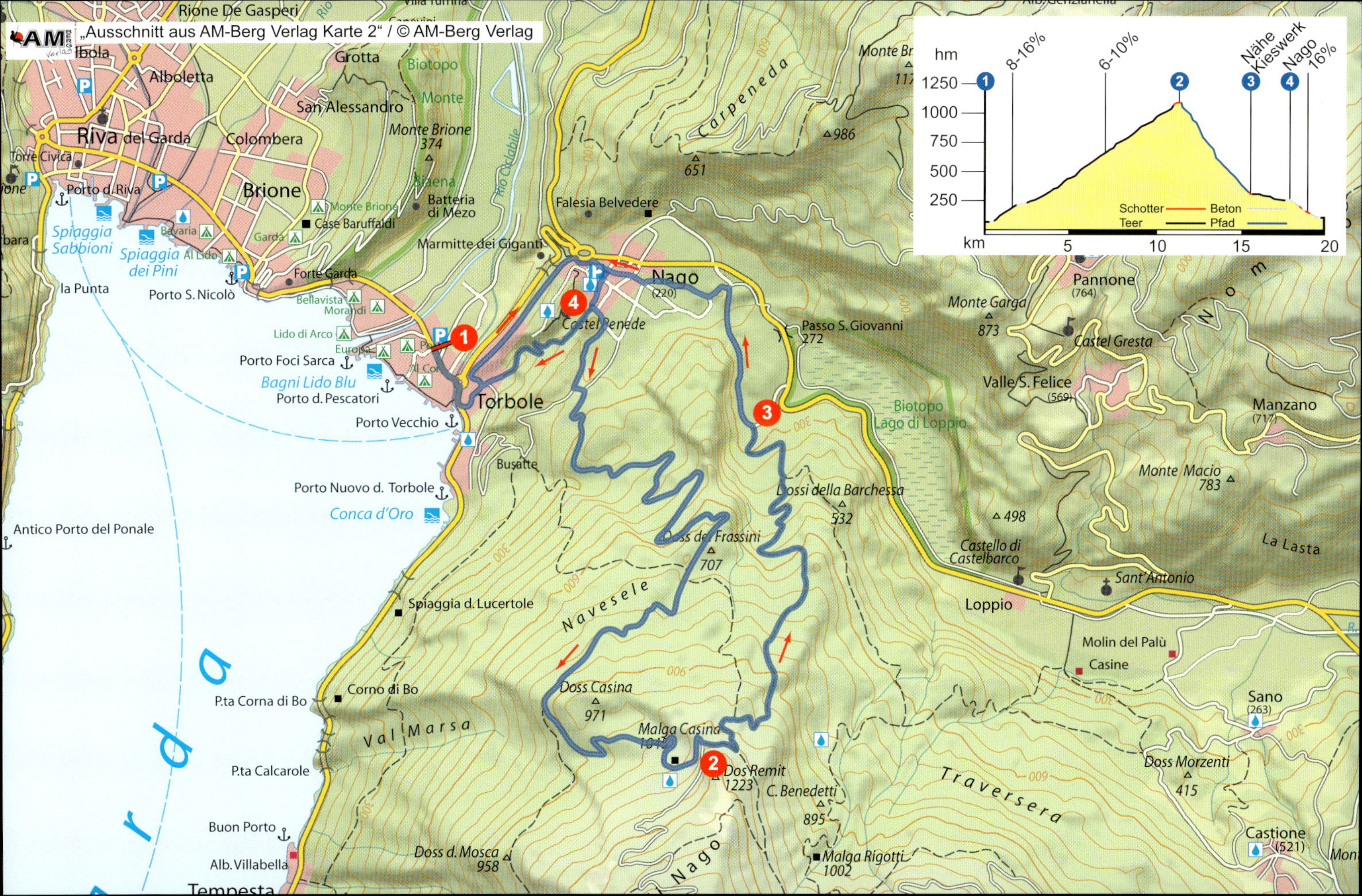

Tour 33 „Val del Diaol-The Skull“ 5 19,71 km 2:45 Std 1.037 Hm

Tour 33 „Val del Diaol-The Skull“

1 **km 0,00**/66 m Vom Parkplatz (Einfahrt bei der Tankstelle) **links** auf der HS Ri. Kreisverkehr fahren.

(+130 m) **km 0,13**/67 m **Kreisverkehr, rechts** auf der HS Ri. „Malcesine“ weiterfahren.

(+170 m) **km 0,30**/68 m (beim Hafen, Zebrastreifen) **Links** Ri. „Busatte“ abbiegen.

(+40 m) **km 0,34**/67 m (nach dem Hotel Centrale) **Links** bergauf (12-14%) Ri. „Busatte“ abbiegen.

(+180 m) **km 0,52**/87 m **Links** Ri. „Nago“ weiterfahren.

(+1.370 m) **km 1,89**/210 m Nago (beim Kreisverkehr): **Rechts** Ri. „centro“, der gepflasterten Straße folgen.

(+220 m) **km 2,11**/213 m **Kreuzung** (beim Supermarkt), **rechts** weiterfahren.

(+220 m) **km 2,33**/222 m **Links** Ri. „strada del monte baldo“ weiterfahren.

(+110 m) **km 2,44**/231 m **Geradeaus** der „via monte baldo“ folgen.

(+130 m) **km 2,57**/231 m **Rechts** Ri. „Busatte“ weiterfahren.

(+500 m) **km 3,07**/259 m (beim Steinmarterl mit Bank) **Links** der Monte Baldo Straße folgen.

2 *(+8.030 m)* **km 11,10**/1075 m (Abzweig „Skull“) **Links** Ri. „Nago, The Skull“ abbiegen.

(+270 m) **km 11,37**/1089 m **Links** auf den Trail „The Skull“ abbiegen.

(+3.460 m) **km 14,83**/410 m **Geradeaus** dem Trail weiter folgen.

3 *(+400 m)* **km 15,53**/299 m **Nähe Kies-werk: Links** auf die breite Teerstraße abbiegen.

(+1.040 m) **km 16,57**/278 m **Links** dem Radweg folgen.

(+660 m) **km 17,23**/255 m **Rechts** dem Radweg nach Nago folgen.

(+130 m) **km 17,36**/253 m Nago: **Gerade-aus** der Gasse folgen.

(+170 m) **km 17,53**/246 m (nach dem Torbogen) **Links** weiterfahren.

4 *(+230 m)* **km 17,76**/253 m **Nago: Rechts** Ri. „Torbole“ abbiegen und über das Tal Santa Lucia bis zum Dorfplatz in Torbole fahren.

(+350 m) **km 19,21**/100 m (beim Hotel Centrale) **Rechts** über den Dorfplatz zur HS fahren.

(+40 m) **km 19,25**/100 m **An der HS, rechts** weiterfahren.

(+140 m) **km 19,39**/101 m **Kreisverkehr, links** Ri. „Riva“ abbiegen und zum Startpunkt zurückfahren.

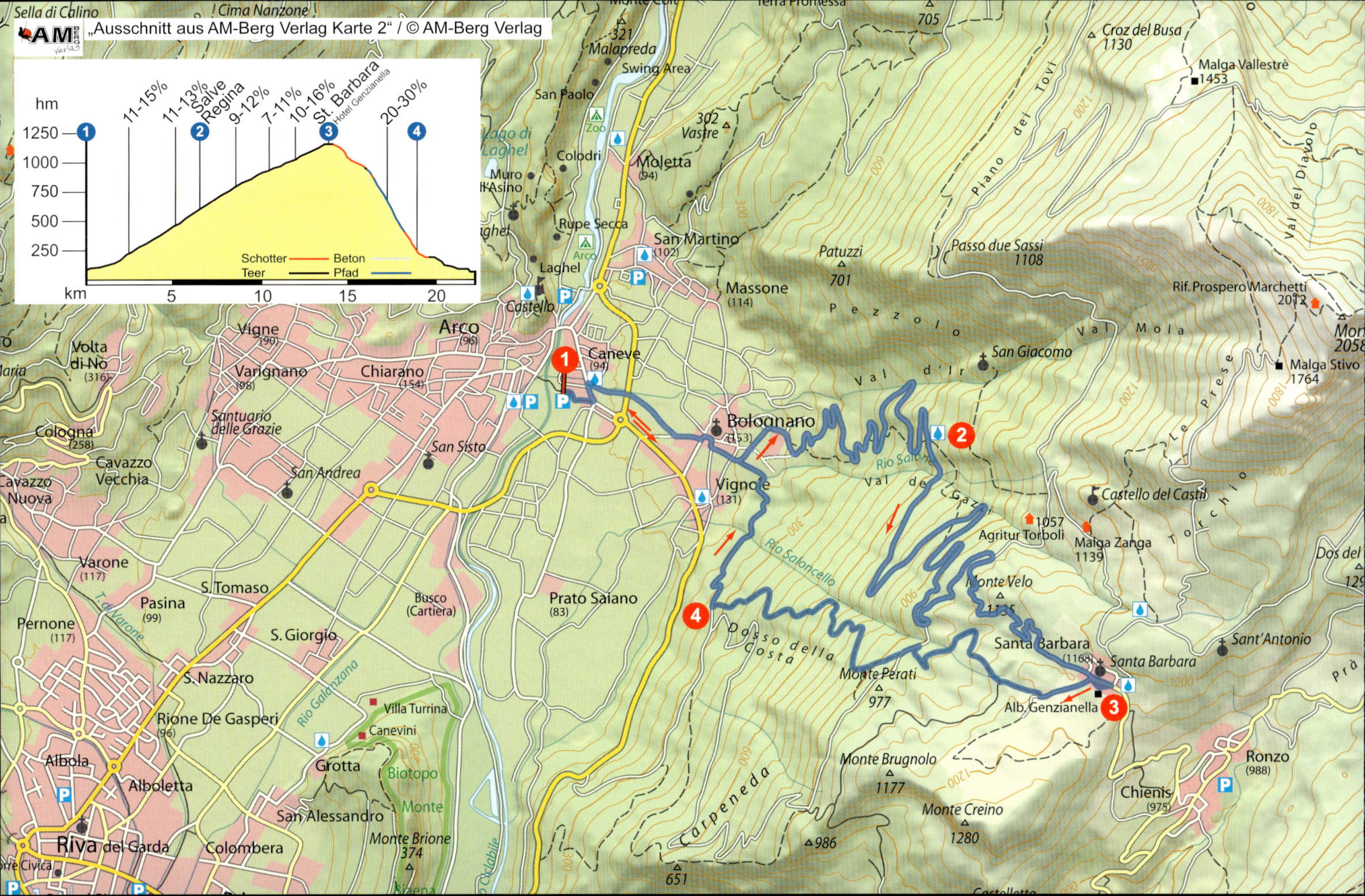

Tour 34 „Monte Velo 4-Downhill“ **5** **22,19 km 3:25 Std 1.093 Hm**

Tour 34 „Monte Velo 4-Downhill“

1 
km 0,00/90 m Vom Parkplatz (hinteres Ende bei der Brücke) **geradeaus** dem Radweg zur Einfahrt des Parkplatzes folgen.

(+270 m) **km 0,27**/97 m **Kreisverkehr, links** der „viale Rovereto“ folgen.

(+110 m) **km 0,38**/96 m (nächste Straße, bei der Bushaltestelle / Zebrastreifen) **Rechts** abbiegen.

(+30 m) **km 0,41**/98 m (an der Piazza Trento) **Rechts** der Einbahnstraße folgen.

(+280 m) **km 0,69**/108 m (nach der Brücke, Umgehungsstraße) **Geradeaus** der „via del Ri“ folgen.

(+450 m) **km 1,14**/120 m Bolognano: **Links** leicht bergauf weiterfahren.

(+180 m) **km 1,32**/131 m **Links** Ri. Kirche abbiegen und dann **rechts** der HS folgen.

(+80 m) **km 1,40**/136 m **Rechts** der HS Ri. „monte Velo“ folgen.

(+60 m) **km 1,46**/136 m **Links** der HS Ri. „monte Velo“ folgen.

(+230 m) **km 1,69**/153 m **Links** auf der HS weiterfahren und dieser stets bergauf folgen.

(+60 m) **km 20,80**/114 m **Links** Ri. „Arco“ und **nach 30 m rechts** der „via Rovero“ folgen.

(+200 m) **km 21,00**/102 m **Rechts** in die „via del Ri“ abbiegen.

(+460 m) **km 21,46**/89 m **Geradeaus** über die Brücke (Umgehungsstraße) fahren.

(+280 m) **km 21,74**/81 m **Links** weiterfahren.

(+30 m) **km 21,77**/81 m **An der HS, links** auf dieser weiterfahren.

(+120 m) **km 21,89**/77 m **Kreisverkehr, rechts** dem Radweg zum Startpunkt zurück folgen.

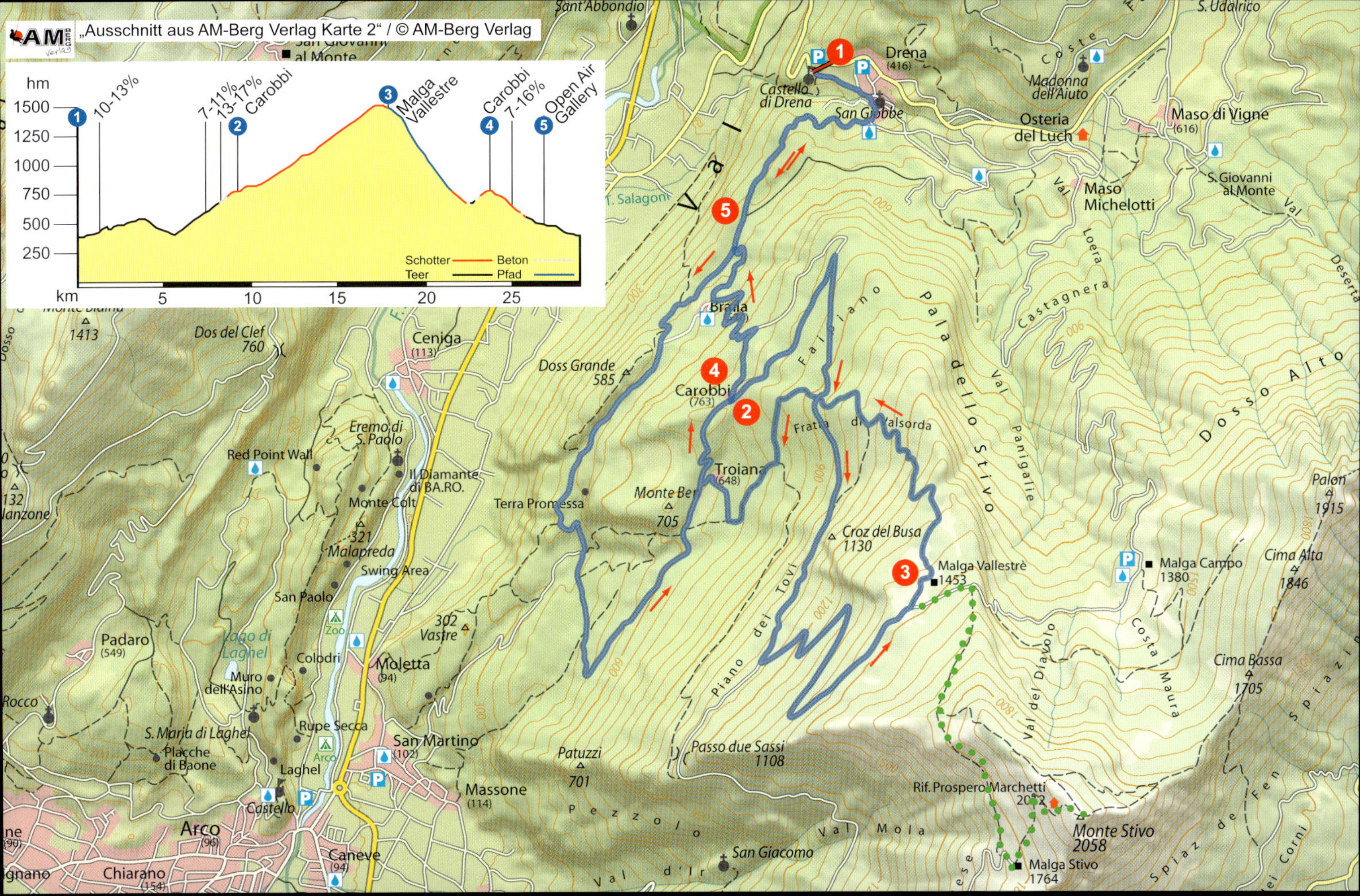

Tour 35 „Malga Vallestre“ 5 **28,90 km 4:27 Std 1.416 Hm**

Tour 35 „Malga Vallestre“

1 **km 0,00**/393 m Vom Parkplatz, **geradeaus** bergab der „via Castello“ folgen.

(+360 m) **km 0,36**/393 m (nach der Bergauffahrt) **Geradeaus** der „via G. Segantini“ folgen.

(+40 m) **km 0,40**/393 m **Abzweig, geradeaus** leicht bergab Ri. „Loc. Braila“ weiterfahren.

(+90 m) **km 0,49**/394 m **Links** Ri. „Loc. Braila 2,7km/160hm“ abbiegen.

(+70 m) **km 0,56**/399 m **Rechts** Ri. „Braila“ weiterfahren.

(+60 m) **km 0,62**/405 m (links Parkplatz) **Abzweig, rechts** Ri. „Braila“ weiterfahren.

(+1.540 m) **km 2,16**/474 m Open Air Gallery: **Geradeaus** dem Teerweg weiter folgen.

(+290 m) **km 2,45**/481 m **Abzweig, geradeaus** Ri. „Braila“ weiterfahren.

(+1.230 m) **km 3,68**/535 m **Rechts** dem Hauptweg Ri. „Arco“ folgen.

(+1.840 m) **km 5,52**/397 m Pianaura: **An der HS, links** bergauf Ri. „Carobbi“ abbiegen und stets dieser HS bergauf bis nach Troiana folgen.

(+2.600 m) **km 8,12**/665 m Località Troiana: **Geradeaus** Ri. „60 km di Gardum“ weiterfahren.

(+120 m) **km 8,24**/676 m **Geradeaus** bergauf (13-17%) Ri. „Carobbi“ weiterfahren.

2 *(+950 m)* **km 9,19**/770 m **Carobbi: Geradeaus** Ri. „Malga Vallestre“ weiterfahren.

(+1.540 m) **km 10,73**/830 m **Rechtskehre** bergauf Ri. „Malga Zanga“ folgen.

(+1.100 m) **km 11,83**/936 m **Geradeaus** Ri. „Santa Barbara“ weiterfahren.

(+890 m) **km 12,72**/1015 m **Geradeaus** bergauf dem Hauptweg Ri. „Santa Barbara“ folgen.

(+1.310 m) **km 14,03**/1157 m **Links** bergauf Ri. „Malga Campo, Drena“ weiterfahren.

(+3.610 m) **km 17,64**/1500 m **Links** bergab Ri. „Malga Vallestre“ fahren.

3 *(+310 m)* **km 17,95**/1476 m **Malga Vallestre:** Dem Pfad über die Wiese (direkt unter Alm) folgen.

(+2.710 m) **km 20,66**/929 m (beim Strommasten) **Geradeaus** (Forstweg überqueren) dem Pfad weiter folgen.

(+1.420 m) **km 22,08**/688 m **Kreuzung, rechts** Ri. „Troiana“ weiterfahren. (geradeaus „668“)

(+550 m) **km 22,63**/672 m **Rechts** auf der Teerstraße bergauf, Ri. „60 km di Gardum“ weiterfahren.

(+110 m) **km 22,74**/681 m **Geradeaus** bergauf (13-17%) Ri. „Carobbi“ weiterfahren.

4 *(+950 m)* **km 23,69**/776 m **Carobbi: Links** Ri. „Braila-Drena“ abbiegen.

(+600 m) **km 24,29**/702 m **Linkskehre** bergab (7-16%) folgen. (rechts „Malga Zanga“)

(+1.420 m) **km 25,71**/542 m (Nähe Kapelle) **Rechts** der Teerstraße folgen.

(+700 m) **km 26,41**/485 m **Rechts** weiterfahren.

5 *(+270 m)* **km 26,68**/478 m **Open Air Gallery: Geradeaus** der Teerstraße bis nach Drena folgen.

(+1.490 m) **km 28,17**/407 m Drena (gegenüber Brunnen): **Links** leicht bergab, am Parkplatz vorbei, der HS durch den Ort folgen.

(+280 m) **km 28,45**/396 m **Geradeaus** bergab Ri. Castel in die „via al Castello“ fahren und zum Ausgangspunkt zurückfahren.

Tour 36 „Passo Bordala“

1

km 0,00/90 m Vom Parkplatz (hinteres Ende bei der Brücke) **geradeaus** dem Radweg zur Einfahrt des Parkplatzes folgen.

(+270 m) **km 0,27**/97 m **Kreisverkehr, rechts** dem Radwegschild folgen. Im Kreisel, nach ca. 20 m, **rechts** Ri. „Prata saiano“ abbiegen und über die Brücke (Umgehungsstraße) fahren.

(+540 m) **km 0,81**/97 m **Kreuzung, rechts** bergab (7-8%) Ri. „localitá Bruttagosto“ fahren und dem Radwegschild durch die Plantagen folgen.

(+90 m) **km 0,90**/87 m **T-Kreuzung, links** dem Radwegschild folgen.

(+390 m) **km 1,29**/84 m **Rechts** dem Radwegschild folgen.

(+390 m) **km 1,68**/83 m **T-Kreuzung, links** Ri. „NW 13“ (Nordic Walking Schild) abbiegen.

(+270 m) **km 1,95**/83 m (bei kleiner Kapelle mit Bank) **Geradeaus** dem Radwegschild folgen.

(+630 m) **km 2,58**/79 m **Geradeaus** dem Radwegschild folgen.

(+250 m) **km 2,83**/79 m **Schräg rechts** weiterfahren. (nicht ganz rechts)

(+130 m) **km 2,96**/80 m **Rechts** dem Bikeschild folgen.

(+330 m) **km 3,29**/78 m **Rechts** Ri. „Nago“ und bergauf bis zum Marmitte dei Giganti fahren.

2

(+1.710 m) **km 5,00**/175 m **Marmitte dei Giganti** (Aussichtspunkt): **An der HS, geradeaus** (HS überqueren) und gegenüber dem Schotterweg (links neben der Bar) bergauf nach Nago folgen.

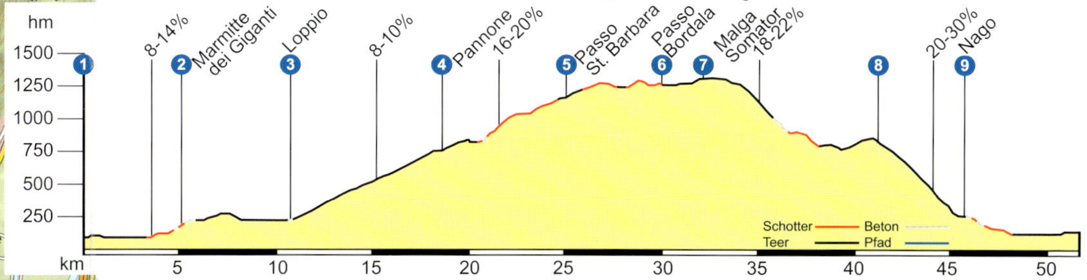

Tour 36 „Passo Bordala“ 5 **51,62 km 6:00 Std 1.687 Hm**

(+440 m) **km 5,44**/213 m Nago (Kreisverkehr): **Geradeaus** der gepflasterten Straße in den Ort folgen.

(+210 m) **km 5,65**/214 m **Geradeaus** durch den Torbogen fahren.

(+170 m) **km 5,82**/221 m **Geradeaus** weiterfahren.

(+140 m) **km 5,96**/220 m **Abzweig, geradeaus** weiterfahren.

(+640 m) **km 6,60**/234 m (wieder am Radweg) **Rechts** weiterfahren.

(+190 m) **km 6,79**/245 m **Geradeaus** dem Radweg bis nach Loppio folgen.

3 *(+3.880 m)* **km 10,67**/223 m **Loppio** (vor dem Radwegtunnel): **Links** durch das Tor, Ri. „Val di Gresta" fahren.

(+80 m) **km 10,75**/225 m **Rechts** zum Parkplatz und über diesen auf die HS fahren.

(+40 m) **km 10,79**/228 m **Links** auf die HS abbiegen und dieser stets bergauf folgen.

(+5.010 m) **km 15,80**/575 m Valle San Felice (Kirche): **Geradeaus** weiterfahren.

4 *(+2.820 m)* **km 18,62**/758 m **Pannone** (Kirche): **Links** der HS weiter bergauf folgen.

(+480 m) **km 19,10**/792 m (in der Rechtskehre) **Links** Ri. „Campedello, Percorso B" abbiegen.

(+480 m) **km 19,58**/816 m Dos alt: **Geradeaus** dem Hauptweg Ri. „Campedello" folgen.

(+620 m) **km 20,20**/814 m **Rechts** Ri. „Monte Brugnolo" weiterfahren.

(+400 m) **km 20,60**/817 m **Rechts** bergauf dem Weg Ri. „Monte Creino, St. Barbara" folgen.

(+100 m) **km 20,70**/829 m **Rechts** bergauf (16%) Ri. „Monte Creino" fahren. (schmälerer Weg)

(+600 m) **km 21,30**/905 m **Links** bergauf (16-20%) dem Hauptweg folgen.

(+700 m) **km 22,00**/1001 m (bei der Kehre) **Rechts** bergauf Ri. „Passo St. Barbara, 637" fahren.

(+2.570 m) **km 24,57**/1145 m **Links** auf die Teerstraße abbiegen.

(+330 m) **km 24,90**/1152 m **An der HS, rechts** abbiegen. (rechts oben „Hotel Genzianella")

5 *(+100 m)* **km 25,00**/1157 m **Passo Santa Barbara: Links** bergauf Ri. „608 B" abbiegen.

(+70 m) **km 25,07**/1164 m (oberhalb der Kapelle) **Rechts** der „via s. antonio" folgen.

(+90 m) **km 25,16**/1175 m **Linkskehre** bergauf folgen.

(+740 m) **km 25,90**/1212 m Baita Castil (Pferdehof): **Rechts** Ri. „MTB Bordala" weiterfahren.

(+1.900 m) **km 27,80**/1226 m **Links** auf die Teerstraße, Ri. „Passo Bordala" abbiegen.

(+1.700 m) **km 29,50**/1253 m **Geradeaus** Ri. „Passo Bordala" weiterfahren.

6 *(+500 m)* **km 30,00**/1256 m **Passo Bordala: An der HS, links** und dann **rechts** Ri. „Rifugio Malga Somator" abbiegen.

(+1.450 m) **km 31,45**/1269 m (Infotafel, Parkplatz) **Geradeaus** weiterfahren.

7 *(+700 m)* **km 32,15**/1303 m **Rifugio Malga Somator.** (mit Spielplatz)

(+2.350 m) **km 34,50**/1221 m Kapelle San Bernardo: **Geradeaus** bergab (18-22%) fahren.

(+1.300 m) **km 35,80**/1008 m Corniano: **Geradeaus** bergab (20%) weiterfahren.

(+650 m) **km 36,45**/901 m **Kreuzung, rechts** Ri. „Pannone, Percorso C" weiterfahren.

(+730 m) **km 37,18**/890 m **Rechts** bergauf Ri. „Percorso C" weiterfahren.

(+1.480 m) **km 38,66**/799 m **Geradeaus** bergab Ri. „Pannone" fahren und diesem Hauptweg bis nach Pannone folgen.

(+960 m) **km 39,62**/782 m Pannone (Kirche): **An der HS, rechts** bergauf weiterfahren.

(+500 m) **km 40,12**/816 m (in der Rechtskehre) **Links** Ri. „Campedello, Percorso B" abbiegen.

(+480 m) **km 40,60**/843 m Dos alt: **Geradeaus** dem Hauptweg Ri. „Campedello" folgen.

8 *(+620 m)* **km 41,22**/833 m **Links** bergab Ri. „Campedello" fahren.

(+3.980 m) **km 45,20**/264 m **Rechts** weiterfahren.

(+50 m) **km 45,25**/264 m **Rechts** Ri. „60 km di Gardum" weiterfahren.

9 *(+490 m)* **km 45,74**/254 m Nago: **An der HS, geradeaus** (HS überqueren) weiterfahren.

(+30 m) **km 45,77**/254 m **T-Kreuzung, rechts** abbiegen.

(+100 m) **km 45,87**/250 m **Kreuzung, rechts** der „via Sighele" folgen.

(+180 m) **km 46,05**/247 m **Kreisverkehr, geradeaus** bergab (am Parkplatz vorbei) fahren.

(+370 m) **km 46,42**/221 m Marmitte dei Giganti: **An der HS, geradeaus** diese überqueren (Vorsicht Autoverkehr!) und gegenüber dem Schotterweg folgen.

(+1.700 m) **km 48,12**/117 m **Links** Ri. „Radwegschild" weiterfahren.

(+330 m) **km 48,45**/116 m **Links** über den Bach fahren. (NICHT rechts dem Radwegschild folgen)

(+50 m) **km 48,50**/114 m Den zweiten Weg **links** nehmen und diesem geradeaus (2 Abzweige ignorieren) folgen. (NICHT ganz links, MTB Schild)

(+870 m) **km 49,37**/119 m (bei der Steinkapelle, Schild „località Bruttugosto") **Links** weiterfahren.

(+270 m) **km 49,64**/120 m **Rechts** dem Hauptweg folgen.

(+380 m) **km 50,02**/120 m **Links** weiterfahren.

(+400 m) **km 50,42**/125 m **Rechts** bergauf weiterfahren. (rechts an den Felsen vorbei)

(+80 m) **km 50,50**/125 m **An der HS, links** Ri. „NW 13" weiterfahren.

(+620 m) **km 51,12**/132 m **Kreisverkehr, rechts** dem Kreisverkehr folgen und nach ca. 40 m **links** und zum Startplatz, leicht bergab, zurückfahren.

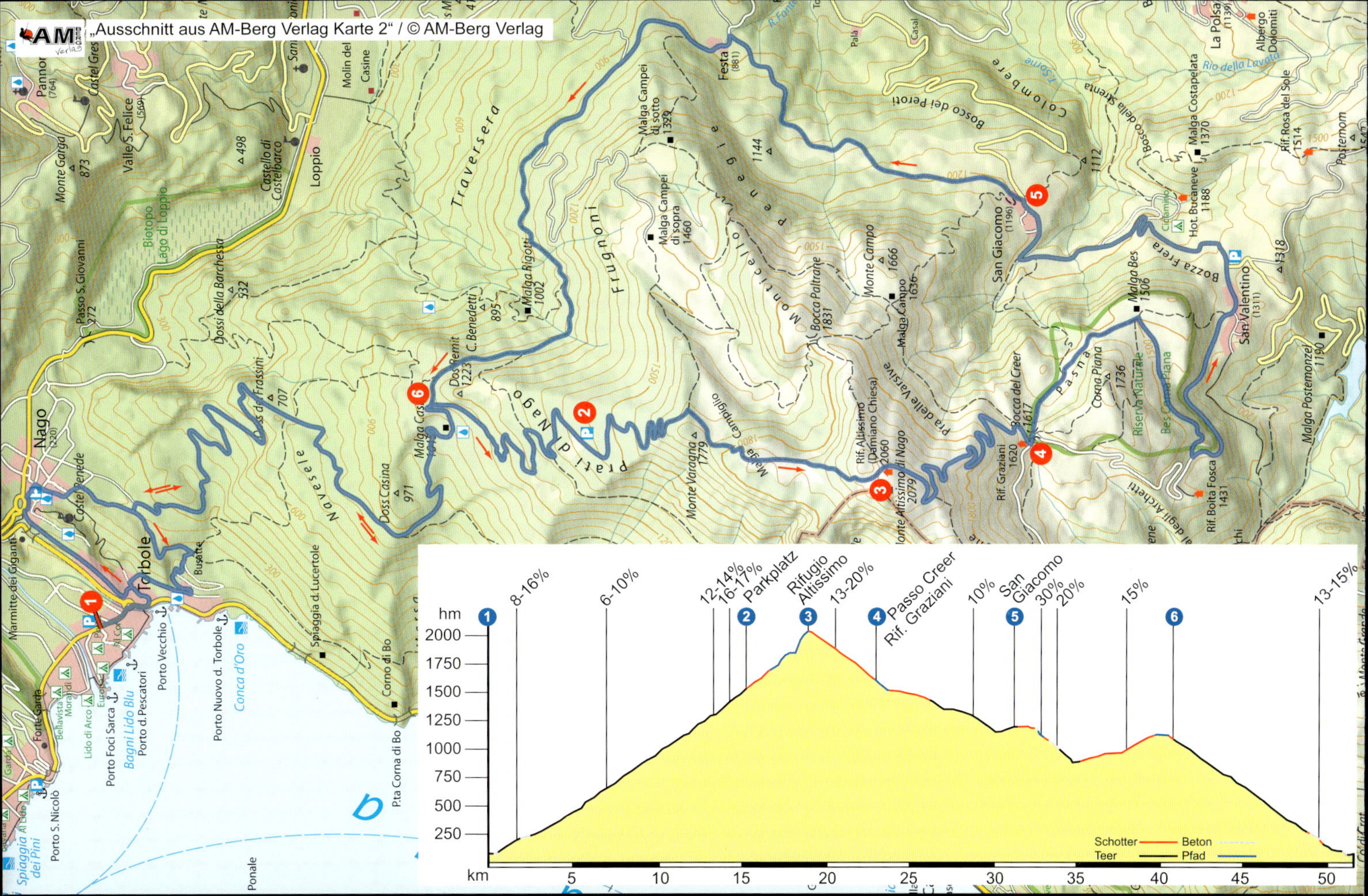

Tour 37 „Monte Altissimo 1“ **5** **51,52 km 7:40 Std 2.298 Hm**

Tour 37 „Monte Altissimo 1“

1 **km 0,00**/66 m Vom Parkplatz (Einfahrt bei der Tankstelle) **links,** auf der HS Ri. Kreisverkehr fahren.

(+130 m) **km 0,13**/67 m **Kreisverkehr, rechts** auf der HS Ri. „Malcesine“ weiterfahren.

(+170 m) **km 0,30**/68 m (beim Hafen, Zebrastreifen) **Links** Ri. „Busatte“ abbiegen.

(+40 m) **km 0,34**/67 m (nach dem Hotel Centrale) **Links** bergauf (12-14%) Ri. „Busatte“ abbiegen.

(+180 m) **km 0,52**/87 m **Links** Ri. „Nago“ weiterfahren.

(+1.370 m) **km 1,89**/210 m Nago (beim Kreisverkehr): **Rechts** Ri. „centro“, der gepflasterten Straße folgen.

(+220 m) **km 2,11**/213 m **Kreuzung** (beim Supermarkt), **rechts** weiterfahren.

(+220 m) **km 2,33**/222 m **Links** Ri. „strada del monte baldo“ weiterfahren.

(+110 m) **km 2,44**/231 m **Geradeaus** der „via monte baldo“ folgen.

(+130 m) **km 2,57**/231 m **Rechts** Ri. „Busatte“ weiterfahren.

(+500 m) **km 3,07**/259 m (beim Steinmarterl mit Bank) **Links** der Monte Baldo Straße folgen.

(+760 m) **km 40,51**/1095 m (rechts Trailabzweig „The Skull“) **Geradeaus** dem Forstweg folgen.

(+280 m) **km 40,79**/1075 m **An der HS** (zum Monte Baldo), **rechts** bergab weiterfahren.

(+8.030 m) **km 48,82**/251 m (Heiligenfigur, Marterl) **Links** bergab Ri. „Busatte“ weiterfahren.

(+100 m) **km 48,92**/246 m **Rechts** dem Weg Ri. „Busatte“ folgen. Nach 360 m befindet sich auf der linken Seite ein Aussichtspunkt.

(+930 m) **km 49,85**/155 m Busatte: **Geradeaus** Ri. „Torbole“ auf der Teerstraße weiterfahren.

(+60 m) **km 49,91**/152 m **Geradeaus** bergab Ri. „Torbole“ fahren.

(+190 m) **km 50,01**/133 m **Geradeaus** weiterfahren.

(+840 m) **km 50,85**/81 m **Links** bergab der „via di Santa Lucia“, bis zum Dorfplatz, folgen.

(+210 m) **km 51,06**/62 m (beim Hotel Centrale) **Rechts** über den Dorfplatz zur HS weiterfahren.

(+40 m) **km 51,10**/60 m **An der HS, rechts** weiterfahren.

(+150 m) **km 51,25**/59 m **Kreisverkehr, links** Ri. „Riva“ abbiegen und zum Startpunkt zurückfahren.

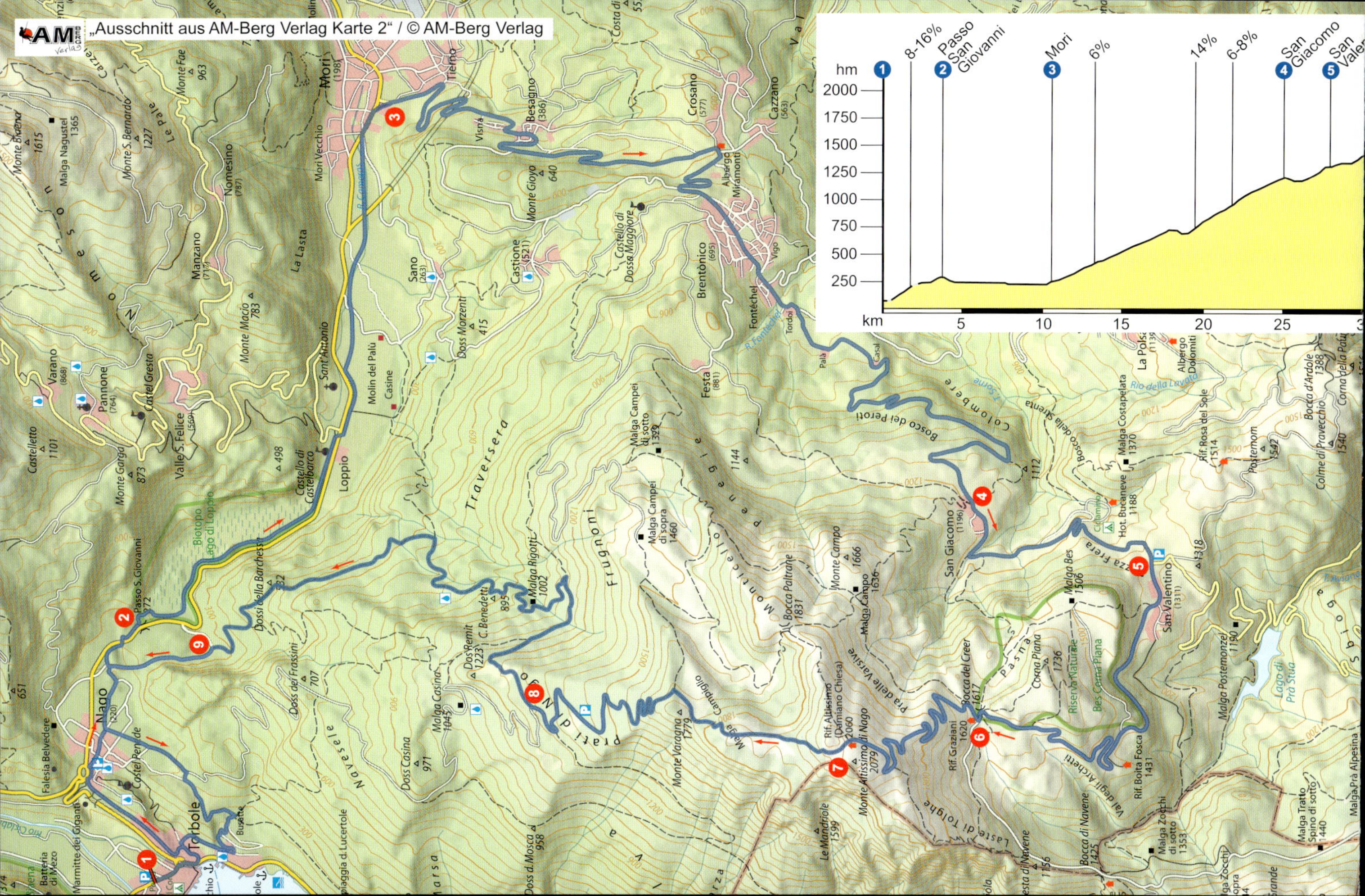

Tour 38 „Monte Altissimo 2-über Brentonico“ 5 56,93 km 6:25 Std 2.188 Hm

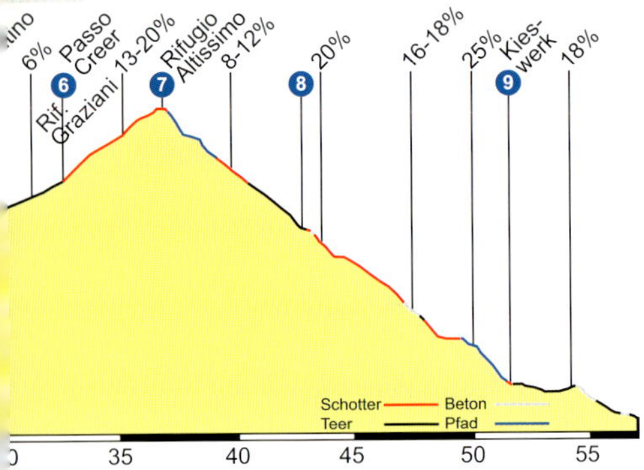

Tour 38 „Monte Altissimo 2-über Brentonico“

1 **km 0,00**/66 m Vom Parkplatz (Einfahrt bei der Tankstelle) **links** auf der HS Ri. Kreisverkehr fahren.

(+130 m) **km 0,13**/67 m **Kreisverkehr, rechts** auf der HS Ri. „Malcesine“ weiterfahren.

(+170 m) **km 0,30**/68 m (beim Hafen, Zebrastreifen) **Links** Ri. „Busatte“ abbiegen.

(+40 m) **km 0,34**/67 m (nach dem Hotel Centrale) **Links** bergauf (12-14%) Ri. „Busatte“ abbiegen.

(+180 m) **km 0,52**/87 m **Links** Ri. „Nago“ weiterfahren.

(+1.370 m) **km 1,89**/210 m Nago (beim Kreisverkehr): **Rechts** Ri. „centro“, der gepflasterten Straße folgen.

(+870 m) **km 44,92**/1094 m Scharf **links** Ri. „Percorso No 7“ abbiegen.

(+900 m) **km 45,82**/1010 m **Rechtskehre** (Hauptweg) folgen.

(+1.530 m) **km 47,35**/804 m Haus mit Brunnen.

(+550 m) **km 47,90**/730 m **Abzweig, links** in den unscheinbaren Karrenweg abbiegen. (nach ca. 1,67 km beginnt der Pfad)

(+2.940 m) **km 50,84**/445 m **Rechts** dem Pfad weiter folgen.

(+700 m) **km 51,54**/330 m (Nähe Kieswerk) **Links** auf die Teerstraße fahren und am Kieswerk vorbeifahren.

(+1.040 m) **km 52,58**/310 m **Links** dem Radweg folgen.

(+660 m) **km 53,24**/285 m **Rechts** dem Radweg folgen.

(+30 m) **km 53,27**/286 m (kurz vor Nago) **Links** Ri. „Monte Baldo“ abbiegen und dieser Straße **geradeaus** (2 Kreuzungen) und dann bergauf (18%) folgen.

(+910 m) **km 54,18**/316 m **Rechts** Ri. „Torbole“ abbiegen.

(+40 m) **km 54,22**/316 m (bei der Heiligenfigur, Marterl) **Links** bergab Ri. „Busatte“ abbiegen.

(+100 m) **km 54,32**/314 m **Rechts** dem Weg Ri. „Busatte“ folgen. Nach 360 m befindet sich auf der linken Seite ein Aussichtspunkt.

(+930 m) **km 55,25**/222 m **Busatte: Geradeaus** Ri. „Torbole“ auf der Teerstraße weiterfahren.

(+60 m) **km 55,31**/217 m **Geradeaus** bergab Ri. „Torbole“ fahren.

(+190 m) **km 55,50**/200 m **Geradeaus** weiterfahren.

(+840 m) **km 56,34**/157 m **Links** der „via di Santa Lucia“ bergab, bis zum Dorfplatz, folgen.

(+210 m) **km 56,55**/116 m (beim Hotel Centrale) **Rechts** und über den Dorfplatz zur HS weiterfahren.

(+40 m) **km 56,59**/116 m **An der HS, rechts** weiterfahren.

(+150 m) **km 56,74**/116 m Torbole: **Kreisverkehr, links** Ri. „Riva“ abbiegen und zum Startplatz zurückfahren.

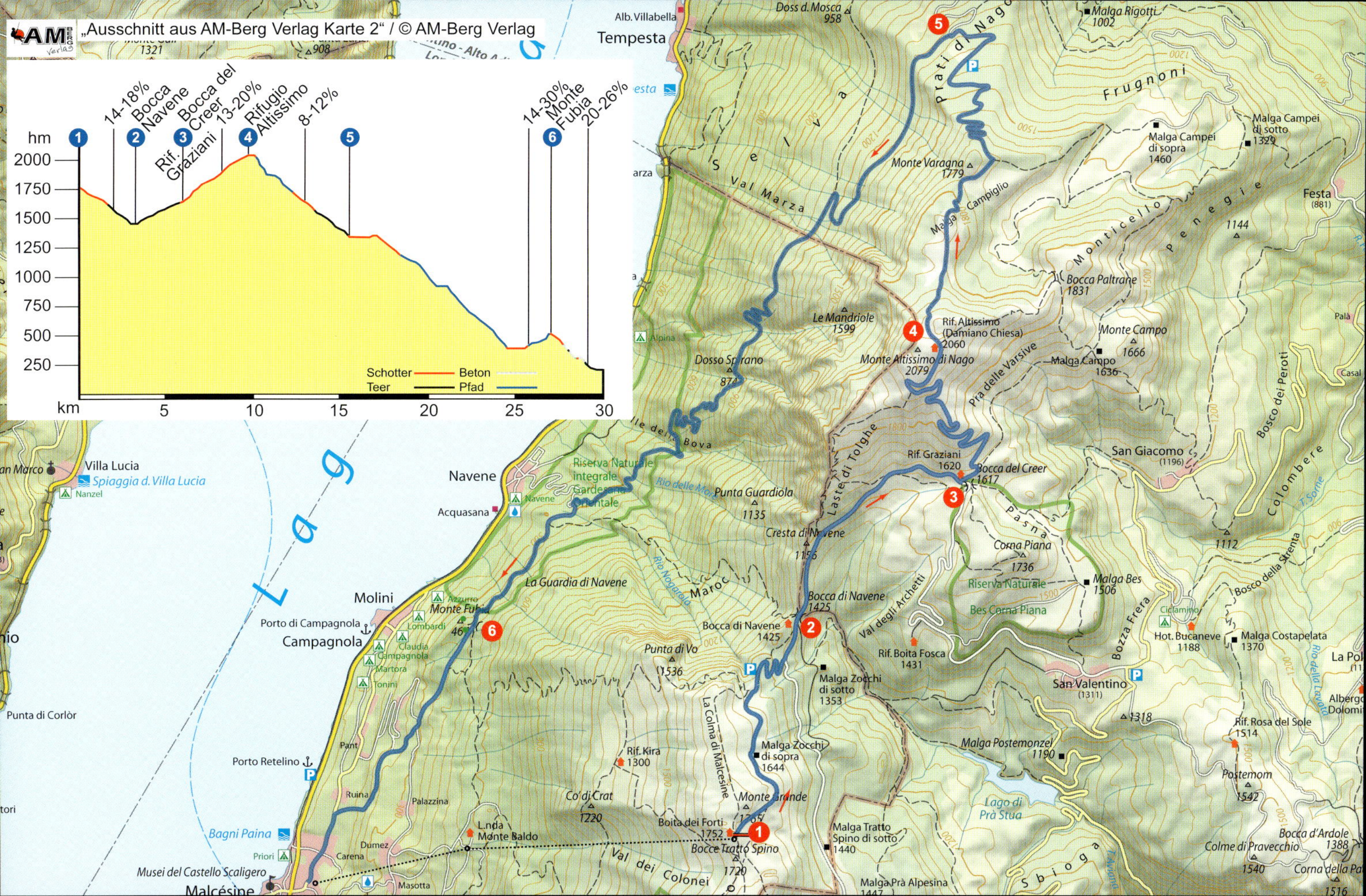

Tour 39 „Monte Baldo-Monte Altissimo“ 6 30,01 km 4:16 Std 835 Hm

Tour 39 „Monte Baldo-Monte Altissimo“

1 **km 0,00**/1760 m (Ausgang der Bergbahn) **Links** und nach wenigen Metern **rechts** bergab, dem Schotterweg Ri. „Bocca Navene“ folgen.

(+2.900 m) **km 2,90**/1462 m **An der HS, geradeaus** Ri. „Al percorsi“ weiterfahren.

2 *(+310 m)* **km 3,21**/1425 m **Bocca Navene:** Der HS weiter bergauf zum Bocca del Creer folgen.

3 *(+2.580 m)* **km 5,79**/1617 m **Bocca del Creer / Rifugio Graziani: Links** Ri. „Lago di Garda“ abbiegen.

(+210 m) **km 6,00**/1650 m **Links** bergauf (13-20%) Ri. „Altissimo“ weiterfahren.

4 *(+3.820 m)* **km 9,82**/2060 m **Rifugio Altissimo: Geradeaus** dem Weg Ri. „Torbole, 601“ folgen.

(+2.440 m) **km 12,26**/1802 m Monte Varagna: **Links** Ri. „Torbole sul Garda“ weiterfahren.

(+1.290 m) **km 13,55**/1526 m Parkplatz. Der Teerstraße bergab weiter folgen.

5 *(+1.960 m)* **km 15,51**/1300 m **Links** auf den Schotterweg Ri. „Malcesine, Navene“ abbiegen.

(+2.680 m) **km 18,19**/1207 m Scharf **links** Ri. „Malcesine, Navene“ abbiegen. (nach ca. 230 m beginnt der Pfad)

(+6.670 m) **km 24,86**/376 m **Links** Ri. „Fubia, Malcesine“ weiterfahren.

(+520 m) **km 25,38**/385 m **Abzweig, geradeaus** bergab dem Hauptweg folgen. (nach ca. 420 m beginnt der Pfad, der sehr steil, mit 14-30%, bergauf geht = Schiebepassage)

6 *(+1.620 m)* **km 27,00**/515 m (Pass) **Monte Fubia: Rechts** Ri. „Malcesine“ auf dem Karrenweg weiterfahren. (nichts links „S. Michele“)

(+750 m) **km 27,75**/415 m **Geradeaus** bergab dem Hauptweg Ri. „Malcesine 4“ folgen.

(+270 m) **km 28,02**/367 m **An der HS, geradeaus** der „via Panoramica“ Ri. „Malcesine 4“ folgen.

(+400 m) **km 28,42**/298 m **Geradeaus** bergauf Ri. „Malcesine“ weiterfahren.

(+280 m) **km 28,70**/309 m **Geradeaus** bergab (20-26%) dem Steinweg folgen.

(+540 m) **km 29,24**/233 m **An der HS, links** abbiegen und der HS bis zur Talstation der Monte Baldo Bergbahn folgen.

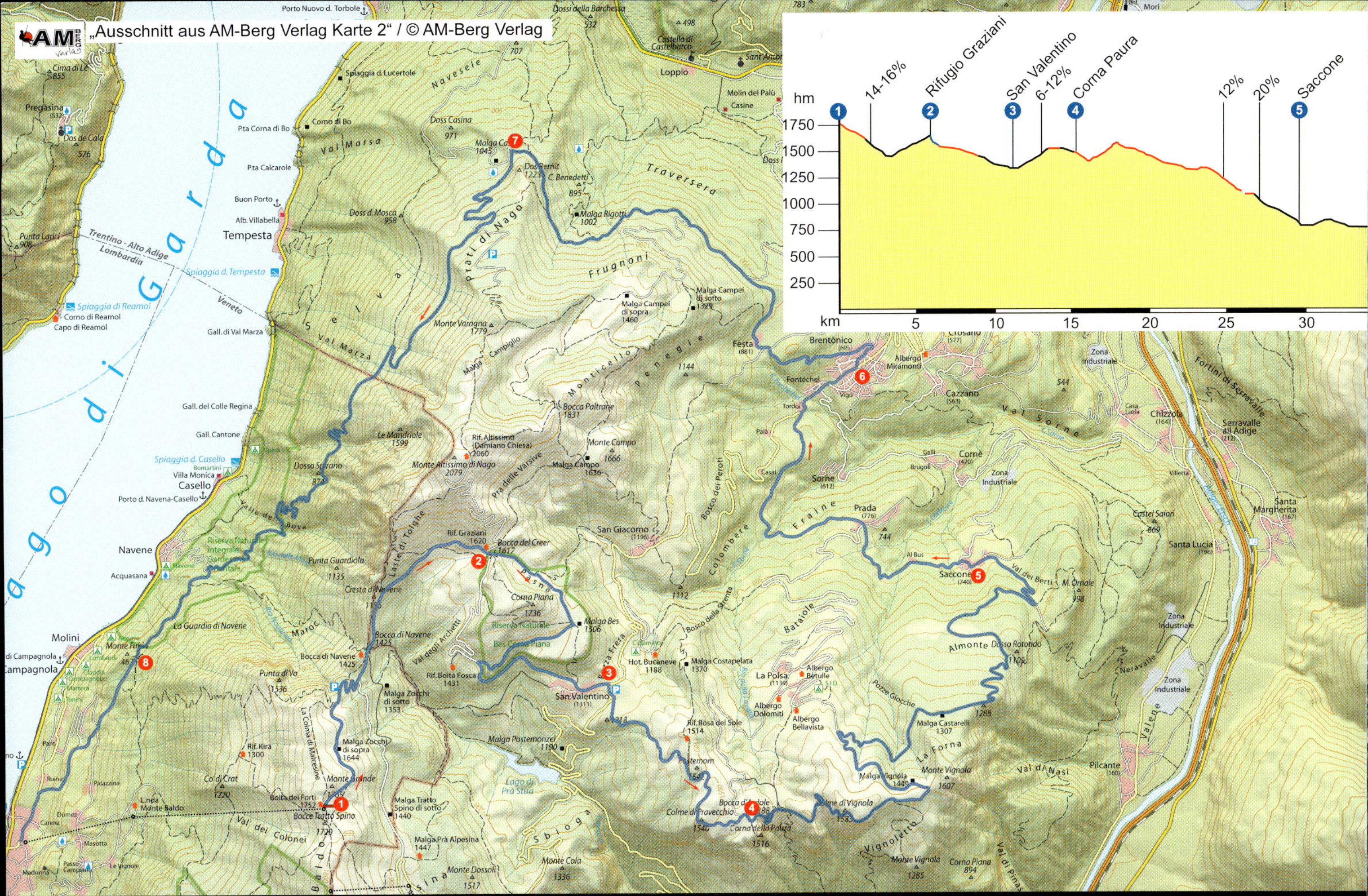

Tour 40 „Monte Baldo-Corna Paura“ **6** **61,18 km 8:00 Std 1.600 Hm**

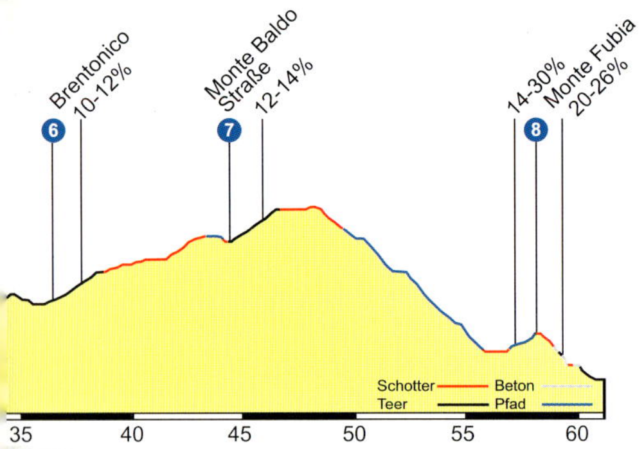

Tour 40 „Monte Baldo-Corna Paura“

1 **km 0,00**/1760 m (Ausgang der Bergbahn) **Links** und nach wenigen Metern **rechts** bergab dem Schotterweg Ri. „Bocca Navene“ folgen.

(+2.900 m) **km 2,90**/1462 m **An der HS, geradeaus** Ri. „Al percorsi“ weiterfahren.

(+310 m) **km 3,21**/1425 m Bocca Navene: Der HS weiter bergauf zum Bocca del Creer folgen.

2 *(+2.580 m)* **km 5,79**/1617 m **Bocca del Creer / Rifugio Graziani: Links** über den Parkplatz und dann dem Pfad bergab folgen.

(+1.550 m) **km 7,34**/1522 m Malga Bes: **Rechts** bergab (6%) weiterfahren.

(+1.560 m) **km 8,90**/1450 m **An der HS, links** auf dieser weiterfahren.

(+1.950 m) **km 40,90**/1013 m **Abzweig, rechts** bergauf (15%) Ri. „Nago, Percorso No 7“ abbiegen.

(+1.530 m) **km 42,43**/1111 m **Links** bergauf (10%) Ri. „Percorso No 2, Dal Pino Mugo del Baldo“ weiterfahren.

(+890 m) **km 43,32**/1174 m **Geradeaus** auf dem Forstweg Ri. „Nago“ weiterfahren.

(+50 m) **km 43,37**/1174 m **Rechts** bergab dem Pfad folgen.

(+760 m) **km 44,13**/1156 m (rechts Trailabzweig „The Skull“) **Geradeaus** dem Forstweg folgen.

(+280 m) **km 44,41**/1135 m **Monte Baldo Straße: Links** bergauf auf der HS weiterfahren.

(+1.970 m) **km 46,38**/1345 m **Rechts** der Teerstraße weiter bergauf (12-14%) folgen.

(+300 m) **km 46,68**/1367 m **Rechts** dem Schotterweg Ri. „Malcesine, Navene“ folgen.

(+2.680 m) **km 49,36**/1242 m Scharf **links** Ri. „Malcesine, Navene“ abbiegen. (nach ca. 230 m beginnt der Pfad)

(+6.670 m) **km 56,03**/397 m **Links** Ri. „Fubia, Malcesine“ weiterfahren.

(+520 m) **km 56,55**/404 m **Abzweig, geradeaus** bergab dem Hauptweg folgen. (nach ca. 420 m beginnt der Pfad, der sehr steil, mit 14-30%, bergauf geht = Schiebepassage)

8 *(+1.620 m)* **km 58,17**/526 m (Pass) **Monte Fubia: Rechts** Ri. „Malcesine“ auf dem Karrenweg weiterfahren. (nichts links „S. Michele“)

(+750 m) **km 58,92**/441 m **Geradeaus** bergab, dem Hauptweg Ri. „Malcesine 4“ folgen.

(+270 m) **km 59,19**/397 m **An der HS, geradeaus** der „via Panoramica“ Ri. „Malcesine 4“ folgen.

(+400 m) **km 59,59**/324 m **Geradeaus** bergauf, Ri. „Malcesine“ weiterfahren.

(+280 m) **km 59,87**/319 m **Geradeaus** dem Steinweg bergab (20-26%) folgen.

(+540 m) **km 60,41**/263 m **An der HS, links** abbiegen und der HS bis zur Talstation der Monte Baldo Bergbahn folgen.

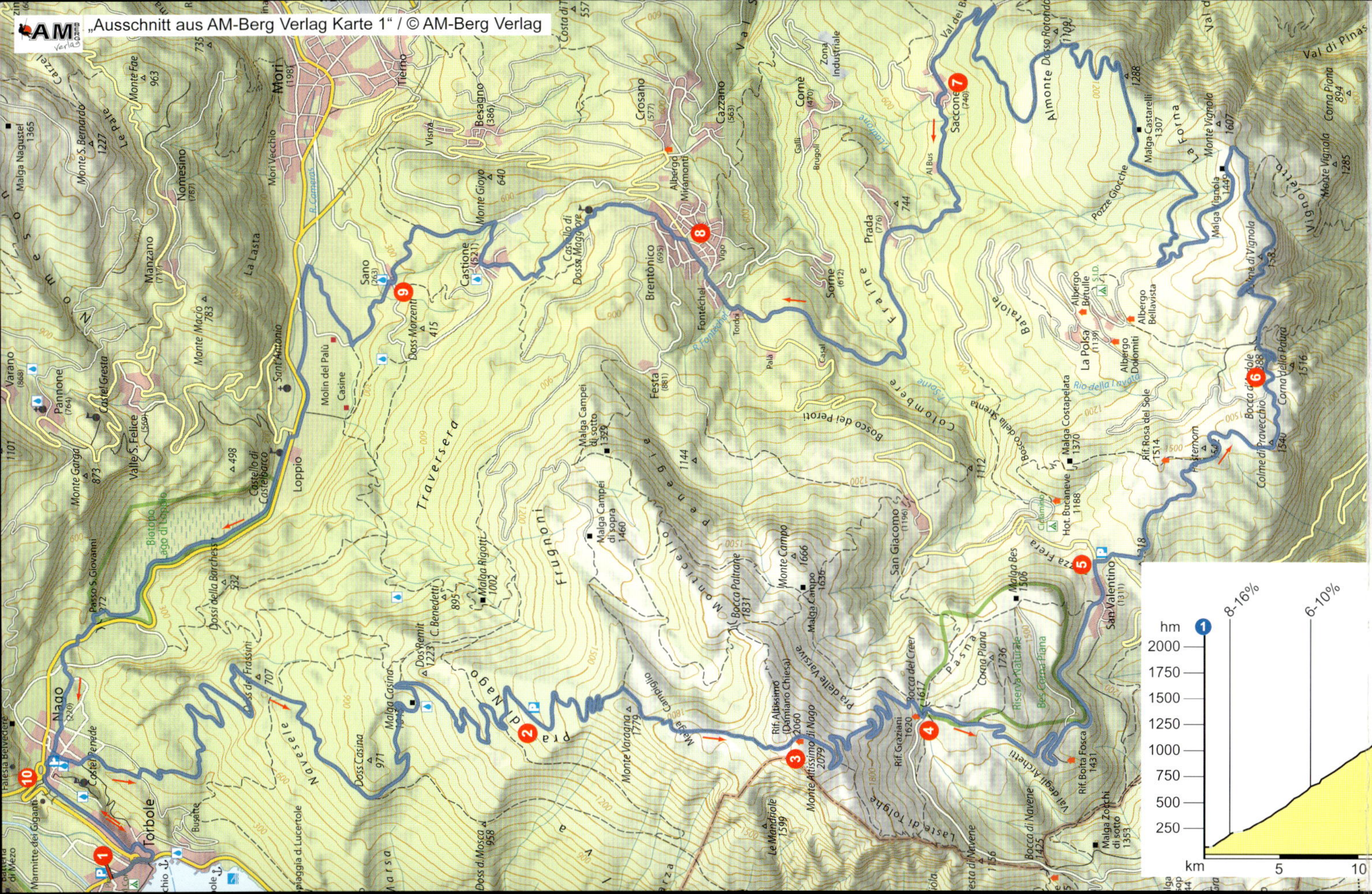

Tour 41 „Monte Altissimo-Corna Paura“

1

km 0,00/66 m Vom Parkplatz (Einfahrt bei der Tankstelle) **links** auf der HS Ri. Kreisverkehr fahren.

(+130 m) **km 0,13**/67 m **Kreisverkehr, rechts** auf der HS Ri. „Malcesine“ weiterfahren.

(+170 m) **km 0,30**/68 m (beim Hafen, Zebrastreifen) **Links** Ri. „Busatte“ abbiegen.

(+40 m) **km 0,34**/67 m (nach dem Hotel Centrale) **Links** bergauf (12-14%) Ri. „Busatte“ abbiegen.

(+180 m) **km 0,52**/87 m **Links** Ri. „Nago“ weiterfahren.

(+1.370 m) **km 1,89**/210 m Nago (beim Kreisverkehr): **Rechts** Ri. „centro“ der gepflasterten Straße folgen.

(+220 m) **km 2,11**/213 m **Kreuzung** (beim Supermarkt), **rechts** weiterfahren.

(+220 m) **km 2,33**/222 m **Links** Ri. „strada del monte baldo“ weiterfahren.

(+110 m) **km 2,44**/231 m **Geradeaus** der „via monte baldo“ folgen.

(+130 m) **km 2,57**/231 m **Rechts** Ri. „Busatte“ weiterfahren.

(+500 m) **km 3,07**/259 m (beim Steinmarterl mit Bank) **Links** der Monte Baldo Straße folgen.

(+8.030 m) **km 11,10**/1075 m (Abzweig „Skull“) **Rechts** der Monte Baldo Straße bergauf folgen.

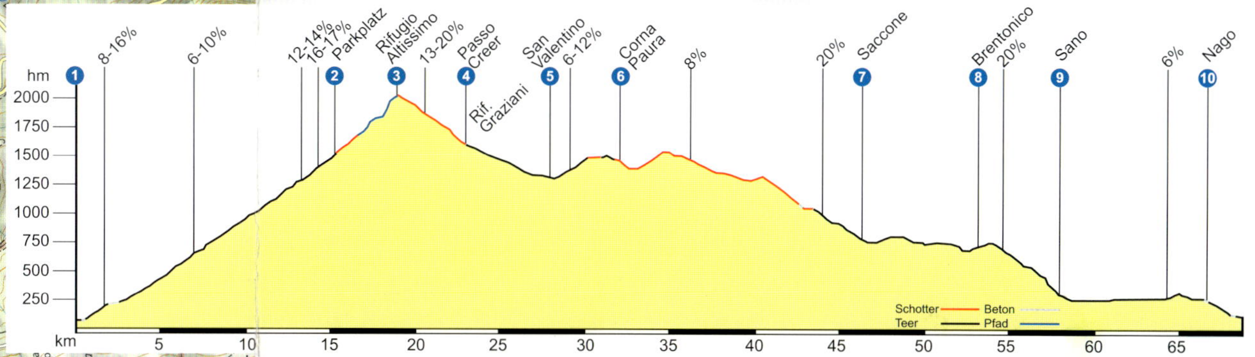

Tour 41 „Monte Altissimo-Corna Paura“ 6 68,58 km 9:43 Std 2.596 Hm

(+1.970 m) **km 13,07**/1278 m **Rechts** der Teerstraße bergauf (12-14%) folgen.

(+300 m) **km 13,37**/1300 m **Geradeaus** der HS stets bergauf folgen. (rechts „Malcesine")

2 *(+1.960 m)* **km 15,33**/1526 m **Parkplatz** (Beginn). Dem Schotterweg weiter bergauf folgen.

(+1.310 m) **km 16,64**/1687 m **Rechts** dem Pfad bis zum Rifugio Altissimo folgen. (links „Malga Campei")

3 *(+2.260 m)* **km 18,90**/2060 m **Rifugio Altissimo: Geradeaus** Ri. „Bocca del Creer" auf dem Schotterweg weiterfahren.

(+3.890 m) **km 22,79**/1627 m **Geradeaus** Ri. „San Giacomo" fahren.

4 *(+210 m)* **km 23,00**/1617 m **Bocca del Creer, Rifugio Graziani: Rechts** der HS bergab nach San Valentino folgen.

5 *(+4.950 m)* **km 27,95**/1308 m **San Valentino** (Infotafel): **Rechts** Ri. „Avio" abbiegen.

(+250 m) **km 28,20**/1305 m (bei der Skischule) **Links** auf die schmale Teerstraße Ri. „Polsa, Corna della Paura" abbiegen.

(+3.680 m) **km 31,88**/1458 m (Gedenkstein an den Krieg) **Rechts** auf den Schotterweg abbiegen.

6 *(+140 m)* **km 32,02**/1460 m Nähe **Corna Paura: Links** dem Schotterweg folgen. (rechts Pfad bergauf zum Corna Paura = super Aussicht)

(+3.700 m) **km 35,72**/1493 m (Militärdenkmal) **Linkskehre** Ri. „Loc. Pozze" folgen.

(+2.030 m) **km 37,75**/1351 m **Rechts** bergab Ri. „Percorso No 8, La Faggeta dei Cestarelli" weiterfahren.

(+2.770 m) **km 40,52**/1317 m **Links** bergab dem Weg folgen.

(+2.150 m) **km 42,87**/1085 m (Siedlung, 3 Häuser) **Rechts** Ri. „Percorso No 8" weiterfahren.

(+910 m) **km 43,58**/1038 m **T-Kreuzung, rechts** bergab weiterfahren.

(+1.510 m) **km 45,09**/892 m **T-Kreuzung, links** bergab Ri. „Percorso No 8" abbiegen.

7 *(+1.180 m)* **km 46,87**/784 m **Saccone: Rechts** bergab weiterfahren und der HS durch den Ort folgen.

(+470 m) **km 46,74**/753 m Ortsende Saccone: **Geradeaus** Ri. „Mori, Prada" weiterfahren.

(+1.980 m) **km 48,72**/793 m Prada: **Geradeaus** Ri. „Mori, Brentonico" weiterfahren.

(+3.490 m) **km 52,21**/700 m **Kreuzung, rechts** bergab Ri. „Brentonico" abbiegen und der HS folgen.

8 *(+930 m)* **km 53,14**/715 m **Brentonico: Links** bergauf (6%) Ri. „Festa 2,5" in die „via Albino Zenatti" abbiegen.

(+250 m) **km 53,39**/732 m **Kreuzung, geradeaus** Ri. „Festa" weiterfahren.

(+190 m) **km 53,58**/746 m **Geradeaus** Ri. „Campo Sportivo" fahren.

(+840 m) **km 54,42**/720 m **Rechts** bergab dem schmalen Teerweg Ri. „Torbole" folgen.

(+870 m) **km 55,29**/632 m **Rechts** bergab Ri. „Percorso No 3" weiterfahren.

(+180 m) **km 55,47**/604 m **Rechts** Ri. „Percorso No 3" abbiegen und dem Weg nach Castione in die Dorfmitte folgen.

(+380 m) **km 55,85**/564 m Castione: **Links** weiterfahren.

(+180 m) **km 56,03**/549 m (Dorfplatz) **Rechts** weiterfahren.

(+210 m) **km 56,24**/540 m **Links** und dann gleich wieder **links** bergab auf die schmale Teerstraße abbiegen.

9 *(+1.660 m)* **km 57,90**/308 m **Sano** (Dorfplatz): **Links** abbiegen und nach der Rechtskurve rechts weiterfahren.

(+1.900 m) **km 59,80**/246 m **Kreuzung, links** auf den Radweg abbiegen und diesem bis nach Nago (Ortsmitte) folgen.

(+6.670 m) **km 66,47**/259 m Nago (Torbogen): **Geradeaus** weiterfahren.

10 *(+180 m)* **km 66,65**/252 m **Nago** (Kreisverkehr): **Geradeaus** der alten Straße nach Torbole Ri. „Santa Lucia" folgen.

(+1.380 m) **km 68,03**/129 m Torbole: **Rechts** bergab Ri. „Torbole" fahren.

(+140 m) **km 68,17**/118 m (Hotel Centrale) **Rechts** über den Dorfplatz zur HS weiterfahren.

(+40 m) **km 68,25**/109 m **An der HS, rechts** weiterfahren.

(+150 m) **km 68,40**/110 m **Kreisverkehr, links** Ri. „Riva" abbiegen und zum Startpunkt zurückfahren.